安徽省首批“十四五”普通高等教育本科省级规划教材

普通高等学校应用型教材·会计

中级财务会计

第2版

李　雷◎编著

INTERMEDIATE FINANCIAL ACCOUNTING

中国人民大学出版社

·北京·

图书在版编目（CIP）数据

中级财务会计 / 李雷编著. --2 版. --北京：中国人民大学出版社，2022.5

普通高等学校应用型教材. 会计

ISBN 978-7-300-30553-0

Ⅰ.①中… Ⅱ.①李… Ⅲ.①财务会计-高等学校-教材 Ⅳ.①F234.4

中国版本图书馆 CIP 数据核字（2022）第 062002 号

安徽省首批“十四五”普通高等教育本科省级规划教材

普通高等学校应用型教材·会计

中级财务会计（第 2 版）

李　雷　编著

Zhongji Caiwu Kuaiji

出版发行	中国人民大学出版社		
社　　址	北京中关村大街 31 号	**邮政编码**	100080
电　　话	010－62511242（总编室）		010－62511770（质管部）
	010－82501766（邮购部）		010－62514148（门市部）
	010－62515195（发行公司）		010－62515275（盗版举报）
网　　址	http://www.crup.com.cn		
经　　销	新华书店		
印　　刷	北京宏伟双华印刷有限公司	**版　　次**	2020 年 8 月第 1 版
开　　本	787 mm×1092 mm　1/16		2022 年 5 月第 2 版
印　　张	29.5 插页 1	**印　　次**	2024 年 12 月第 5 次印刷
字　　数	640 000	**定　　价**	66.00 元

前　言

中级财务会计是高校经管类会计学、财务管理学、审计学、税收学、资产评估学等本科专业的主干核心课程之一，它与初级会计（亦称“会计学基础”或“会计学原理”，下同）、高级财务会计两门课程一起，共同构成了完整的财务会计课程体系，被业界人士誉为“财务类的三驾马车”。其中，初级会计主要介绍财务会计学的基础理论、基础方法和基本操作技能，目的在于进行会计启蒙，帮助学生搭建起财务会计知识结构框架，该课程具有内容相对简单、偏重会计入门的特点。高级财务会计重在讨论特殊行业、特殊业务的财务会计实务处理问题，如合并报表问题、债务重组问题、外币业务交易问题等，内容相对复杂，但现实经济生活中一般企业较少遇到这类会计问题。中级财务会计则是在学生先修完初级会计的基础上，结合一般企业在经营过程中常见的会计事项，详细研究具体会计科目的实际运用问题。因此，中级财务会计具有知识点众多、紧密联系经济实际的特点，该课程的难度要高于初级会计，同时也为后续高级财务会计的学习打下基础。中级财务会计的教学导向是使学生学过这门课程之后，能够胜任各类企业的常见业务的会计实操。

基于以上分析不难看出：中级财务会计在会计实务体系中起到承前启后的桥梁纽带作用，作为该课程载体的武器——中级财务会计教材能否体现这一神圣使命担当至关重要。与此同时，近三年以来，我国企业会计准则国际趋同的改革日趋深入，以收入准则为代表的一系列具体会计准则，为适应经济全球化发展态势及“一带一路”倡议需要相继大幅修订，对如何理性化趋同国际会计准则，做到趋同不盲从也面临不少业界争议。加之各级各类高校对中级财务会计课程的需求呈现多样化，财经类院校需求课程的深度，综合类高校需求课程的广度，行业特色鲜明的高校更需求课程的职业维度，本教材正是在这些背景下，尝试在课程体系、例题经典设计、知识立体整合，业财融合、会税融合以及课程思政上做一些必要探索，力求做到初中高级财务会计教材有效衔接，知识能力循序递进螺旋式提升，专业术语表述通俗实用，紧贴实务地气。具体特色如下：

一、重新界定初中高级财务会计教材教学内容

1. 淡化初级会计教材某些知识点的过度介绍，如会计信息的质量要求、会计计量

属性及其应用原则、发出存货的计价方法、存货计划成本计价下材料采购账户的应用、财产清查结果的处理方法、财务报告的编制等内容，全部移至中级财务会计教材系统讲授。

2. 将中级财务会计教材讲授内容整合为三大模块：总论模块（详解基本准则），中级财务会计实务模块（详解具体准则，主要是针对常见业务进行实操解读，包括：货币资金及应收款项专题、金融资产专题、存货专题、固定资产专题、无形资产专题、投资性房地产专题、长期股权投资专题、负债专题、所有者权益专题、收入专题（新收入准则）、费用专题、利润专题（含所得税会计）），财务报表列报模块。

3. 将财务会计实务中的特殊业务全部设定在后续高级财务会计教材中介绍，此课程体系下，高级财务会计将承载债务重组专题，非货币交易专题，租赁业务专题，或有事项专题，政府补助专题，外币业务专题，企业合并专题，会计政策、会计估计变更及会计差错更正专题，资产负债表日后事项专题，持有待售非流动资产处置组和终止经营核算专题。

二、彰显课程思政要素

本教材从“课程思政”与“立德树人”的同源性入手，阐述本科中级财务会计课程显性知识与隐性思政的关联，剖析课程实施思政教育的价值引领，从课程思政建设目标、课程思政元素、实现课程思政元素的载体等方面，对中级财务会计课程教学内容与课程思政元素的对接进行分章设计，挖掘整理出每章课程思政要点。

三、凸显实务重点、热点、难点、疑点解析

本教材将尝试以案例方式解决实务中易混淆、难理解的热点、难点问题，如：

1. 决策有用观财务目标的辨析。

2. 企业集团到底是不是会计主体？

3. 法律形式真的不如经济实质重要吗？

4. 关于谨慎性原则的争议。

5. 支出、损失、成本、费用的界限是什么？

6. 长期待摊费用中在 1 年内（含 1 年）摊销的部分是否转入“一年内到期的非流动资产”项目填列？

7. 微信、支付宝结算算不算其他货币资金核算？

8. 如何准确区分会计五大计量属性界限？

9. 现金折扣、商业折扣与应收账款的关系？卖方发生现金折扣还计入财务费用吗？

10. 存货、固定资产、无形资产、投资性房地产、持有待售资产如何区分界定？拟出租但还未出租的房屋建筑物，是确认为固定资产，还是确认为投资性房地产？

11. 暂估入账存货应该怎么入账？怎么开票？

12. 完工待售品、用于生产的原材料、用于出售的原材料可变现净值的计算上有何

区别？

13. 盘亏存货所含的进项税额在何种情形下需要作转出处理？何种情形下不需要作转出会计处理？

14. 购入不动产形成的进项税额会计处理还需要分两次抵扣入账吗？

15. 企业车间日常修理费用支出是计入管理费用还是制造费用？

16. 固定资产处置实现的盈亏还通过营业外收支核算吗？

17. 营业外收支核算范围发生了哪些“瘦身”？

18. 固定资产的盘盈与盘亏均记入“待处理财产损溢”账户吗？

19. 企业取得的土地使用权与商誉应当分别确认为什么资产？

20. 内部研发无形资产发生的支出如何进行资本化与费用化界定？

21. 自用房地产项目转为投资性房地产时公允价值高于账面价值的差额为何计入其他综合收益？投资性房地产项目转为自用房地产时公允价值高于账面价值的差额为何计入公允价值变动损益？

22. 控制的含义一定是要求投资方持股过半吗？成本法转换为权益法为何要追溯调整？

23. 企业代扣代缴个人所得税取得的代扣手续费应如何入账？

24. 企业通过“税金及附加”账户核算的税种有哪些？不通过“应交税费”账户核算的税种又有哪些？

25. 用实物、货物或者无形资产、固定资产对外投资、捐赠等，会计处理上是按照公允价值确认收入，还是按照成本结转？进项税额转出的情形包括哪些？

26. 法定盈余公积金一定按当年实现的净利润的10%计提吗？盈余公积弥补亏损为何要记入“未分配利润”账户贷方？

27. 如何界定资本公积与其他综合收益的区别？其他权益工具投资与其他权益工具是一回事吗？

28. 合同资产与应收账款、合同负债与预收账款怎么区分？

29. 企业差旅费报销一定通过管理费用统一核算吗？办公室购买的2 000元打印机支出能一次性记入“管理费用”账户吗？

30. 如何理解转回时有足够的应税所得来抵扣可抵扣暂时性差异？

四、凸显近三年《企业会计准则》修订要点及相关税改新政

2017年以来财政部先后修订了多项企业会计准则，包括收入、政府补助、租赁、金融工具确认和计量、金融资产转移、套期会计、非货币性资产交换、债务重组、股份支付等准则。与此同时，为解决执行新修订企业会计准则的企业在财务报告编制中的实际问题，规范企业财务报表列报，提高会计信息质量，2019年5月，财政部对一般企业财务报表格式进行了修订。此外，2018年12月11日，财政部会计司发布第一批5个收入准则应用案例，分别为：亏损合同案例、合同负债（涉及不同增值税税率的储值

卡）、合同负债（电商平台预售购物卡）、合同履约成本（酒店等服务行业的合同成本）、运输服务。2020年7月17日，财政部会计司发布第二批3个收入准则应用案例，分别为：保荐服务的收入确认、药品实验服务的收入确认、定制软件开发服务的收入确认。2020年12月11日，财政部会计司发布第三批3个收入准则应用案例，分别为：基于客户销售额的可变对价、合同变更与可变对价的判断、主要责任人和代理人的判断。与此同时，财政部、国家税务总局相继出台的增值税税率再次下调，国内旅客运输服务纳入抵扣范围，生产、生活性服务业纳税人进项税额加计抵减10%，不动产购进一次抵扣进项税等税法新政，均不同程度改变了会计日常处理思维与行为。本教材在内容把控上作了如下处理：

1. 删除了会计实践中“过时”的知识，如：目前企业普遍使用网银、支付宝或微信等方式进行收支结算，一些企业出差使用公务卡结算，鲜有现金结算业务。鉴于此，本教材删除了现金、备用金的核算举例。再如：改革开放40余载，计划经济已经转向市场经济，除少数垄断行业外，企业生产也多由“以产定销”过渡到“订单生产”，产品生产成本也已晋升到预算管理。2016年全面营改增后，再无一家上市公司采用计划成本核算经济业务。尤其是在“以票管税”的财税监管政策下，企业会计人员都要根据发票上的数字精准记账，购进的材料和存货根本不可能根据计划成本记账，计划成本已退出历史舞台。鉴于此，本教材删除了计划成本法对存货收发的核算。

2. 更正了部分明显存在与实务不符的会计差错业务，如：退货退费是企业常有的一种会计业务。在会计实践中，企业发生退货退费等业务，都是用负数冲销，但目前的会计教材，都要求“作相反的会计分录”显然不正确。再如：在会计实践中，企业取得银行存款利息等，依据现行财税政策，会用“借：‘银行存款’，借：‘财务费用’（负数）”的会计分录进行处理。但目前的会计教材还没有关注到实践环节这个重要的改变记账规则的“借借”记账方法。

3. 调整了应付职工薪酬核算的例题，把社保费、福利费、工会经费以及个人所得税的核算，“一个也不能少”地纳入教学内容，让学生全面学到并用到这些务实的知识和技能，从细节上实现理论与实践的无缝对接。

4. 鉴于2020年12月11日，财政部会计司发布第三批3个收入准则应用案例，分别为：基于客户销售额的可变对价、合同变更与可变对价的判断、主要责任人和代理人的判断。本教材收录了其中的案例操作并作了解读。

5. 鉴于自2021年4月1日至2022年12月31日，小规模纳税人发生增值税应税销售行为，合计月销售额未超过15万元（以一个季度为1个纳税期的，季度销售额未超过45万元）的，免征增值税。本教材针对免征额的变化一并作了更新并对账务处理进行了规范。

五、凸显应用型本科会计教学特点，编写体例实用新颖

本教材章节架构设计上主要有以下板块：

（一）教学导向

遵循知识与能力相匹配、岗课证融合的理念，将教学要点分为了解、理解、掌握、重点掌握、熟练掌握几个等级进行知识重要性区分，便于学生把握重点、难点、疑点。

（二）案例引入

对一些较为抽象的会计概念、理论、操作通过案例的方式通俗地表述，如：会计计量属性的描述，通过对学生丢失一部手机究竟损失多少钱的讨论来领悟各计量属性的本质。

（三）延伸思考

此板块设计主要体现对教学内容的深度理解及举一反三、融会贯通的训练并考虑与税收新政的有机结合问题，如：存货盘亏损失处理中，只有因管理不善造成货物被盗、丢失、霉烂变质，以及因违反法律法规造成货物非正常损耗，进项税额应予以转出。若因自然灾害造成毁损则可以不转出，但需要报税务机关备案，备案之后才能不转出。

（四）实操案例

本教材每章均设计有大量的经典实操案例，取材于近三年上市公司年报，《中国会计报》与《中国税务报》等专业期刊、专业工具书、专业网站中的典型案例，近三年全国注册会计师、注册资产评估师、全国税务师、中级会计师等执业资格考试相关考题改造，以及作者日常教学、社会讲学、企业调研积累的大量教学案例素材。这些案例最大的特点是具有一定的深度和综合性，可以鲜活立体地解读准则中的理论阐述，消除阻碍学生动手实操的最后一公里障碍。

（五）热点思考

本教材每章最后附有5个会计热点思考题，均是企业日常会计实操中易混淆、易模糊的实务难点，比如：实施新收入准则后对于现金折扣的处理将发生重大变化，销售方将现金折扣视为一种可变对价处理，不再通过“财务费用”账户核算等。

（六）数字资源

本教材积极探索线上与线下教学互动机制，通过设置二维码扫描线上平台资源＋纸质版学习指南提供后续学习，内容包括：

1．教学资料库：配套纸质版学习应用指南，包括教学大纲、热点答疑、经典练习、参考解析及模拟试卷。

2．考证资源库：各类会计类考证相关动态信息、辅导材料。

3. 会计改革动态：及时提供国际会计准则、企业会计准则改革进展，解决教材后续更新问题。

4. 税收改革动态：及时提供我国税制改革新政，解决会税融合教学问题，打好能力提升的组合拳，这也是适应未来会计转型的一项要求。

5. 答疑留言：及时线上回复解答教学中的疑点、难点、热点问题，促进同行交流，共同推进中级财务会计教材建设。

（七）课程思政

如：将成本法、权益法核算规律植入青年学生恋爱，启发学生树立理性爱情观等。

本教材由巢湖学院李雷教授独立编著、总体策划、拟定写作大纲并对全书进行总纂。本教材 2020 年 8 月第 1 版问世以来受到了广大一线教师的欢迎与好评，得到很多专家学者同仁的支持与帮助，对本教材“接地气”的实务写作风格给予了认可，在此一并深表谢意。同时，还要向中国人民大学出版社的编辑在出版中的指导表示敬意。会计学科属于解释世界并要身体力行改造世界的学科，不仅要提供思想，还要提供具体的方法。会计学科的实践性不仅决定会计教材要解释世界、改造世界，还要接受社会实践的检验。在实践检验环节，教材内容的对错就一目了然。所以，会计教学对会计教材的最基本要求，就是要随着社会实践的发展而不断更新完善，以保证教材内容的正确性。会计准则的修订、财税新政的出台节奏、业财融合、课程思政的教学改革理念促使中级财务会计教材成为一项与时俱进的系统工程，需要同行们的一致努力与追求才能使其日臻完善。限于时间、专业水准，书中表述不当甚至错误之处一定会存在，敬请指正，以便再版时修正。

目　录

第一章

总论

教学导向

（1）掌握会计要素的确认条件
（2）理解会计信息的质量要求
（3）理解会计计量属性及其应用原则
（4）了解财务报告目标的演进
（5）了解会计基本假设的设定

课程思政

（1）财务会计目标中的思政元素——增强受托责任意识，强化会计责任担当
（2）会计信息质量要求中的思政元素——坚守诚信为本，操守为重，坚持准则，不做假账职业品质塑造
（3）会计计量属性中的思政元素——树立谨慎与公允并重的职业素养与人生品格

第一节　财务会计概述

一、财务会计的含义

现代企业会计根据服务对象和目的的不同，通常分为财务会计和管理会计两大分支。

财务会计因其侧重于满足企业外部有关方面的决策需要，对外提供财务报告，故也称为对外报告会计。

财务会计主要是对企业已经发生的交易或事项，通过确认、计量、记录和报告等主要程序进行加工处理，并借助于以财务报表为主要内容的财务报告形式，向企业外部信息使用者提供以财务信息为主的经济信息，反映企业的财务状况、经营成果和现金流量，并对企业的经营活动和财务收支进行监督。

这种信息是以货币作为主要计量尺度并结合文字说明来表述的，它反映了企业过去的资金运动或企业经济活动的历史，其特点是比较真实和可以验证。由于财务会计对外提供的信息反映了企业与投资者、债权人等有关方面的利益关系，因而受到这些信息使用者的普遍关注。他们作出的有关经济决策往往要以企业的财务信息为主要依据。

随着人类文明的不断进步和生产力的不断提高，财务会计的核算内容和核算方法不断发展，逐步由简单的计量与记录行为发展为以货币计量、综合反映和监督经济活动过程的一种经济管理工作，并在参与企业经营管理决策、提高资源配置效率、促进经济健康持续发展方面发挥积极作用。

二、财务会计的目标

我国对财务报告目标的界定，兼顾了决策有用观和受托责任观，一方面向财务报告使用者提供决策有用的信息，另一方面如实反映企业管理层受托责任的履行情况。财务报告的目标可以概括为以下两个层面：

1. 向财务报告使用者提供决策有用的信息（不偏不倚，中性满足）

具体如图1-1所示。

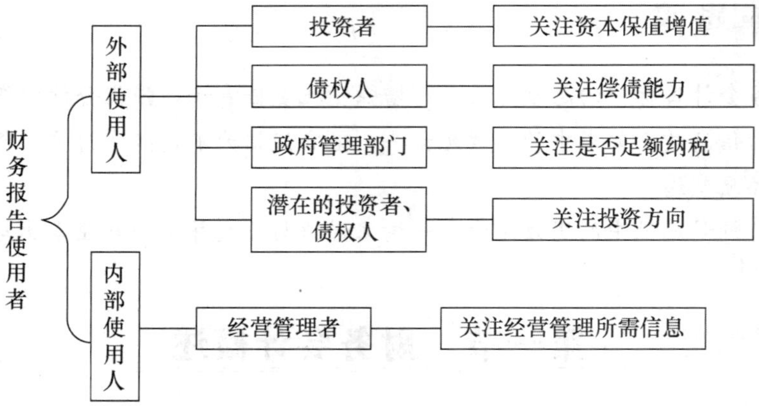

图1-1 财务报告使用者

注：这里的政府管理部门主要有两个：一是税务局，主要关注企业是否足额缴纳税款；二是市场监督管理局（工商局），主要关注企业是否抽逃资金。

2. 反映企业管理层受托责任履行情况

具体如图1-2所示。

我们以股份制有限责任公司为例解读，公司的财产所有权和经营权分离，公司的最高权力机构为股东大会，股东大会选举产生董事会，董事长领导的董事会负责公司的日常事务决策，但并不直接管理企业，而是雇佣管理层管理企业，比如任命首席执行官(CEO)、首席财务官(CFO)、董事会秘书以及其他管理层来管理企业，管理层对董事会负责，董事会对股东大会负责，管理层以财务报告向董事会汇报工作，通过提供的财务

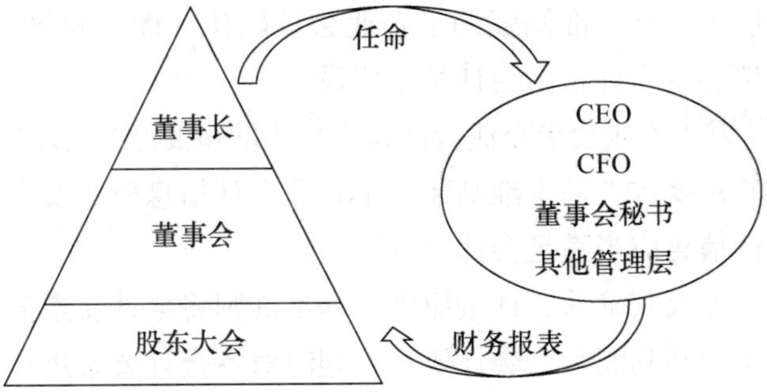

图 1-2 企业管理层的受托责任履行示意图

报表来反映管理层的经营业绩，因此，财务报告在一定程度上反映了管理层受托责任的履行情况。

【延伸思考】关于“决策有用观财务目标”的争议

1. 认为决策有用观有失当性的观点

(1) 决策有用观本质上是金融分析理念。

(2) 决策有用观是对现实世界中的会计行为的曲解。

会计定义告诉我们，会计作为企业管理活动的重要组成部分，其服务对象首先应该是企业的战略投资者和管理层。

(3) 决策有用观是极端的私人利益导向的体现。

我们找不到一个合理的解释与理由来证明投资者的需要比管理当局的需要更重要。

2. 认为决策有用观存在潜在危害的观点

把会计理论引入歧途，为了对投资者决策有用，出台了一系列奇妙准则，如复杂的资产减值准则、金融工具准则、公允价值变动规则，推出了“管理层意图”导向的会计规则等；决策有用观的会计目标把会计绑在金融分析的战车上，会计呈现一味迎合管理层意图的方向性偏差。

三、企业会计准则体系的架构

(一) 企业会计准则

我国现行企业会计准则体系由基本准则、具体准则、应用指南和解释组成。

1. 基本准则

基本准则在企业会计准则体系中扮演着概念框架的作用，居于统驭地位。我国基本准则主要规范了以下内容。

(1) 财务报告目标。基本准则明确了我国财务报告的目标是向财务报告使用者提供决策有用的信息，并反映企业管理层受托责任的履行情况。

（2）会计基本假设。基本准则强调了企业会计确认、计量和报告应当以会计主体、持续经营、会计分期和货币计量为会计基本假设。

（3）会计基础。基本准则要求企业会计确认、计量和报告应当以权责发生制为基础。

（4）会计信息质量要求。基本准则建立了企业会计信息质量要求体系，规定企业财务报告中提供的会计信息应当满足会计信息质量要求。

（5）会计要素分类及其确认、计量原则。基本准则将会计要素分为资产、负债、所有者权益、收入、费用和利润六个会计要素，同时对各会计要素进行了严格的定义。会计要素在计量时以历史成本为基础，可供选择的计量属性包括历史成本、重置成本、可变现净值、现值和公允价值等。

（6）财务报告。基本准则明确了财务报告的基本概念、应当包括的主要内容和应反映信息的基本要求等。

基本准则在企业会计准则体系中具有重要地位。基本准则规范了会计确认、计量和报告等一般要求，是准则的准则，可以确保各项具体准则的内在一致性。

2. 具体准则

具体准则是在基本准则的指导下，对企业各项资产、负债、所有者权益、收入、费用、利润及相关交易事项的确认、计量和报告进行规范的会计准则。分为一般业务准则、特殊业务准则和报告类准则三部分，共计42项。

3. 应用指南

应用指南是对具体准则相关条款的细化及为其重点、难点内容提供的操作性规定。在新会计准则实施后，财政部还就实务中遇到的实际问题，随时印发解释公告，作为准则规定的补充和解释。

4. 解释

解释是对具体准则实施过程中出现的问题、具体准则条款规定不清楚或者尚未规定的问题进行的补充说明。

（二）小企业会计准则

2011年10月18日，财政部发布《小企业会计准则》，自2013年1月1日起在所有适用的小企业范围内施行。但股票或债券在市场上公开交易的小企业、金融机构或其他具有金融性质的小企业以及属于企业集团内的母公司和子公司的小企业除外。

《小企业会计准则》主要满足税务与银行两个会计信息使用者的需要，按照基本准则的要求规范会计确认、计量和报告，但考虑到小企业规模小、业务简单、会计基础工作薄弱、会计信息使用者的信息需求相对单一等实际，采用了简化处理的模式，如：在会计计量方面主要采用历史成本计量，不引入公允价值；简化现金流量表格式和编制要求，不必编写所有者权益变动表；考虑到小企业投资的业务比较少，取消权益法，只采用单一的成本法核算；等等。

发布实施《小企业会计准则》标志着由适合大中型企业的《企业会计准则》和适合小企业的《小企业会计准则》共同构成的基本准则框架下企业会计准则体系基本建成，为今后统一会计标准、提高会计信息的可比性、建立良好的会计秩序奠定了坚实的基础。

第二节 会计假设和会计基础

一、会计基本假设（解决会计存在的条件问题）

会计基本假设是企业会计确认、计量和报告的前提条件，是对会计核算所处的时间、空间环境等所作的合理设定。包括会计主体、持续经营、会计分期和货币计量。

注意：下列会计假设条件需要同时具备，缺一不可，否则会计工作不成立。

（一）会计主体

会计主体假设如图 1－3 所示。

图 1－3 会计主体假设示意图

1. 假设的原因是什么？

核心目的就是圈定会计的核算范围，通俗地讲就是解决核算谁的经济业务的问题，即会计确认、计量、报告的空间范围问题。如：华为公司的会计所要描述的资金运动是华为公司这个空间范围内的资金运动，而且是站在华为公司的角度进行反映和描述的，则华为公司就是会计主体。

会计人员为哪个企业做账是要明确的，不论是企业集团，还是企业集团下属的分公司、子公司等营业机构，都可以作为一个记账单位，它是客观事实的存在，各个机构之间也是有明确界定的。所以，会计主体其实也并非一个会计假设，只能说是一项会计约定，约定会计人员只能将本单位的业务记录到本单位的账簿中，划清本企业与企业外部的业务边界，不能超越边界地将其他企业的业务记到本企业的账上，也不缩小边界地将本企业的业务记到别的企业账上。

2. 解决会计核算空间范围有何必要性？

是为了将会计主体的经济活动与其他会计主体及所有者的经济活动区分开来。会计核算是反映一个特定企业的经济活动，尽管企业自身的经济活动总与其他企业、单位、个人的经济活动相联系，但是会计只能记本企业的账。会计主体假设限定了会计核算的空间范围，为会计人员的会计核算提供了立场。会计主体假设是持续经营、会计分期和货币计量假设的基础。

【课堂讨论】　老板对会计主体不重视，给自己带来意想不到的法律后果

案情：2017 年至 2019 年 10 月，杭州某房地产中介公司非法向不特定人员吸收存款。至案发时，尚未归还的金额达 1 612 万元。借款全部进入了老板私人账户，虽然私人账户由公司财务人员打理，老板本人连账号和密码都不清楚。以公司名义借来的款项却分别用于支付老板本人及其女儿名下一套豪宅和一套别墅的首付和按揭款，有一部分借款也用于支付老板位于天目山路的某楼盘的按揭款，后来老板本人被判处有期徒刑 7 年。

解析：在这个案子中，公司老板将个人财产与公司财产混在一起，将公司的财务混合公用与私用，这是典型的会计主体不分导致的犯罪。由于企业主不分清会计主体，给法律定罪也带来困难，难以确定犯罪是单位犯罪还是个人犯罪，对受害人来说，也加大了索赔的难度。

3. 谁有资格做会计主体?

一般来说，只要是独立核算的经济组织都可成为会计主体。

（1）经济上独立核算是成为会计主体的充分必要条件，因为只有经济上独立核算才有必要设置会计来反映其资金运动，其才能相应地成为会计主体。

（2）常见的会计主体包括：企业、企业集团（即由母公司和子公司组成的企业联合体）、政府机关、事业单位、独立核算的车间等。

（3）会计主体的数量在改变。过去，总公司下属的分支机构都设会计岗位，每一个分支机构都是一个会计主体。现在，很多大中型企业设立了财务共享中心，成立了会计工厂，将所有的分支机构的会计业务集中到集团总部，分支机构不再设立会计岗位，不再是会计主体。有些企业不仅将非法人资格的分公司（非法律主体）的会计业务集中到总部，还将具有法人资格的子公司（法律主体）的会计业务集中到总部，这导致会计主体的数量远远小于法律主体的数量。

（4）会计主体的形式在改变。现在越来越多的小微企业实行财务外包，不再设立会计岗位，其会计主体的地位未变，但会计主体的形式发生了变化。一个财务外包公司可能是几百、几千个小微企业的形式上的会计主体。

4. 会计主体与法律主体的区别在哪里?

（1）法人是一种享有民事主体资格的组织，法律赋予它等同于自然人一样的人格，以便于其独立地行使权利并承担自身的义务。

（2）成为一个法人首先在经济上是独立的，从这个角度来说，法人肯定是会计主体，但仅仅独立核算不足以支撑其成为法人，所以，法人一定是会计主体，但会计主体不一定是法人。比如，企业集团、企业独立核算的车间均是会计主体而非法人。具体如图 1-4 所示。

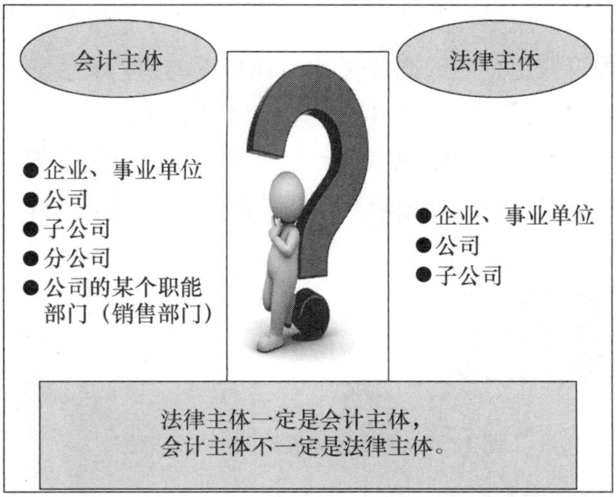

图 1-4 会计主体与法律主体的区别示意图

【延伸思考】 争议：企业集团既非法律主体也非会计主体

为了推广合并报表，宣称“法律主体一定是会计主体，会计主体不一定是法律主体”，试图借此来论证企业集团作为会计主体的合理性，进而论证将合并报表视为会计报表的合理性。但这种论证存在循环论证、偷换概念等逻辑问题，其效果不过是欲盖弥彰。“会计主体”的定义仍未取得共识。《中华人民共和国会计法》（简称《会计法》）第二条强调依法办理会计实务的主体是“国家机关、社会团体、公司、企业、事业单位和其他组织”。从这个意义上讲，独立的会计主体一定是法律主体，法律主体一定是独立的会计主体。

（二）持续经营

1. 假设的原因

企业是否持续经营，在会计原则和会计方法上会有较大差异，只有假定企业在可预期的未来不会因破产、清算、解散等而不复存在，也不会大规模削减业务，会计核算才可正常进行，否则将依据破产清算时的特殊规定进行处理。持续经营如同婚约，只有执子之手、白头偕老的假设才能有信心把日子过下去，但这种假定的爱会一直持续到不爱为止，如图 1-5 所示。

图 1-5 持续经营假设示意图

2. 假设的意义

明确这个基本假设，就意味着会计主体将按照既定用途使用资产，按照既定的合约条件清偿债务，会计人员就要在此基础上选择合理的会计原则和会计方法。如果判断企业会持续经营，就可以假定企业的固定资产会在持续的生产经营过程中长期发挥作用，并服务于生产经营过程，固定资产就可以根据历史成本进行记录，并采用适当的折旧方法将历史成本分摊到各个会计期间或相关产品的成本中。如果判断企业不会持续经营，固定资产就不应采用历史成本进行记录并按期计提折旧，如图 1－6 所示。

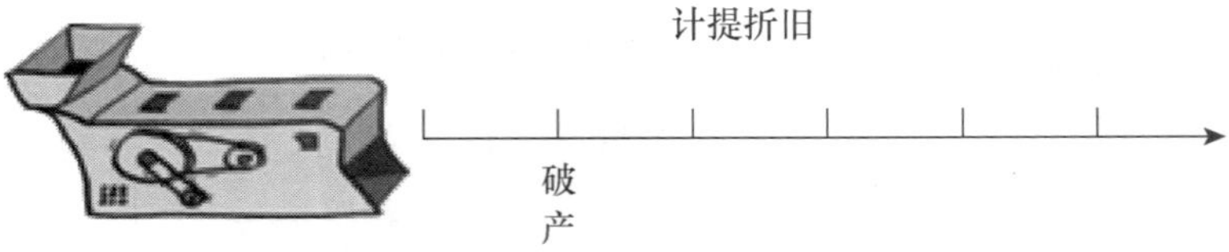

图 1－6　持续经营假设的意义示意图

3. 持续经营假设并不否定企业终止经营的存在

当有确凿证据（通常是破产公告的发布）证明企业已经不能再持续经营下去，该假设会自动失效，此时企业将由清算小组接管，会计核算方法随即改为破产清算会计，如图 1－7 所示。

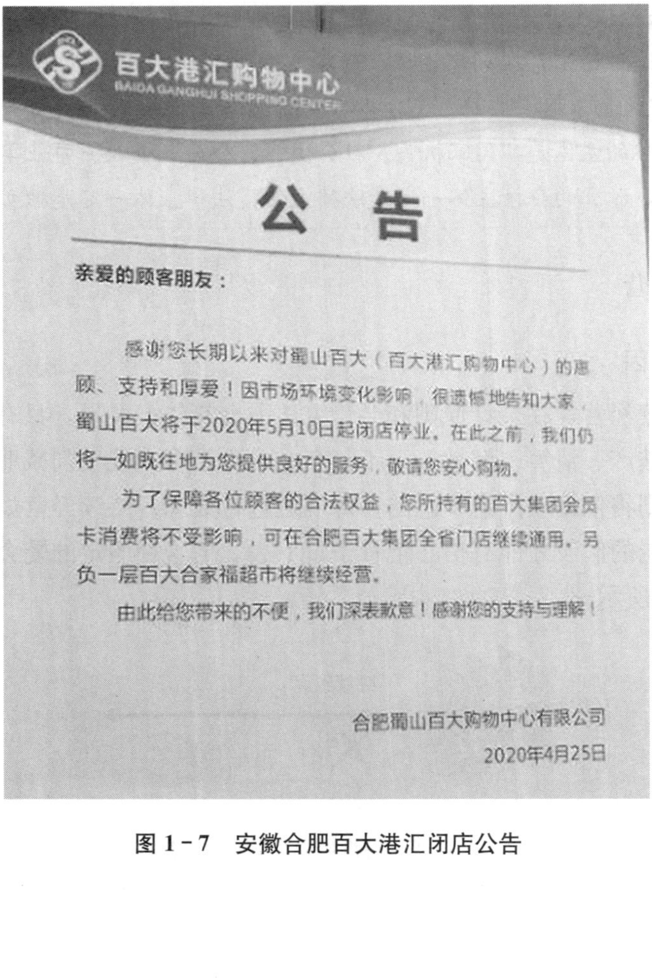

图 1－7　安徽合肥百大港汇闭店公告

【延伸思考】 持续经营的观念正在受到挑战

1. 长期亏损不一定不能持续经营

近几年来，在我国市场上出现了靠不断“输血”而生存下来的企业，如：网约车公司，它们在激烈的竞争中采取补贴、免费等多种方式抢占市场，不断吸收风险投资，经历漫长的竞争，将弱小的公司挤出市场，最终生存下来，并获得持续经营的机会。这说明一个新现象：长期亏损并不能说明该公司无法持续经营下去。美国出现的一个典型实例是：亚马逊公司 1995 年上市后连续 20 年亏损，如今却成为世界上最大的互联网公司之一，其盈利能力日益增强，发展前景非常好。

2. 巨额亏损不一定不能持续经营

银行是一个特殊的行业，我国的银行以吸收存款、发放贷款为主要业务，通过吸收存款向存款人借债，因而资产负债率一般都很高。所以，不能以一般工商企业的负债率去评价银行的偿债能力和持续经营能力。此外，企业的发展进程中也常会出现奇迹，有些企业已经濒临关门，却在经历一段时间的生死磨难后突然复活了。如：上市公司 ST 博元于 2015 年 5 月底被暂停上市，当时面临退市风险。半年后，自然人股东郑伟斌将其持有的福建旷宇建设工程有限公司 95%的股份无偿捐赠给公司，此时的福建旷宇全部权益评估值为 9.04 亿元，95%股份对应的评估值高达 8.59 亿元，公司奇迹般地“起死回生”了。

（三）会计分期

1. 假设原因

会计分期把企业持续经营的生产经营过程人为地划分为一个个连续的、长短相同的期间。该假设目的在于分段提供会计信息，以实时反映和监督企业资金运动。

2. 假设内容

会计期间通常有四种口径：年度、半年度、季度和月度。按年度口径所编报表为年报，其他期间所对应的报表为中期报告，如图 1-8 所示。

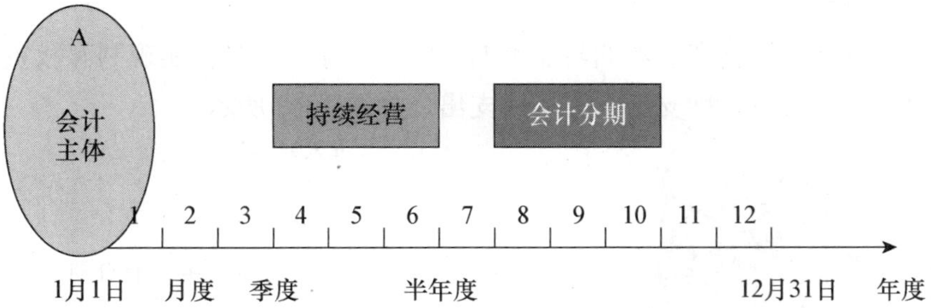

图 1-8　会计分期假设示意图

【延伸思考】

（一）实行全国统一的会计年度存在的弊端

1. 制约了我国对外来投资的引进与吸收

跨国公司大部分来自市场经济发达的国家，这些国家大多实行灵活的会计年度，一些外资企业因为与母公司的会计年度起止日期不一致而不得不对财务报告进行相应的调整，这增加了跨国公司会计处理和经营管理的难度，在一定程度上制约了我国对外来投资的引进与吸收。

2. 加大了会计人员的工作量

年底各项工作叠加，导致会计工作的分配极不均衡。审计过于集中，每年的年报审计集中在 1—4 月，大型会计师事务所业务过于繁忙，影响年报披露的进度和年报审计质量。

3. 不利于资本运作和股市的正常发展

近几年我国理财产品业务发展很快。多数委托理财协议是在每年年底或次年年初签订的，这就造成我国证券市场每到年底就会出现资金结算问题，资金抽离较为严重。

（二）以日历年度为会计年度的弊端

有些企业生产销售具有季节性，例如，商场在元旦前后是明显的销售旺季，销售量非常大，业务繁忙。而这期间的 12 月 31 日为会计年度终止日，也是年度会计报表日。此时货物进出非常频繁且数量多，这就给编制会计报表前的会计汇总和财产清查带来了极大的不便。

（三）世界各国的会计分期

采用每年 3 月 1 日至次年 2 月末制的有：土耳其、阿富汗、约旦、叙利亚、伊拉克、卡塔尔等。

采用每年 4 月 1 日至次年 3 月 31 日制的有：丹麦、加拿大、英国、印度、印度尼西亚、日本、科威特、新加坡、尼日利亚等。

采用每年 7 月 1 日至次年 6 月 30 日制的有：瑞典、澳大利亚、巴基斯坦、菲律宾等。

采用每年 10 月 1 日至次年 9 月 30 日制的有：美国、缅甸、泰国等。

3. 假设的重大意义

有了会计分期，才会产生本期与非本期的区别，才产生收付实现制和权责发生制原则、配比原则，以及收益性支出与资本性支出，如图 1 - 9 所示。

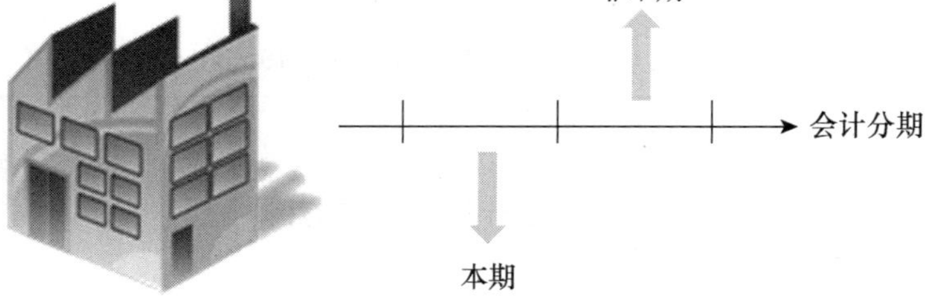

图 1 - 9　会计分期假设的意义

【例题1·单选题】甲公司2×20年12月20日与乙公司签订商品销售合同。合同约定：甲公司应于2×21年5月20日前将合同标的商品运抵乙公司并经验收，在商品运抵乙公司前灭失、毁损、价值变动等风险由甲公司承担。甲公司该项合同中所售商品为库存W商品，2×20年12月30日，甲公司根据合同向乙公司开具增值税专用发票并于当日确认商品销售收入。W商品于2×21年5月10日发出并于5月15日运抵乙公司验收合格。对于甲公司2×20年W商品销售收入确认的恰当性判断，除考虑与会计准则规定的收入确认条件的符合性以外，还应考虑可能违背的会计基本假设是（　　）。

A. 会计主体　　B. 会计分期

C. 持续经营　　D. 货币计量

【正确答案】B

【答案解析】在商品运抵乙公司前灭失、毁损、价值变动等风险由甲公司承担，即相关商品的控制权并未转移，所以2×20年不确认收入，应在2×21年确认收入，在2×20年确认收入违背了会计分期假设。

（四）货币计量

1. 假设的目的

在诸多的计量手段中，只有货币标准具有最大限度的无差别性和统一性，货币计量假设为会计活动的开展选定了主要核算手段。

这个假设告诉我们，会计仅反映那些能以货币表达的信息，如果一个信息本应纳入会计核算体系，但苦于无法用货币来表达，则只能无奈地排除在会计核算范围之外。比如，人力资源是企业的宝贵资源，应作为企业的一项关键资产进行账务反映，但人力资源的货币计量尚无法广泛地达到实践的可操作性，因此大部分企业是不反映人力资源的。再如，企业经营战略、研发能力、数字信息等，往往难以用货币来计量，但这些信息对使用者决策也很重要。为此，企业可以在财务报告中充分披露有关的非财务信息以弥补上述缺陷。

2. 假设的要求

为了会计信息的稳定性，货币计量假设还包含一个假定币值不变的含义。当发生严重的通货膨胀时，该假设不成立，应改用物价变动会计或通货膨胀会计。

3. 假设的例外情形

我国企业会计核算大部分以人民币作为记账本位币。对业务收支以人民币以外的货币为主的单位，可以选定其中一种货币作为记账本位币，但是编报的财务报告应当折算为人民币。在境外设立的中国企业向国内报送的财务报告，也应当折算为人民币。

二、会计基础——权责发生制与收付实现制的比较

权责发生制主要是从时间上规定会计确认的基础，其核心是根据权责关系实际发生的期间来确认收入和费用。根据权责发生制进行收入与成本、费用的核算，最大的优点是：能更加精准地反映特定期间真实的财务状况及经营成果。

收付实现制是以现金的实际收付为标志来确定本期收入和支出的会计核算基础。

权责发生制的特点是真实未必都现实，收付实现制则相反，现实未必都真实。经济环境日益复杂的今天，投资者不仅要了解企业的财务状况和经营结果，而且对现金流量越来越重视。实务中企业会计往往以权责发生制为主、收付实现制为辅结合核算，行政事业单位会计改革也逐步由单一的收付实现制核算适度引入权责发生制理念核算，由此形成了新的政府会计。

第三节　会计信息质量要求

会计信息质量要求是对企业财务报告中所提供会计信息质量的基本规范，是使财务报告中所提供的会计信息对投资者等使用者决策有用应具备的质量特征。它主要包括如实反映、相关性、可理解性、可比性、实质重于形式、重要性、中立性和及时性等。

一、如实反映

诚信是企业经营的底线，如实反映原则（原可靠性原则，即不做假账，这是会计的生命）就是要求会计数据的来源不能掺假、不能虚报，必须以实际发生的交易或者事项为依据进行确认、计量和报告，如实反映符合确认和计量要求的会计要素及其他相关信息，保证会计信息真实可靠、内容完整，如图1-10所示。

会计信息虚假的原因主要有：一些拟上市公司为了达到上市的标准编造虚假的业绩；一些已经上市的公司为了避免退市或暂停上市进行会计包装；一些企业的职业经理为了获取老板的奖励进行财务造假；一些被收购的公司为了完成协议中的业绩承诺进行财务造假。

朱镕基总理曾经指出：会计造假已经成为严重危害市场经济秩序的一个“毒瘤”，贪污受贿、偷税漏税、挪用公款等经济违法犯罪活动，以及大量腐败现象，几乎都与财会人员做假账分不开，而“真实、可靠的会计信息是企业科学管理和政府宏观经济决策的依据，虚假的会计信息必然会造成决策失误，经济秩序混乱”。

换句话说，会计造假的危害性，涉及投资者的利益，涉及政府经济决策，涉及反腐

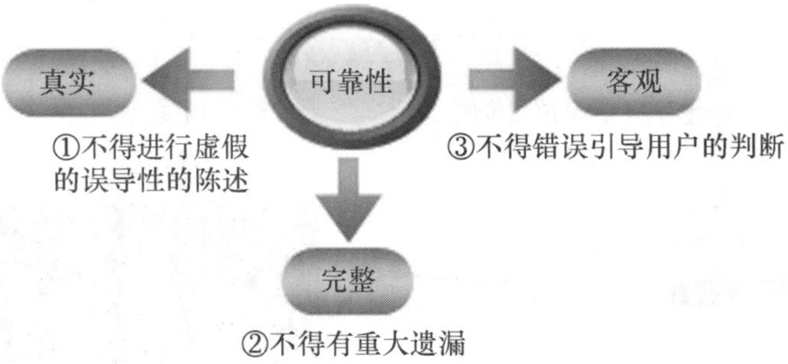

图 1－10 会计信息的可靠性示意图

败事业……这已经远远超出行业的范围，直指国民经济的核心区域。

为什么造假现象如此猖狂？“最主要的还是一种严重的并且是在某种程度上整体的道德沦丧，而且这种道德沦丧滑坡现象以经济暴利为载体和驱动力，像病毒一样在蔓延，在侵蚀着越来越多的人。”对此，要加大造假者处罚成本，抓到一个就要罚得他倾家荡产，如图 1－11 所示。

图 1－11 北京国家会计学院院训

二、相关性

相关性要求企业在收集、加工、处理、传递会计信息的过程中，要考虑使用者对会计信息要求的不同特点，以确保企业内外有关各方面对会计信息的相关需要，按投资者、经营者、政府部门对会计信息的要求形成一个会计信息流。

相关性应以可靠性为基础，即会计信息应在可靠性的前提下，尽可能地做到相关性，以满足投资者等财务报告使用者的决策需要，有助于投资者等财务报告使用者对企业过去、现在或者未来的情况进行评价或预测，如图 1－12 所示。

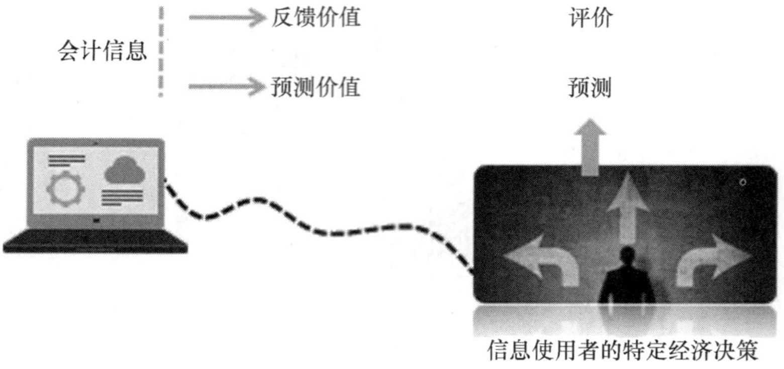

图1-12　会计信息的相关性示意图

会计信息是否有用，是否具有价值，关键要看其与使用者的决策需要是否相关，是否有助于决策或者提高决策水平。相关的会计信息应当有助于使用者评价企业过去的决策，证实或者修正过去的有关预测，因而具有反馈价值。相关的会计信息还应当具有预测价值，有助于使用者根据财务报告所提供的会计信息预测企业未来的财务状况、经营成果和现金流量。

三、可理解性

可理解性是指企业提供的会计信息应当清晰明了，以提高会计信息的有用性，便于投资者等财务报告使用者的理解和使用。

企业编制财务报告、提供会计信息的目的在于使用，而要使使用者有效地使用会计信息，应当能让其了解会计信息的内涵，弄懂会计信息的内容。只有这样，才能提高会计信息的有用性，实现财务报告的目标，满足向投资者等财务报告使用者提供决策有用信息的要求。

会计信息毕竟是一种专业性较强的信息产品，在强调会计信息可理解性要求的同时，还应假定使用者具有一定的企业经营活动和会计方面的知识，并且愿意付出努力去研究这些信息。对于某些复杂的信息，如交易本身较为复杂或者会计处理较为复杂，其与使用者的经济决策相关，企业就应当在财务报告中予以披露。

四、可比性

可比性要求企业提供的会计信息应达到如下标准：

（一）同一企业不同会计期间的可比，即纵向可比

为达到此要求，企业在选择会计方法时，应保证前后期一致，即使发生了会计政策的变更，也应当按规定方法进行会计口径的调整，以保证会计信息的前后期一致，如图

1－13 所示。

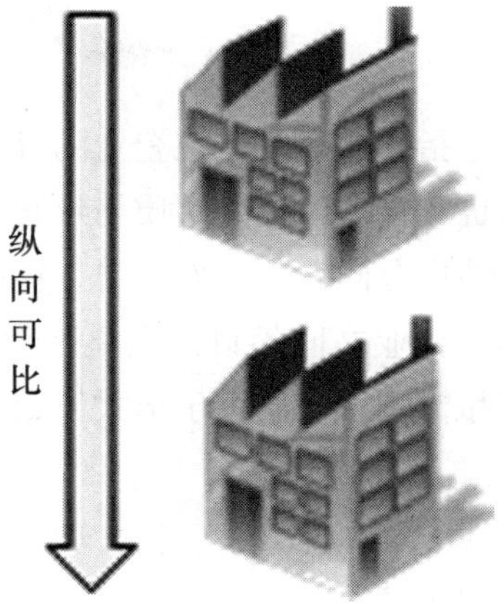

图 1－13 纵向可比示意图

(二) 同一会计期内不同企业之间的可比，即横向可比

为达到此要求，企业应采用国家统一规定的方法进行会计处理，如图 1－14 所示。

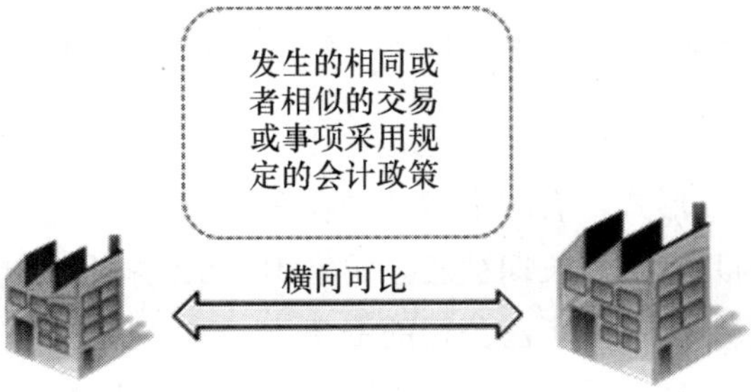

图 1－14 横向可比示意图

【例题 2 · 多选题】 下列实务做法中，不违背可比性要求的有（ ）。

A. 由于本年利润计划完成情况不佳，决定暂停无形资产的摊销

B. 鉴于本年开始执行新准则，将发出存货的计价方法由后进先出法改为先进先出法

C. 自行建造的固定资产达到预定可使用状态，将相关借款费用由资本化改为费用化核算

D. 某项专利技术已经丧失使用价值和转让价值，将其账面价值一次性转入当期损益

【正确答案】 BCD

【答案解析】 选项 A，由于本年利润计划完成情况不佳，决定暂停无形资产的摊销，暂停后，费用减少，利润就人为地增加了，这属于操纵利润，违背可比性要求。

五、实质重于形式

实质，指经济实质；形式，指法律形式。在企业的日常运营中，多数情况下其经济实质和法律形式是一致的，但也常会发生一些实质与形式背离的事件。例如，企业为了虚增收入，与外单位签订虚假销售合同，伪造发货单、银行对账单等，并在账上记录销售收入增加。从法律形式上看，企业之间签订了具有法律效力的合同，但从实质上看，企业之间并没有发生真正的商品销售。实质重于形式原则，要求会计做账时要透过现象看本质。

【例题 3 · 实操题】企业在销售某商品的同时与客户签订了售后回购协议，约定在未来某个时点以固定价格回购该商品。

【解析】法律形式：商品销售行为。经济实质：融资行为。

会计处理：确认一项负债，并在回购期间确认融资费用（财务费用等），不确认商品销售收入。

> **【延伸思考】**企业发行的优先股或永续债，是确认为负债还是所有者权益？
>
> 需要根据实质重于形式要求进行判断。例如，附有强制付息义务的优先股或永续债就应确认为负债。

要完全做到实质重于形式，有时很难，难在看不清实质是什么。如：甲企业是乙公司的子公司，甲企业的几辆货车长期被乙公司借用，从法律形式上看，该货车的所有权人是甲企业，实质上该货车却成了乙公司的资产。

在会计上为了充分体现实质重于形式原则，对关联企业之间发生的业务进行了专门规定，有时不认可关联企业之间的商品销售作价，因为关联企业间的交易形式背后可能隐藏着转移利润的经济实质。

> **【延伸思考】**关于实质重于形式的争议
>
> 法律形式真的不如经济实质重要吗？没有法律形式上的合规哪来经济上的实质体现呢？

六、重要性

重要性要求企业在会计核算过程中，对交易或事项应区别其影响程度，采用不同的核算方式处理。

只要具备下列条件之一，即可认定为重要事项：

（1）金额规模达到一定程度时，应界定为重要信息，如固定资产与存货的界定。

（2）项目性质上属于重要信息，如净利润指标。

在实务中，如果会计信息的省略或者错报会影响投资者等财务报告使用者据此进行决策，该信息就具有重要性。重要性的应用需要依赖职业判断，企业应当根据其所处环境和实际情况，从项目的性质和金额大小两方面对重要性加以判断。如：合并报表中的抵销内容的选择就体现了重要性原则；季度报告没有必要像年度报告那样披露详细的附注信息。

【例题 4 · 判断题】 企业判断一项会计事项是否具有重要性，主要取决于会计准则的规定，而不取决于会计人员的职业判断，所以同一个事项如果在某一企业具有重要性，则在另一企业也具有重要性。（ ）

【正确答案】 ×

【答案解析】 同一个事项如果在某一企业具有重要性，在另一企业不一定具有重要性。

【例题 5 · 单选题】 甲公司在编制 2×21 年度财务报表时，发现 2×20 年度某项管理用无形资产未摊销，应摊销金额为 20 万元，甲公司将该 20 万元补记的摊销额计入了2×21年度的管理费用。甲公司 2×20 年和 2×21 年实现的净利润分别为 20 000 万元和 18 000 万元。不考虑其他因素，甲公司上述会计处理体现的会计信息质量要求是（ ）。

A. 重要性　　B. 相关性　　C. 可比性　　D. 及时性

【正确答案】 A

【答案解析】 2×20 年无形资产未进行摊销，属于会计差错，补记金额相对于 2×20 年和 2×21 年实现的净利润而言整体影响不大，作为不重大的前期差错处理，因此题中在 2×21 年确认为当期管理费用，体现的是重要性原则。

七、中立性

中立性原则（原谨慎性原则）要求企业在对交易或者事项进行会计确认、计量和报告时不吹牛、不浮夸，反映情况要低调，财务数据没有“泡沫”，不浮夸资产和收益，不低估负债和费用。要求企业将真实的负债和支出反映在账上，没有隐瞒，没有遮掩。例如，企业购买一台油气设备，除了将当期的购置支出记录入账外，还要考虑几十年后油井废弃时处理残留设施发生的支出，要按照未来可能发生支出的现值确认一笔预计负债。再如，公司花了 300 万元买的股票年底市值只有 230 万元，公司没有隐瞒 70 万元的潜在亏损，在账面上确认了 70 万元的公允价值变动损失，这就是中立性原则理念的体现。

但是，中立性的应用并不允许企业设置秘密准备。如果企业故意低估资产或者收益，或故意高估负债或者费用，就不符合会计信息的可靠性和相关性要求，会损害会计信息质量，扭曲企业实际的财务状况和经营成果，从而对使用者的决策产生误导，这是《企业会计准则》所不允许的，也就是说中立性原则不应成为企业“会计魔术”

的工具。

【例题6·实操题】某企业在2×19年底算账时，估计当年会发生亏损600万元，由于其从事的煤炭开采行业近几年处于不景气状态，预计下一年还会发生500万元亏损。连续两年亏损，对企业的声誉影响很大，也不利于其今后向银行贷款，甚至影响其与客户之间的商品交易，还会影响到高管和员工的薪酬福利。企业开采的煤炭堆积如山，煤价处于下降趋势中。如果按比较准确的方法估计，2×19年库存的煤炭跌价损失为300万元，年度亏损600万元。为了避免第二年亏损，该企业故意夸大2×19年的跌价损失，将账面上的跌价损失调高到1 000万元，这样处理的结果是：2×19年的总亏损由600万元扩大到1 300万元（600+(1 000－300)），但2020年通过转回上一年多计提的跌价损失700万元，业绩由亏损500万元变成盈利200万元。该公司将中立性原则（谨慎性原则）变成了“会计魔术”的工具。

中立性原则要想真正应用好，尚无非常好的办法，因为它依赖于估计。在缺乏充分数据的情况下，估计的主观性很大，不准确性较明显。待到整个社会建立大数据体系，企业运用大数据分析工具时，才可能将会计做账的中立性原则应用到位，才能减少少数企业借谨慎之名行造假之实的现象。

【延伸思考】关于谨慎性原则的争议

如果资产减值会计是合理的，那么公允价值会计一定是不合理的。而如果资产减值会计是不合理的，那么公允价值会计怎么可能是合理的呢？在缺乏法律证据的前提下少计资产或利润，多计负债或费用说得通吗？这与公允价值计量随意夸大资产不矛盾吗？

八、及时性

及时性要求企业对于已经发生的交易或者事项，应当按时进行确认、计量和报告，一般情况下不得提前或者延后，以免会计信息失去时效。凡会计期内发生的经济事项，应当在该期内做到按时结账，按期编报会计报表，以利决策者使用。特别是当今信息社会，会计资料若不及时记录，会计信息不及时加工、生成和报送，就会失去时效，变成一堆没用的信息，对决策也就不会有任何帮助。

在实务中，为了及时提供会计信息，可能需要在有关交易或者事项的信息全部获得之前进行会计处理，这样就满足了会计信息的及时性要求，但可能会影响会计信息的可靠性；反之，如果企业等到与交易或者事项有关的全部信息获得之后再进行会计处理，这样的信息披露可能会由于时效性问题，对投资者等财务报告使用者决策的有用性将大大降低。这就需要在及时性和可靠性之间进行相应权衡，以有利于财务报告使用者的经济决策需要为判断标准。

【延伸思考】会计信息使用者要求会计能够随着业务变化而变化，提供“实时”信息。

为了向企业的投资者、债权人以及管理者提供企业的经营情况，传统财务报告采取了定期报告的制度。而如今，随着竞争的加剧、科技的进步和金融工具的日新月异，经济情况发生了急剧变动，企业的经营类型和经营风险、财务风险会适时转换，会计信息使用者要求会计能够随着业务变化而变化，提供“实时”信息。过时的信息已无助于决策甚至有害于决策。在英国巴林银行事件中，巴林银行直至1995年2月末倒闭，其1994年的年度报告仍未实际完成，导致外部信息使用者决策失误。由此可见，信息披露不及时会加大外部会计信息使用者的决策风险。因此，为满足用户的信息需求，对外提供更短期间的财务报告就成为当务之急。

第四节　会计要素分类及其确认与计量原则

会计要素是对会计对象所作的基本分类，是会计核算对象的具体化。基本准则将企业会计要素分为六大类，即资产、负债、所有者权益、收入、费用和利润，同时规定了各要素的确认条件和计量原则。会计要素在确认时，均应满足相应的条件。

一、资产要素的定义及其确认条件

（一）资产的定义

资产是指企业过去的交易或者事项形成的、由企业拥有或者控制的、预期会给企业带来经济利益的资源。

【解读】资产的灵魂是经济利益。

有些家庭总喜欢将过时不用的衣服、家具、书籍等放在家里，甚至几十年不愿丢弃。对于这个家庭来说，这些东西既没有使用价值，也没有交换价值。这些东西只是形式上的资产，实质上已经成为垃圾。

有些老企业，仓库里堆积着很多残料、旧车辆、旧办公桌椅等，企业既不进行实物清理，也不在账面上注销。它们实质上已经不是资产，但在会计账上仍然表现为资产，因为处理废旧资产会给企业账面造成损失，所以企业不愿意进行处理。

按照会计的观点，资产的重要特征是预期能带来经济利益。凡是不能给企业带来经济利益的东西都不能算资产。产生经济利益是资产的灵魂，没有灵魂只有躯体的物资不是会计上的资产。

（二）资产的确认条件

将一项资源确认为资产，需要符合资产的定义，并同时满足以下两个条件：

（1）与该资源有关的经济利益很可能流入企业；

（2）该资源的成本或者价值能够可靠地计量。

【解读】 资产确认的三个特征与两个条件。

第一，要将资产记入账簿，首先要判断它是否具有资产的三个特征。

举例 1：某新能源汽车厂正在与政府洽谈征地，政府表达了下年出让 100 亩土地使用权给汽车厂的意向。这块土地是汽车厂现在的资产吗？

解析：不是，因为它不符合资产的第一个特征：过去的交易或事项形成的，100 亩土地使用权在下年才能算汽车厂的资产。

举例 2：某商场兼做受托代销业务，收到电器厂委托代销的 20 台热水器。这批热水器是商场的资产吗？

解析：不是，因为它不符合资产的第二个特征：企业拥有或控制。代销商品的所有权不属于商场。

举例 3：某运输公司有一辆已经报废的大货车。这辆货车是运输公司的资产吗？

解析：不是，因为它不符合资产的第三个特征：预期会给企业带来经济利益的流入。货车已经不能运营，失去了运输的功能。

结论：以上所涉及的 100 亩土地使用权、20 台热水器、一辆货车都不完全符合资产的定义，不具备资产的三个特征，所以不属于资产。

第二，要将资产记入账簿，还要判断是否具备记录入账的两个条件。

举例 4：某海洋酒店前天向水产公司购买了一批水产品。从水产品具有的特征上看，它是过去（前天）的交易形成的，所有权归酒店（拥有），能做成菜肴（产生经济利益）。所以，它是会计上的资产。但这批水产品可以登记入账吗？

首先，如果这批水产品发生了腐烂变质，其带来经济利益的可能性小于 50%，则认为其没有价值，故不能记录入账。这是资产入账的第一个条件：很可能为企业带来经济利益。

其次，如果这批水产品的成本无法确定，则不能入账，因为记账的第一步是编制记账凭证，而编制记账凭证的前提是作会计分录，完整的会计分录有三个要素：记账符号、会计科目、金额。没有金额，就无法记账。这是资产入账的第二个条件：成本能可靠计量。

所以，资产入账之前必须经过判断和确认两个阶段。判断其是否具有资产的三个特征，确认其是否具备“很可能为企业带来经济利益”“成本能可靠计量”这两个入账条件。

只有在全部符合三个特征、完全具备两个条件时，才能记录入账。

【例题 7 · 判断题】 企业拥有的一项经济资源，即使没有发生实际成本或者发生的

实际成本很小，但如果公允价值能够可靠计量，也应认为符合资产能够可靠计量的确认条件。（ ）

【正确答案】√

【例题8·单选题】下列各项表述中，不属于资产特征的是（ ）。

A. 资产是企业拥有或控制的经济资源

B. 资产预期会给企业带来经济利益

C. 资产的成本或价值能够可靠地计量

D. 资产是由企业过去的交易或事项形成的

【正确答案】C

【答案解析】选项C属于资产的确认条件，而不是资产的特征。

【例题9·单选题】下列各项表述中，不符合资产定义的是（ ）。

A. 委托加工物资

B. 生产过程中的在产品

C. 筹建期间发生的开办费

D. 尚待加工的半成品

【正确答案】C

【答案解析】选项C预期不会给企业带来经济利益，不属于企业的资产。

【延伸思考】资产的账面余额和账面价值有何区别？

资产的账面余额，是指某资产账户的账面实际余额，不扣除作为该账户备抵的项目（如相关资产的减值准备）。

资产的账面价值，是指某账户的账面余额减去相关的备抵项目后的净额。

举例：某项存货的账面余额为100万元，已提存货跌价准备20万元，则该项存货的账面余额为100万元，账面价值为80万元。

固定资产的账面余额一般指原价，原价减累计折旧是账面净值，账面价值是账面净值减去已计提减值准备。如：固定资产原价100万元，已计提折旧30万元，已计提减值准备20万元，则账面余额为100万元；账面净值＝原价－累计折旧＝100－30＝70万元；账面价值＝原价－累计折旧－减值准备＝100－30－20＝50万元。

（三）资产的分类和内容

企业资产分为流动资产和非流动资产两大类。

流动资产包括货币资金、交易性金融资产、衍生金融资产、应收票据、应收账款、应收款项融资、预付款项、其他应收款、存货、合同资产、持有待售资产、一年内到期的非流动资产、其他流动资产等。

非流动资产包括债权投资、其他债权投资、长期应收款、长期股权投资、其他权益工具投资、其他非流动金融资产、投资性房地产、固定资产、在建工程、生产性生物资产、油气资产、使用权资产、无形资产、开发支出、商誉、长期待摊费用、递延所得税资产、其他非流动资产等。

二、负债要素的定义及其确认条件

（一）负债的定义

负债是指企业过去的交易或者事项形成的、预期会导致经济利益流出企业的现时义务。

【延伸思考】如何理解负债是企业承担的现时义务？

负债必须是企业承担的现时义务，这是负债的一个基本特征。其中，现时义务是指企业在现行条件下已承担的义务。这里所指的义务可以是法定义务，也可以是推定义务。其中，法定义务是指具有约束力的合同或者法律法规规定的义务，通常必须依法执行；推定义务是指根据企业多年来的习惯做法、公开的承诺或者公开宣布的政策而导致企业将承担的责任，这些责任也使有关各方形成了企业将履行义务解脱责任的合理预期。

举例 1：企业购买原材料形成应付账款，企业向银行借入款项形成借款，企业按照税法规定应当缴纳的税款等。上述事项形成的义务属于企业承担的法定义务，需要依法予以履行。

举例 2：汽车召回对于汽车生产厂家来说属于推定义务还是法定义务？很显然，对于汽车生产厂家来说，主动召回属于推定义务，被动召回（因法律诉讼等）属于法定义务。

（二）负债的确认条件

将一项现时义务确认为负债，需要符合负债的定义，并同时满足以下两个条件：

（1）与该义务有关的经济利益很可能流出企业；

（2）未来流出的经济利益的金额能够可靠地计量。

【例题 10 · 单选题】下列项目中，使负债增加的是（　　）。

A. 发行公司债券

B. 用银行存款购买公司债券

C. 发行股票

D. 支付现金股利

【正确答案】A

【答案解析】发行公司债券使资产和负债同时增加；用银行存款购买公司债券和发行股票不影响负债变化；支付现金股利使负债减少。

（三）负债的分类和内容

企业负债分为流动负债和非流动负债两大类。

流动负债包括短期借款、交易性金融负债、衍生金融负债、应付票据、应付账款、预收款项、合同负债、应付职工薪酬、应交税费、其他应付款、持有待售负债、一年内到期的非流动负债、其他流动负债等。

非流动负债包括长期借款、应付债券、租赁负债、长期应付款、预计负债、递延收益、递延所得税负债、其他非流动负债等。

三、所有者权益要素的定义及其确认条件

（一）所有者权益的定义

所有者权益是指企业资产扣除负债后，由所有者享有的剩余权益。公司的所有者权益又称为股东权益。所有者权益是所有者对企业资产的剩余索取权。

（二）所有者权益的来源构成

所有者权益的来源主要包括：实收资本或股本、资本公积、其他权益工具、其他综合收益、盈余公积、未分配利润。

1. 实收资本或股本

资本是企业开展生产经营活动的本钱。法律之所以要求企业有“资本”且“实收”，是因为企业在生产经营过程中会产生负债，从保护债权人利益角度设定实收资本制度，可将实收资本作为偿债的保证。

资本的实收制给企业带来很大困难，一个新办企业，如果注册资本是 1 000 万元，但在运营初期业务属于开拓阶段，并不需要 1 000 万元做本钱，而法律要求企业 1 000 万元到位，这就会造成资本限制，因此我国对注册资本由实收制改为认缴制。

举例：某新办有限责任公司，注册资本为 1 000 万元，2021 年 5 月通过“一表申请”，按照“五证合一、一照一码”等级模式办理了营业执照、组织机构代码证、税务登记证、社会保险登记证、统计登记证。认缴资本为 100 万元。账务处理为（单位为万元）：

借：银行存款	100
其他应收款——注册资金认缴制	900
贷：实收资本	1 000

由此可知：“实收资本”1 000 万元并非实际收到的金额，实收资本未必一定等于实际收到的注册资本。

2. 资本公积

资本公积是指资本溢价或股本溢价。股本溢价就是溢价发行股份，将面值 1 元的股

票以高于1元的价格出售，超出的差额就是资本公积。那么为什么溢价发行呢？

其原因主要有：

（1）补偿原投资者资本的风险价值及其在企业资本公积和留存收益中享有的权益。相同数量的投资，由于出资时间不同，对企业的影响程度不同，由此带给投资者的权利也不同，往往前者大于后者。所以新加入的投资者要付出大于原投资者的出资额，才能取得与原投资者相同的投资比例。

另外，留存收益和资本公积属原投资者的权益，但没有转入实收资本。新投资者一旦加入，则将与原投资者共享该部分权益。这显然不公平合理，因此为了补偿原投资者的权益损失，新投资者如果需要获得与原投资者相等的投资比例，就需要付出比原投资者在获取该投资比例时所投入的资本更多的出资额，从而产生资本溢价。

（2）补偿企业未确认的自创商誉。一个企业从创立、筹建、生产营运，到开拓市场，构造企业的管理体系等，都会在无形之中增加企业的商誉，进而增加企业的财富。但是在现行企业会计制度下，出于会计计量上的不确定性和会计稳健原则等的考虑，企业不能够确认自创的商誉。因此，在企业的所有者权益中，并没有体现因自创商誉而使企业所有者财富增加的部分。然而如果新投资者加入企业，将毫无疑问地会分享到自创商誉的益处，那么新投资者必须付出更多的投入资本，以补偿原投资者在自创商誉收益权方面的损失。在这种情况下，新投资者投入的资本也会超过其按投资比例在实收资本中所拥有的部分，从而产生溢价。

（3）其他原因。如：在企业重组活动中，除了上述两个原因之外，新投资者为了获得对企业的控制权，为了获得行业准入，为了得到政策扶持或者所得税优惠等，也会导致其投入资本高于其在实收资本中按投资比例所享有的份额，从而产生资本公积。

企业形成的资本公积如何入账呢？

举例：2018年5月30日，宁德时代发行2.17亿股，每股发行价25.14元，筹集总资金54.55亿元，其中，股本2.17亿元，资本公积52.38亿元。会计处理为（单位为亿元）：

借：银行存款	54.55	
贷：股本		2.17
资本公积——股本溢价		52.38

3. 其他权益工具

其他权益工具主要包括优先股和永续债两种。

（1）优先股。优先股是股份公司发行的在分配红利和剩余财产时比普通股具有优先权的股份。优先股也是一种没有期限的有权凭证，具有如下特点：

1）优先股股东不参加公司的红利分配，无表决权和参与公司经营管理权；

2）优先股有固定的股息，不受公司业绩好坏影响，并且可以先于普通股股东领取股息；

3）当公司破产进行财产清算时，优先股股东对公司剩余财产有先于普通股股东的要求权。

优先股与普通股的关系如图 1-15 所示。

图 1-15 优先股与普通股示意图

(2) 永续债。永续债又称无期债券，是指没有明确的到期日，或者说期限非常长（一般不超过 30 年）的债券，投资者不能在一个确定的时间点得到本金，也不能要求清偿本金，但可以定期取得利息。永续债券一般仅限于政府债券。永续债实质上是一种介于债权和股权之间的融资工具。公司给永续债持有人还息不作为利息支出处理，而是作为股东权益的“分红”。

对于发行者来说，永续债可以以一个尽可能推迟或者将来偿还的形式来募集资金、补充资本，其融资成本要低于股权融资，列为权益的话在账面上增加企业的资产。对于投资者来说，永续债可以提供一个稳定的可预测的收入来源，因为利息的支付是有一个规定的日期的，而且永续债可能会提高利率。

对于发行者来说，永续债流动性低是最大风险。对于投资者来说，面临长期信用风险，比如，政府和企业有破产的可能；提前赎回的风险。(发行人会买回去吗?)。还有一个就是利率风险，随着时间的推移，永续债的利率有可能低于当前的利率，那么持有人就可能亏钱。

4. 其他综合收益

会计上的收益有六项：(1) 经营收益（营业收入与营业成本、财务费用、管理费用、销售费用之差）；(2) 投资收益（股票投资、债券投资等收益）；(3) 公允价值变动收益（交易性金融资产市价变动收益）；(4) 资产处置收益（固定资产、无形资产等处置产生的收益）；(5) 其他收益（政府补助形成的收益）；(6) 其他综合收益。前五项收益均作为营业利润，认可为经营者的经营业绩，第六项收益不作为营业利润，不属于经营者的工作业绩，在会计上不称为收益，而称为利得或损失，直接归属于所有者，计入所有者的权益。这是为什么呢？

举例：杭州延安公司有一栋大楼，3 年前建成，初始入账成本为 2 亿元，建成时用于本公司办公，3 年共计提折旧 0.2 亿元，未计提过减值准备。当前账面价值为 1.8 亿元。现改为对外出租。

解析：这是自用房地产转为按公允价值计量的投资性房地产的会计问题，会计上将其从“固定资产”账户转到“投资性房地产”账户。当前大楼市场价为 8 亿元，公司决定按公允价值计量，即原来 1.8 亿元的大楼改变用途后按 8 亿元在账户上记录其价值，产生账面增值 6.2 亿元。因为 6.2 亿元的增值并非企业努力经营形成的，而是楼市市场和计量方法改变形成的，所以不属于经营业绩，不应当计入利润表的营业利润中，只能计入资产负债表的所有者权益中，即将“意外”的收益直接归属到所有者的“口袋”里。那么，计入所有者权益里什么项目呢？原有的四个组成部分都不合适，会计上只好另加一个项目：其他综合收益。

5. 盈余公积

《中华人民共和国公司法》（简称《公司法》）要求企业必须从税后利润中提取盈余公积，而且规定了 10%的法定提取比例，旨在不让企业将当年的盈利全部分配完，留下一部分为企业的后续发展做好积累。

6. 未分配利润

很多企业都不会将当年可分配的利润全部分给股东，目的是为下一年生产经营活动提供更多的资金。否则很可能需向银行借款，成本高，手续烦，使用不方便。未分配利润是一种最简便的资金筹集方式，利用股东应得的利润进行再投资。

（三）所有者权益的确认条件

由于所有者权益体现的是所有者在企业中的剩余权益，因此，所有者权益的确认主要依赖于其他会计要素，尤其是资产和负债的确认，所有者权益金额的确定也主要取决于资产和负债的计量。

【例题 11 · 单选题】下列各项中，属于直接计入所有者权益的利得（其他综合收益）的是（　　）。

A. 出租无形资产取得的收益

B. 投资者的出资额大于其在被投资单位注册资本中所占份额的金额

C. 处置固定资产产生的净收益

D. 其他债权（或权益工具）投资的金融资产公允价值大于初始成本的差额

【正确答案】D

【答案解析】出租无形资产取得的收益属于日常活动；投资者的出资额大于其在被投资单位注册资本中所占份额的金额为资本公积；处置固定资产产生的净收益属于直接计入当期损益的利得（资产处置损益）。

【例题 12 · 判断题】所有者权益体现的是所有者在企业中的剩余权益，其确认和计量主要依赖于资产、负债等其他会计要素的确认和计量。（　　）

【正确答案】√

【答案解析】所有者权益是指企业资产扣除负债后，由所有者享有的剩余权益。因此，所有者权益的确认和计量依赖于资产、负债等会计要素的确认和计量。

四、收入要素的定义及其确认条件

（一）收入的定义

收入是指企业在日常经营活动中形成的、会导致所有者权益增加的、与所有者投入资本无关的经济利益的总流入，但不包括为第三方代收的款项，如代收款项（如代收的税款）属于应上交或转交的款项，这不是本企业日常活动产生的收入。

收入有广义与狭义之分。

（二）收入的确认条件

收入在确认时除了应当符合收入定义外，还应当满足严格的确认条件。新收入准则强调“控制权转移”（从客户角度考虑）的理念，即把商品和服务视作向客户转移的资产（服务通常不被认为是资产，因其获得的同时就被耗用了），收入是否实现主要取决于向客户承诺的资产控制权是否已转移给客户。卖方（服务提供方）履行了履约义务，向买方（客户）交付了承诺商品或服务，且经济利益的流入额能够可靠计量时，卖方才能确认收入，实现经济利益的很可能流入，从而导致企业资产增加或者负债减少。

【例题 13 · 单选题】下列各项中，符合会计收入要素定义的是（　　）。

A. 出售投资性房地产取得的收入

B. 出售无形资产净收益

C. 转让固定资产净收益

D. 向购货方收取的增值税销项税额

【正确答案】A

【答案解析】出售投资性房地产属于企业日常活动，计入其他业务收入，符合收入的定义；出售无形资产净收益和转让固定资产净收益不属于日常活动，计入资产处置损益，不符合收入定义；向购货方收取的增值税销项税额，不属于企业的收入核算的内容。

五、费用的定义及其确认条件

（一）费用的定义

费用是指企业在日常活动中发生的、会导致所有者权益减少的、与向所有者分配利润无关的经济利益的总流出。费用有广义与狭义之分。

（二）费用的确认条件

费用的确认除了应当符合费用定义外，还应当满足严格的条件，即费用只有在经济利益很可能流出，从而导致企业资产减少或者负债增加且经济利益的流出额能够可靠计量时才能予以确认。因此，费用的确认至少应当符合以下条件：

（1）与费用相关的经济利益很可能流出企业；

（2）经济利益流出企业的结果会导致资产的减少或者负债的增加；

（3）经济利益的流出额能够可靠地计量。

【例题 14 · 多选题】关于会计要素，下列说法中正确的有（　　）。

A. 收入可能表现为企业负债的减少

B. 费用可能表现为企业负债的减少

C. 收入会导致所有者权益增加

D. 收入只包括本企业经济利益的流入，不包括为第三方或客户代收的款项

【正确答案】ACD

【答案解析】费用可能表现为负债的增加。

【延伸思考】收入与利得、费用与损失的区别与联系

具体如表 1-1 所示。

表 1-1　收入与利得、费用与损失的区别与联系

项目	区别	联系
收入与利得	（1）收入与日常活动有关，利得与非日常活动有关 （2）收入是经济利益总流入，利得是经济利益净流入	都会导致所有者权益增加，且与所有者投入资本无关
费用与损失	（1）费用与日常活动有关，损失与非日常活动有关 （2）费用是经济利益总流出，损失是经济利益净流出	都会导致所有者权益减少，且与向所有者分配利润无关

【例题 15 · 单选题】依据企业会计准则的规定，下列有关收入和利得的表述中，正确的是（　　）。

A. 收入源于日常活动，利得源于非日常活动

B. 收入会影响利润，利得也一定会影响利润

C. 收入会导致经济利益的流入，利得不一定会导致经济利益的流入

D. 收入会导致所有者权益的增加，利得不一定会导致所有者权益的增加

【正确答案】A

【答案解析】利得是指由企业非日常活动所形成的、会导致所有者权益增加的、与所有者投入资本无关的经济利益的流入。利得可能直接计入所有者权益。

六、利润的定义及其确认条件

(一) 利润的定义

利润是指企业在一定会计期间的经营成果,包括日常收入减去日常费用后的净额、直接计入当期利润的利得和损失等。其中,直接计入当期利润的利得和损失是指应当计入当期损益、最终会引起所有者权益发生增减变动的、与所有者投入资本或者向所有者分配利润无关的利得或损失,即营业外收入与营业外支出。

利润的概念用公式表示为:

利润=收入-费用+利得-损失

(二) 利润的来源构成

具体如表 1-2 所示。

表 1-2 利润表

会企 02 表

编制单位: 年 月 单位:元

项目	本期金额	上期金额
一、营业收入		
减:营业成本		
税金及附加		
销售费用		
管理费用		
研发费用		
财务费用		
其中:利息费用		
利息收入		
加:其他收益		
投资收益(损失以"-"号填列)		
其中:对联营企业和合营企业的投资收益		
净敞口套期收益(损失以"-"号填列)		
公允价值变动收益(损失以"-"号填列)		
信用减值损失(损失以"-"号填列)		
资产减值损失(损失以"-"号填列)		
资产处置收益(损失以"-"号填列)		
二、营业利润(亏损以"-"号填列)		

续表

项目	本期金额	上期金额
加：营业外收入		
减：营业外支出		
三、利润总额（亏损总额以“－”号填列）		
减：所得税费用		
四、净利润（净亏损以“－”号填列）		
（一）持续经营净利润（净亏损以“－”号填列）		
（二）终止经营净利润（净亏损以“－”号填列）		
五、其他综合收益的税后净额		
（一）不能重分类进损益的其他综合收益		
1. 重新计量设定受益计划变动额		
2. 权益法下不能转损益的其他综合收益		
3. 其他权益工具投资公允价值变动		
4. 企业自身信用风险公允价值变动		
……		
（二）将重分类进损益的其他综合收益		
1. 权益法下可转损益的其他综合收益		
2. 其他债权投资公允价值变动		
3. 金融资产重分类计入其他综合收益的金额		
4. 其他债权投资信用减值准备		
5. 现金流量套期储备		
6. 外币财务报表折算差额		
……		
六、综合收益总额		
七、每股收益		
（一）基本每股收益		
（二）稀释每股收益		

（三）利润的确认条件

利润反映的是收入减去费用、利得减去损失后的净额，因此，利润的确认主要依赖于收入和费用以及利得和损失的确认，其金额的确定也主要取决于收入、费用、利得、损失金额的计量。

【例题16·判断题】企业发生的各项利得或损失，均应计入当期损益。（　　）

【正确答案】×

【答案解析】企业发生的各项利得或损失，可能直接影响当期损益，也可能直接影响所有者权益。

【例题17·单选题】下列关于会计要素的表述中，正确的是（　　）。

A. 负债的特征之一是企业承担潜在义务

B. 资产的特征之一是预期能给企业带来经济利益

C. 利润是企业一定期间内收入减去费用后的净额

D. 收入是所有导致所有者权益增加的经济利益的总流入

【正确答案】 B

【答案解析】 负债是企业承担的现时义务，选项 A 错误；利润是指企业在一定会计期间的经营成果，包括收入减去费用后的净额、直接计入当期利润的利得和损失，选项 C 错误；收入是指企业在日常活动中形成的、会导致所有者权益增加的、与所有者投入资本无关的经济利益的总流入，利得也是能导致所有者权益增加的经济利益的流入，但是利得不属于企业的收入，选项 D 错误。

七、会计要素的计量属性及其应用原则

（一）会计要素的计量属性

企业在将符合确认条件的会计要素登记入账并列报于财务报表时，应当按照规定的会计计量属性计量，确定其金额。计量属性是指所计量的某一要素的特性方面，如桌子的长度、铁矿的重量、楼房的高度等。从会计角度来看，计量属性反映的是会计要素金额的确定基础，具体如图 1－16 所示。

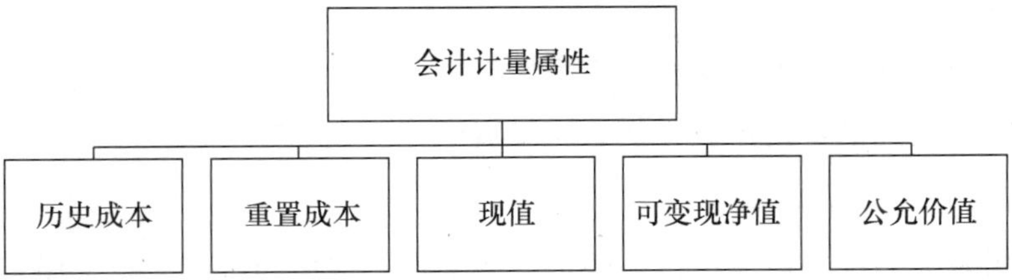

图 1－16 会计计量属性示意图

【课堂讨论】

资料：小王的手机丢了，手机是他参加全国会计大赛的奖品，全新时价值 8 000 元。她与同学郁闷地说起丢手机的事。

A 同学说：丢的不是 8 000 元，而是 5 000 元，因为同款手机现在的价格是 5 000 元。

B 同学说：丢的不是 5 000 元，而是 3 000 元，因为是旧手机了，现在只能卖 3 000 元。

C 同学说：丢的不是 3 000 元，而是 1 000 元，因为那个手机对小王而言是奢侈品，99%的功能都是闲置的，如果你自己买手机，买一个 1 000 元的就能满足你打电话、发短信、看时间的需要。

D 同学说：一分钱都没丢，因为你当初根本就没花钱买，手机是奖励的，没花一分钱。

E 同学说：丢的可能是 20 000 元，因为如果当初将新手机卖掉，将钱投入股市，那时投入的 8 000 元现在可能是 20 000 元了。

F 同学说：丢的不是 20 000 元，而是 25 000 元。因为那时买的股票现在还没有卖，再持有几个月股价可能达到 30 000 元，折算成现在的价值就是 25 000 元。

思考：小王丢的这部手机到底应该值多少钱？

解析：如何区别不同的计量属性？

（1）8 000 元，历史成本；

（2）5 000 元，重置成本；

（3）3 000 元，可变现净值；

（4）20 000 元，公允价值；

（5）25 000 元，现值。

1. 历史成本

历史成本又称实际成本，是取得或者制造某项财产物资时所实际支付的现金或者现金等价物。

2. 重置成本

重置成本又称现行成本，是指按照当前市场条件重新取得同样一项资产所支付的现金或者现金等价物金额，是盘盈存货、固定资产入账成本的口径。

3. 现值

现值是指对未来现金流量以恰当的折现率进行折现后的价值，是考虑货币时间价值因素等的一种计量属性。会计实务中下列业务的入账口径采用此计量模式：

（1）分期付款方式购买固定资产、无形资产；

（2）分期收款销售商品取得收入；

（3）资产减值准则所规范的资产在认定其可收回价值时，未来现金流量是备选口径之一；

（4）弃置费用计入固定资产；

（5）租赁业务取得租赁资产。

4. 可变现净值

可变现净值是指在正常生产经营过程中，以预计售价减去进一步加工成本和销售所必需的预计税金、销售费用后的净值。会计实务中下列业务的入账口径采用此计量模式：

（1）存货的期末计价采用成本与市价计量时，可变现净值成为存货期末计价的一种选择。

（2）资产减值准则所规范的资产在认定其可收回价值时，公允价值减去处置费用后的净额是备选口径之一。

5. 公允价值

公允价值是指市场参与者在计量日发生的有序交易中，出售一项资产所能收到或者转移一项负债所需支付的价格，即脱手价。会计实务中下列业务的入账口径采用此计量模式：

（1）金融资产的计量口径；

（2）投资性房地产的后续计量口径选择之一；

（3）新租赁准则下租赁资产的计量口径选择之一；

（4）非货币资产交易选择的计量口径选择之一。

（二）会计要素计量属性的应用原则

企业在对会计要素进行计量时，一般应当采用历史成本。在某些情况下，为了提高会计信息质量，实现财务报告目标，《企业会计准则》允许采用重置成本、可变现净值、现值、公允价值计量的，应当保证所确定的会计要素金额能够取得并可靠计量。如果这些金额无法取得或者无法可靠地计量，则不允许采用其他计量属性。

【延伸思考】关于公允价值概念的争议

自2006年公允价值计量引入我国会计准则体系，这一计量属性便迅速发展。除金融工具外，它还蔓延至企业合并、非货币性资产交换、债务重组、租赁等重要经济业务中。公允价值计量将会计记录时点提前至契约履行完毕之前，突破了传统会计理论，实质上源自金融分析。它的复杂性及其导致的可操纵性被众多学者诟病。同时，公允价值计量也使会计准则变得异化（非会计化）。

公允价值可能是一个不恰当的会计概念，实务中难以获得，往往依靠金融估价模型来测算或者人为估计来确定，缺少公信力，公允价值是假想出来的数字，不是基于实际交易而是基于“假想交易”提出的。作为计量属性，它仅仅是估计价格，它的计量是以活跃市场中别人的交易价格为基础，而不是以企业自身的真实交易价格为基础，有悖于会计原理的客观性理念。

【例题18·单选题】下列关于会计计量属性的表述中，不正确的是（ ）。

A. 历史成本反映的是资产过去的价值

B. 重置成本是取得相同或相似资产的现行成本

C. 现值是取得某项资产在当前需要支付的现金或现金等价物

D. 公允价值是指市场参与者在计量日发生的有序交易中，出售一项资产所能收到或者转移一项负债所需支付的价格

【正确答案】C

【答案解析】现值是指对未来现金流量以恰当的折现率进行折现后的价值。

热点思考题

1. 如何界定收入与利得、费用与损失？它们的联系与区别是什么？
2. 权责发生制与收付实现制在界定收支上的异同点是什么？
3. 资产的账面余额、账面净值、账面价值的区别与联系是什么？
4. 会计上的五个计量属性在计量上有何区别？
5. 如何理性理解财务会计的目标？

第二章

货币资金与应收及预付款项核算

教学导向

(1) 掌握库存现金清查的核算方法

(2) 理解各种银行结算程序

(3) 掌握其他货币资金的核算步骤

(4) 重点掌握现金折扣、商业折扣与应收账款的关系

(5) 了解应收及预付款项核算的原理

(6) 熟练掌握坏账准备备抵法的核算操作

课程思政

(1) 货币资金核算中的思政元素——恪守现金、银行存款管理制度，树立正确的金钱观与消费观，筑牢守法意识、合规意识，夯实职业底线，不碰职业红线

(2) 应收账款核算中的思政元素——树立良好商业信用，懂得崇正义、对价取之有道，遵守商业信用

第一节 库存现金核算

一、库存现金的管理

(一) 库存现金的定义

会计上的现金有广义和狭义之分。广义的现金包括库存现金、银行存款及其他可以普遍接受的流通手段，如银行汇票、银行本票、支票、存出投资款、外埠存款、信用卡、信用证存款、微信存款、支付宝存款等。而狭义的现金仅指库存现金，即企业持有的纸币和硬币等，包括人民币和外币。本章中的现金指的是狭义的现金（即库存现金）。

【延伸思考】现金流量表中的现金是相对广义的现金，不仅包括库存现金，还包括企业随时支用的银行存款和其他货币资金，以及现金等价物。现金等价物，是指企业持有的期限短、流动性强、容易转换为已知金额的现金和价值变动风险很小的投资。

（二）现金限额规定

库存现金限额，是指为保证各单位日常零星支付按规定允许留存的现金的最高数额，凡在银行开户的独立核算单位都要核定库存现金限额。具体规定如下：

（1）库存现金的限额，由开户行根据开户单位的实际需要和距离银行远近等情况核定。其限额一般按照单位3～5天日常零星开支所需现金确定。远离银行机构或交通不便的单位可依据实际情况适当放宽，但最高不得超过15天。注意此情形必须经开户银行审核批准。

（2）一个单位在几家银行开户的，由一家开户银行核定开户单位库存现金限额。

（3）独立核算的附属单位由于没有在银行开户，但需要保留现金，也要核定库存现金限额，其限额可包括在其上级单位库存现金限额内；商业企业的零售门市部需要保留找零备用金，其限额可根据业务经营需要核定，但不包括在单位库存现金限额之内。

（4）库存现金限额的计算方式一般是：

库存现金＝前一个月平均每天支付的数额(不含每月平均工资数额)×限定天数

（5）企业必须严格执行库存现金限额制度，按开户行核定的库存现金限额保留库存现金，企业每日的现金结存数不得超过核定的限额，超出部分应当及时送存银行。企业如需调整库存现金限额，可以经开户行申请核定。超过使用现金限额的部分，应当以支票或者银行本票支付。确需全额支付现金的，经开户行审核后，予以支付现金。

（三）现金收支的规定

（1）当日送存银行。

（2）一般情况下不得坐支（特殊情形可经银行特批）。

举例：甲公司向张某收取1 000元现金，同时，甲公司需要支付给李某800元，甲公司从收取的1 000元里拿出800元支付给李某，这就属于坐支行为。

（3）提现需注明用途，经主管签章、银行审核后方可执行。

（4）特殊情况支用现金的，由主管签章、银行审核后方可执行。

二、库存现金的账务处理

目前企业普遍使用网银、支付宝或微信等方式进行收支结算，甚至出差都使用公务卡结算，个人也很少使用现金买东西，企业采购农产品也可以银行汇款或微信付款，现金结算业务已经鲜有出现。这里略。

三、库存现金的清查处理

库存现金收支业务频繁，容易出错，为了保护现金的安全完整，做到账实相符，出纳人员每天都需要进行清查。另外，单位还应定期或不定期组织专门清查。库存现金应采用实地盘点法进行清查，即通过盘点确定库存现金的实存数，并与库存现金日记账的账面余额核对，以查明账实是否相符，并确定是否存在溢余短缺情况。每日业务终了，出纳人员应将库存现金日记账的账面余额与库存现金的实存数进行核对，做到账实相符。在清查小组清查前，出纳人员应将全部有关现金的收付款凭证登记入账，结出库存现金的余额，并填列在库存现金盘点报表的“账存金额”栏内，注意有无违反现金管理制度（如白条抵库、挪用现金等）的情况。在盘点时，清查人员应在出纳人员在场时清点现金，核对账实。在盘点完成后，相关人员应编制库存现金盘点报表，并由盘点人员和出纳人员共同签章。库存现金盘点报表是证明现金实有数额的重要原始凭证，也是查明账实不符的原因和据以调整账簿记录的重要依据（见表 2－1）。

表 2－1 库存现金盘点报表

单位名称： 年 月 日 单位：元

实存金额	账存金额	对比结果		备注
		盘盈	盘亏	

盘点人员（签章）： 出纳人员（签章）：

在盘点以后，对发现的差错应查明原因，等待处理，通过“待处理财产损溢——待处理流动资产损溢”账户进行核算。具体处理如表 2－2 所示。

表 2－2 库存现金长短款的会计处理

情形	当时	处理时
盘盈（现金长款）	借：库存现金 贷：待处理财产损溢——待处理流动资产损溢	借：待处理财产损溢——待处理流动资产损溢 贷：其他应付款（有主款项） 营业外收入（无主款项）
盘亏（现金短款）	借：待处理财产损溢——待处理流动资产损溢 贷：库存现金	借：管理费用（企业承担部分） 其他应收款（责任赔款部分） 贷：待处理财产损溢——待处理流动资产损溢

【例题1·实操题】2×21年11月10日，某公司对现金清查时，存在下列两种情形。

（1）发现库存现金短缺9 000元，原因待查。（实际款数少于账簿记载金额。）

借：待处理财产损溢——待处理流动资产损溢　　9 000
　贷：库存现金　　9 000

事后经查明，应向公司职工李丽追回其个人借款3 000元（借款当时未立借据），其余原因不明，计入管理费用。

借：其他应收款——李丽　　3 000
　　管理费用　　6 000
　贷：待处理财产损溢——待处理流动资产损溢　　9 000

（2）发现库存现金溢余2 000元，原因待查。（实际款数多于账簿记载金额。）

借：库存现金　　2 000
　贷：待处理财产损溢——待处理流动资产损溢　　2 000

原因不明，经批准计入利得。

借：待处理财产损溢——待处理流动资产损溢　　2 000
　贷：营业外收入　　2 000

第二节　银行存款核算

一、银行存款账户的开立和使用规定

银行存款是指企业存放在本地银行的货币资金。除留存限额内的现金外，企业收入的一切款项都必须送存银行。除了可以使用现金支付之外，企业的一切支出都必须遵守银行结算办法的有关规定，通过银行账户办理转账结算。

【延伸思考】银行存款，一般情况下存取是自由的，提现或转账不受限制。然而，不能忽视两种特殊的存款。

一种是定期存款。如果管理层有明确的意图进行“定期”以获得比较高的协议利息收入，这部分存款就不是会计上所指的一般性银行存款了，是将其记入“债权投资”账户，还是记入“长期应收款”账户，有不同的观点。在资产负债表中应当将其归类到“其他非流动资产”项目中反映。

另一种是冻结存款。企业遇到债务纠纷或处于法律处罚阶段，存款被法院冻结。这部分存款不仅失去了流动性的最基本特征，而且存款的所有权归属变得不可确定。对于被冻结的银行存款，要不要重新进行会计处理以及如何处理，会计准则也没有作出明确的规定。

根据国家有关规定，凡是独立核算的单位都必须在当地银行开立账户。企业在向银行申请开立银行结算账户时，应填制开户申请书，持五证合一营业执照。

银行存款账户分为基本存款户、一般存款户、临时存款户和专用存款户，相关规定如下：

（一）基本存款户

（1）工资、奖金支取只能使用该账户；

（2）具有“四个一”规定，即一个企业只能选择一家银行的一个营业机构开立一个基本存款账户；

（3）不能多家银行开立。

（二）一般存款户

（1）是银行借款转存账户、分支机构账户；

（2）可转账、存现但不能支现；

（3）可多家银行开立，但同一家银行不能多处开立。

（三）临时存款户

（1）临时经营开立；

（2）符合规定可存取现金。

（四）专用存款户

根据特定用途开立。如：证券交易结算资金，单位银行卡备用金，党、团、工会设在单位的组织机构经费，社会保障基金，住房基金等账户。

二、银行结算方式

（一）银行汇票

银行汇票是汇款人将款项交存当地出票银行，由出票银行签发的，由其在见票时按照实际结算金额无条件支付给收款人或持票人的票据。它具有使用灵活、票随人到、兑现性强等特点。银行汇票适用于先收款后发货或钱货两清的商品交易。单位和个人结算各种款项均可使用银行汇票。银行汇票的付款期限为自出票日起 1 个月内。银行汇票的收款人可以将银行汇票背书转让给他人，即被背书人。银行汇票的背书转让以不超过出票金额的实际结算金额为准，未填写实际结算金额或实际结算金额超过出票金额的银行汇票不得背书转让。具体结算程序如图 2－1 所示。

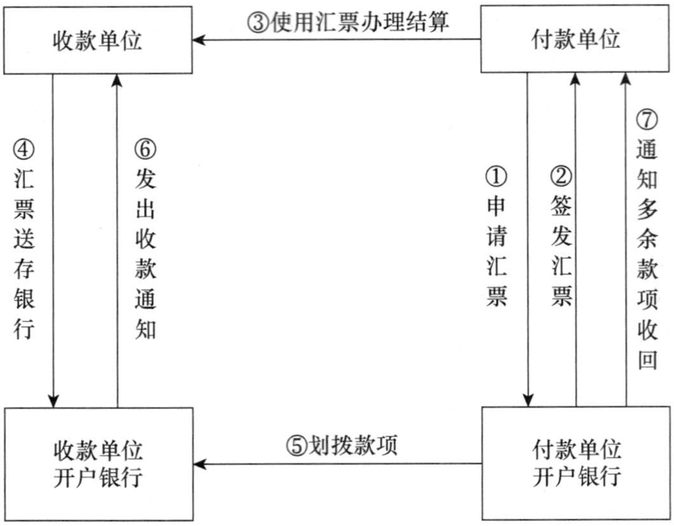

图2-1 银行汇票结算程序图

（二）银行本票

银行本票是银行签发的承诺自己在见票时无条件支付确定的金额给收款人或者持票人的票据。银行本票由银行签发并保证兑付，而且见票即付，具有信誉高、支付功能强等特点。银行本票分为定额本票和不定额本票。定额本票的面值有1 000元、5 000元、10 000元和50 000元。银行本票的付款期限为自出票日起最长不超过2个月。银行本票可以根据需要在票据交换区域内背书转让。具体结算程序如图2-2所示。

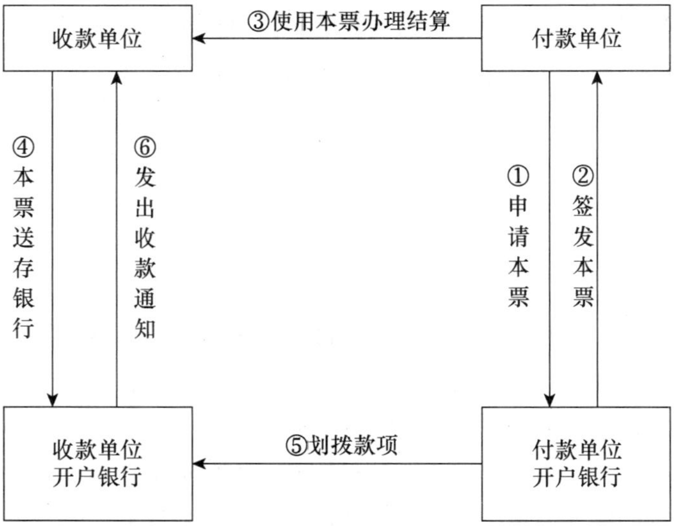

图2-2 银行本票结算程序图

【延伸思考】银行汇票与银行本票的应用场景区别

对企业而言，申领银行本票与银行汇票的手续是相同的，但在使用时有两点不同：

（1）银行汇票可以在同城使用，也可以在异地使用；银行本票只能在同城使用。

（2）银行汇票的有效期为 1 个月，银行本票的有效期为 2 个月。

对银行而言，两者的区别是：

银行汇票的资金当时就可以进入银行自己的账户，而银行本票的资金需要通过银行间的清算系统才能进入自己的账户。

（三）商业汇票

商业汇票是出票人签发的委托付款人在指定日期无条件支付确定的金额给收款人或者持票人的票据。只有在银行开立存款账户的法人与其他组织之间具有真实的交易关系或债权债务关系时，才能使用商业汇票。商业汇票的付款期限由交易双方商定，最长不得超过 6 个月。商业汇票提示付款期限自汇票到期日起 10 日内。商业汇票可以由付款人签发并承兑，也可经由收款人签发交由付款人承兑。商业汇票可背书转让。

商业汇票根据承兑人不同，可分为商业承兑汇票和银行承兑汇票两种。

1. 商业承兑汇票

商业承兑汇票是由银行以外的付款人进行承兑，属于商业信用范畴。商业承兑汇票可以由付款人签发并承兑，也可以由收款人签发交由付款人承兑。持票人在指定期限内向银行提示付款时，如果是付款人存款账户中心支付的，则由银行将票款给持票人，但付款人存款账户不足以支付时，开户银行将汇票退收款人，由收、付双方自行解决。具体结算程序如图 2-3 所示。

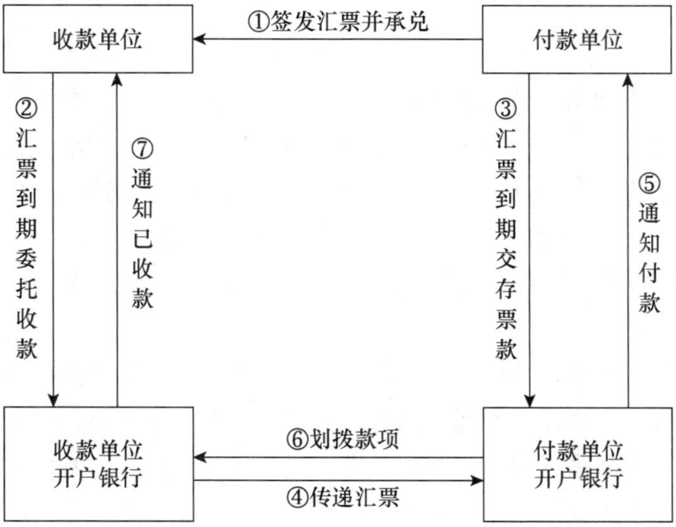

图 2-3 商业承兑汇票结算程序图

2. 银行承兑汇票

银行承兑汇票由银行承兑，由开立存款账户的存款人签发，属于银行信用范畴。持票人在指定期限内向银行提示付款时，承兑银行应在汇票到期日或到期日后的见票当日支付票款。如出票人未于汇票到期日足额支付票款，承兑银行除凭票向持票人无条件付款外，还要对出票人尚未支付的汇票金额按照每天 0.5‰计收利息。具体结算程序如图 2-4 所示。

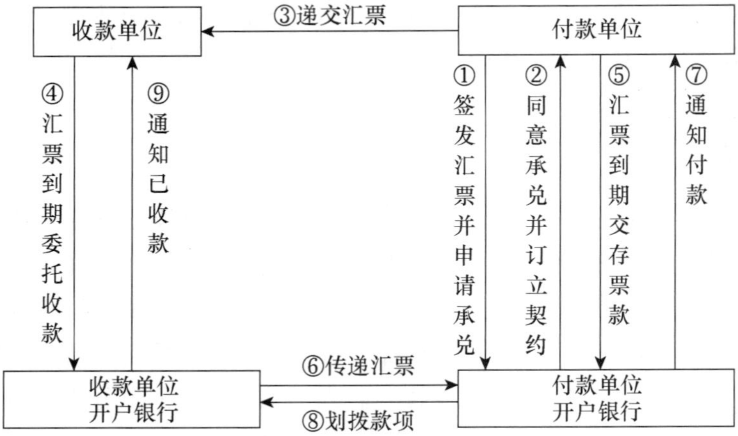

图 2-4 银行承兑汇票结算程序图

【延伸思考】商业承兑汇票与银行承兑汇票的区别

商业承兑汇票名称中的“商业”两字可以理解为企业，汇票到期时企业自己支付给收款人；银行承兑汇票是付款企业的开户行到期支付款项给收款人。由于银行实力雄厚，且比企业更值得信赖，一般情况下收款方倾向于取得银行承兑汇票。

（四）支票

支票是一种最方便简单的付款方式。我们常在电影、电视上看到这样的场景：

场景一：某地红十字会组织一场赈灾义捐活动，一个人拿出一张支票，交给主持人。主持人现场报出：50 万元支票一张！全场立即响起一片掌声。主持人拿到这张支票就等于拿到了 50 万元，会后可以直接持支票到银行取款或转账，银行直接从捐赠者账户上将 50 万元划到红十字会账户上去。这种方法不需要付款人到银行，经常为公司老板或业务员所采用。

场景二：王某欠林老板 100 万元，拖了很久。有一天，林老板找到王某，王某很客气地接待了林老板，连声说对不起，然后从抽屉里取出一张支票，写上 100 万元交给林老板。林老板高高兴兴去了银行，银行一查，王某账户上只有 5 万元。王某签发给林老板的这张支票叫作空头支票，账户上没有足够的钱支付支票上的金额。

场景三：富豪马先生的孩子有一天不慎落水，被路过的快递员小牛看到了，小牛下水救起了孩子。马先生为了报答小牛对孩子的救命之恩，请小牛吃饭。席间，马先生从提包里掏出一张支票，双手递给小牛，说：“牛先生，这是我的一点心意，支票上的金额是空的，你随便填，不要客气。以后你有什么困难，立即给我打电话，我一定帮忙。”马先生签发出的这张支票叫作空白支票。

支票使用方便，但在使用时要注意以下几点：

（1）支票是有时间限制的，一般付款期是自出票之日起10天，超过10天，该支票就作废了。

（2）有些支票有支付密码，有的没有。上述三个场景的支票都是无密码的，到银行可以直接支取。如果丢了无密码的现金支票，被别人捡到了，别人也可以到银行取出钱。

（3）除了非常信任的人，一般情况下不能签发空白支票，否则持票人填写一个巨大数字，你账户上的钱可能就分文不剩了。

（4）空头支票、印鉴不对的支票、密码不对的支票，不仅拿不到钱，还可能被罚款。

（5）支票分为现金支票、转账支票和普通支票三种。在支票上印有“现金”字样的支票为现金支票，现金支票只能用于支取现金；在支票上印有“转账”字样的支票为转账支票，转账支票只能用于转账；在支票上未印“现金”和“转账”字样的支票为普通支票，普通支票既可用于支取现金也可用于转账；在普通支票左上角划两条平行线的，为划线支票，划线支票只能用于转账，不得支取现金。具体结算程序如图2-5所示。

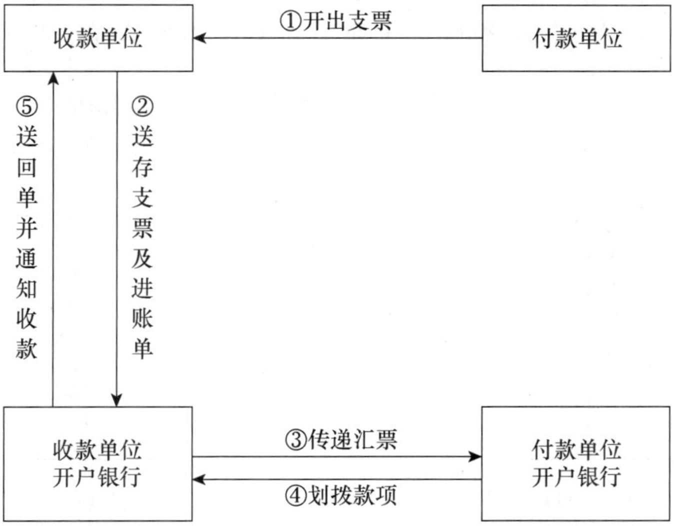

图2-5　支票结算程序图

（五）信用卡

信用卡是指商业银行向个人和单位发行的，凭以向特约单位购物、消费和向银行存取现金且具有消费信用的特制载体卡片。信用卡按使用对象分为单位卡和个人卡；按信誉等级分为金卡和普通卡。单位卡一律不得用于10万元以上商品交易、劳务供应款项的结算，不得支取现金。信用卡在规定的限额和期限内允许善意透支，透支额金卡最高不得超过10 000元，普通卡最高不得超过5 000元。透支期限最长为60天。具体结算程序如图2-6所示。

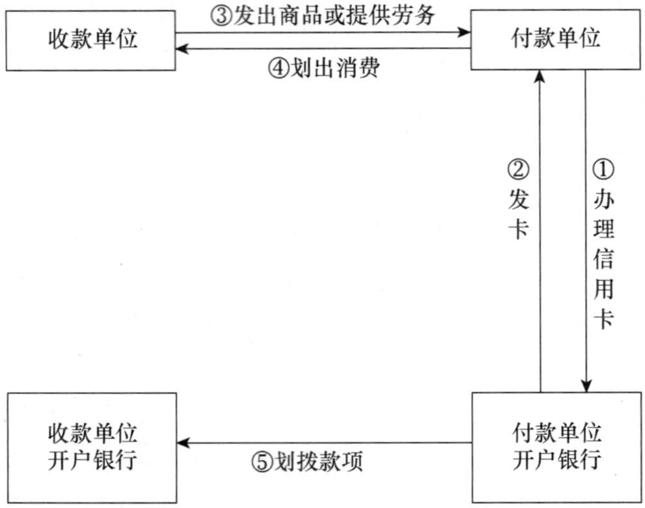

图2-6　信用卡结算程序图

（六）汇兑

汇兑是汇款人委托银行将其款项支付给收款人的结算方式。汇兑分信汇和电汇两种。汇兑结算方式适用于异地之间的各种款项结算。具体结算程序如图2-7所示。

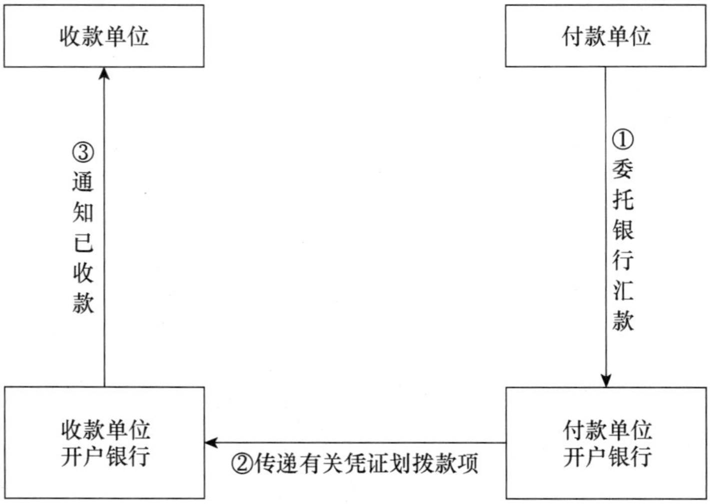

图2-7　汇兑结算程序图

（七）托收承付

托收承付是根据购销合同由收款人发货后委托银行向异地付款人收取款项、由付款人向银行承认付款的结算方式。办理托收承付的必须是国有企业，以及经营管理较好并经开户银行审查同意的城乡集体所有制工业企业。

托收承付款项划回方式分为邮寄和电报两种，每笔结算的金额起点为 10 000 元，新华书店系统每笔金额起点为 1 000 元。在采用托收承付结算方式时，购销双方必须签有符合《中华人民共和国民法典》规定的购销合同，并在合同上订明使用托收承付结算方式。按照《支付结算办法》的规定，承付货款分为验单付款与验货付款两种。验单付款是购货企业根据经济合同对银行转来的托收结算凭证、发票账单及代垫运杂费等到交易所进行审查无误后，即可承认付款。验货付款是购货企业等到货物运达企业，对其进行检验，确认其完全与合同相符后，才承认付款。具体结算程序如图 2-8 所示。

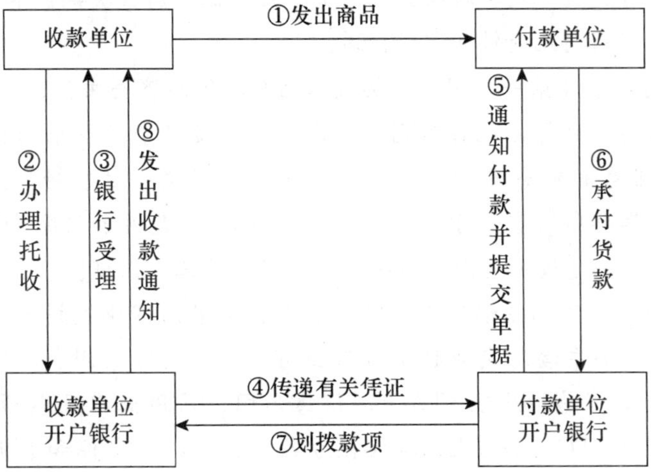

图 2-8　托收承付结算程序图

（八）信用证

信用证结算方式是国际结算的一种主要方式。采用信用证结算方式的，收款单位在收到信用证后，即备货装运，签发有关发票账单，连同运输单据和信用证送交银行，根据退还的信用证等有关凭证编制收款凭证；付款单位在接到开证行的通知时，根据付款的有关单据编制付款凭证。具体结算程序如图 2-9 所示。

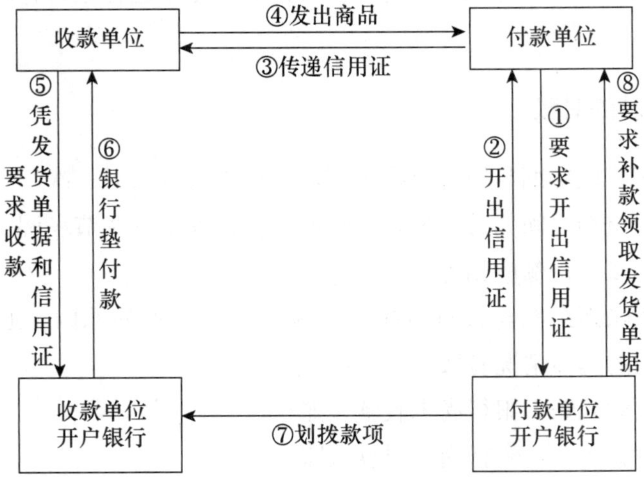

图 2-9　信用证结算程序图

【延伸思考】 区块链技术将替代信用证结算

信用证是一种广泛应用的国际贸易领域的货款结算方式，但这种传统的结算方式即将为区块链技术所颠覆。

以往国际贸易必须通过银行信用证结算，信用证体系相当于国际贸易中的支付宝，通过第三方保证贸易双方的利益，实际操作相当复杂，需要将出口单据通过邮寄的方式在进出口双方的银行和客户之间进行传递。除了有中途丢失的风险外，贸易单据造假也时有发生，处理时间会长达1个月。但使用区块链技术，可以实现加密电子凭证在全球范围内几分钟即完成传递。

2016年9月，全球第一笔用区块链技术结算的国际贸易由英国巴克莱银行完成，取代了银行的信用证结算，耗时不到4小时。这笔贸易货款如果用信用证结算需要7～10天。该笔业务的贸易额为10万美元，出口商是爱尔兰农场，产品是芝士和黄油，进口商是离岸群岛的塞舌尔贸易商。区块链技术提供了记账和交易处理系统，所有交易方的文件都通过安全网络系统追踪，且无第三方认证。

2018年1月，中国山东渤海实业股份有限公司采用区块链技术从美国进口一船大豆，路易达孚、山东渤海实业股份有限公司、荷兰国际集团、法国兴业银行、荷兰银行参与了这笔贸易。此项贸易中，销售合同、信用证以及各项凭证都在Easy Trading Connect（ETC）平台上以数字化方式进行。花在文件和数据处理上的时间大为缩短。

三、银行存款的核算

（一）账户设置

企业应当设置银行存款总账和银行存款日记账，分别进行银行存款的总分类核算和明细分类核算。

（二）银行存款的对账

银行存款日记账应定期与银行对账单核对，至少每月核对一次。企业银行存款账面余额与银行对账单余额之间如有差额，应编制银行存款余额调节表调节相符，如没有记账错误，调节后的双方余额应相等。

企业银行存款账面余额与银行对账单余额之间不一致的原因，通常是存在未达账项。发生未达账项的具体情况有四种：

一是企业已收款入账，银行尚未收款入账；

二是企业已付款入账，银行尚未付款入账；

三是银行已收款入账，企业尚未收款入账；

四是银行已付款入账，企业尚未付款入账。

银行存款余额调节表只是为了核对账目，并不能作为调整银行存款账面余额的记账依据。

【例题2·实操题】2×21年10月31日，京华公司的银行存款日记账余额为186 900元，银行对账单余额为175 700元，经逐笔核对后发现如下未达账项：

（1）企业收到转账支票一张，金额为46 500元。企业已入账，银行尚未入账。

（2）银行代扣企业电话费12 800元。银行已入账，企业尚未入账。

（3）企业开出转账支票购买材料，金额为14 600元。企业已入账，银行尚未入账。

（4）某商场汇入本企业购货款33 500元。银行已入账，企业尚未入账。

【解析】根据上述资料，编制京华公司2×21年10月31日的银行存款余额调节表，如表2-3所示。

表2-3　银行存款余额调节表

存款银行：　　账号：　　2×21年10月31日　　单位：元

项目	金额	项目	金额
企业银行存款日记账余额	186 900	银行对账单余额	175 700
加：银行已收，企业未收款项	33 500	加：企业已收，银行未收款项	46 500
减：银行已付，企业未付款项	12 800	减：企业已付，银行未付款项	14 600
调节后余额	207 600	调节后余额	207 600

通过编制银行存款余额调节表，调节相等后的银行存款余额是当日可以动用的银行存款实有数。对于银行已经登记入账而企业尚未接到凭证仍未入账的未达账项，要待银行结算凭证到达后才能据以入账，不能以银行存款余额调节表为记账依据。

【例题3·单选题】下列各项中，会导致企业银行存款日记账余额大于银行对账单余额的是（　　）。

A. 企业开具支票，对方未到银行兑现

B. 银行误将其他公司的存款计入本企业银行存款账户

C. 银行代收货款，企业尚未接到收款通知

D. 企业收到购货方转账支票一张，送存银行，银行尚未入账

【正确答案】D

【答案解析】选项ABC，会导致企业银行存款日记账余额小于银行对账单余额。

第三节　其他货币资金核算

一、其他货币资金的内容

其他货币资金是指除现金、银行存款之外的货币资金，主要包括外埠存款、银行本

票存款、银行汇票存款、信用证保证金存款、信用卡存款、存出投资款及支付宝、微信存款等。

（一）外埠存款

外埠存款是指企业到外地进行临时和零星采购，汇入采购地银行开立采购专户的款项。

（二）银行本票存款

银行本票存款是指企业为取得银行本票而按照规定存入银行的款项。

（三）银行汇票存款

银行汇票存款是指企业为取得银行汇票而按照规定存入银行的款项。

（四）信用证保证金存款

信用证保证金存款是指企业为取得信用证而按照规定存入银行的款项。

（五）信用卡存款

信用卡存款是指企业为取得信用卡而按照规定存入银行的款项。

（六）存出投资款

存出投资款是指企业已存入证券公司但尚未购买股票、债券等投资对象的款项。

（七）支付宝、微信存款

参照国家税务总局关于《企业所得税税前扣除凭证管理办法》（国家税务总局公告 2018 第 28 号）的规定，采用非现金方式支付的付款凭证是一个相对宽泛的概念，既包括银行等金融机构的各类支付凭证，也包括支付宝、微信支付等第三方支付账单或支付凭证等。

【例题 4 · 多选题】下列各项存款中，应在“其他货币资金”科目中核算的有（　　）。

A. 1 年期以上的定期存款

B. 微信存款

C. 支付宝存款

D. 为购买 3 年期债券而存入证券公司的款项

【正确答案】BCD

【答案解析】选项 A，1 年期以上的定期存款在“银行存款”科目中核算。

二、其他货币资金的核算

其他货币资金的会计处理大致可以分为办理（开立）、收到发票账单、退回余款三个阶段。具体如表 2－4 所示。

表 2－4　其他货币资金核算步骤

阶段	会计处理
办理或开立	借：其他货币资金——×× 　贷：银行存款
收到发票账单	借：在途物资、原材料等资产 　　应交税费——应交增值税（进项税额） 　贷：其他货币资金——××
退回余款（补付相反）	借：银行存款 　贷：其他货币资金——××

【例题 5·实操题】某企业为增值税一般纳税人，2×21 年 4 月发生如下经济业务：

（1）2 日，以银行存款 30 000 元汇入信用卡专户。

【解析】

借：其他货币资金——信用卡存款　　30 000
　贷：银行存款　　30 000

（2）10 日，使用信用卡购买一批办公用品，取得的增值税专用发票上注明价款 20 000元、增值税税额 2 600 元。不考虑其他因素。

【解析】

借：管理费用　　20 000
　　应交税费——应交增值税（进项税额）　　2 600
　贷：其他货币资金——信用卡存款　　22 600

（3）年末，若该企业不需继续使用信用卡，到发卡银行办理销户手续，销户时，单位卡余额应转入企业基本存款户，不得提取现金。

【解析】

借：银行存款　　7 400
　贷：其他货币资金——信用卡存款　　7 400

【延伸思考】微信转账和支付宝结算应该记入哪个会计科目？

微信转账和支付宝结算可以记入“其他货币资金”科目，下设“微信”和“支付宝”二级明细科目。

具体账务处理为：

（1）转入微信或支付宝账户。

借：其他货币资金——微信（或支付宝）
　贷：银行存款

（2）微信或支付宝转账购买办公用品。

借：管理费用——办公费

　　贷：其他货币资金——微信（或支付宝）

（3）微信或支付宝收到销售款。

借：其他货币资金——微信（或支付宝）

　　贷：主营业务收入

　　　　应交税费——应交增值税（销项税额）

（4）提现。

借：银行存款

　　贷：其他货币资金——微信（或支付宝）

第四节　应收及预付款项核算

一、应收票据的账务处理

（一）应收票据的含义与种类

应收票据是指企业因销售商品、提供劳务等而收到的商业汇票。商业汇票的付款期限，纸质最长不得超过6个月，电子最长不得超过1年。根据承兑人（承诺兑现的人）不同，商业汇票分为商业承兑汇票和银行承兑汇票（债权人：应收票据。债务人：应付票据）。具体如图2－10与图2－11所示。

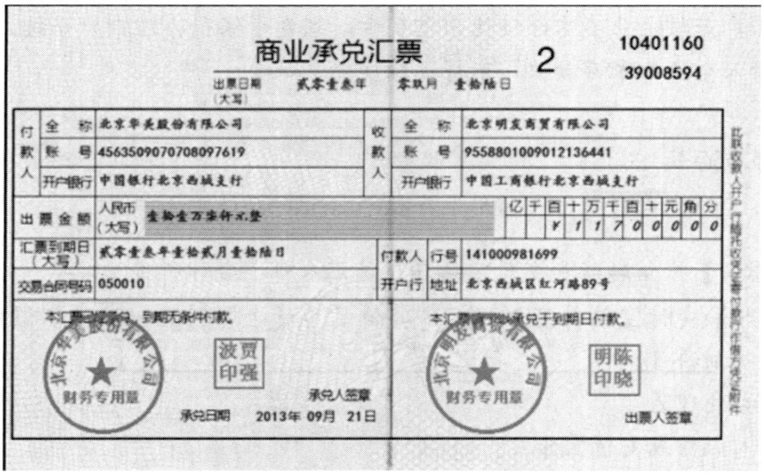

商业承兑汇票　2　10401160 39008594

出票日期（大写）　贰零壹叁年　零玖月　壹拾陆日

付款人	全称	北京华美股份有限公司	收款人	全称	北京明友商贸有限公司
	账号	4563509070708097619		账号	9558801009012136441
	开户银行	中国银行北京西城支行		开户银行	中国工商银行北京西城支行
出票金额	人民币（大写）	壹拾壹万柒仟元整	亿千百十万千百十元角分		￥11700000
汇票到期日（大写）	贰零壹叁年壹拾贰月壹拾陆日		付款人开户行	行号	141000981699
交易合同号码	050010			地址	北京西城区红河路89号

本汇票已经承兑，到期无条件付款。　承兑人签章　承兑日期　2013年09月21日

本汇票请予以承兑于到期日付款。　出票人签章

图2－10　商业承兑汇票票样示意图

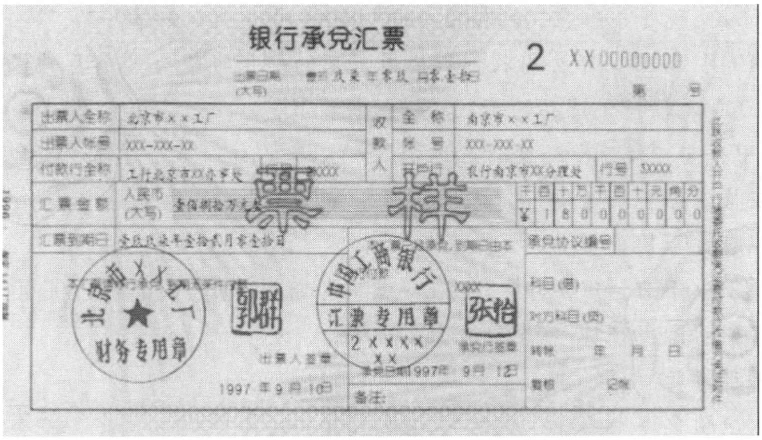

图 2－11　银行承兑汇票票样示意图

【例题 6 · 单选题】 下列各项中，应记入“应收票据”科目借方的是（　　）。

A. 提供劳务收到的商业承兑汇票　　B. 提供劳务收到的银行本票

C. 销售商品收到的银行汇票　　D. 销售原材料收到的转账支票

【正确答案】 A

【答案解析】 选项 BCD，记入“银行存款”科目的借方。

（二）应收票据的会计处理

1. 不带息应收票据的会计处理

（1）赊销取得票据。

借：应收票据

　贷：主营业务收入

　　应交税费——应交增值税（销项税额）

（2）到期按面值收回票款。

借：银行存款

　贷：应收票据

（3）商业承兑汇票到期债务人无力支付款项。

借：应收账款

　贷：应收票据

【例题 7 · 实操题】 甲公司为增值税一般纳税人，2×21 年 9 月 1 日向乙公司（增值税一般纳税人）销售一批产品，价款为 1 500 000 元，尚未收到，已办妥托收手续，适用的增值税税率为 13%。

【解析】 甲公司应编制如下会计分录：

借：应收账款　　1 695 000

　贷：主营业务收入　　1 500 000

应交税费——应交增值税（销项税额）　　195 000

2×21年9月15日，甲公司收到乙公司寄来的一张期限为3个月的银行承兑汇票，面值为1 695 000元，抵付产品的价款和增值税税款。

【解析】甲公司应编制如下会计分录：

借：应收票据　　1 695 000

　贷：应收账款　　1 695 000

2×21年12月15日，甲公司持有的上述票据到期，收回票面金额1 695 000元存入银行。

【解析】甲公司应编制如下会计分录：

借：银行存款　　1 695 000

　贷：应收票据　　1 695 000

2. 带息票据的会计处理

（1）赊销取得票据。

借：应收票据

　贷：主营业务收入

　　应交税费——应交增值税（销项税额）

（2）带息票据的利息处理。

1）计提利息的时点。一般应在中期期末（6月30日）和年末（12月31日）计提利息。

2）计提利息的会计分录。

借：应收票据

　贷：财务费用

（3）到期收回票据本息。

借：银行存款

　贷：应收票据（面值＋已提利息）

　　财务费用（剩余的未提利息）

（4）如果票据到期债务人无力支付票款。

借：应收账款

　贷：应收票据（面值＋已提利息）

　　财务费用（剩余的未提利息）

【例题8·实操题】A公司2021年3月1日赊销商品给B公司，售价100万元，成本80万元，增值税税率为13%，当天B公司开出并承兑商业汇票一张，面值为113万元，期限为6个月，票面利率为6%。

【解析】A公司的会计处理如下（单位为万元）：

（1）发生赊销。

借：应收票据　　113

　贷：主营业务收入　　100

　　应交税费——应交增值税（销项税额）　　13

借：主营业务成本　　80

　贷：库存商品　　80

（2）6 月 30 日计提利息。

借：应收票据（113×6%×4/12）　　2.26

　贷：财务费用　　2.26

（3）票据到期。

借：银行存款（113+113×6%×6/12）　　116.39

　贷：应收票据（113+2.26）　　115.26

　　财务费用　　1.13

3. 应收票据的背书转让

应收票据的背书转让是指应收票据到期前，持票人将其作为其他交易如购买商品或偿还债务等的结算凭证，在票据上背书转让给他人。凡票据转让都需经过背书手续，如果付款人到期不能兑付，背书人负有连带的付款责任。其示意图如图 2-12 所示。

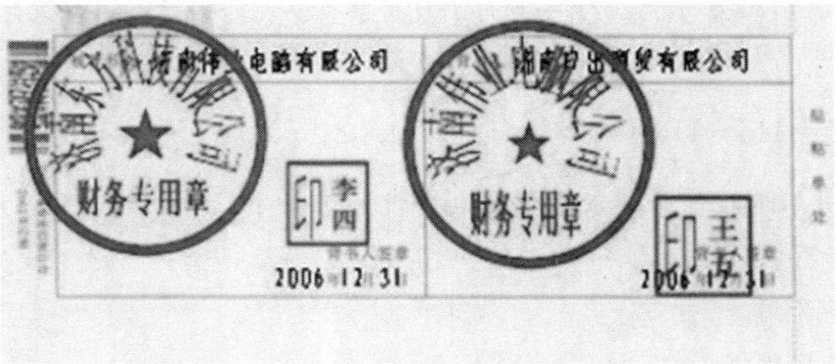

图 2-12　应收票据的背书转让示意图

会计处理如下：

借：在途物资/原材料等

　　应交税费——应交增值税（进项税额）

　　银行存款（收到的补价）

　贷：应收票据

　　财务费用（带息票据的未计提利息）

　　银行存款（支付的补价）

【例题 9·实操题】甲公司（增值税一般纳税人）向乙公司购买材料/商品 100 万元，增值税 13 万元，转让一份商业汇票给乙公司。

【解析】甲公司应编制如下会计分录（单位为万元）：

借：在途物资/原材料/库存商品等　　100

　　应交税费——应交增值税（进项税额）　　13

　贷：应收票据　　113

4. 应收票据的贴现

应收票据贴现是指企业以未到期应收票据向银行融通资金，银行按票据的应收金额扣除一定期间的贴现利息后，将余额付给企业的筹资行为。

（1）贴现额的计算过程。

票据到期值：

A. 带息票据到期值＝票据面值×(1＋票据利率×票据期限)

B. 不带息票据到期值＝面值

贴现息＝票据到期值×贴现率×贴现期

贴现额＝票据到期值－贴现息

(2) 应收票据贴现的账务处理。

借：银行存款（贴现额）

　　财务费用（倒挤认定）

　贷：应收票据

【例题10·实操题】A公司2021年3月1日赊销商品给B公司，售价100万元，成本80万元，增值税税率13%，当天B公司开出并承兑不带息商业汇票一张，面值为113万元，期限为6个月。A公司于2021年6月1日将票据贴现给银行，银行执行贴现率7%。

【解析】

贴现额＝113－113×7%×3/12≈111.02(万元)

如果A公司不承担连带还款责任，则会计分录如下（单位为万元）：

借：银行存款　　111.02

　　财务费用　　1.98

　贷：应收票据　　113.00

【延伸思考】关于应收票据的核算规律

应收票据的核算规律如表2-5所示。

表2-5　应收票据的核算规律小结

1. 核算票据	商业汇票（商业承兑汇票、银行承兑汇票）	
2. 增加核算	销售收到	借：应收票据 　贷：主营业务收入 　　　应交税费——应交增值税（销项税额）
	抵付货款	借：应收票据 　贷：应收账款
3. 减少核算	到期收回	借：银行存款 　贷：应收票据
	背书转让	借：原材料 　　应交税费——应交增值税（进项税额） 　贷：应收票据
	贴现	借：银行存款（实际收到的金额） 　　财务费用（贴现利息） 　贷：应收票据

二、应收账款的账务处理

（一）应收账款的内容

应收账款是指企业因赊销商品或赊账提供服务而产生的债权。其主要构成内容如图 2 - 13 所示。

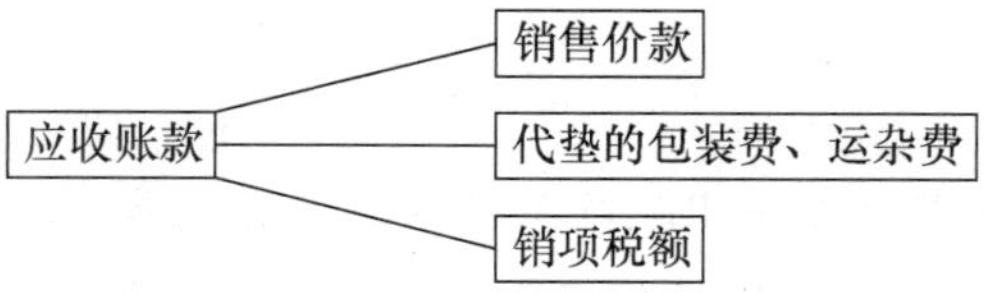

图 2 - 13　应收账款的主要构成内容

（二）应收账款的账务处理

1. 销售商品

借：应收账款

　贷：主营业务收入

　　应交税费——应交增值税（销项税额）

2. 企业代购货单位垫付包装费、运杂费

借：应收账款

　贷：银行存款

3. 收回款项

借：银行存款

　贷：应收账款

4. 收到商业汇票

借：应收票据

　贷：应收账款

不单独设置“预收账款”科目的企业，预收的账款也可以在“应收账款”科目核算。如果期末余额在贷方，则反映的是企业预收的账款，关键是填报资产负债表时要注意区分。

【例题 11 · 实操题】甲公司为增值税一般纳税人，采用托收承付结算方式向乙公司（增值税一般纳税人）销售商品一批，取得的增值税专用发票上注明的价款为 300 000 元、增值税税额为 39 000 元，已办理托收手续。假设该商品成本为 200 000 元。

【解析】甲公司的会计处理如下：

借：应收账款　　　　339 000

　贷：主营业务收入　　　　300 000

应交税费——应交增值税（销项税额） 39 000

借：主营业务成本 200 000

贷：库存商品 200 000

实际收到款项时：

借：银行存款 339 000

贷：应收账款 339 000

企业应收账款改用应收票据结算，在收到商业承兑汇票时：

借：应收票据 339 000

贷：应收账款 339 000

【例题12·单选题】某企业采用托收承付结算方式销售一批商品，增值税专用发票上注明的价款为1 000万元、增值税税额为130万元，销售商品时为客户代垫运输费5万元，全部款项已办妥托收手续。该批商品的成本为800万元，则该企业应确认的应收账款为（　　）万元。

A. 1 000　　B. 1 005　　C. 1 130　　D. 1 135

【正确答案】D

【答案解析】

该企业应确认的应收账款＝1 000＋130＋5＝1 135(万元)

借：应收账款 11 300 000

贷：主营业务收入 10 000 000

应交税费——应交增值税（销项税额） 1 300 000

借：应收账款 50 000

贷：银行存款 50 000

【延伸思考】应收账款让企业很揪心

大量应收账款的存在让企业很揪心：一是占用了资金，影响了资金周转；二是催收要发生费用，侵蚀了企业利润；三是计提坏账准备让资产负债表和利润表都很难看。所以，牛气的企业宁可生意不做，也不让对方赊欠。管理严格的企业对销售人员的业绩考核，不考核他签了多少合同，卖了多少产品，而是直接考核他回款的销售额。例题12中的会计处理为：

借：应收账款 11 300 000

贷：主营业务收入 10 000 000

应交税费——应交增值税（销项税额） 1 300 000

看似简单的会计处理，对企业影响可是非常大的。

从资金上看，企业投入800万元资金，本来想货物卖出后收回资金1 000万元，进入下一轮周转，可是，结果不仅垫进去的800万元暂时收不回来，还要另外寻找资金交130万元的增值税。930万元的活钱变成了不一定收回来的死钱。一个规模不大的企业如果做了几笔这样的生意，那就等着关闭。没有资金买材料，就只能停产。

从报表上看，呈现两个不同的侧面。好看的一面是，企业资产负债表上的资产增加了，利润表上的收入增加了，利润也增加了。不好看的一面是，现金流量表上的现金流量为－930 万元。

从实质上看，1 130 万元的应收账款是让人寝食难安的资产，1 000 万元的收入是让人不好意思说出口的收入，930 万元的负现金流量是让人焦心的事。

由于应收账款的存在，企业就要去催账，假设第一次催账花了 3 000 元，催账人回来说，可能会收回八成。再去催要，花 4 000 元请欠账的人吃饭，发现对方日子过得实在不好，估计只能收回一半。7 000 元的催账费回来报销，记入“销售费用”账户。因为货是销售人员卖出去的，催账当然是让销售人员去了，发生的费用就计作销售费用，这有利于正确考核销售部门的业绩。

会计上要计提坏账准备，第一次根据“可能收回八成”的判断，记损失 1 130×20%＝226 万元，第二次根据“估计只能收回一半”的判断，再记 1 130×30%＝339 万元的损失。

两次计提后，资产负债表中的“应收账款”项目金额从原来的 1 130 万元变成 565 万元，少了一半。利润表中列示的资产减值损失为 565 万元，经营利润减少 565 万元。其实，这种损失并没有实际发生。

5. 商业折扣和现金折扣与应收账款核算关系

（1）商业折扣与应收账款的核算关系。商业折扣是企业为促进商品销售而在商品标价上给予买方的价格扣除，发生时按折后价款确认收入并加计折后价款的计税额一并计入应收账款，无须作专门的会计处理。

（2）现金折扣与应收账款的核算关系。新准则下现金折扣已经不再视为一种优惠，而是把它作为一种可变对价。从这个角度来说，现金折扣应该冲减收入，而不应该再作财务费用处理了。强调一点，不管新准则还是旧准则下，现金折扣都是既可以按照含税的价格算，也可以按照不含税的价格算，这由双方的约定来决定。

新准则下，如果应收账款中含有现金折扣，那么应收账款中的入账价值既不是过去的总价法也不是净价法，而是按照最可能发生的现金折扣，也就是最可能发生的可变对价扣除以后的金额来入账，然后在每个期末需要对尚未发生的可变对价进行评估；如果有新的证据证明买方能够取得或者不能够取得现金折扣，应该对应收账款的金额进行调整，调整应收账款金额的同时调整主营业务收入或者其他业务收入。

【延伸思考】有现金折扣后又发生退货时，退货金额是按照扣除相应的现金折扣的金额计算，还是按照不扣除相应的现金折扣的金额来计算呢？

解读：已经发生现金折扣的销货又发生退货时，退货的金额是按照扣除现金折扣以后的金额，还是按照未扣除现金折扣的金额，这个问题其实还是个双方约定的问题。

从原理来讲，现金折扣与退货两者之间没有必然关系。现金折扣是因为客户在约定的付款期之前提前付款而给予客户的一种优惠。而发生退货的原因很多。一般来说，应该按照未扣除现金折扣的金额去退，这样比较合理，因为两者没有必然关系。

现金折扣是提前付款的一种优惠，退货是因为产品质量问题或者约定7天无理由退货等。从原理上讲，还是应该按照没有扣除现金折扣的金额来计算退货金额。

【例题13·实操题】甲上市公司系增值税一般纳税人，适用增值税税率13%。2021年4月1日，甲公司向乙公司销售商品一批，不含税售价为1 000 000元，甲公司同意给予10%的商业折扣。同时为尽早收回应收账款，合同约定，甲公司给予乙公司的现金折扣条件为：2/10，1/20，n/30。假设甲公司预计乙公司10天内支付货款享受2%折扣的概率为99%，20天支付货物享受1%折扣的概率为95%，30天支付货款不享受现金折扣的概率为90%。甲公司按照最可能发生金额确定销售收入，双方约定现金折扣数不考虑增值税影响。

【解析】本例中，甲公司在设备所有权转移给乙公司时，按照最可能发生金额1 000 000×(1－10%)×(1－2%)＝882 000元确定销售收入，销项税额＝1 000 000×(1－10%)×13%＝117 000元，账务处理如下：

借：应收账款　999 000
　贷：主营业务收入　882 000
　　应交税费——应交增值税（销项税额）　117 000

情形一：假设乙公司10天内支付货款，按合同规定享受2%现金折扣，账务处理如下：

借：银行存款　999 000
　贷：应收账款　999 000

情形二：假设乙公司20天内支付货款，按合同规定享受1%现金折扣，账务处理如下：

借：银行存款　1 008 000
　贷：应收账款　999 000
　　主营业务收入　9 000

情形三：假设乙公司30天内支付货款，按合同规定放弃享受现金折扣，账务处理如下：

借：银行存款　1 017 000
　贷：应收账款　999 000
　　主营业务收入　18 000

三、预付账款的账务处理

（一）预付账款的含义

预付账款是指企业按照购货合同的规定，预先以货币资金或货币等价物支付供应单位的款项。

预付账款一般包括预付的货款、预付的购货定金。施工企业的预付账款主要包括预付工程款、预付备料款等。

（二）预付账款的一般核算

企业应该设置“预付账款”科目，预付款项情况不多的企业，可以不设置“预付账款”科目，而直接通过“应付账款”科目核算。关键是填报资产负债表时要注意区分。

【例题 14·实操题】甲公司为增值税一般纳税人，向乙公司（增值税一般纳税人）采购材料 5 000 千克，每千克单价 10 元，所需支付的款项总额为 50 000 元。按照合同规定向乙公司预付货款的 50%，验收货物后补付其余款项。假设甲公司预付款业务较多。

【解析】甲公司的会计处理如下：

（1）预付 50%的货款时。

借：预付账款——乙公司	25 000	
贷：银行存款		25 000

（2）收到乙公司发来的 5 000 千克材料，验收无误，增值税专用发票记载的货款为 50 000 元、增值税税额为 6 500 元。以银行存款结清余款 31 500 元。

借：原材料	50 000	
应交税费——应交增值税（进项税额）	6 500	
贷：预付账款——乙公司		56 500
借：预付账款——乙公司	31 500	
贷：银行存款		31 500

【例题 15·单选题】企业未设置“预付账款”科目，发生预付货款业务时应借记的会计科目是（　　）。

A. “预收账款”　　B. “其他应付款”

C. “应收账款”　　D. “应付账款”

【正确答案】D

【答案解析】企业应设置“预付账款”科目，预付款项情况不多的企业，可以不设置“预付账款”科目，而直接通过“应付账款”科目核算。

（三）购买购物卡如何入账

【例题16·实操题】中秋佳节快到了，A企业购买了100张大面值的购物卡，共计50 000元，取得项目名称为“预付卡销售和充值”、税率为“不征税”的增值税普通发票一份。请问会计应如何做账？

【解析】购卡行为属于预付款行为，计入资产类科目，不得直接计入费用。

购卡的账务处理为：

借：预付账款——预付卡/其他应收款——购物卡	50 000	
贷：银行存款		50 000

【提示】

（1）不得直接计入管理费用，企业所得税税前不得扣除。

（2）“金税三期”系统会第一时间监控到企业购买了100张大面值的购物卡，突然异常增加的大额费用容易带来预警评估的风险！

【例题17·实操题】接上例，根据卡的用途记入不同科目。

（1）若是企业用购物卡给员工发放中秋福利，100个员工，每人500元的购物卡。

借：应付职工薪酬——福利费	50 000	
贷：预付账款——预付卡		50 000

【提示】

1）附件可以附上购买购物卡发票的复印件以及职工领取购物卡的签字单；

2）属于个人性福利，应并入当月工资按照工资薪金所得代扣个人所得税。（存在代扣个税风险。）

（2）若是企业用购物卡送给客户作为交际应酬费，来维护客户关系。

借：管理费用——业务招待费	50 000	
贷：预付账款——预付卡		50 000

【提示】

1）应凭借购买购物卡时取得的发票复印件以及相关的赠送凭据，按照业务招待费进行税前扣除。

2）企业发生的与生产经营活动有关的业务招待费支出，按照发生额的60%扣除，但最高不得超过当年销售（营业）收入的5‰。

3）会存在代扣代缴20%个人所得税的风险，还有涉嫌商业贿赂、行贿受贿的风险。

（3）若是企业用购物卡在产品销售时以买赠的形式赠送给客户，例如达到一定的销售额即可赠送一定额度的购物卡。

借：销售费用——业务招待费	50 000	
贷：预付账款——预付卡		50 000

【提示】

1）对于不属于随机赠予个人的情况，不需考虑代扣个人所得税的问题；

2）销售时将其以买赠的形式赠送给客户，例如达到一定的销售额即可赠送一定额度的购物卡，此时应凭借购买购物卡时取得的发票以及相关的赠送凭据按照销售费用——促销费税前扣除。

（4）若是企业用购物卡购买办公用品，取得办公用品清单。

借：管理费用——办公费　　50 000

　贷：预付账款——预付卡　　50 000

【提示】

1）购买办公用品，可以凭购卡发票复印件和购物清单入账，按有关规定税前扣除。

2）持购物卡去商场消费时，不得再重新索取增值税发票了。

四、应收股利和应收利息的账务处理

详见交易性金融资产、长期股权投资的专题介绍，本章略。

五、其他应收款的账务处理

（一）其他应收款的内容

其他应收款的主要内容包括：应收的各种赔款、罚款；应收的出租包装物的租金；应向职工收取的各种垫付款项；存出保证金；其他各种应收、暂付款项。

“其他应收款”科目应当按照对方单位（或个人）设置明细科目进行核算。

【延伸思考】其他应收款存在的原因分析及税务处理

会计教材上讲其他应收款时很简单，指应收的赔款、罚款，包装物押金，为职工垫付款等。其实这些都是不常发生的事项。但有些公司其他应收款经常发生，而且金额很大。

1. 其他应收款存在的原因

企业形成其他应收款的原因有：一是没有发票；二是老板直接从企业拿钱；三是股东向企业借款。对于没有发票，又分为两类情况：一类是卖方没有发票，如在街上买水果，到农户家里买农产品；另一类是买方不要发票，因为不要发票，价格可以便宜一些。为什么老板直接从企业拿钱？小的企业，是老板一个人的，老板平时不给自己开工资，因为开工资要缴个人所得税。所以，老板直接从企业拿钱。大股东最喜欢向企业借钱，因为他是大股东，自己说话算数，没人敢反对，从企业借钱容易。

2. 没有发票时的会计、税务处理

会计人员总认为有发票才能做账，于是，一种做法是买发票。这种做法风险很大，而且“金税三期”后越来越难。另一种做法是不买发票，长期挂账，借记“其他应收款”账户，贷记“银行存款”账户；以后对其全额确认坏账损失。

其实，只有收据、小票也是可以做账的。只是税务局不答应。没有发票，又无证据表明挂账的其他应收款是费用，则不能在所得税税前扣除，还得缴个人所得税。因为税务局认为你要么是给员工发了工资薪酬，要么是给外部人发了劳务报酬。

3. 其他应收款不是“杂货铺”，这四种情形千万要小心

情形1：个人借款挂账。部分企业无偿为股东等个人提供借款，并通过其他应收款长期挂账。

提示：根据《财政部 国家税务总局关于规范个人投资者个人所得税征收管理的通知》（财税〔2003〕158号）规定：“纳税年度内个人投资者从其投资的企业（个人独资企业、合伙企业除外）借款，在该纳税年度终了后既不归还，又未用于企业生产经营的，其未归还的借款可视为企业对个人投资者的红利分配，依照‘利息、股息、红利所得’项目计征个人所得税。”

企业借款给股东等个人并于当年会计年度终了不归还的，应当根据上述政策规定计征个人所得税。

另外，全面营改增后，借款属于“金融服务”中的贷款服务，因此企业无偿为个人提供借款还应当视同销售服务，缴纳增值税。

情形2：隐藏不合理交易。某些股东利用其他应收款隐藏不合理的交易、占用企业资金。

提示：往来账户和关联交易都是税务稽查的重点，企业这种行为一旦被查处，不仅要补缴税款，还将面临滞纳金和罚款的损失。

情形3：隐匿收入。“其他应收款”是资产类科目，正常情况下余额应该在借方。部分企业将收入先挂入该科目的贷方，再从借方冲销，达到隐匿收入、逃避税收的目的。

提示：企业利用“其他应收款”科目隐匿收入，属于通过少列收入的手段达到少缴应纳税款的目的，这种逃避纳税义务的行为将受到严厉的处罚。

情形4：隐藏短期投资。有的企业在资金较为充裕的情况下，会利用多余的资金进行短期投资，部分企业利用各种借款将短期投资通过其他应收款核算，随后逐一收回冲销，获取的投资收益则被企业截留。

提示：随着“互联网+”时代的来临、信息化手段的加强，企业报送给税务部门的数据将会与社保、工商、银行、公安、社保中心等部门的信息进行交叉比对，在多方位的监管下，企业利用往来账户弄虚作假的风险将越来越大。

（二）其他应收款的账务处理

1. 应收赔款

【例题18·实操题】甲公司在采购过程中发生材料毁损，按保险合同规定，应由A

保险公司赔偿损失 30 000 元，赔款尚未收到。假定甲公司对原材料采用实际成本进行日常核算。

【解析】 甲公司应编制如下会计分录：

借：其他应收款——A 保险公司　　30 000
　贷：在途物资　　30 000

如数收到上述 A 保险公司的赔款时：

借：银行存款　　30 000
　贷：其他应收款——A 保险公司　　30 000

2. 为职工代垫款

【例题 19 · 实操题】 甲公司以银行存款替职工王某垫付应由其个人负担的医疗费 5 000 元，拟从其工资中扣回。

【解析】 甲公司应编制如下会计分录：

（1）垫付时。

借：其他应收款——王某　　5 000
　贷：银行存款　　5 000

（2）扣款时。

借：应付职工薪酬　　5 000
　贷：其他应收款——王某　　5 000

3. 存出保证金

【例题 20 · 实操题】 甲公司向丁公司租入包装物一批，以银行存款向丁公司支付押金 10 000 元。

【解析】 甲公司应编制如下会计分录：

借：其他应收款——丁公司　　10 000
　贷：银行存款　　10 000

甲公司按期如数向丁公司退回所租包装物，并收到丁公司退还的押金 10 000 元，已存入银行。

借：银行存款　　10 000
　贷：其他应收款——丁公司　　10 000

4. 应收的出租包装物租金

【例题 21 · 实操题】 甲公司（增值税一般纳税人）出租包装物一批，不含税租金收入 20 000 元，增值税 2 600 元，款未收。

【解析】 甲公司应编制如下会计分录：

借：其他应收款　　22 600
　贷：其他业务收入　　20 000
　　　应交税费——应交增值税（销项税额）　　2 600

【例题 22 · 单选题】下列各项中，企业应通过“其他应收款”科目核算的是（　　）。

A. 出租包装物收取的押金

B. 为职工垫付的水电费

C. 代购货方垫付的商品运费

D. 销售商品未收到的货款

【正确答案】B

【答案解析】选项 A，通过“其他应付款”科目核算；选项 CD，通过“应收账款”科目核算。

六、应收款项减值的账务处理

（一）应收款项减值的定义

企业无法收回的应收款项就是坏账。因坏账而遭受的损失就是坏账损失。

【延伸思考】坏账认定的条件

欠债人死亡、破产、无能力偿付、拒付、恶意拖欠是确认坏账的前提条件。当然，这些行为发生了也不一定将其欠款一笔勾销，全部认定为坏账。因为即使身为自然人的债务人死亡了，也许还会遇到“父债子还”的守信者。2018 年 3 月有媒体报道，四川广安一位 57 岁农妇用 16 年时间靠捡垃圾替死去的丈夫还清 4 万元“巨债”。此外，即使身为法人的公司破产了，也还可能从其破产清算的财产中分得一点“残羹”。至于遇到债务人无能力偿付、拒付、恶意拖欠，也不应彻底绝望：国家已经出台限制“老赖”高消费的政策，不许“老赖”乘坐飞机、列车软卧、轮船二等以上的舱位，不许“老赖”在星级以上宾馆、酒店、夜总会、高尔夫球场等场所进行高消费。连购买动产或者新建、扩建、高档装修房屋，租赁高档写字楼、宾馆、公寓等场所办公，购买非经营必需车辆，旅游、度假，子女就读高收费私立学校，支付高额保费购买保险理财产品等都受到限制。也许有一天，他们被逼无奈，或良心发现，或经营上咸鱼翻身，会偿还所欠债务。

（二）应收款项减值的会计处理

1. 账户设置

企业设“信用减值损失”科目核算其按照《企业会计准则第 22 号——金融工具确认和计量》（2017 年修订）的要求计提的各项金融工具减值准备所形成的预期信用损失。该科目借方登记发生额（增加数），贷方登记结转额（减少数）。期末结转后，该科目无余额。

企业设“坏账准备”科目核算其各种应收款项的坏账准备。该科目可按应收款项的类别进行明细核算。该科目的期末贷方余额反映企业已计提但尚未转销的坏账准备。

2. 会计处理

企业会计准则规定采用备抵法，不允许采用直接转销法，如图 2-14 所示。

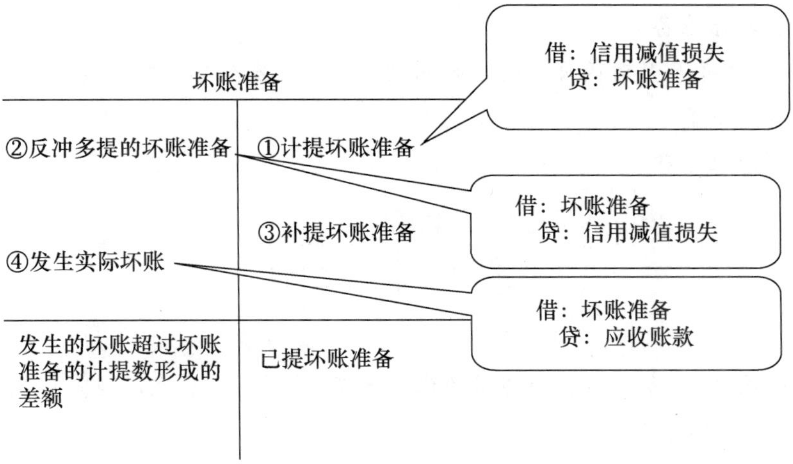

图 2-14　备抵法核算应收款项坏账示意图

备抵法坏账准备的账务处理如下：

当期应计提的坏账准备(倒挤) = 期末计算坏账准备金额(需要的余额) − “坏账准备”科目的贷方(已存在的余额,正数)

(或 + “坏账准备”科目的借方(已存在的余额,负数))

(1) 首次计提坏账准备。

借：信用减值损失

　贷：坏账准备

(2) 发生坏账时。

借：坏账准备

　贷：应收账款、其他应收款等

(3) 收回坏账。

借：银行存款

　贷：坏账准备

(4) 以后各期计提或冲减坏账准备。

借：信用减值损失

　贷：坏账准备

借：坏账准备

　贷：信用减值损失

【例题23·实操题】2020年12月31日，甲公司对应收丙公司的账款进行减值测试。应收账款余额合计为1 000 000元，甲公司根据丙公司的资信情况确定应计提100 000元坏账准备。

【解析】2020年末计提坏账准备。

借：信用减值损失　　100 000
　贷：坏账准备　　100 000

甲公司2021年6月对丙公司的应收账款确认实际发生坏账损失30 000元。

借：坏账准备　　30 000
　贷：应收账款　　30 000

坏账准备

30 000	100 000
	70 000

假设甲公司2021年末应收丙公司的账款金额为1 200 000元，经减值测试，甲公司应计提120 000元坏账准备。

借：信用减值损失　　50 000
　贷：坏账准备　　50 000

坏账准备

	70 000
	50 000
	120 000

假设甲公司2022年1月20日收到2021年已转销的丙公司坏账转回款20 000元，已存入银行。

借：银行存款　　20 000
　贷：坏账准备　　20 000

坏账准备

	120 000
	20 000
	140 000

【延伸思考】坏账损失核算的方法

估计坏账损失额有两种方法：账龄法、余额法。但不同的企业差异很大。有的企业可能将账龄超过10天的就认定为坏账，有的企业将超过6个月的作为坏账；同一个企业对不同的债务也会区别对待。余额法的计算比例，各个企业也有不同的政策规定。

如某从事二手车贷款业务的互联网金融企业，做扣车抵押贷款和放车质押贷款两类贷款业务。对于放车质押贷款，因为企业贷款后，车辆继续由车主使用，企业可通过安装GPS系统等进行监控，如果发现车辆失踪（车辆开到深山偏僻处，GPS无法跟踪），在3天内通过查询监控录像，询问车主前10位联系人仍无果后，即确认为坏账，计提坏账准备。这就是会计上的账龄分析法。对于扣车抵押贷款，一旦借款人超过10天不能还款，就将车辆出售收回欠款。

运用备抵法核算坏账要求企业提前估计坏账额，而不是在坏账实际发生时（如债务人破产后无任何可偿债的资产）才确认损失。由于坏账额是估计出来的，且考虑到收款情况的变化，会计上允许企业将前期多估计的坏账转回来，这一会计政策为一些企业进行利润操纵多开了一条路。

【例题24·多选题】某企业采用备抵法核算应收账款的减值损失。下列各项中，该企业应贷记“坏账准备”科目的有（　　）。

A. 转销坏账损失

B. 计提坏账准备

C. 收回已转销的应收账款而恢复的坏账准备

D. 冲减多计提的坏账准备

【正确答案】BC

【答案解析】选项AD，为坏账准备减少，均应借记“坏账准备”科目。

【例题25·单选题】2021年12月1日，某企业“坏账准备——应收账款”科目贷方余额为1万元。12月25日，收回已作坏账转销的应收账款1万元；12月31日，应收账款余额为130万元，经减值测试，应收账款的预计未来现金流量现值为118万元。不考虑其他因素，12月31日该企业应计提的坏账准备金额为（　　）万元。

A. 10　　B. 12　　C. 11　　D. 13

【正确答案】A

【答案解析】12月25日，收回已作坏账转销的应收账款。（会计分录单位为万元，下同。）

借：银行存款　　1

　贷：坏账准备　　1

12月31日，应收账款减值测试，坏账准备应有余额＝130－118＝12万元。应计提的坏账准备＝12－1－1＝10万元。

借：信用减值损失　　10

　贷：坏账准备　　10

【延伸思考】计提坏账准备的特殊情况

通常情况下，企业要对应收账款估计坏账损失，计提坏账准备。但坏账准备的计提也不局限于应收账款。

1. 企业存款是否也可以计提坏账准备

2015年，泸州老窖公司发生了一件离奇的事：1.5亿元存款“不翼而飞”。经查，公司还有两处存款存在异常，金额达3.5亿元，加上消失的1.5亿元，异常存款金额已经达5亿元。原因是公司对这些存款在2014财年按40%的比例计提了坏账准备。

2. 坏账准备余额评估结果为0

某国有企业进行公司制改革，请评估机构进行整体评估。企业应收账款账面余额为11万元，计提坏账准备余额为5 500元。经评估，应收账款账面余额均属于可收回的应收款项，即坏账准备余额为0。该国有企业将坏账准备余额5 500元转入“本年利润”账户。会计分录为：

借：坏账准备	5 500	
贷：本年利润		5 500
借：本年利润	5 500	
贷：利润分配——未分配利润		5 500
借：利润分配——未分配利润	1 375	
贷：应交税费——应交所得税		1 375

热点思考题

1. 新准则下现金折扣的会计处理发生了什么变化？现金折扣是按照含税价格计算，还是按照不含税价格计算？现金折扣与商业折扣怎样影响应收账款入账金额？

2. 企业发生支付宝、微信收付款业务怎样进行会计处理？

3. 应收票据贴现利息应该如何处理？具有追索权的商业票据贴现时，短期借款应该按票面金额计量，还是按照贴现金额计量？

4. 随借随用、用后报销制度和实行定额备用金制度会计核算上有何区别？

5. 备抵法下的坏账准备应提金额等于实际计提金额吗？“坏账准备”账户余额年末一定在贷方吗？

第三章

金融资产

教学导向

（1）了解金融资产的特征和分类

（2）掌握金融资产初始计量的核算

（3）掌握采用实际利率确定金融资产摊余成本的方法

（4）掌握各类金融资产后续计量的核算

（5）掌握金融资产减值的核算

（6）掌握金融资产之间重分类的核算

课程思政

（1）交易性金融资产核算中的思政元素——防止会计核算中利用公允价值变动这一核算做法人为调整利润表掩盖真实利润、做假账，丧失诚信为本的职业操守

（2）金融资产减值核算中的思政元素——个别企业滥用金融资产减值准备以操纵盈余来达到某种目的，减值计提应适宜、合适，千万不能走极端

第一节　金融资产概述

一、金融资产的含义

金融资产是指企业持有的现金、其他方的权益工具以及符合下列条件之一的资产：

（1）从其他方收取现金或其他金融资产的合同权利。例如，企业的银行存款、应收账款、应收票据和贷款等均属于金融资产。

【延伸思考】预付账款不是金融资产，因其产生的未来经济利益是商品或服务，不是收取现金或其他金融资产的权利。

（2）在潜在有利条件下，与其他方交换金融资产或金融负债的合同权利。例如，企业持有的看涨期权或看跌期权等。

【例题1·实操题】 2×21年1月31日，丙公司的股票价格为113元。甲企业与乙企业签订6个月后结算的期权合同，合同规定：甲企业以每股4元的期权费买入6个月后执行价格为115元的丙公司股票的看涨期权。2×21年7月31日，如果丙公司股票的价格高于115元，则行权对甲企业有利，甲企业将选择执行该期权。

【解析】 本例中，甲企业享有在潜在有利条件下与乙企业交换金融资产的合同权利，应当确认一项衍生金融资产。

（3）将来须用或可用企业自身权益工具进行结算的非衍生工具合同，且企业根据该合同将收到可变数量的自身权益工具。

【例题2·实操题】 2×21年2月1日，A公司为回购其普通股股份，与B公司签订合同，并向其支付100万元现金。双方协商半年后B公司按照市场价格以A公司股票来结算该笔款项。A公司可获取的普通股的具体数量以2×21年6月30日A公司股票的股价确定。

【解析】 本例中，A公司收到的自身普通股的数量随着其普通股市场价格的变动而变动。如果半年后A公司股票每股100元，则B公司将交付股票数量＝100/100＝1万股；如果半年后A公司股票每股50元，则B公司将交付股票数量＝100/50＝2万股；由于B公司未来交付股票的数量是可变的，因此，在这种情况下A公司应当确认一项金融资产。

（4）将来须用或可用企业自身权益工具进行结算的衍生工具合同，但以固定数量的自身权益工具交换固定金额的现金或其他金融资产的衍生工具合同除外。其中，企业自身权益工具不包括应当按照《企业会计准则第37号——金融工具列报》分类为权益工具的可回售工具或发行方仅在清算时才有义务向另一方按比例交付其净资产的金融工具，也不包括本身就要求在未来收取或交付企业自身权益工具的合同。

【例题3·实操题】 甲企业于2×20年2月1日向乙企业支付5 000元购入以自身普通股为标的的看涨期权。根据该期权合同，甲企业有权以每股100元的价格向乙企业购入甲企业普通股1 000股，行权日为2×21年6月30日。在行权日，期权将以甲企业普通股净额结算。假设行权日甲企业普通股的每股价格为125元，则期权的公允价值为25 000元，甲企业会收到200股（25 000/125）自身普通股对看涨期权进行净额结算。

【解析】

（1）普通股净额结算，是指行权价与公允价值之间的差额按照市价折算为普通股股数，即结算时需交付的普通股数量＝(行权日每股价格－每股行权价格)×期权合同中股数/行权日每股价格。

（2）由于行权日每股价格为125元，行权价格为每股100元，期权公允价值总额＝(125－100)×1 000＝25 000元，因此，结算的股数＝(125－100)×1 000/125＝200股。

（3）本例中，期权合同属于将来须用企业自身权益工具进行结算的衍生工具合同，由于合同约定以甲企业的普通股净额结算期权的公允价值，而非按照每股100元的价格全额结算1 000股甲企业股票，因此不属于“以固定数量的自身权益工具交换固定金额的现金”。在这种情况下，甲企业角度为看涨期权，并且为潜在有利的一方，甲企业应当将该看涨期权确认为一项衍生金融资产。

二、金融资产的分类

企业应当根据其管理金融资产的业务模式和金融资产的合同现金流量特征，将金融资产划分为以下三类：

（1）以摊余成本计量的金融资产。

（2）以公允价值计量且其变动计入其他综合收益的金融资产。

（3）以公允价值计量且其变动计入当期损益的金融资产。

管理金融资产的业务模式如下：

1. 以收取合同现金流量为目标的业务模式

在以收取合同现金流量为目标的业务模式下，企业管理金融资产旨在通过在金融资产存续期内收取合同付款来实现现金流量，而不是通过持有并出售金融资产产生整体回报。

【例题4·实操题】甲企业购买了一个贷款组合，该组合中包含已发生信用减值的贷款。如果贷款不能按时偿付，甲企业将通过各类方式尽可能实现合同现金流量，例如通过邮件、电话或其他方式与借款人联系催收。同时，甲企业签订了一项利率互换合同，将贷款组合的利率由浮动利率转换为固定利率。

【解析】本例中，甲企业管理该贷款组合的业务模式是以收取合同现金流量为目标。虽然甲企业预期无法收取全部合同现金流量（部分贷款已发生信用减值），但并不影响其业务模式。此外，该企业签订利率互换合同也不影响贷款组合的业务模式。

2. 以收取合同现金流量和出售金融资产为目标的业务模式

在以收取合同现金流量和出售金融资产为目标的业务模式下，企业的关键管理人员认为收取合同现金流量和出售金融资产对于实现其管理目标而言都是不可或缺的。

【例题5·实操题】甲保险公司持有金融资产组合，为偿付保险合同负债提供资金，用金融资产的合同现金流量收入偿付到期的保险合同负债。甲保险公司定期进行重大的购买和出售金融资产的活动，以不断平衡其资产组合，确保来自金融资产的合同现金流量足以偿付保险合同负债。

【解析】本例中，甲保险公司管理该金融资产组合的业务模式以收取合同现金流量和出售金融资产为目标。

【例题6·实操题】甲银行持有金融资产组合以满足其每日流动性需求。为了降低管理流动性需求的成本，甲银行高度关注该金融资产组合的回报。组合回报包括收取的合同付款和出售金融资产的利得或损失。

【解析】本例中，甲银行管理该金融资产组合的业务模式以收取合同现金流量和出售金融资产为目标。

3. 其他业务模式

如果企业管理金融资产的业务模式不是以收取合同现金流量为目标，也不是以收取合同现金流量和出售金融资产为目标，则归类为其他业务模式。

企业持有金融资产的目的是交易性的或者基于金融资产的公允价值作出决策并对其进行管理的，在这种情况下，企业管理金融资产的目标是通过出售金融资产实现现金流量。即使企业在持有金融资产的过程中会收取合同现金流量，企业管理金融资产的业务模式也不是既以收取合同现金流量又出售金融资产来实现其目标，因为收取合同现金流量对实现该业务模式目标来说只是附带性质的活动。

三、金融资产的具体分类

（一）以摊余成本计量的金融资产

如果企业购买金融资产就是为了取得合同现金流量，而且现金流量只包括本金和利息，即企业购买此类金融资产的目的很明确、很单一、很确定、一锤定音，今后不会改变，不会出现中途转让或出售，只会等到债券到期，收取全部的利息和本金，会计记录没有变魔术的空间和余地，准则对其会计处理的规定也很简单：摊余成本计量。

所谓摊余成本，就是摊销后的成本，说白了就是各期尚未收回的投资额。如：折价购买的债券，面值100元，购买价96元，即购买成本是96元。若第一期摊销了折价1元，则第一期期末摊余成本为95元。

常见的摊余类金融资产主要有：持有至到期的债券、应收票据、贷款等。企业一般应当设置“银行存款”“贷款”“应收账款”“债权投资”等账户，核算分类为以摊余成本计量的金融资产。

【例题7·实操题】甲企业向客户出售汽车时以低于现行市场利率的利率向客户提供融资作为营销激励。由于甲企业提供的利率低于市场利率，该金融资产的初始入账价值将是合同面值的折价。根据合同约定，客户有权在合同到期前的任一时点以合同面值提前偿还该债务。

【解析】本例中，对于客户来说该融资具有优势（利率低于市场利率），不大可能会选择提前偿付，导致该金融资产具备提前偿付特征的公允价值非常小。在此情况下，该金融资产符合本金加利息的合同现金流量特征。

（二）以公允价值计量且其变动计入其他综合收益的金融资产

如果企业购买金融资产既是为了取得合同现金流量又是为了出售，而且现金流量只包括本金和利息，也就是说此类金融资产通常购买后目的很摇摆，是一种见机行事的投资行为，有可能持有至到期，也有可能中途出售债券或带息的应收款项等，若持有至到期的收益比中途出售的收益高，就持有至到期，反之就中途出售，则这种类型的金融资产必须用公允价值计量。目的是及时反映其市场价格波动情况，让账面收益更加透明，因为价格波动与收益相关。再有，价格波动要计入其他综合收益，目的是避免企业基于利润调节的意图在出售和不出售两种行为中进行选择，因为其他综合收益不计入营业利润和利润总额。

企业应当设置“其他债权投资”账户核算分类为以公允价值计量且其变动计入其他综合收益的金融资产。

【例题 8 · 实操题】甲企业在销售中通常会给予客户一定期间的信用期。为了盘活存量资产，提高资金使用效率，甲企业与银行签订应收账款无追索权保理总协议，银行向甲企业一次性授信 10 亿元，甲企业可以在需要时随时向银行出售应收账款。历史上甲企业频繁向银行出售应收账款，且出售金额重大，上述出售满足金融资产终止确认的规定。

【解析】本例中，应收账款的业务模式符合“既以收取合同现金流量为目标又以出售该金融资产为目标”，且该应收账款符合本金加利息的合同现金流量特征，因此应当分类为以公允价值计量且其变动计入其他综合收益的金融资产。

【提示】

（1）权益工具投资的合同现金流量评估一般不符合基本借贷安排，因此只能分类为以公允价值计量且其变动计入当期损益的金融资产。然而在初始确认时，企业可以将非交易性权益工具投资指定为以公允价值计量且其变动计入其他综合收益的金融资产，并按规定确认股利收入。该指定一经作出，不得撤销。

（2）企业在非同一控制下的企业合并中确认的或有对价构成金融资产的，该金融资产应当分类为以公允价值计量且其变动计入当期损益的金融资产，不得指定为以公允价值计量且其变动计入其他综合收益的金融资产。

（三）以公允价值计量且其变动计入当期损益的金融资产

如果企业购买债券是为了取得合同现金流量，但合同现金流量不仅包括本金和利息，还包括其他，或者不是为了取得合同现金流量，则按以公允价值计量且其变动计入当期损益的金融资产处理。这是一种收益不确定的投资行为，如企业购买的可转债，其未来收益可能包含利息、本金、股票价格变动收益、股票出售收益等。投资方对未来收益不具有控制性，会计监督机构不用担心企业会利用这种投资行为进行利润操纵。

【小结】金融资产的分类模型如图 3－1 所示。

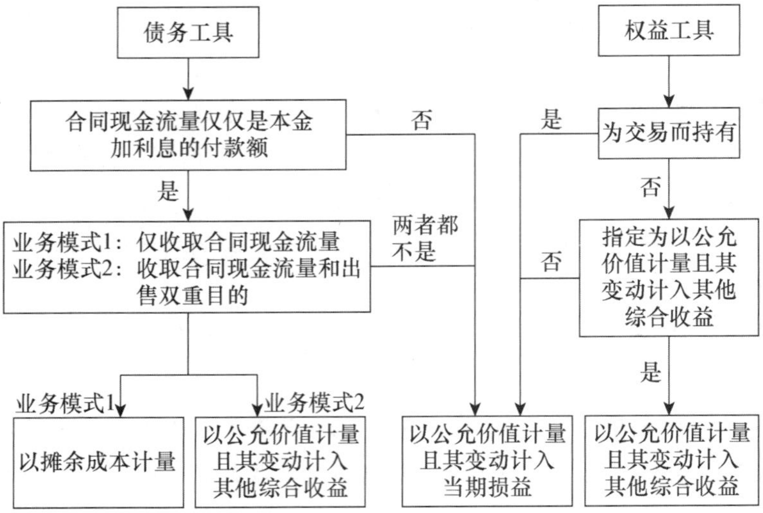

图 3－1　金融资产的分类模型

【例题 9 · 单选题】甲公司采用商业汇票结算方式结算已售产品货款，常持有大量的应收票据。甲公司对应收票据进行管理的目标是，将商业汇票持有至到期以收取合同现金流量，同时兼顾流动性需求贴现商业汇票。不考虑其他因素，甲公司上述应收票据在资产负债表中列示的项目是（　　）。

A. “应收票据”　　　　B. “应收款项融资”

C. “其他债权投资”　　D. “其他流动资产”

【正确答案】B

【答案解析】“应收款项融资”项目，反映资产负债表日以公允价值计量且其变动计入其他综合收益的应收票据和应收账款等，选项 B 正确。

第二节　以摊余成本计量的金融资产会计处理

一、账户设置

企业应当设置“银行存款”“贷款”“应收账款”“债权投资”等账户进行核算。

“债权投资”账户用于核算债权投资的摊余成本。债权投资属于非流动资产，可按类别和品种分别在“成本”“利息调整”“应计利息”等明细账户进行核算。“成本”明细账户用于核算债权投资的面值；“利息调整”明细账户用于核算债权投资的溢价、折价、交易费用及其摊销；“应计利息”账户用于核算一次还本付息债权投资应计而未收的利息，即资产负债表日按票面利率确定的应计而未收利息。需要区别的是分次付息、一次还本的债权投资。资产负债表日，按票面利率计算确定的应收而未收的利息，应计入应收利息。

二、核算思路

（一）核算理念

以摊余成本计量的金融资产应当按取得时的公允价值和相关交易费用之和作为初始确认金额。初始确认后，企业应以摊余成本进行后续计量。

摊余成本，是指初始确认金额经下列调整后的结果：

（1）扣除已偿还的本金；

（2）加上或减去采用实际利率法将该初始确认金额与到期日金额之间的差额进行摊销形成的累计摊销额；

（3）扣除累计计提的损失准备。

（二）账务处理

1. 债权投资的取得

借：债权投资——成本（面值）

　贷：银行存款等

　　债权投资——利息调整（差额）（或借方）

2. 资产负债表日

借：应收利息（票面利息）（分期付息债券）

　债权投资——应计利息（到期付息债券）

　贷：投资收益（实际利息）

　　债权投资——利息调整（差额）（或借方）

【提示1】实际利息的计算。

（1）未发生信用减值：

实际利息＝账面余额(不扣除累计计提的损失准备)×实际利率

（2）发生信用减值：

实际利息＝摊余成本(账面余额扣除累计计提的损失准备)×实际利率

【提示2】当对金融资产预期未来现金流量具有不利影响的一项或多项事件发生时，该金融资产成为已发生信用减值的金融资产。金融资产已发生信用减值的证据包括下列可观察信息：

（1）发行方或债务人发生重大财务困难；

（2）债务人违反合同，如偿付利息或本金违约或逾期等；

（3）债权人出于与债务人财务困难有关的经济或合同考虑，给予债务人在任何其他情况下都不会作出的让步；

(4) 债务人很可能破产或进行其他财务重组；

(5) 发行方或债务人财务困难导致该金融资产的活跃市场消失；

(6) 以大幅折扣购买或源生一项金融资产，该折扣反映了发生信用损失的事实。

3. 处置

借：银行存款等

　　债权投资减值准备

　　贷：债权投资（成本、利息调整、应计利息）

　　　　投资收益（差额）（或借方）

4. 减值

(1) 计提损失准备。

借：信用减值损失

　　贷：债权投资减值准备

(2) 转回损失准备。

借：债权投资减值准备

　　贷：信用减值损失

三、实务举例

【例题 10 · 实操题】 2×19 年 1 月 1 日，甲公司支付价款 1 000 万元（含交易费用）从上海证券交易所购入 A 公司同日发行的 5 年期公司债券 12 500 张，债券票面价值总额为 1 250 万元，票面年利率为 4.72%，于年末支付本年度债券利息（即每年利息为 59 万元），本金在债券到期时一次性偿还。合同约定，该债券的发行方在遇到特定情况时可以将债券赎回，且不需要为提前赎回支付额外款项。甲公司在购买该债券时，预计发行方不会提前赎回。甲公司根据其管理该债券的业务模式和该债券的合同现金流量特征，将该债券分类为以摊余成本计量的金融资产。假定暂不考虑所得税、减值损失等因素。

【解析】 计算该债券的实际利率 r：

$$59\times(1+r)^{-1}+59\times(1+r)^{-2}+59\times(1+r)^{-3}+59\times(1+r)^{-4}$$
$$+(59+1\,250)\times(1+r)^{-5}$$
$$=1\,000$$

采用插值法，计算得出 $r=10\%$。

利息收入与摊余成本的计算如表 3-1 所示。

表 3-1　利息收入与摊余成本计算表（实际利率法）　　单位：万元

年份	年初摊余成本 a	实际利息收益 b=a×10%	票面利息 c=面值×票面利率	年末摊余成本 e=a+b−c
2×19	1 000	100	59	1 041
2×20	1 041	104	59	1 086
2×21	1 086	109	59	1 136
2×22	1 136	114	59	1 191
2×23	1 191	118*	59（+1 250）	0

*尾数调整 1 250+59−1 191=118。

甲公司的有关账务处理如下：

(1) 2×19 年 1 月 1 日，购入 A 公司债券。

借：债权投资——成本　12 500 000
　贷：银行存款　10 000 000
　　债权投资——利息调整　2 500 000

(2) 2×19 年 12 月 31 日，确认 A 公司债券实际利息收入，收到债券利息。

借：应收利息　590 000
　债权投资——利息调整　410 000
　贷：投资收益　1 000 000
借：银行存款　590 000
　贷：应收利息　590 000

(3) 2×20 年 12 月 31 日，确认 A 公司债券实际利息收入，收到债券利息。

借：应收利息　590 000
　债权投资——利息调整　450 000
　贷：投资收益　1 040 000
借：银行存款　590 000
　贷：应收利息　590 000

(4) 2×21 年 12 月 31 日，确认 A 公司债券实际利息收入，收到债券利息。

借：应收利息　590 000
　债权投资——利息调整　500 000
　贷：投资收益　1 090 000
借：银行存款　590 000
　贷：应收利息　590 000

(5) 2×22 年 12 月 31 日，确认 A 公司债券实际利息收入，收到债券利息。

借：应收利息　590 000
　债权投资——利息调整　550 000
　贷：投资收益　1 140 000

借：银行存款　　590 000
　贷：应收利息　　590 000

（6）2×23 年 12 月 31 日，确认 A 公司债券实际利息收入，收到债券利息和本金。

借：应收利息　　590 000
　　债权投资——利息调整　　590 000
　贷：投资收益　　1 180 000

借：银行存款　　590 000
　贷：应收利息　　590 000

借：银行存款　　12 500 000
　贷：债权投资——成本　　12 500 000

【例题 11·单选题】甲公司 2020 年 1 月 3 日按每张 1 049 元的溢价价格购入乙公司于 2020 年 1 月 1 日发行的期限为 5 年、面值为 1 000 元、票面固定年利率为 6%的普通债券 8 000 张，发生交易费用 8 000 元，票款以银行存款支付。该债券每年付息一次，最后一年归还本金和最后一次利息。假设实际年利率为 5.33%，甲公司将其作为债权投资核算，则 2021 年甲公司因持有该批债券应确认的利息收入为（　　）元。

A. 340 010　　B. 445 999　　C. 447 720　　D. 480 000

【正确答案】B

【答案解析】

2021 年初的债券摊余成本＝(1 049×8 000＋8 000)＋(1 049×8 000＋8 000)×5.33%－1 000×8 000×6%
＝8 367 720(元)

2021 年甲公司应确认的利息收入＝8 367 720×5.33%≈445 999(元)

第三节　以公允价值计量且其变动计入其他综合收益的金融资产会计处理

一、账户设置

以公允价值计量且其变动计入其他综合收益的金融资产通过“其他债权投资”和“其他权益工具投资”账户来核算。

（一）“其他债权投资”账户

本账户核算企业以公允价值计量且其变动计入其他综合收益的金融资产（债务工

具）。本账户可按金融资产类别和品种，分别“成本”“利息调整”“公允价值变动”等进行明细核算。

（二）“其他权益工具投资”账户

为了核算以公允价值计量且其变动计入其他综合收益的金融资产（权益工具）的增减变动和结余情况，企业应设置“其他权益工具投资”账户。该账户为非流动资产类账户，用于核算其他权益工具投资的公允价值，分别设置“成本”“公允价值变动”等明细账户进行明细核算。其中，“其他权益工具投资——成本”明细账户反映权益工具投资的公允价值与交易费用之和；“其他权益工具投资——公允价值变动”明细账户反映权益工具投资公允价值的变动金额。

二、核算思路

（一）核算理念

（1）以公允价值计量且其变动计入其他综合收益的金融资产应当按取得该金融资产的公允价值与相关交易费用之和作为初始确认金额。初始确认后，企业应当对该金融资产以公允价值进行后续计量，且公允价值的变动应计入其他综合收益。

（2）分类为以公允价值计量且其变动计入其他综合收益的金融资产所产生的所有利得或损失，除减值损失或利得和汇兑损益之外，均应当计入其他综合收益，直至该金融资产终止确认或被重分类。但是，采用实际利率法计算的该金融资产的利息应当计入当期损益。该金融资产计入各期损益的金额应当与视同其一直按摊余成本计量而计入各期损益的金额相等。该金融资产终止确认时，之前计入其他综合收益的累计利得或损失应当从其他综合收益中转出，计入当期损益。

（3）对于分类为以公允价值计量且其变动计入其他综合收益的金融资产，企业应当在其他综合收益中确认其损失准备，并将减值损失或利得计入当期损益，且不应减少该金融资产在资产负债表中列示的账面价值。

（4）指定为以公允价值计量且其变动计入其他综合收益的非交易性权益工具投资，除了获得的股利（明确代表投资成本部分收回的股利除外）计入当期损益外，其他相关的利得和损失（包括汇兑损益）均应当计入其他综合收益，且后续不得转入当期损益。当其终止确认时，之前计入其他综合收益的累计利得或损失应当从其他综合收益中转出，计入留存收益。

（二）账务处理

1. 其他债权投资的一般会计分录

（1）取得其他债权投资时。

借：其他债权投资——成本（面值）

——应计利息

——利息调整（溢价时）

应收利息

贷：银行存款

其他债权投资——利息调整（折价时）

（2）其他债权投资持有期间。

每期投资收益=期初摊余成本×内含报酬率

利息收益的账务处理同债权投资的核算，只需将总账科目替换为“其他债权投资”。

（3）期末公允价值波动。

1）计算过程。

①先由摊余成本与公允价值比对出期末应认定的累计增值或累计减值额；

②再基于已经确认的累计增值或累计减值额，倒挤出当期应追加的增值额或减值额。

2）会计分录。

①增值时。

借：其他债权投资——公允价值变动

贷：其他综合收益

②贬值时。

借：其他综合收益

贷：其他债权投资——公允价值变动

（4）其他债权投资减值。

1）减值与价值下滑的关系。

①先认定总的价值下滑。

借：其他综合收益（价值下滑总量）

贷：其他债权投资（价值下滑总量）

②再认定事实贬值部分。

借：信用减值损失

贷：其他综合收益

2）减值恢复。

①减值幅度内恢复。

借：其他综合收益

贷：信用减值损失

②超过减值幅度的公允价值上升部分，确认为公允价值变动。

借：其他债权投资

贷：其他综合收益

（5）出售其他债权投资时。

借：银行存款

其他综合收益（持有期间公允价值的调整额可能列借方，也可能列贷方）

贷：其他债权投资——成本

——公允价值变动（持有期间公允价值的调整额可能列贷方，也可能列借方）

——利息调整

——应计利息

投资收益（倒挤额，可能列借方，也可能列贷方）

2. 其他权益工具投资的一般会计分录

（1）取得时。

借：其他权益工具投资——成本（买价－已宣告未发放的股利＋交易费用）

应收股利

贷：银行存款

（2）被投资方分红时。

1）被投资方宣告分红时。

借：应收股利

贷：投资收益

2）收到股利时。

借：银行存款

贷：应收股利

（3）期末公允价值波动时。

1）增值时。

借：其他权益工具投资

贷：其他综合收益

2）贬值时。

借：其他综合收益

贷：其他权益工具投资

（4）出售其他权益工具投资时。

借：银行存款

其他综合收益（持有期间公允价值的调整额可能列借方，也可能列贷方）

贷：其他权益工具投资

盈余公积

利润分配——未分配利润

三、实务举例

【例题12·实操题】2020年初，甲公司购买一项债券，剩余年限为5年，公允价值为90万元，交易费用为5万元，根据其管理该债券的业务模式和该债券的合同现金流量特征，甲公司管理该债券的目标是在保证日常流动性需求的同时，维持固定的收益率。该债券面值为100万元，票面利率为4%，每年年末付息，到期还本。2020年末的公允价值为90万元，2021年末的公允价值为97万元，2022年初售出此金融资产，售价为110万元，假定无交易费用。

要求：判断甲公司所持的债券应予以确认的金融资产类别，从业务模式和合同现金流量两方面说明理由，并编制与购入、持有及出售该债券相关的会计分录。

【解析】

（1）应确认为以公允价值计量且其变动计入其他综合收益的金融资产。

理由：购入的债券的年利率为4%，故其合同现金流量特征是本金加利息；甲公司管理该债券的目标是在保证日常流动性需求的同时，维持固定的收益率，说明甲公司管理该债券的业务模式既以收取合同现金流量为目标，又有出售的动机。

（2）首先计算内含报酬率。

设内含利率为 r，该利率应满足如下条件：

$$4/(1+r)^1+4/(1+r)^2+\cdots+104/(1+r)^5=95$$

采用插值法，计算得出 $r=5.16\%$。

（3）2020年初购入该债券时。

借：其他债权投资——成本　　1 000 000
　贷：银行存款　　950 000
　　其他债权投资——利息调整　　50 000

（4）2020年利息收益计算过程如表3-2所示。

表3-2　　单位：万元

年份	年初摊余成本 ①	利息收益 ②=①×r	现金流入 ③	年末摊余成本 ④=①+②-③	本期公允价值变动额 ⑤=⑥-上年⑥	期末累计公允价值变动额 ⑥=⑦-④	年末公允价值 ⑦
2020	95	4.9	4	95.9	-5.9	-5.9	90

（5）2020年末计提利息收益时。

借：应收利息　　40 000
　　其他债权投资——利息调整　　9 000
　贷：投资收益　　49 000

收到利息时。

借：银行存款　　40 000
　贷：应收利息　　40 000

（6）2020 年末公允价值变动时。

借：其他综合收益　　59 000
　贷：其他债权投资——公允价值变动　　59 000

（7）2021 年利息收益计算过程如表 3-3 所示。

表 3-3　　单位：万元

年份	年初摊余成本①	利息收益②＝①×r	现金流入③	年末摊余成本④＝①＋②－③	本期公允价值变动额⑤＝⑥－上年的⑥	期末累计公允价值变动额⑥＝⑦－④	年末公允价值⑦
2020	95	4.9	4	95.9	－5.9	－5.9	90
2021	95.9	4.95	4	96.85	6.05	0.15	97

（8）2021 年末计提利息收益时。

借：应收利息　　40 000
　　其他债权投资——利息调整　　9 500
　贷：投资收益　　49 500

收到利息时。

借：银行存款　　40 000
　贷：应收利息　　40 000

（9）2021 年末公允价值变动时。

借：其他债权投资——公允价值变动　　60 500
　贷：其他综合收益　　60 500

（10）2022 年初出售金融资产时。

借：银行存款　　1 100 000
　　其他债权投资——利息调整　　31 500
　贷：其他债权投资——成本　　1 000 000
　　　　　　　　——公允价值变动　　1 500
　　投资收益　　130 000

同时将持有期间的暂时公允价值变动转入投资收益。

借：其他综合收益　　1 500
　贷：投资收益　　1 500

【例题 13・实操题】 2×19 年 5 月 6 日，甲公司支付价款 1 016 万元（含交易费用 1 万元和已宣告未发放现金股利 15 万元）购入乙公司发行的股票 200 万股，占乙公司有表决权股份的 0.5%。甲公司将其指定为以公允价值计量且其变动计入其他综合收益的非交易性权益工具投资。相关资料如下：

（1）2×19年5月10日，甲公司收到乙公司发放的现金股利15万元。

（2）2×19年6月30日，该股票市价为每股5.2元。

（3）2×19年12月31日，该股票市价为每股5元，甲公司仍持有该股票。

（4）2×20年5月9日，乙公司宣告发放股利4 000万元。

（5）2×20年5月13日，甲公司收到乙公司发放的现金股利。

（6）2×20年5月20日，甲公司由于某特殊原因，以每股4.9元的价格将股票全部转让。

【解析】假定不考虑其他因素，甲公司的账务处理如下：

（1）2×19年5月6日，购入股票。

借：应收股利	150 000	
其他权益工具投资——成本	10 010 000	
贷：银行存款		10 160 000

（2）2×19年5月10日，收到现金股利。

借：银行存款	150 000	
贷：应收股利		150 000

（3）2×19年6月30日，确认股票价格变动。

借：其他权益工具投资——公允价值变动	390 000	
贷：其他综合收益——其他权益工具投资公允价值变动		390 000

（4）2×19年12月31日，确认股票价格变动。

借：其他综合收益——其他权益工具投资公允价值变动	400 000	
贷：其他权益工具投资——公允价值变动		400 000

（5）2×20年5月9日，确认应收现金股利。

借：应收股利	200 000	
贷：投资收益		200 000

（6）2×20年5月13日，收到现金股利。

借：银行存款	200 000	
贷：应收股利		200 000

（7）2×20年5月20日，出售股票。

借：银行存款	9 800 000	
其他权益工具投资——公允价值变动	10 000	
盈余公积——法定盈余公积	21 000	
利润分配——未分配利润	189 000	
贷：其他权益工具投资——成本		10 010 000
其他综合收益——其他权益工具投资公允价值变动		10 000

第四节　以公允价值计量且其变动计入当期损益的金融资产会计处理

一、账户设置

（一）“交易性金融资产”账户

企业应设置“交易性金融资产”账户，核算企业为交易目的持有的债券投资、股票投资、基金投资等交易性金融资产的公允价值，以及直接指定为以公允价值计量且其变动计入当期损益的金融资产。

1. “交易性金融资产——成本”账户

“交易性金融资产——成本”账户属于资产类账户，按取得时的公允价值入账，但不包括交易费用。交易费用是指可直接归属于购买、发行或处置金融工具新增的外部费用，其直接计入投资收益。所谓新增的外部费用，是指企业不购买、发行或处置金融工具就不会发生的费用。交易费用包括支付给代理机构、咨询公司、券商等的手续费和佣金及其他必要支出，不包括债券溢价和折价、融资费用、内部管理成本及其他与交易不直接相关的费用。企业取得以公允价值计量且其变动计入当期损益的金融资产所支付的价款，包含已宣告但尚未发放的现金股利或已到付息期但尚未领取的债券利息的，应当单独确认为应收项目。

2. “交易性金融资产——公允价值变动”账户

“交易性金融资产——公允价值变动”账户属于资产类账户，反映资产负债表日公允价值的变动情况。对应的账户为“公允价值变动损益”账户。

（二）“公允价值变动损益”账户

“公允价值变动损益”账户属于损益类账户，用于核算企业交易性金融资产、交易性金融负债，以及采用公允价值模式计量的投资性房地产、衍生工具、套期保值业务等公允价值变动形成的应计入当期损益的利得或损失。其借方核算因公允价值变动而形成的损失金额和贷方发生额的转出额；贷方核算因公允价值变动而形成的收益金额和借方发生额的转出额。公允价值变动损益应作为当期损益列示于利润表。期末，应将利得或损失结转至“本年利润”账户，结转后，该账户期末无余额。

（三）“投资收益”账户

“投资收益”账户用于核算企业对外投资所取得的收益或发生的损失。在本节核算企业持有的交易性金融资产等持有期间取得的投资收益，以及处置交易性金融资产等实现的投资收益或者发生的投资损失，期末应将投资收益或者投资损失结转至“本年利润”账户，结转后，该账户期末无余额。

二、核算思路

（一）核算理念

（1）以公允价值计量且其变动计入当期损益的金融资产应当按取得该金融资产的公允价值作为初始确认金额，相关交易费用直接计入当期损益。初始确认后，企业应当对该金融资产以公允价值进行后续计量，且公允价值的变动应计入当期损益。

（2）以公允价值计量且其变动计入当期损益的金融资产的利得或损失，应当计入当期损益。

（二）账务处理

1. 取得

借：交易性金融资产——成本

　　投资收益（发生的交易费用）

　　应收利息（应收股利）（已到付息期但尚未领取的利息或已宣告但尚未发放的现金股利）

　贷：银行存款等

2. 持有期间取得的现金股利和利息

借：应收股利（应收利息）

　贷：投资收益

借：银行存款

　贷：应收股利（应收利息）

3. 期末计量

借：交易性金融资产——公允价值变动

　贷：公允价值变动损益

（或作相反的会计分录。）

4. 处置

借：银行存款

　贷：交易性金融资产——成本

　　　　　　　　　——公允价值变动（或借方）

　　投资收益（或借方）

同时，将持有期间累计公允价值变动损益转入投资收益。

借：公允价值变动损益
　　贷：投资收益

或者

借：投资收益
　　贷：公允价值变动损益

三、实务举例

【例题 14·实操题】 2×19 年 1 月 1 日，甲公司从二级市场购入丙公司债券，支付价款合计 1 020 000 元（含已到付息期但尚未领取的利息 20 000 元），另发生交易费用 20 000 元。该债券面值为 1 000 000 元，剩余期限为 2 年，票面年利率为 4%，每半年末付息一次。甲公司根据其管理该债券的业务模式和该债券的合同现金流量特征，将该债券分类为以公允价值计量且其变动计入当期损益的金融资产。其他资料如下：

（1）2×19 年 1 月 5 日，收到丙公司债券 2×18 年下半年利息 20 000 元。

（2）2×19 年 6 月 30 日，丙公司债券的公允价值为 1 150 000 元（不含利息）。

（3）2×19 年 7 月 5 日，收到丙公司债券 2×19 年上半年利息。

（4）2×19 年 12 月 31 日，丙公司债券的公允价值为 1 100 000 元（不含利息）。

（5）2×20 年 1 月 5 日，收到丙公司债券 2×19 年下半年利息。

（6）2×20 年 6 月 20 日，通过二级市场出售丙公司债券，取得价款 1 180 000 元（含一季度利息 10 000 元）。

【解析】 假定不考虑其他因素，甲公司的账务处理如下：

（1）2×19 年 1 月 1 日，从二级市场购入丙公司债券。

借：交易性金融资产——成本　　1 000 000
　　应收利息　　20 000
　　投资收益　　20 000
　　贷：银行存款　　1 040 000

（2）2×19 年 1 月 5 日，收到该债券 2×18 年下半年利息 20 000 元。

借：银行存款　　20 000
　　贷：应收利息　　20 000

（3）2×19 年 6 月 30 日，确认丙公司债券公允价值变动和投资收益。

借：交易性金融资产——公允价值变动　　150 000
　　贷：公允价值变动损益　　150 000

借：应收利息　　20 000
　　贷：投资收益　　20 000

（4）2×19 年 7 月 5 日，收到丙公司债券 2×19 年上半年利息。

借：银行存款　　20 000

贷：应收利息　20 000

(5) 2×19年12月31日，确认丙公司债券公允价值变动和投资收益。

借：公允价值变动损益　50 000

贷：交易性金融资产——公允价值变动　50 000

借：应收利息　20 000

贷：投资收益　20 000

(6) 2×20年1月5日，收到丙公司债券2×19年下半年利息。

借：银行存款　20 000

贷：应收利息　20 000

(7) 2×20年6月20日，通过二级市场出售丙公司债券。

借：银行存款　1 180 000

贷：交易性金融资产——成本　1 000 000

——公允价值变动　100 000

投资收益　80 000

借：公允价值变动损益　100 000

贷：投资收益　100 000

【例题15·实操题】2×19年5月6日，甲公司支付价款1 016万元（含交易费用1万元和已宣告未发放现金股利15万元），购入乙公司发行的股票200万股，占乙公司有表决权股份的0.5%。甲公司根据其管理乙公司股票的业务模式和乙公司股票的合同现金流量特征，将乙公司股票分类为以公允价值计量且其变动计入当期损益的金融资产。相关资料如下：

(1) 2×19年5月10日，甲公司收到乙公司发放的现金股利15万元。

(2) 2×19年6月30日，该股票市价为每股5.2元。

(3) 2×19年12月31日，该股票市价为每股4.8元，甲公司仍持有该股票。

(4) 2×20年5月9日，乙公司宣告发放股利4 000万元。

(5) 2×20年5月13日，甲公司收到乙公司发放的现金股利。

(6) 2×20年5月20日，甲公司由于某特殊原因，以每股4.9元的价格将股票全部转让。

【解析】假定不考虑其他因素，甲公司的账务处理如下：

(1) 2×19年5月6日，购入股票。

借：应收股利　150 000

交易性金融资产——成本　10 000 000

投资收益　10 000

贷：银行存款　10 160 000

(2) 2×19年5月10日，收到现金股利。

借：银行存款　150 000

贷：应收股利　150 000

(3) 2×19 年 6 月 30 日，确认股票价格变动。

借：交易性金融资产——公允价值变动	400 000	
贷：公允价值变动损益		400 000

(4) 2×19 年 12 月 31 日，确认股票价格变动。

公允价值变动＝200×(4.8－5.2)＝－80(万元)

借：公允价值变动损益	800 000	
贷：交易性金融资产——公允价值变动		800 000

(5) 2×20 年 5 月 9 日，确认应收现金股利。

借：应收股利	200 000	
贷：投资收益		200 000

(6) 2×20 年 5 月 13 日，收到现金股利。

借：银行存款	200 000	
贷：应收股利		200 000

(7) 2×20 年 5 月 20 日，出售股票。

借：银行存款	9 800 000	
交易性金融资产——公允价值变动	400 000	
贷：交易性金融资产——成本		10 000 000
投资收益		200 000
借：投资收益	400 000	
贷：公允价值变动损益		400 000

【延伸思考】三种金融资产的会计处理比较

1. 以公允价值计量且其变动计入当期损益的金融资产

以公允价值计量且其变动计入当期损益的金融资产，即交易性金融资产，在持有期间，股票、债券、基金等的市场价格变动直接影响资产和收益。市场价格上涨了，账面资产增加（借记“交易性金融资产——公允价值变动”账户），收益增加（贷记“公允价值变动损益”账户）；市场价格下跌了，账面资产减少（贷记“交易性金融资产——公允价值变动”账户），收益减少（借记“公允价值变动损益”账户）。市场价格的涨涨跌跌引起企业的资产负债表和利润表波动很大。资产价格犹如气温，忽高忽低；资产负债表和利润表犹如温度计，高低变化很大。

在整个持有过程，资产价格引发的收益变动是通过“公允价值变动损益”账户核算的，该账户实际上是一个过渡性账户，反映的是潜在收益，待到交易性金融资产全部售出时，真实的收益或损失全部转到“投资收益”账户中，会计上将“公允价值变损益”和“投资收益”均计入营业利润，目的是如实反映经营层对交易性金融资产的投资绩效和投资水平。

2. 以公允价值计量且其变动计入其他综合收益的金融资产

以公允价值计量且其变动计入其他综合收益的金融资产，如金融工具确认和计量准则修订前所指的可供出售金融资产。在持有期间的价格变动只影响资产和权益。市场价格上涨了，账面资产增加（借记“其他权益工具投资——公允价值变动”账户），收益增加（贷记“其他综合收益”账户）；市场价格下跌了，账面资产减少（贷记“其他权益工具投资——公允价值变动”账户），收益减少（借记“其他综合收益”账户）。

“其他综合收益”不是利润表的项目，不计入营业利润和利润总额，它是资产负债表中的所有者权益的组成部分，也就是说，会计上将该类金融资产价格变动产生的损益不算到经营者的业绩中，而直接划到所有者的权益中。与交易性金融资产相同的是，当该类金融资产售出时，将真实的损益从“其他综合收益”账户转到“投资收益”账户中。所以，“其他综合收益”账户也是一个过渡性账户，反映的也是潜在收益。企业购买这两类金融资产要时刻反映证券市场的风吹草动，投资方的资产、利润、权益与证券价格高度联动，一荣俱荣，一损俱损。

3. 以摊余成本计量的金融资产

在持有期间只单边反映价格变动。即只有在价格持续下跌时，才通过计提减值准备反映资产减少和潜在损失，价格上涨时，会计上不进行处理。

第五节　金融资产减值的会计处理

一、金融工具减值概述

新准则对金融工具减值的规定通常称为预期信用损失法。该方法与过去规定的根据实际已发生减值损失确认减值准备的方法有根本不同。在预期信用损失法下，减值准备的计提不以减值的实际发生为前提，而是以未来可能的违约事件造成的损失的期望值来计量当前（资产负债表日）应当确认的减值准备。

（一）预期信用损失的定义

预期信用损失，是指以发生违约的风险为权重的金融工具信用损失的加权平均值。发生违约的风险可以理解为发生违约的概率。

（二）损失准备的定义

损失准备，是指针对按照以摊余成本计量的金融资产、租赁应收款和合同资产的预期信用损失计提的准备，按照以公允价值计量且其变动计入其他综合收益的金融资产的累计减值金额以及针对贷款承诺和财务担保合同的预期信用损失计提的准备。

（三）信用损失的定义

信用损失，是指企业按照原实际利率折现的、根据合同应收的所有合同现金流量与预期收取的所有现金流量之间的差额，即全部现金短缺的现值。

（四）适用减值规定的金融工具

注意：金融工具减值规定的适用范围大于金融工具准则整体适用范围，不仅包括金融资产（通常为企业持有的债务工具），还包括准则范围以外的资产（如合同资产）、某些金融负债或者尚未确认的确定承诺。具体包括以下各项：

（1）以摊余成本计量的金融资产（含应收款项）；

（2）以公允价值计量且其变动计入其他综合收益的金融资产；

（3）租赁应收款；

（4）《企业会计准则第 14 号——收入》定义的合同资产；

（5）企业作出的贷款承诺，以公允价值计量且其变动计入当期损益的金融负债除外；

（6）财务担保合同。

（五）金融工具减值模型

一般情况下，企业应当在每个资产负债表日评估相关金融工具的信用风险自初始确认后是否已经显著增加，并按照下列情形分别计量其损失准备、确认预期信用损失及其变动：

（1）如果该金融工具的信用风险自初始确认后已显著增加，企业应当按照相当于该金融工具整个存续期内预期信用损失的金额计量其损失准备。无论企业评估信用损失的基础是单项金融工具还是金融工具组合，由此形成的损失准备的增加或转回金额，都应当作为减值损失或利得计入当期损益。

（2）如果该金融工具的信用风险自初始确认后并未显著增加，企业应当按照相当于该金融工具未来 12 个月内预期信用损失的金额计量其损失准备，无论企业评估信用损失的基础是单项金融工具还是金融工具组合，由此形成的损失准备的增加或转回金额，都应当作为减值损失或利得计入当期损益。

【提示】未来 12 个月内预期信用损失，是指因资产负债表日后 12 个月内（若金融工具的预计存续期少于 12 个月，则为预计存续期）可能发生的金融工具违约事件导致的预期信用损失，是整个存续期内信用损失的一部分。

（六）对风险显著增加的判断

企业在评估金融工具的信用风险自初始确认后是否已显著增加时，应当考虑金融工具预计存续期内发生违约风险的变化，而不是预期信用损失金额的变化。

【例题 16・实操题】甲公司是一家大型全国性物流上市公司。其资本结构中唯一的债务是一项 5 年期的公开发行的债券。根据该债券募集合同的规定，甲公司不能进一步举债。甲公司按季度向其股东发布报告。乙基金是该债券众多投资方之一。乙基金在初始确认时认为：债券的违约风险较低，并且甲公司在短期内具有较强的偿债能力；长期来看，经济形势和经营环境存在发生不利变化的可能，但未必一定导致甲公司偿付该债券能力的降低。因此，乙基金对该债券的内部信用评级等同于国际信用评级的投资级。

在资产负债表日，乙基金对该债券信用风险的担忧主要是甲公司营业额所面临的持续压力，这种压力有可能导致甲公司经营活动现金流量下降。因为乙基金仅为甲公司的债券投资人，仅能依赖公开的年报和中期报告，无法取得进一步的非公开信用风险信息，所以其对信用风险变化的评估全部取决于甲公司的公告和其他公开信息，包括评级机构发布的消息和新闻中提到的相关信息。

【解析】本例中，乙基金希望对该债券投资采用低信用风险简化处理。因此，在报告日，乙基金使用所有以合理成本即可获得的、合理且有依据的信息，评估该债券是否属于低信用风险。在这一评估中，乙基金对该债券的内部信用评级进行了重新评估，并认为该债券不再等同于外部信用评级中的投资级债券，理由如下：

（1）甲公司的最新季报显示，其营业收入同比下降 20%，营业利润同比下降 12%。

（2）评级机构对甲公司的盈利预告作出负面反应，并对其信用级别进行复核以确定是否需要将其由投资级降至非投资级。不过，在报告日，外部信用风险评级暂时保持不变。

（3）该债券的价格显著下跌，导致到期收益率提高。乙基金认为，该债券价格的下跌是由甲公司信用风险增加引起的。因为乙基金发现，市场环境并未改变（例如基准利率、流动性等未发生变化），与其同行业企业所发行债券的价格比较可知，该债券价格的下跌可能是甲公司特有因素所导致的，而不是其他一般信用风险指标（例如基准利率变动）导致的。尽管甲公司目前尚能履行合同义务进行偿付，但其所处的不利经济形势和经营环境导致了重大不确定因素，增加了该债券的违约风险。鉴于上述原因，乙基金认为，该债券在资产负债表日不再属于只具有较低信用风险的金融资产。因此，乙基金决定评估该债券自初始确认后信用风险是否已显著增加。经过评估，乙基金认为，该债券的信用风险自初始确认后已显著增加。

二、预期信用损失的计量

企业计量金融工具预期信用损失的方法应当反映下列各项要素：

（1）通过评价一系列可能的结果确定的无偏概率加权平均金额。

（2）货币时间价值。

（3）在资产负债表日无须付出不必要的额外成本或努力即可获得的有关过去事项、当前状况以及未来经济状况预测的合理且有依据的信息。

企业应当按照下列方法确定有关金融工具的信用损失：

（1）对于金融资产，信用损失应为企业收取的合同现金流量与预期收取的现金流量之间差额的现值。

（2）对于租赁应收款项，信用损失应为企业应收取的合同现金流量与预期收取的现金流量之间差额的现值。其中，用于确定预期信用损失的现金流量，应与按照《企业会计准则第21号——租赁》用于计量租赁应收款项的现金流量保持一致。

（3）对于未提用的贷款承诺，信用损失应为在贷款承诺持有人提用相应贷款的情况下，企业应当收取的合同现金流量与预期收取的现金流量之间差额的现值。企业对贷款承诺预期信用损失的估计，应当与其对该贷款承诺提用情况的预期保持一致。

（4）对于财务担保合同，信用损失应为企业就该合同持有人发生的信用损失向其作出赔付的预计付款额，减去企业预期向该合同持有人、债务人或任何其他方收取的金额之间差额的现值。

（5）对于资产负债表日已发生信用减值但并非购买或源生已发生信用减值的金融资产，信用损失应为该金融资产账面余额与按原实际利率折现的估计未来现金流量的现值之间的差额。

【例题17·实操题】甲公司是一家制造业企业，其经营地域单一且固定。2×17年，甲公司应收账款合计为3亿元。考虑到客户群由众多小客户构成，甲公司根据代表偿付能力的客户共同风险特征对应收账款进行分类。上述应收账款不包含重大融资成分。甲公司对上述应收账款始终按整个存续期内的预期信用损失计量损失准备。

甲公司使用逾期天数与违约损失率对照表确定该应收账款组合的预期信用损失。对照表以此类应收账款预计存续期的历史违约损失率为基础，并根据前瞻性估计予以调整。在每个资产负债表日，甲公司都将分析前瞻性估计的变动，并据此对历史违约损失率进行调整。公司预测下一年的经济形势将恶化。

【解析】甲公司的逾期天数与违约损失率对照表如表3－4所示。

表3－4

逾期天数	未逾期	逾期1～30天	逾期31～60天	逾期61～90天	逾期＞90天
违约损失率	0.3%	1.6%	3.6%	6.6%	10.6%

来自众多小客户的应收账款合计3 000万元。根据逾期天数违约损失率计算其预期信用损失如表3－5所示。

表3－5

单位：万元

逾期天数	账面总额	整个存续期预期信用损失准备（账面总额×违约损失率）
未逾期	1 500	1 500×0.3%＝4.5
逾期1～30天	750	750×1.6%＝12
逾期31～60天	400	400×3.6%＝14.4
逾期61～90天	250	250×6.6%＝16.5
逾期＞90天	100	100×10.6%＝10.6
合计	3 000	58

三、金融工具减值的账务处理

（一）减值准备的计提和转回

借：信用减值损失

　　贷：贷款损失准备

　　　　债权投资减值准备

　　　　坏账准备

　　　　合同资产减值准备

　　　　租赁应收款减值准备

　　　　预计负债（用于贷款承诺及财务担保合同）

　　　　其他综合收益

如果资产负债表日计算的预期信用损失小于该工具（或组合）当前减值准备的账面金额（例如，从按照整个存续期预期信用损失计量损失准备转为按照未来 12 个月内预期信用损失计量损失准备时，可能出现这一情况），则应当将差额确认为减值利得，作相反的会计分录。

（二）已发生信用损失金融资产的核销

企业实际发生信用损失，认定相关金融资产无法收回，经批准予以核销的，应当根据批准的核销金额，借记“贷款损失准备”等科目，贷记相应的资产科目，如“贷款”“应收账款”“合同资产”等。若核销金额大于已计提的损失准备，还应按其差额借记“信用减值损失”科目。

【例题 18 · 实操题】

（1）甲上市公司于 2×19 年 12 月 15 日购入一项公允价值为 1 000 万元的债务工具，分类为以公允价值计量且其变动计入其他综合收益的金融资产。该工具合同期限为 10 年，年利率为 5%，假定其实际利率也为 5%。初始确认时，甲公司已经确定其不属于购入或源生已发生信用减值的金融资产。为简化起见，本例不考虑利息。

【解析】会计处理如下（会计分录单位为万元，下同）：

借：其他债权投资——成本　　1 000

　　贷：银行存款　　1 000

（2）2×19 年 12 月 31 日，由于市场利率变动，该债务工具的公允价值跌至 950 万元。甲公司认为，该工具的信用风险自初始确认后并无显著增加，应按 12 个月内预期信用损失计量损失准备，损失准备金额为 30 万元。

【解析】

借：其他综合收益——其他债权投资公允价值变动　　50

　　贷：其他债权投资——公允价值变动　　50
　借：信用减值损失　　30
　　贷：其他综合收益——信用减值准备　　30

（3）2×20年1月1日，甲公司决定以当日的公允价值950万元出售该债务工具。

【解析】

　借：银行存款　　950
　　　其他综合收益——信用减值准备　　30
　　　其他债权投资——公允价值变动　　50
　　贷：其他债权投资——成本　　1 000
　　　　投资收益　　30
　借：投资收益　　50
　　贷：其他综合收益——其他债权投资公允价值变动　　50

【例题19·实操题】

（1）2019年1月1日，国内甲上市公司按面值从债券二级市场购入乙公司公开发行的债券20 000张，每张面值为100元，票面利率为3%，划分为以公允价值计量且其变动计入其他综合收益的金融资产。初始确认时，该债券具有较低的信用风险，且该债券的内部信用评级与外部机构信用评级对其的投资级别相同。

【解析】会计处理如下：

　借：其他债权投资——成本　　2 000 000
　　贷：银行存款　　2 000 000

（2）2019年12月31日，该债券的市场价格为每张100元。经评估，该债券仍具有较低的信用风险，该金融工具的信用风险自初始确认后并未显著增加，因此甲公司按照相当于未来12个月内预期信用损失的金额计量该金融工具的损失准备。经评估计算，损失准备金额为2 500元（假定按违约概率0.5%、违约损失率25%计算）。

【解析】会计处理如下：

　借：应收利息　　60 000
　　贷：投资收益　　60 000
　借：银行存款　　60 000
　　贷：应收利息　　60 000

债券的公允价值变动为零，故不作会计处理。

　借：信用减值损失　　2 500
　　贷：其他综合收益（20 000×100×0.5%×25%）　　2 500

（3）2020年，乙公司因投资决策失误发生财务困难，但仍可支付该债券当年的票面利息。2020年12月31日，该债券的公允价值下降为每张80元。甲公司预计，如乙公司不采取措施，该债券的公允价值会持续下跌。尽管乙公司尚能满足偿付承诺，但严重的财务困难增加了债券的违约风险。甲公司认为该债券在报告日不再属于具有较低信用风险的债券。因此，甲公司需要判断自初始确认后信用风险是否显著增加。评估后，甲公司认为信用风险自初始确认后显著增加，应按整个存续期预期信用损失确认损失准备。经评估计算，损失准备余额为100 000元。

【解析】会计处理如下：

借：应收利息　　60 000
　贷：投资收益　　60 000
借：银行存款　　60 000
　贷：应收利息　　60 000
借：其他综合收益　　400 000
　贷：其他债权投资——公允价值变动（(100－80)×20 000）　　400 000
借：信用减值损失　　97 500
　贷：其他综合收益（100 000－2 500）　　97 500

（4）2021年，乙公司调整产品结构并整合其他资源，致使上年发生的财务困境大为好转。2021年12月31日，该债券的公允价值已上升至每张95元。甲公司认定债券的信用风险下降，并且较自初始确认后的信用风险已无显著增加，因此，甲公司按照相当于未来12个月内预期信用损失的金额计量该金融工具的损失准备。经评估计算，损失准备金额为2 500元。假定甲公司初始确认该债券时计算确定的债券实际利率为3%，且不考虑其他因素。

【解析】会计处理如下：

借：应收利息　　60 000
　贷：投资收益　　60 000
借：银行存款　　60 000
　贷：应收利息　　60 000
借：其他债权投资——公允价值变动　　300 000
　贷：其他综合收益（(95－80)×20 000）　　300 000
借：其他综合收益　　97 500
　贷：信用减值损失　　97 500

第六节　金融资产的重分类

一、金融工具重分类的原则

企业改变其管理金融资产的业务模式时，应当按照规定对受影响的相关金融资产进行重分类，即金融资产（非衍生债权资产）可以在以摊余成本计量、以公允价值计量且其变动计入其他综合收益和以公允价值计量且其变动计入当期损益之间进行重分类。

企业对金融资产进行重分类，应当自重分类日起采用未来适用法进行相关会计处理，不得对以前已经确认的利得、损失（包括减值损失或利得）或利息进行追溯调整。

【思考1】甲上市公司决定于2×21年3月22日改变某金融资产的业务模式，则重分类日为哪一天？

【解析】重分类日为2×21年4月1日（即下一个季度会计期间的期初）。

【思考2】乙上市公司决定于2×21年10月15日改变某金融资产的业务模式，则重分类日为哪一天？

【解析】重分类日为2×22年1月1日。

【思考3】甲公司持有拟在短期内出售的某商业贷款组合。甲公司收购一家资产管理公司乙公司，乙公司的业务模式是为收取合同现金流量而持有贷款。甲公司决定，对该商业贷款组合不再为出售而持有，而是将该组合与资产管理公司持有的其他商业贷款一起管理，都是为收取合同现金流量而持有，则甲公司管理该商业贷款组合的业务模式发生了变更。其表述是否正确？

【解析】正确。

以下情形不属于业务模式变更：

（1）企业持有特定金融资产的意图改变。企业即使在市场状况发生重大变化的情况下改变对特定资产的持有意图，也不属于业务模式变更。

（2）金融资产特定市场暂时性消失从而暂时影响金融资产出售。

（3）金融资产在企业具有不同业务模式的各部门之间转移。

如果企业管理金融资产的业务模式没有发生变更，而金融资产的条款发生变更但未导致终止确认的，不允许重分类。如果金融资产条款发生变更导致金融资产终止确认的，不属于重分类，企业应当终止确认原金融资产，同时按照变更后的条款确认一项新金融资产。

二、金融资产重分类的计量

（一）以摊余成本计量的金融资产的重分类

（1）企业将一项以摊余成本计量的金融资产重分类为以公允价值计量且其变动计入当期损益的金融资产的，应当按照该资产在重分类日的公允价值进行计量。原账面价值与公允价值之间的差额计入当期损益。

一般会计分录为：

借：交易性金融资产（公允价值）

　　债权投资减值准备（终止确认原损失准备）

贷：债权投资（原账面余额）

　　公允价值变动损益（倒挤，或借方）

【例题20·实操题】 2×20年10月15日，甲银行以公允价值500万元购入一项债券投资，并按规定将其分类为以摊余成本计量的金融资产，该债券的账面余额为500万元。2×21年10月15日，甲银行变更其管理债券投资组合的业务模式，其变更符合重分类的要求，因此，甲银行于2×22年1月1日将该债券从以摊余成本计量的金融资产重分类为以公允价值计量且其变动计入当期损益的金融资产。2×22年1月1日，该债券的公允价值为490万元，已确认的减值准备为6万元。假设不考虑该债券的利息收入。

【解析】 甲银行的会计处理如表3-6所示。

表3-6 单位：万元

重分类前的会计处理		重分类日的会计处理	
借：债权投资——成本	500	借：交易性金融资产	490
贷：银行存款	500	债权投资减值准备	6
借：信用减值损失	6	公允价值变动损益	4
贷：债权投资减值准备	6	贷：债权投资	500

（2）企业将一项以摊余成本计量的金融资产重分类为以公允价值计量且其变动计入其他综合收益的金融资产的，应当按照该金融资产在重分类日的公允价值进行计量。原账面价值与公允价值之间的差额计入其他综合收益。该金融资产重分类不影响其实际利率和预期信用损失的计量。

一般会计分录为：

借：其他债权投资（公允价值）

　　债权投资减值准备（冲减原损失准备）

　贷：债权投资（余额）

　　　其他综合收益（倒挤，或借记）

【例题21·实操题】 资料同上。假定甲银行于2×22年1月1日将该债券从以摊余成本计量的金融资产重分类为以公允价值计量且其变动计入其他综合收益的金融资产。

【解析】 会计处理如表3-7所示。

表3-7 单位：万元

重分类前的会计处理		重分类日的会计处理	
借：债权投资——成本	500	借：其他债权投资	490
贷：银行存款	500	债权投资减值准备	6
借：信用减值损失	6	其他综合收益	4
贷：债权投资减值准备	6	贷：债权投资	500

（二）以公允价值计量且其变动计入其他综合收益的金融资产的重分类

（1）企业将一项以公允价值计量且其变动计入其他综合收益的金融资产重分类为以摊余成本计量的金融资产的，应当将之前计入其他综合收益的累计利得或损失转出，调整该金融资产在重分类日的公允价值，并以调整后的金额作为新的账面价值，即视同该金融资产一直以摊余成本计量。该金融资产重分类不影响其实际利率和预期信用损失的计量。

一般会计分录为：

借：债权投资（成本＋利息调整）

贷：其他债权投资（成本＋利息调整）

应当将重分类之前计入其他综合收益的累计利得或损失冲回：

借：其他综合收益——其他债权投资公允价值变动

贷：其他债权投资——公允价值变动

如果重分类前该金融资产存在预期信用损失而计提了损失准备，结转信用减值准备：

借：其他综合收益——信用减值准备

贷：债权投资减值准备

【例题 22·实操题】 2×20 年 10 月 15 日，甲银行以公允价值 500 万元购入一项债券投资，并按规定将其分类为以公允价值计量且其变动计入其他综合收益的金融资产，该债券的账面余额为 500 万元。2×21 年 10 月 15 日，甲银行变更其管理债券投资组合的业务模式，其变更符合重分类的要求，因此，甲银行于 2×21 年 1 月 1 日将该债券从以公允价值计量且其变动计入其他综合收益的金融资产重分类为以摊余成本计量的金融资产。2×22 年 1 月 1 日，该债券的公允价值为 490 万元，已确认的减值准备为 6 万元。假设不考虑利息收入。

【解析】 甲银行的会计处理如表 3－8 所示。

表 3－8　　单位：万元

重分类前的会计处理	重分类日的会计处理
借：其他债权投资——成本　500 　贷：银行存款　500 借：信用减值损失　6 　贷：其他综合收益——信用减值准备　6 借：其他综合收益——其他债权投资公允价值变动　10 　贷：其他债权投资——公允价值变动（490－500）　10	借：债权投资——成本　500 　　其他债权投资——公允价值变动　10 　　其他综合收益——信用减值准备　6 　贷：其他债权投资——成本　500 　　　其他综合收益——其他债权投资公允价值变动　10 　　　债权投资减值准备　6

（2）企业将一项以公允价值计量且其变动计入其他综合收益的金融资产重分类为以公允价值计量且其变动计入当期损益的金融资产的，应当继续以公允价值计量该金融资产。同时，企业应当将之前计入其他综合收益的累计利得或损失从其他综合收益转入当期损益。

一般会计分录为：

借：交易性金融资产（公允价值）

贷：其他债权投资（公允价值）

借：公允价值变动损益

贷：其他综合收益——其他债权投资公允价值变动

存在减值准备的，应转回：

借：其他综合收益——信用减值准备

贷：公允价值变动损益

【例题 23・实操题】 资料同上。假定甲银行于 2×22 年 1 月 1 日将该债券从以公允价值计量且其变动计入其他综合收益的金融资产重分类为交易性金融资产。

【解析】 甲银行的会计处理如表 3－9 所示。

表 3－9 单位：万元

重分类前的会计处理	重分类日的会计处理
借：其他债权投资——成本 500 贷：银行存款 500 借：信用减值损失 6 贷：其他综合收益——信用减值准备 6 借：其他综合收益——其他债权投资公允价值变动 10 贷：其他债权投资——公允价值变动（490－500） 10	借：交易性金融资产 490 其他债权投资——公允价值变动 10 其他综合收益——信用减值准备 6 公允价值变动损益（－6＋10） 4 贷：其他债权投资——成本 500 其他综合收益———其他债权投资公允价值变动 10

（三）以公允价值计量且其变动计入当期损益的金融资产的重分类

（1）企业将一项以公允价值计量且其变动计入当期损益的金融资产重分类为以摊余成本计量的金融资产的，应当以其在重分类日的公允价值作为新的账面余额。

一般会计分录为：

借：债权投资（公允价值）

贷：交易性金融资产

【例题 24・实操题】 2×20 年 10 月 15 日，甲银行以公允价值 500 万元购入一项债券投资，并按规定将其分类为以公允价值计量且其变动计入当期损益的金融资产，该债券的账面余额为 500 万元。2×21 年 10 月 15 日，甲银行变更其管理债券投资组合的业务模式，其变更符合重分类的要求，因此，甲银行于 2×22 年 1 月 1 日将该债券从以公允价值计量且其变动计入当期损益的金融资产重分类为以摊余成本计量的金融资产。2×22 年 1 月 1 日，该债券的公允价值为 490 万元，假设不考虑利息收入。

【解析】 甲银行的会计处理如表 3－10 所示。

表 3－10 单位：万元

重分类前的会计处理	重分类日的会计处理
借：交易性金融资产——成本 500 贷：银行存款 500 借：公允价值变动损益（490－500） 10 贷：交易性金融资产——公允价值变动 10	借：债权投资 490 贷：交易性金融资产 490

（2）企业将一项以公允价值计量且其变动计入当期损益的金融资产重分类为以公允

价值计量且其变动计入其他综合收益的金融资产的，应当继续以公允价值计量该金融资产。

一般会计分录为：

借：其他债权投资

　贷：交易性金融资产

【例题 25·实操题】 资料同上。假定甲银行于 2×22 年 1 月 1 日将该债券从以公允价值计量且其变动计入当期损益的金融资产重分类为其他债权投资。2×22 年 1 月 1 日，该债券的公允价值为 490 万元，假设不考虑利息收入。

【解析】 甲银行的会计处理如表 3-11 所示。

表 3-11　　　　单位：万元

重分类前的会计处理	重分类日的会计处理
借：交易性金融资产——成本　500 　贷：银行存款　500 借：公允价值变动损益（490－500）　10 　贷：交易性金融资产——公允价值变动　10	借：其他债权投资　490 　贷：交易性金融资产　490

对以公允价值计量且其变动计入当期损益的金融资产进行重分类的，企业应当根据该金融资产在重分类日的公允价值确定其实际利率。同时，企业应当自重分类日起对该金融资产适用金融资产减值的相关规定，并将重分类日视为初始确认日。

热点思考题

1. 为什么持有至到期的金融资产核算要采用摊余成本和实际利率法进行计量？

2. 公允价值变动损益结转或不结转为投资收益分别存在哪些问题？

3. 交易性金融资产的公允价值变动损益在处置时是否要转为投资收益？投资性房地产确认的公允价值变动损益在处置时应当如何处理？与交易性金融资产有什么区别？

4. 取得交易性金融资产支付的交易费用以及购买价款中包含的现金股利或已到期的利息，应当如何处理？

5. 怎样看待金融资产减值用预期损失法代替已发生损失法？

第四章

存　货

教学导向

（1）理解存货的确认条件

（2）掌握存货初始计量的核算

（3）了解周转材料的核算

（4）掌握存货可变现净值的确定方法

（5）掌握存货期末计量及存货清查的核算

（6）掌握存货的构成

（7）掌握存货发出的计价方法

课程思政

（1）存货清查核算中的思政元素——账实不符、管理不善就是会计人员责任意识缺失的体现，树立人人是企业财产的守护者的职业精神，杜绝内耗

（2）存货跌价准备核算中的思政元素——防止上市公司利用存货跌价准备金可以转回的规定人为随意转回进行利润操纵、规避退市的失信做法

第一节　存货概述

一、存货的界定

【案例导入】

（1）牛奶厂中用于产奶的奶牛是否为存货？

（2）牛肉厂饲养后宰杀卖肉的小牛是否为存货？

【解析】

（1）牛奶厂的奶牛本身不是最终出售的商品，因此奶牛不算牛奶厂的存货，属于生产性生物资产。

（2）牛肉厂饲养的小牛最终会宰杀卖牛肉，是出售的商品，因此小牛属于存货。

存货是指企业在日常活动中持有以备出售的产成品或商品，处在生产过程中的在产品，以及在生产过程或提供劳务过程中耗用的材料、物料等。

【解读 1】存货最终以出售为目的，换言之，如果最终目的不是出售，就不是存货。这也是存货区别于固定资产等非流动资产的最基本特征。

【解读 2】判断下列项目是否属于企业存货。

（1）企业接受外来原材料加工制造的代制品和为外单位加工修理的代修品，制造和修理完成验收入库后，应视同企业的产成品（“视同”企业的产成品，即企业为加工或修理产品发生的材料、人工费等作为受托企业存货核算）。

（2）判断土地使用权属于什么（以其最终目的作为判断的依据）。

1）房地产开发企业购入土地用于建造商品房出售——存货。

2）企业购入土地用于出租或持有以备增值——投资性房地产。

3）企业购入土地用于建造办公大楼——无形资产。

（3）已经取得商品所有权，但尚未验收入库的在途物资（属于存货，已取得所有权）。

（4）发出商品（属于存货，控制权未转移）。

（5）委托加工物资（属于存货，所有权没有转移）。

（6）委托代销商品（属于存货，所有权没有转移）。

【解读 3】对于受托代销商品，由于其所有权未转移至受托方，因而受托代销的商品不能确认为受托方存货的一部分。填列资产负债表“存货”项目时“受托代销商品”与“受托代销商品款”两科目一增一减相互抵销，不列为受托方存货。

【解读 4】为建造固定资产等各项工程而储备的各种物资，不能作为企业的存货。（属于工程物资。）

【解读 5】周转材料一般属于企业存货，但周转材料符合固定资产的定义时，应作为固定资产处理。如：民用航空运输企业的高价周转件，应当确认为固定资产。

【例题 1·单选题】下列各种物资中，应当作为企业存货核算的有（　　）。

A. 房地产开发企业建造的用于对外出租的商品房

B. 房地产开发企业购买的用于发放职工防控新冠肺炎疫情的口罩

C. 房地产开发企业建造的用于自行办公的商品房

D. 房地产开发企业建造的用于对外出售的商品房

【正确答案】D

【答案解析】房地产开发企业建造的用于对外出租的商品房属于投资性房地产，用于对外出售的商品房属于存货，选项 A 不属于存货。口罩是为职工发放福利而购买的产品，不属于企业存货，选项 B 不属于存货。房地产开发企业建造的用于自行办公的商品房属于固定资产，选项 C 不属于存货。

【例题 2·多选题】下列各种物资中，不应当作为企业存货核算的有（　　）。

A. 为自建生产线购入的材料

B. 房地产开发企业购入用于建造办公楼的土地

C. 房地产开发企业购入用于建造商品房的土地

D. 受托代销商品

【正确答案】 ABD

【答案解析】 工程物资并不是为在生产经营过程中的销售或耗用而储备，它是为建造或维护固定资产而储备的，其用途与存货不同，不能作为存货核算；房地产开发企业购入用于建造办公楼的土地属于无形资产（土地使用权），不属于存货；房地产开发企业由于其特殊的企业性质，其生产的产品为商品房，因此购入用于建造商品房的土地属于企业存货；受托代销商品由于其所有权不属于企业，不符合存货确认条件。

二、存货的确认条件

【案例导入】

一家企业通过海外渠道获得一批 N95 口罩，下面两种情况是否均属于存货？

（1）直接捐赠给灾区；（2）采购入库，之后再出售。

【解析】

（1）不属于该企业的存货；（2）属于该企业的存货。

企业在确认某项资产是否作为存货时，要视其是否符合存货的概念。在此前提下，应当同时满足存货确认的以下两个条件才能加以确认。

（一）与该存货有关的经济利益很可能流入企业

存货属于资产，因此存货的确认条件应首先满足资产的确认条件。通常，拥有存货的所有权是其经济利益很可能流入本企业的一个重要标志。

举例：

（1）企业采购用于广告营销活动的特定商品，因不能再为企业带来经济利益的流入，不属于存货，发生时确认为当期损益，不计入存货成本。

（2）根据销售合同已经售出，即使该存货尚未运离企业，也不能再确认为本企业的存货。

（二）该存货的成本能够可靠地计量

成本的计量必须以取得确凿、可靠的证据为依据，并且具有可验证性。如果存货的成本不能可靠计量，那么存货不能予以确认。

举例：

（1）企业承诺购买的货物，由于目前尚未发生实际的购买行为，无法取得证实其成本的确凿、可靠的证据，因而不能确认为购买企业的存货。

（2）企业预计发生的制造费用，不能可靠确定其成本，因此不能计入存货成本。

第二节 存货的初始计量

企业取得存货应当按照成本计量。存货成本包括采购成本、加工成本以及使存货达到目前场所和状态所发生的其他成本三个组成部分。由于存货的取得方式多种多样，而在不同的取得方式下存货成本的具体构成内容并不完全相同，因此，存货的实际成本应结合存货的取得方式分别确定，并作为存货入账的依据。

一、外购存货

外购存货的成本即存货的采购成本，是指企业物资从采购到入库前所发生的全部支出，包括购买价款、相关税费、运输费、装卸费、保险费及其他可归属于存货采购成本的费用。

（一）购买价款

购买价款是指企业购入材料或商品的发票账单上列明的价款，但不包括按规定可以抵扣的增值税进项税额。

（二）相关税费

相关税费包括：进口关税、消费税、资源税、不能抵扣的增值税进项税额等应计入存货采购成本的税费。

【解读】

1. 关税一定构成存货成本

中美贸易摩擦背景下，为什么有的商品价格涨得很快，是因为关税增加，导致成本提高。有的进口汽车在我国市场的价格要比美国高很多，很大原因是进口关税，进口关税要计入产品成本中。但是关税不能取消，关税是为了保护我国汽车工业。任何资产只要涉及进口关税，就一定要计入产品成本中。

2. 增值税是否进成本要具体问题具体分析

（1）小规模纳税人购入货物相关的增值税必须计入存货成本；

（2）一般纳税人购入货物相关的增值税可以抵扣的不计入成本，不能抵扣的应计入成本；

（3）运输费应当计入存货成本，但要注意增值税是否计入。

【解读】存货采购中运输费的处理。

企业购买存货的运输费分两种情况：1）销售方送货上门。如果是免费送货，则无须考虑；如果是有偿送货，则要从对方取得运费增值税专用发票。记账时，将存货发票和运费增值税专用发票同时入账，两张发票的税款合并记入“应交税费——应交增值税（进项税额）”账户，两张发票中的不含税存货价和不含税运费合并计入存货采购成本。2）购买方自行运输。这又分为两种类型：一是找专门运输公司承担，付款并取得发票，可抵扣税款；二是使用单位自有货车运货，但没有运输发票（单位不能自己给自己开票），不能享受税款抵扣的待遇。全面营改增后，拥有自备车的企业基本上都将车队独立出来成立了专门的运输公司，以便纳税处理。

（三）其他可归属于存货采购成本的费用

其他可归属于存货采购成本的费用包括：采购过程中发生的运输费、装卸费、保险费、包装费、仓储费，运输途中的合理损耗，入库前的挑选整理费用等。这些费用能分清负担对象的，应直接计入存货的采购成本；不能分清负担对象的，应选择合理的分配方法，分配计入有关存货的采购成本。其通常按所购存货的重量或采购价格的比例进行分配。

【解读】存货采购中合理损耗的处理。

购买材料在运输途中通常会发生一些损耗，会计准则规定，如果是合理损耗，则计入存货成本；如果是不合理损耗，不能计入成本。

什么是合理损耗？一车 50 吨的苹果从广州运到上海，损耗 100 千克，是由于沿途水分蒸发和零散掉落造成的，是不可避免的，且金额相对比较小，这就属于合理损耗。

合理损耗计入成本的原因是：(1) 损耗的量小；(2) 损耗是不可避免的。

合理损耗的会计处理是：按实地到货量验收入库，将损耗量对应的成本计入实收量的成本，总成本不变，只增加单位成本。如：从广州购买的苹果，单价 5 元/千克，50 吨共计 25 万元，运到上海损耗 100 千克，按 49 900 千克入库，入库苹果的单位成本为 250 000÷49 900=5.01 元/千克。该批到货苹果 49 900 千克的总成本仍以 25 万元记录入账。

【例题 3 · 单选题】甲公司系增值税一般纳税人，购入原材料 750 千克，收到的增值税专用发票注明价款 4 500 万元、增值税税额 585 万元；发生运输费 9 万元并取得增值税专用发票，增值税税率为 9%；包装费 3 万元、途中保险费 2.7 万元。原材料运达后，验收入库数量为 748 千克，差额部分为运输途中发生的合理损耗。则该批原材料的入账价值为（　　）万元。

A. 4 511.7　　B. 4 513.35　　C. 4 514.07　　D. 4 514.7

【正确答案】D

【答案解析】

该批原材料的入账价值=4 500+9+3+2.7=4 514.7(万元)

【延伸思考】上例中甲公司应编制如下会计分录：

借：原材料 4 514.70

　　应交税费——应交增值税（进项税额）（585+9×9%） 585.81

　贷：银行存款/应付账款/应付票据/预付账款等 5 100.51

原材料的单位成本=4 514.7÷748≈6.035 7(万元/千克)

（四）不计入存货成本的相关费用

下列费用不应当计入存货成本，而应当在其发生时计入当期损益：

（1）对于采购过程中发生的物资毁损、短缺等，除将合理的损耗作为存货的其他可归属于存货采购成本的费用计入采购成本外，应区别不同情况进行会计处理。

1）从供货单位、外部承运部门等收回的物资短缺或其他赔款，应冲减物资的采购成本。

2）因遭受意外灾害发生的非正常消耗（损失）和尚待查明原因的途中损耗，不得增加物资的采购成本，应暂作为待处理财产损溢进行核算，查明原因后再进行处理。

【解读】存货采购中不合理损耗的处理。

从管理角度来说，不合理损耗应由相关责任人承担，如保险公司、运输公司、采购员、销售单位等。会计处理分两步：先将损耗的金额记入“待处理财产损溢”账户，即借记“待处理财产损溢”账户，贷记“原材料”账户。确定赔偿责任人后，再借记“其他应收款”账户，贷记“待处理财产损溢”账户。如果企业不追究责任人，则损失直接计入管理费用。

（2）企业在采购入库后发生的储存费用，应计入当期损益。

【延伸思考】在生产过程中为达到下一个生产阶段所必需的仓储费，则应计入存货成本。

【例题4·实操题】下列仓储费是否应计入存货成本？

（1）汽车销售商将未出售的汽车存放在立交桥下的停车场发生的仓储费。

（2）红酒在装瓶前，储存在特质木桶中所发生的仓储费。

【解析】注意发生的时间点：（1）由于汽车已经是产成品，所发生的仓储费，是在“使存货达到目前场所和状态”这个时间点后，因此不能计入成本。（2）红酒放在木桶中储存，是为了获得更好的风味，换言之，红酒必须通过在木桶中的存放，才能装瓶出售。因此所发生的仓储费用是“使存货达到目前场所和状态”这个时间点前的费用，也是为达到“下一个生产阶段（装瓶）所必需的”，应计入存货成本。

（3）企业采购用于广告营销活动的特定商品，向客户预付货款未取得商品时，应作为预付账款进行会计处理，待取得相关商品时计入当期损益（销售费用）。企业取得广告营销性质的服务比照该原则进行处理。

【例题5·实操题】为进一步宣传甲公司品牌形象，2×21年甲公司市场部聘请专业设计机构为甲公司设计黄金摆件，制成后分发给各经销商作品牌宣传。2×21年3月，支付给专业设计机构设计费200万元，定制摆件200件，每件合同价格为3.5万元。2×21年5月，市场部收到定制摆件并于年底分发给各经销商。在将黄金摆件分发给各经销商后，经双方约定，无论经销商是否退出，均无须返还。

【解析】对于发放给经销商的黄金摆件和设计费，因其主要目的在于推广公司品牌，且无法证明未来期间可能带来经济利益流入，亦不会自经销商收回，不符合资产的定义，应当作为当期销售费用核算。

借：预付账款	9 000 000	
贷：银行存款		9 000 000
借：销售费用	9 000 000	
贷：预付账款		9 000 000

【例题6·单选题】2×21年12月31日，甲公司向乙公司订购的印有甲公司标志、为促销宣传准备的卡通毛绒玩具到货并收到相关购货发票，50万元货款已经支付。该卡通毛绒玩具将按计划于2×22年1月向客户及潜在客户派发。暂不考虑相关税费及其他因素，下列关于甲公司2×21年对订购卡通毛绒玩具所发生支出的会计处理中，正确的是（　　）。

A. 确认为库存商品

B. 确认为当期销售成本

C. 确认为当期管理费用

D. 确认为当期销售费用

【正确答案】D

【答案解析】企业采购用于广告营销活动的特定商品，向客户预付货款未取得商品时，应作为预付账款进行会计处理，待取得相关商品时计入当期损益（销售费用）。甲公司购买卡通毛绒玩具派发给客户，属于为了销售活动购入的特定商品，计入销售费用，因此选项D正确。

（4）入库以后发生的挑选整理费用、保管费用应计入管理费用。

（5）企业准备采购一批原材料，在采购前，先做调研以决定是否要采购，因此而发生的差旅费不构成存货的成本，因为该差旅费不是原材料的增量成本（即不是必须发生的支出）。差旅费是为了做调研才发生的，即如果最终不采购该原材料，这笔差旅费也发生了，不满足增量成本的概念。

（五）暂估入账存货

暂估入账存货，是指本月存货已经入库，但采购发票尚未收到，不能确定存货的入库成本，月底时为了正确核算企业的库存成本，需要将这部分存货暂估入账，形成暂估凭证。暂估业务可简单理解为货到票未到的业务。

1. 暂估入库

【例题7·实操题】甲公司购进原材料A一批用于生产商品B（可以取得增值税专用发票，税率13%），原材料已验收入库，但尚未收到发票。合同约定材料价格共计1 130元（含税）。

【解析】会计处理如下：

借：原材料——A　　1 000

　贷：应付账款——暂估/无票（某供应商）　　1 000

【延伸思考】未取得增值税专用发票的，不能申报抵扣增值税进项税额。因此，不存在进项税额的暂估抵扣问题，且上述分录中，暂估金额应当按照不含税价格口径暂估。

2. 暂估回冲

按照规定，暂估入库要在次月月初红字冲回，但在实际工作当中，如果当月发票还是没有收到，月初冲回月末再次暂估，会无形中加大工作量，一般是在收到发票时再冲回。

（1）红字冲回暂估入库。

借：原材料——A　　−1 000

　贷：应付账款——暂估/无票（某供应商）　　−1 000

（2）收到发票，作入库处理。

借：原材料——A　　1 000

　　应交税费——应交增值税（进项税额）　　130

　贷：应付账款——某供应商　　1 130

二、自制存货成本

自行生产的存货，其加工成本包括直接人工、直接材料以及按照一定方法分配的制造费用。

其中制造费用，是指企业为生产产品和提供劳务而发生的各项间接费用，包括生产部门管理人员的职工薪酬、折旧费、办公费、水电费、机物料损耗、劳动保护费、季节性停工损失等。制造费用不是期间费用，是成本。原则上制造费用期末没有余额，但一些季节性停工的企业可能存在制造费用有余额的情况，该余额也属于存货。自行生产的存货涉及相关会计科目勾稽关系如图4-1所示。

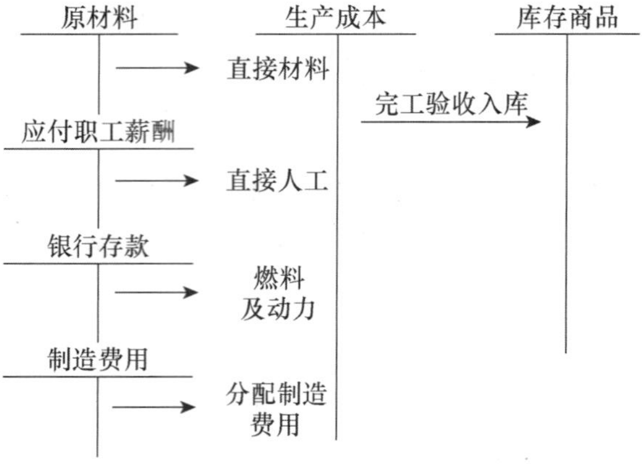

图 4-1　自行生产的存货涉及相关会计科目勾稽关系示意图

三、委托加工存货

委托外单位加工完成的存货，计入存货成本的内容包含：

（一）收回委托物资时一定计入存货的成本

（1）实际耗用的原材料或者半成品成本。
（2）加工费。
（3）往返运杂费。

（二）收回委托物资时不一定计入存货的成本

1. 消费税

（1）委托加工存货收回后直接用于销售的，由受托方代收代缴的消费税应计入委托加工存货成本，待销售委托加工存货时，不需要再缴纳消费税。

（2）委托加工存货收回后用于连续生产应税消费品，由受托方代收代缴的消费税按规定准予抵扣的，应先借记“应交税费——应交消费税”账户，待连续生产的应税消费品生产完成并销售时，从生产完成的应税消费品的应纳消费税税额中抵扣。

2. 增值税

一般纳税人企业委托加工应税货物缴纳的增值税，按税法规定可以抵扣，不计入存货成本。小规模纳税人企业委托加工缴纳的增值税不可以抵扣，直接计入存货成本。

【例题 8 · 实操题】甲卷烟厂委托乙公司加工一批烟丝，假设加工收回后的烟丝当期全部用于生产卷烟且双方企业均为一般纳税人企业，加工劳务适用的增值税税率为 13%，其他相关资料如下（会计分录单位为万元）：

（1）2021 年 4 月 1 日，甲卷烟厂发出加工物资（烟草），成本为 80 万元。

借：委托加工物资　　80
　贷：原材料　　80

（2）2021 年 5 月 10 日，支付加工费 10 万元，增值税 1.3 万元。

借：委托加工物资　　10.00
　　应交税费——应交增值税（进项税额）　　1.30
　贷：银行存款　　11.30

（3）2021 年 5 月 10 日，由受托方代收代缴消费税，假定应交消费税为 40 万元。

情形一：如果收回后的烟丝以 200 万元的价格直接对外销售，由受托方乙公司代收代缴的消费税需计入委托加工物资的成本。

a. 支付消费税时。

借：委托加工物资　　40
　贷：银行存款或应付账款等　　40

b. 完工收回加工物资时。

借：库存商品　　130
　贷：委托加工物资　　130

c. 出售烟丝时。

借：银行存款或应收账款等　　226
　贷：主营业务收入　　200
　　　应交税费——应交增值税（销项税额）　　26

【延伸思考】此时不再计算出售烟丝的消费税，因为已经由受托方代收代缴。

结转成本时：

借：主营业务成本　　130
　贷：库存商品　　130

情形二：如果收回后的烟丝经再加工形成应税消费品卷烟后再出售。

a. 由受托方代收代缴的消费税先记入“应交税费——应交消费税”的借方。

借：应交税费——应交消费税　　40
　贷：银行存款或应付账款等　　40

b. 完工收回加工物资时。

借：原材料　　90
　贷：委托加工物资　　90

c. 最终产品出售时，按总的应交消费税记入“应交税费——应交消费税”的贷方（假设为 60 万元）。

借：税金及附加　　60
　贷：应交税费——应交消费税　　60

d. 最后补缴其差额即可。

借：应交税费——应交消费税（60—40）　　20
　贷：银行存款　　20

【例题9·单选题】甲公司（增值税一般纳税人）于2021年4月1日委托乙公司代为加工原材料一批，该批原材料的成本为75万元，加工费为10万元，加工劳务适用的增值税税率为13%。该材料收回后用于非应税消费品的再加工后以100万元出售，其适用的消费税税率为15%。假定不考虑往返运费，则甲公司收回此商品时的入账成本为（　　）万元。

A. 100　　B. 85　　C. 95　　D. 115

【正确答案】A

【答案解析】甲公司应交消费税=100×15%=15万元；支付的收回后继续生产非应税消费品的委托加工物资的消费税需计入委托加工成本，因为非应税消费品日后出售不存在缴纳消费税问题，所以甲公司收回加工物资的入账成本=75+10+15=100万元。

【例题10·多选题】下列各项税费中，应计入委托加工物资成本的有（　　）。

A. 支付的按加工费计算的增值税进项税额

B. 支付的收回后直接对外销售的委托加工物资的消费税

C. 支付的收回后继续生产应税消费品的委托加工物资的消费税

D. 支付的收回后继续生产非应税消费品的委托加工物资的消费税

【正确答案】BD

【答案解析】选项A，增值税可以计入委托加工物资的成本，也可以单独抵扣不计入委托加工物资的成本。选项C，消费税可以抵扣，应记入“应交税费——应交消费税”的借方。

四、其他方式取得存货

企业取得存货的其他方式主要包括接受投资者投资、非货币性资产交换、债务重组、企业合并及存货盘盈、接受捐赠等，参见后续相关章节介绍。

【总结归纳】下列项目是否应计入企业存货成本？如表4-1所示。

表4-1　企业存货成本的界定

（1）进口原材料支付的关税	√；计入原材料
（2）材料采购过程中：途中合理损耗、保险费、装卸费、运输费、材料入库前发生的挑选整理费用	√；计入原材料
（3）材料入库后发生的储存费用	×；计入管理费用
（4）生产用固定资产的折旧费、租赁费等	√；计入制造费用
（5）季节性和修理期间的停工损失	√；计入制造费用

(6) 为生产产品发生的符合资本化条件的借款费用	√；计入制造费用
(7) 产品生产用的自行开发或外购的无形资产摊销	√；计入制造费用
(8) 超定额的废品损失	×；计入管理费用或营业外支出
(9) 定额内的废品损失	√；计入制造费用
(10) 因自然灾害发生的停工损失	×；计入营业外支出
(11) 自然灾害造成的存货净损失	×；计入营业外支出
(12) 管理不善造成的净损失	×；计入管理费用（需转出进项税额）
(13) 为特定客户设计产品发生的可直接确定的设计费用	√；（一般产品设计费用计入损益）
(14) 企业采购用于广告营销活动的特定商品	×；计入销售费用

【例题 11·单选题】甲公司为制造业企业，其在日常经营活动中发生的下列费用或损失，应当计入存货成本的是（　　）。

A. 仓库保管人员的工资

B. 季节性停工期间发生的制造费用

C. 采购材料入库后的储存费用

D. 采购运输过程中因自然灾害发生的损失

【正确答案】B

【答案解析】仓库保管人员的工资计入管理费用，不影响存货成本；制造费用是一项间接生产成本，影响存货成本，选项 B 为正确选项；采购材料入库后的储存费用计入管理费用，不影响存货成本；采购运输过程中因自然灾害发生的损失计入营业外支出，不影响存货成本。

第三节　发出存货的计量

一、确定发出存货成本的方法

（一）实际成本法下存货的发出计价及会计处理

采用实际成本核算时，企业应根据实际情况，采用个别计价法、先进先出法、月末一次加权平均法、移动加权平均法对发出存货加以核算。企业可以结合自身情况，自行选择上述方法。

存货发出成本计量方法是会计政策，即企业选择一种方法后，不得随意变更。存货发出成本的计量只是一个计量方法，用以确认发出成本和期末计量成本，与实物流没有关系。

我国企业不得采用后进先出法，因为该方法不符合现在的资产负债观。现在的理念是：期末结存应该尽量与企业的实物价值接近。

1. 先进先出法

先进先出法是以先购入的存货应先发出（销售或耗用）这样一种存货实物流转假设为前提，对发出存货进行计价的方法。采用这种方法，先购入的存货成本在后购入存货成本之前转出，据此确定发出存货和期末存货的成本。

【例题12·实操题】甲公司2×20年1月A材料的收入、发出和结存资料见表4-2。

表4-2 存货明细账

存货名称及规格：A材料　　　　数量单位：千克；金额单位：元

2×20年		摘要	收入			发出			结存		
月	日		数量	单价	金额	数量	单价	金额	数量	单价	金额
1	1	期初余额							300	50	15 000
	10	购入	900	60	54 000				300 900	50 60	15 000 54 000
	11	发出				300 500	50 60	15 000 30 000	400	60	24 000
	18	购入	600	70	42 000				400 600	60 70	24 000 42 000
	20	发出				400 400	60 70	24 000 28 000	200	70	14 000
	23	购入	200	80	16 000				200 200	70 80	14 000 16 000
	31	本月发生额及余额	1 700		112 000	1 600		97 000	200 200	70 80	14 000 16 000

本例采用先进先出法计算发出存货和期末存货的成本。例如，11日发出A材料800千克，其成本为45 000元（300×50+500×60），以此类推。

采用先进先出法，可以随时确定发出存货成本，从而保证产品生产成本及销售成本计算的及时，并且期末存货成本是按最近购货成本计算的，比较接近现行的市场价值。另外，这种方法也使企业不能随意挑选存货计价以调整当期利润。但是，这种计价方法的核算工作量比较大，对于存货收发比较频繁的企业更甚，而且当物价上涨时，会高估企业当期利润和库存存货的价值；反之，会低估企业存货价值和当期利润。

2. 月末一次加权平均法

月末一次加权平均法是指以月初结存存货的数量和本月收入存货的数量为权数，于月末一次计算存货的平均单价，据以计算当月发出存货成本和月末结存存货成本的一种方法。加权平均单位成本、本月发出存货成本和月末结存存货成本的计算公式如下：

$$加权平均单位成本=\frac{月初结存存货成本+本月收入存货成本}{月初结存存货数量+本月收入存货数量}$$

本月发出存货成本=加权平均单位成本×本月发出存货数量

月末结存存货成本=加权平均单位成本×本月结存存货数量

由于在计算加权平均单位成本时往往不能除尽，为了保证月末结存存货的数量、单位成本与总成本的一致性，在实务中，应当先按加权平均单位成本计算月末结存存货成本，然后倒减出本月发出存货成本，将计算尾差挤入本月发出存货成本，即

月末结存存货成本=加权平均单位成本×本月结存存货数量

本月发出存货成本=月初结存存货成本+本月收入存货成本−月末结存存货成本

【例题13·实操题】甲公司2×20年1月A材料的收入、发出和结存资料见表4-3。

表4-3 存货明细账

存货名称及规格：A材料　　　　数量单位：千克；金额单位：元

2×20年		摘要	收入			发出			结存		
月	日		数量	单价	金额	数量	单价	金额	数量	单价	金额
1	1	期初余额							300	50	15 000
	10	购入	900	60	54 000				1 200		
	11	发出				800			400		
	18	购入	600	70	42 000				1 000		
	20	发出				800			200		
	23	购入	200	80	16 000				400	63.5	25 400
	31	本月发生额及余额	1 700		112 000	1 600		101 600	400	63.5	25 400

$$A材料加权平均单位成本=\frac{300\times50+900\times60+600\times70+200\times80}{300+900+600+200}=63.5(元/千克)$$

月末结存A材料成本=400×63.5=25 400(元)

本月发出A材料成本=15 000+112 000−25 400=101 600(元)

采用月末一次加权平均法，只在月末一次计算加权平均单位成本并结转发出存货成本即可，平时不对发出存货计价，因而日常核算工作量较小、简便易行，适用于存货收发比较频繁的企业。但采用这种方法，平时在存货明细账上只登记购入存货的数量、单价、金额，以及发出存货和结存存货的数量，无法在账面上提供发出和结存存货的单价、金额，不利于加强对存货的管理。

3. 移动加权平均法

移动加权平均法是指平时每入库一批存货，就以原有存货数量和本批入库存货数量为权数，计算一个加权平均单位成本，据以对其后发出存货进行计价的一种方法。移动

加权平均单位成本、本批发出存货成本和期末结存存货成本的计算公式如下：

$$移动加权平均单位成本=\frac{原有存货成本+本批入库存货成本}{原有存货数量+本批入库存货数量}$$

本批发出存货成本＝最近移动加权平均单位成本×本批发出存货数量

期末结存存货成本＝期末移动加权平均单位成本×本期结存存货数量

【例题 14 · 实操题】 甲公司 2×20 年 1 月 A 材料的收入、发出和结存资料见表 4-4。

表 4-4　存货明细账

存货名称及规格：A 材料　　　　数量单位：千克；金额单位：元

2×20 年		摘要	收入			发出			结存		
月	日		数量	单价	金额	数量	单价	金额	数量	单价	金额
1	1	期初余额							300	50	15 000
	10	购入	900	60	54 000				1 200	57.5①	69 000
	11	发出				800	57.5	46 000	400	57.5	23 000
	18	购入	600	70	42 000				1 000	65②	65 000
	20	发出				800	65	52 000	200	65	13 000
	23	购入	200	80	16 000				400	72.5③	29 000
	31	本月发生额及余额	1 700		112 000	1 600		98 000	400	72.5	29 000

注：①57.5＝(300×50＋900×60)÷(300＋900)。

②65＝(400×57.5＋600×70)÷(400＋600)。

③72.5＝(200×65＋200×80)÷(200＋200)。

同月末一次加权平均法相比，移动加权平均法的特点是将存货的计价和明细账的登记分散在平时进行，从而可以随时掌握发出存货的成本和结转存货的成本，为存货管理及时提供所需信息。但采用这种方法，每次收货都要计算一次加权平均单位成本，计算工作量较大，不适合收发货比较频繁的企业使用。

【例题 15 · 单选题】 某企业本期购进 5 批存货，发出 2 批，在物价持续上升的情况下，与加权平均法相比，该企业采用先进先出法导致的结果是（　　）。

A. 当期利润较低

B. 库存存货价值较低

C. 期末存货成本接近于市价

D. 发出存货的成本较高

【正确答案】 C

【答案解析】 先进先出法下，物价上涨，发出的都是之前购入的价格较低的存货成本，期末结余的是最近购入的单价较高的存货，故会高估存货价值。结转到主营业务成本的金额为之前购入存货的成本，成本较低，成本少计的情况下，企业的利润增加。

4. 个别计价法

个别计价法也称个别认定法或具体辨认法，是假定存货的成本流转与实物流转一致，按照各种存货逐一辨认各批发出存货和期末存货所属的购进批次与生产批次，分别按其购入或生产时所确定的单位成本作为计算各批发出存货和期末存货成本的一种方法。其计算公式如下：

本月发出存货成本＝各批(次)存货发出数量×该批次存货实际单位成本

【例题 16·实操题】依上例存货明细账数据，若该公司本月生产领用 A 材料1 600 千克，经确认其中 300 千克属于期初购进入库、800 千克属于 10 日购进入库、400 千克属于 18 日购进入库、100 千克属于 23 日购进入库，则本月发出材料的成本计算如下：

本月发出 A 材料成本＝300×50＋800×60＋400×70＋100×80＝99 000(元)

这种方法能比较合理准确地计算本月发出存货和期末结转存货的成本，但采用该方法的前提是要有详细的存货收、发、存记录，需要对发出和结存存货的批次进行具体辨认，日常操作非常烦琐，存货实物流转的操作程序也相当复杂。一般来说，个别计价法只适用于不能替代使用的存货或为特定项目专门购入或制造的存货的计价，以及品种数量不多、单位价值较高或体积较大、容易辨认的存货的计价，如房产、船舶、飞机、重型设备及珠宝、名画等贵重物品。随着越来越多的企业采用计算机信息系统进行会计处理，个别计价法广泛应用于发出存货的计价成为可能。

5. 会计处理

实际成本计价法下存货发出的会计处理如图 4－2 所示。

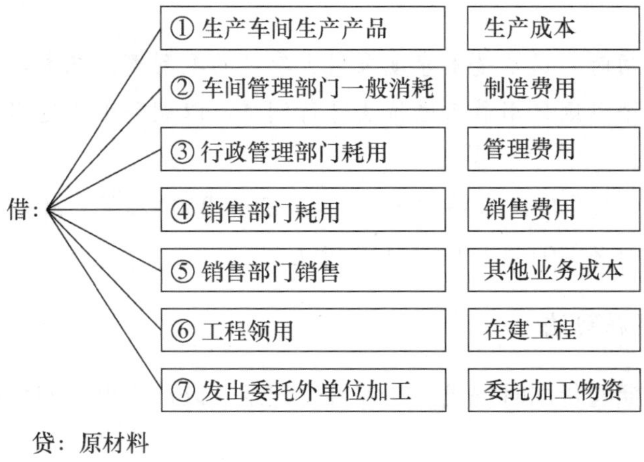

图 4－2　实际成本计价法下存货发出的会计处理

（二）计划成本法下存货的发出计价及会计处理

计划成本法是指存货的日常收入、发出和结存按预先制定的计划成本计价，并设置

“材料成本差异”账户用于登记实际成本与计划成本之间的差异；月末，再通过对存货成本差异的分摊，将发出存货和结存存货的计划成本调整为实际成本进行反映的一种核算方法。

改革开放 40 余载，计划经济已经转向市场经济，除少数垄断行业外，企业生产已多由“以产定销”过渡到“订单生产”，产品生产成本也已晋升到预算管理。2016 年全面营改增后，再无一家上市公司采用计划成本核算经济业务。尤其是在“以票管税”的财税监管政策下，企业会计人员都要根据发票上的数字精准记账，购进的材料和存货根本不可能根据计划成本记账，计划成本已退出历史舞台。

二、商品流通企业存货发出计价方法

（一）毛利率法

销售净额＝商品销售收入－销货退回与折让

销售毛利＝销售净额×毛利率

销售成本＝销售净额－销售毛利＝销售净额×(1－毛利率)

期末存货成本＝期初存货成本＋本期购货成本－本期销货成本

【例题 17 · 单选题】某批发企业采用毛利率法对存货计价，第一季度实际毛利率 30%，4 月 1 日存货成本 1 200 万元，本月购入存货成本 2 800 万元，销售商品收入 3 000 万元，销售退回 300 万元。则 4 月末存货结存成本为（　　）万元。

A. 1 300　　B. 1 900　　C. 2 110　　D. 2 200

【正确答案】C

【答案解析】

毛利率法在运用时，通常是本季度采用上季度的毛利率，在本季度的前两个月使用毛利率法，在第三个月则采用最后进价法进行倒挤，以调整由于选用上季度的毛利率而产生的误差额。

根据上述规定，4 月份发出存货成本＝(3 000－300)×(1－30%)＝1 890 万元；结存存货成本＝1 200＋2 800－1 890＝2 110 万元。

（二）售价金额核算法

期初存货和本期购货同时按成本和零售价记录，以计算出本期可供销售的存货成本和售价总额。

本期销货只按售价记录，从本期可供销售的存货售价总额减去本期销售的售价总额，计算出期末存货的售价总额。

计算存货成本占零售价的百分比，即

$$成本率=\frac{期初存货成本+本期购货成本}{期初存货售价+本期购货售价}\times 100\%$$

期末存货成本=期末存货售价总额×成本率

本期销货成本=期初存货成本+本期购货成本−期末存货成本

【例题 18·单选题】 某商场 2021 年 5 月初甲商品进价成本为 170 000 元，售价总额为 200 000 元，本月购进甲商品的进价成本为 230 000 元，售价总额为 300 000 元，本月销售收入为 400 000 元。在采用售价金额核算法的情况下，该商场甲商品 5 月末库存成本为（　　）元。

A. 70 000　　B. 80 000　　C. 100 000　　D. 110 000

【正确答案】 B

【答案解析】

成本与售价的比率=(170 000+230 000)/(200 000+300 000)×100%=80%

本月销售成本=400 000×80%=320 000(元)

本月末甲商品的库存成本=170 000+230 000−320 000=80 000(元)

【延伸思考】 售价金额核算法下，企业购入商品采用售价金额核算，按验收入库商品的售价，借记“库存商品”科目，按商品进价，贷记“银行存款”“在途物资”“委托加工物资”等科目，按商品售价与进价之间的差额，贷记“商品进销差价”科目。

三、周转材料

周转材料是指企业能够多次使用，不符合固定资产定义，逐渐转移其价值但仍保持原有形态，不确认为固定资产的材料。包括包装物和低值易耗品。

（一）包装物的核算

包装物是指为了包装本企业商品而储备的各种包装容器。一般分为两类：

一类是与产品合为一体的。如：电视机的包装箱，是电视机产品的组成部分，是生产电视机的成本组成，即料、工、费中的材料之一，在销售时，随同电视机一同卖出，不单独计价。生产厂家在电视机定价时也会将包装箱的成本考虑在内。

另一类是与产品分开的。如：商场出售衣服时向顾客提供一个拎袋，便于其携带，一般是免费的；有时，我们到超市购买日常用品，收银员会问我们要不要袋子，那是收费的。

会计上将包装物以周转材料进行核算，让人们产生误解，以为所有的包装物都是周转材料，其实不然。周转材料强调的是周转，反复循环使用。而电视机包装箱、装衣服的拎袋、装日用品的环保袋都不是用于周转的，顾客将其与所买的产品一同带走了，对于商家来说，是一次性出售的产品，而非周转用的物资。

包装物的账务处理如下：

1. 生产过程中用于包装产品作为产品组成部分的包装物

借：生产成本（实际成本）

　贷：周转材料——包装物

【例题19·实操题】甲公司为增值税一般纳税人，对包装物采用实际成本核算，某月生产产品领用包装物的实际成本为97 000元。

【解析】甲公司应编制如下会计分录：

借：生产成本	97 000	
贷：周转材料		97 000

2. 随同商品出售而不单独计价的包装物

借：销售费用（实际成本）

　贷：周转材料——包装物

【例题20·实操题】甲公司为增值税一般纳税人，对包装物采用实际成本核算，本月销售商品领用不单独计价包装物的实际成本为50 000元。

【解析】甲公司应编制如下会计分录：

借：销售费用	50 000	
贷：周转材料		50 000

3. 随同商品出售单独计价的包装物

借：银行存款等

　贷：其他业务收入

　　应交税费——应交增值税（销项税额）

借：其他业务成本

　贷：周转材料——包装物

【例题21·实操题】甲公司为增值税一般纳税人，对包装物采用实际成本核算，本月销售商品领用单独计价包装物的实际成本为80 000元，销售收入为100 000元，取得的增值税专用发票上注明的增值税税额为13 000元，款项已存入银行。

【解析】甲公司应编制如下会计分录：

（1）出售时。

借：银行存款	113 000	
贷：其他业务收入		100 000
应交税费——应交增值税（销项税额）		13 000

（2）结转成本时。

借：其他业务成本	80 000	
贷：周转材料——包装物		80 000

4. 出租或出借给购买单位使用的包装物

（1）发出包装物时。

借：周转材料——包装物——出租（借）包装物

贷：周转材料——包装物——库存包装物

（2）收取押金时。

借：库存现金或银行存款等

贷：其他应付款

（3）退还押金时。

借：其他应付款

贷：库存现金或银行存款等

（4）确认租金收入。

借：库存现金、银行存款、其他应收款等

贷：其他业务收入

（5）包装物摊销时。

借：其他业务成本（出租）

销售费用（出借）

贷：周转材料——包装物——包装物摊销

（6）负担的修理费用。

借：其他业务成本（出租）

销售费用（出借）

贷：银行存款/库存现金/原材料/应付职工薪酬等

【例题22·多选题】下列各项中，有关包装物会计处理的表述正确的有（　　）。

A. 随商品出售不单独计价的包装物成本，计入销售费用

B. 生产领用的包装物成本，计入生产成本

C. 随商品出售单独计价的包装物成本，计入其他业务成本

D. 多次反复使用的包装物成本，根据使用次数分次摊销计入相应成本费用

【正确答案】ABCD

（二）低值易耗品的核算

低值易耗品一般划分为一般工具、专用工具、替换设备、管理用具、劳动保护用品和其他用具等。

1. 科目设置

（1）“周转材料——低值易耗品——在用”。

（2）“周转材料——低值易耗品——在库”。

（3）“周转材料——低值易耗品——摊销”。

2. 账务处理

（1）一次摊销法。

借：制造费用等

　　贷：周转材料——低值易耗品

【延伸思考】低值易耗品金额较小的，可在领用时一次计入成本费用，但为加强实物管理，应当在备查簿上进行登记。

（2）分次摊销法。分次摊销法会计核算如图 4 - 3 所示。

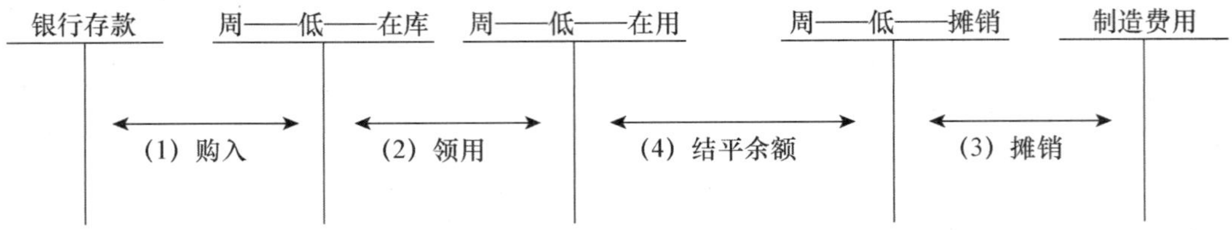

图 4 - 3　分次摊销法会计核算示意图

【例题 23 · 实操题】甲公司为增值税一般纳税人，对低值易耗品采用实际成本核算，某月基本生产车间领用专用工具一批，实际成本为 100 000 元，不符合固定资产定义，采用分次摊销法进行摊销。该工具的估计使用次数为 2 次。

【解析】甲公司应编制如下会计分录：

（1）领用专用工具时。

借：周转材料——低值易耗品——在用　　100 000

　　贷：周转材料——低值易耗品——在库　　100 000

（2）第一次领用时摊销其价值的一半。

借：制造费用　　50 000

　　贷：周转材料——低值易耗品——摊销　　50 000

（3）第二次领用时摊销其价值的一半。

借：制造费用　　50 000

　　贷：周转材料——低值易耗品——摊销　　50 000

同时

借：周转材料——低值易耗品——摊销　　100 000

　　贷：周转材料——低值易耗品——在用　　100 000

【延伸思考】低值易耗品为何取消五五摊销法

我国会计准则原来规定低值易耗品的摊销方法有三种：一次摊销法、分次摊销法、五五摊销法。后来在准则中只提到前两种方法。为什么会计准则要取消五五摊销法？因为这种方法要求在领用时摊销一半，在报废时再摊销另一半。这另一半价值的摊销不是会计说了算，而是公司老总说了算，成了公司管理层操纵利润的一种方式。因为另一半摊销的前提是“报废”，何时报废并不取决于资产的实物报废，而是取决于公司经理层的意愿，总经理同意报废就报废，不同意报废，会计上就不能处理，就只能永远放在账上。公司管理层往往根据当年的业绩来决定是否报废，一旦批准报废，会计上就要作摊销处理，就会增加费用。

举例：杭州某公司有 200 万元的低值易耗品，领用时摊销了 100 万元，到当年 12 月份该项低值易耗品已经完全失去使用功能。公司总经理考虑当年的利润只有 80 万元，如果将这批低值易耗品报废，就要在账面上确认 100 万元的费用，公司业绩就由盈利 80 万元变成亏损 20 万元。于是决定暂时不处理，挂在账面上。该公司对低值易耗品采用五五摊销法，如果按常规处理，公司当年就亏损了，总经理一句话，就让公司当年避免了亏损的尴尬。

第四节　存货的期末计量

一、存货期末计量原则

资产负债表日，存货应当按照成本与可变现净值孰低计量。存货成本高于其可变现净值的，应当计提存货跌价准备，计入当期损益（资产减值损失）。其中，可变现净值是指在日常活动中，存货的估计售价减去至完工时估计将要发生的成本、估计的销售费用以及相关税费后的金额。

二、存货期末计量方法

（一）可变现净值的确定

企业确定存货的可变现净值，应当以取得的确凿证据为基础，并且考虑持有存货的目的、资产负债表日后事项的影响等因素。

（1）产成品、商品等直接用于出售的商品存货，没有销售合同约定的，其可变现净值应当为在正常生产经营过程中，产成品或商品的一般销售价格减去估计的销售费用和相关税费等后的金额。

（2）产成品、商品和用于出售的材料等直接用于出售的商品存货，其可变现净值为在正常生产经营过程中，该存货的市场价格减去估计的销售费用和相关税费后的金额。

（3）需要经过加工的材料存货，用其生产的产成品的可变现净值高于成本的，该材料仍应按照成本计量；材料价格的下降表明产成品的可变现净值低于成本的，该材料应当按照可变现净值计量，其可变现净值为在正常生产经营过程中，以该材料所生产的产成品的估计售价减去至完工时估计将要发生的成本、销售费用和相关税费后的金额。

（4）为执行销售合同或者劳务合同而持有的存货，其可变现净值应当以合同价格为基础，而不是估计售价减去估计的销售费用和相关税费等后的金额确定。

企业持有的同一项存货的数量多于销售合同或劳务合同订购数量的，应分别确定其可变现净值，并与其相对应的成本进行比较，分别确定存货跌价准备的计提或转回金额。超出合同部分的存货的可变现净值，应当以一般销售价格为基础计算。

可变现净值的计算如表4-5所示。

表4-5　存货可变现净值的计算

完工待售品	预计售价－预计销售税金－预计销售费用 其中：合同订货部分按合同价作预计售价，非合同订货部分按市场价作预计售价，两者共存时分开测算
用于生产的原材料	终端品的预计售价－终端品的预计销售税金－终端品的预计销售费用－追加成本 其中：合同订货部分按合同价作预计售价，非合同订货部分按市场价作预计售价，两者共存时分开测算
用于出售的原材料	预计售价－预计销售税金－预计销售费用

【例题24·实操题】2021年12月31日，兴业公司库存原材料B材料的账面价值（成本）为240万元，市场购买价格总额为220万元，假设未发生其他购买费用。

由于B材料市场销售价格下降，市场上用B材料生产的W2型机器的市场销售价格也相应降低，下降了10%。兴业公司W2型机器的市场销售价格总额由450万元降为405万元，但生产成本仍为420万元，将B材料加工成W2型机器尚需投入180万元，估计销售费用及税金为10万元。

请确定2021年12月31日B材料的价值。

【解析】根据上述资料，可按照以下步骤进行确定：

第一步，计算用该原材料所生产的产成品的可变现净值。

$$\begin{aligned}\text{W2型机器的可变现净值}&=\text{W2型机器估计售价}-\text{估计销售费用及税金}\\&=405-10=395(\text{万元})\end{aligned}$$

第二步，将用该原材料所生产的产成品的可变现净值与其成本进行比较。

W2型机器的可变现净值395万元小于其成本420万元，即B材料价格的降低表明W2型机器的可变现净值低于成本。因此，B材料应当按可变现净值计量。

第三步，计算该原材料的可变现净值，并确定其期末价值。

$$\begin{aligned}\begin{matrix}\text{B材料的}\\\text{可变现净值}\end{matrix}&=\begin{matrix}\text{W2型机器的}\\\text{售价总额}\end{matrix}-\begin{matrix}\text{将B材料加工成W2型}\\\text{机器尚需投入的成本}\end{matrix}-\begin{matrix}\text{估计销售费用}\\\text{及税金}\end{matrix}\\&=405-10-180=215(\text{万元})\end{aligned}$$

B材料的可变现净值215万元小于其成本240万元，因此B材料的期末价值应等于其可变现净值215万元，即B材料应按215万元列示在2021年12月31日资产负债表的存货项目之中。

【延伸思考】为生产而持有的材料等，如果材料价格的下降表明产成品的可变现净值低于成本，则该材料应当按可变现净值计量。

【例题25·单选题】甲公司2021年12月31日库存配件10套，每套配件的账面成本为12万元，市场价格为10万元。该批配件专门用于加工10件A产品，将每套配件加工成A产品尚需投入17万元。A产品2021年12月31日的市场价格为每件30.7万元，估计销售过程中每件将发生销售费用及相关税费1.2万元。该配件此前未计提存货跌价准备，不考虑其他因素，甲公司2021年12月31日该配件的账面价值为（　　）万元。

A. 108　　B. 120　　C. 100　　D. 175

【正确答案】B

【答案解析】该配件所生产的A产品成本＝10×(12＋17)＝290万元，其可变现净值＝10×(30.7－1.2)＝295万元，A产品成本小于可变现净值，没有发生减值。该配件不应计提跌价准备，其账面价值为其成本120万元（10×12）。

【延伸思考】为生产而持有的材料等，如果材料价格的下降表明产成品的可变现净值高于成本，则表明该产成品没有减值，该材料应当按账面成本计量。

【例题26·单选题】甲公司与乙公司均为增值税一般纳税人。2021年9月3日，甲公司与乙公司签订一份不可撤销的销售合同，双方约定，2022年1月20日，甲公司应按每台52万元的价格向乙公司提供A产品6台。2021年12月31日，甲公司A产品的账面价值（成本）为280万元，数量为5台，单位成本为56万元。2021年12月31日，A产品的市场销售价格为50万元/台。销售5台A产品预计发生销售费用及税金10万元。合同价格和市场销售价格均为不含税价格。2021年12月31日，甲公司结存的5台A产品的账面价值为（　　）万元。

A. 280　　B. 250　　C. 260　　D. 270

【正确答案】B

【答案解析】根据甲公司与乙公司签订的销售合同规定，该批A产品的销售价格由销售合同约定，并且其库存数量小于销售合同约定的数量，因此，计算A产品的可变现净值应以销售合同约定的单位价格52万元作为计量基础，其可变现净值＝52×5－10＝250万元，低于其成本280万元，所以2021年12月31日A产品的账面价值为250万元，选项B正确。

【例题27·实操题】甲公司2021年末B产品库存300台，单位成本为4.5万元，B产品市场销售价格为每台4.4万元。销售B产品平均运杂费等销售税费为每台0.4万元；甲公司已经与长期客户某企业签订一份不可撤销的销售合同，约定在2022年2月10日向该企业销售B产品200台，合同价格为每台5万元，向长期客户销售的B产品平均运杂费等销售税费为每台0.3万元。则甲公司2021年末库存B产品可变现净值是多少？是否减值？

【解析】

（1）签订合同部分的200台。

可变现净值＝200×(5－0.3)＝940(万元)

成本＝200×4.5＝900(万元)

则签订合同部分未减值，不需要计提存货跌价准备。

（2）未签订合同部分100台。

可变现净值＝100×(4.4－0.4)＝400(万元)

成本＝100×4.5＝450(万元)

则未签订合同的部分发生减值50万元。

（3）2021年12月31日库存B产品可变现净值＝940＋400＝1 340(万元)

（二）存货跌价准备的计提与转回

1. 设置会计账户

为了反映存货跌价准备的提取情况，企业应设置“存货跌价准备”账户。该账户属于资产类账户，也是有关存货的备抵账户。其贷方登记计提的存货跌价准备；借方登记冲回或转销的存货跌价准备；期末余额在贷方，反映企业已提取的存货跌价准备。本账户应根据计提该准备的存货项目或类别设置明细账户，进行明细核算。

2. 存货跌价准备的计提和转回的会计处理

（1）存货跌价准备的计提。资产负债表日，存货的成本高于可变现净值，企业应当计提存货跌价准备。存货跌价准备通常应当按单个存货项目计提。但是，对于数量繁多、单价较低的存货，可以按照存货类别计提存货跌价准备。与在同一地区生产和销售的产品系列相关、具有相同或类似最终用途或目的，且难以与其他项目分开计量的存货，可以合并计提存货跌价准备。

借：资产减值损失

　　贷：存货跌价准备

（2）存货跌价准备的转回。企业应在每一资产负债表日，比较存货成本与可变现净值，计算出应计提的存货跌价准备，再与已提数进行比较，若应提数大于已提数，应予补提存货跌价准备，计入当期损益（资产减值损失）。以前减记存货价值的影响因素已经消失的，减记的金额应当予以恢复，并在原已计提的存货跌价准备金额内转回，转回的金额计入当期损益（资产减值损失）。

借：存货跌价准备

　　贷：资产减值损失

【延伸思考】存货跌价准备的转回导致会计在存货减值计提上具有魔幻功能，想让公司资产增加，资产就会增加；想让公司资产减少，资产就会减少。通过存货减值和转回的会计政策，能使公司利润和资产发生神奇的变化，能使公司要么亏个底朝天，要么盈利，避免年年亏损，从而成为操纵利润的神器。

（3）存货跌价准备的结转。企业计提了存货跌价准备，如果其中有部分存货已经销售，则企业在结转销售成本时，应同时结转对其已计提的存货跌价准备。

借：主营业务成本、其他业务成本等

　　存货跌价准备

　　贷：库存商品、原材料等

对于因债务重组、非货币性资产交换转出的存货，应同时结转已计提的存货跌价准备，按债务重组和非货币性资产交换的原则进行会计处理。

按存货类别计提存货跌价准备的，也应按比例结转相应的存货跌价准备。

【例题28·实操题】甲公司从2×19年度开始，对期末结存存货按成本与可变现净值孰低计量。2×19年至2×22年有关A商品期末计量的资料及相应的会计处理如下：

（1）2×19年12月31日，A商品的账面成本为100 000元，可变现净值为90 000元。原“存货跌价准备”账户无余额。

可变现净值低于成本的差额＝100 000－90 000＝10 000(元)

由于原“存货跌价准备”账户无余额，因此，当期应计提的存货跌价准备为10 000元。

借：资产减值损失　　10 000

　　贷：存货跌价准备——A商品　　10 000

在2×19年12月31日的资产负债表中，A商品应按可变现净值90 000元进行列示。

（2）2×20年度，售出A商品时，相应地结转存货跌价准备6 000元。2×20年12月31日，A商品的账面成本为105 000元，可变现净值为98 000元。

可变现净值低于成本的差额＝105 000－98 000＝7 000(元)

原“存货跌价准备”账户的余额＝10 000－6 000＝4 000(元)

当期应计提的存货跌价准备＝7 000－4 000＝3 000(元)

借：资产减值损失　　3 000

　　贷：存货跌价准备——A商品　　3 000

在2×20年12月31日的资产负债表中，A商品应按可变现净值98 000元（105 000－7 000）进行列示。

（3）2×21年度，售出A商品时，相应地结转存货跌价准备4 000元。2×21年12

月31日，A商品的账面成本为86 000元，可变现净值为84 000元。

可变现净值低于成本的差额＝86 000－84 000＝2 000(元)

原“存货跌价准备”账户的余额＝7 000－4 000＝3 000(元)

当期应计提的存货跌价准备＝2 000－3 000＝－1 000(元)

借：存货跌价准备——A商品　　1 000

　贷：资产减值损失　　1 000

在2×21年12月31日的资产负债表中，A商品应按可变现净值84 000元（86 000－2 000）进行列示。

(4) 2×22年度，售出A商品时，相应地结转存货跌价准备500元。2×22年12月31日，A商品的账面成本为70 000元，可变现净值为71 000元。

由于可变现净值高于账面成本，应将存货的账面价值恢复至账面成本，即将已计提的存货跌价准备全部转回。因此，资产负债表日应以账面成本70 000元作为期末账面价值，也就是说“存货跌价准备”账户的余额为零。

原“存货跌价准备”账户的余额＝2 000－500＝1 500(元)

借：存货跌价准备——A商品　　1 500

　贷：资产减值损失　　1 500

在2×22年12月31日的资产负债表中，A商品应按可变现净值70 000元(70 000－0)进行列示。

【例题29·单选题】甲公司采用先进先出法核算存货的发出计价，2022年1月初库存商品M的账面余额为600万元，已提存货跌价准备为60万元，本月购入M商品的入账成本为430万元，本月销售M商品结转成本500万元，期末结余存货的预计售价为520万元，预计销售税费为70万元，则当年末存货应提跌价准备为（　　）万元。

A. 75　　B. 71　　C. 80　　D. 70

【正确答案】D

【答案解析】

存货期末跌价准备的结余额＝60－60×500÷600＝10(万元)

期末存货的可变现净值＝520－70＝450(万元)

期末存货的账面余额＝600＋430－500＝530(万元)

期末存货应提足的跌价准备＝530－450＝80(万元)

期末存货应补提的跌价准备＝80－10＝70(万元)

已经计提跌价准备的存货，由于生产经营领用、销售或其他原因转出时，应当根据不同情况对已计提的存货跌价准备进行适当的会计处理。

1）生产经营领用的存货，领用时一般可不结转相应的存货跌价准备，待期末计提存货跌价准备时一并调整。

【例题30·实操题】2×21年10月，华成公司生产丙产品领用一批A材料，领用A

材料的账面余额为 40 000 元，相应的存货跌价准备为 2 000 元。

【解析】 相关会计分录如下：

借：生产成本——基本生产成本——丙产品——直接材料	40 000	
贷：原材料——A 材料		40 000

2）销售的存货，在结转销售成本的同时，应结转相应的存货跌价准备，即应按存货的账面价值结转销售成本。

【例题 31 · 实操题】 2×21 年 11 月，华成公司销售一批丙产品，售价为 50 000 元，增值税销项税额为 6 500 元，货款已通过银行收讫。丙产品的账面余额为 40 000 元，已计提的存货跌价准备为 3 000 元，即账面价值为 37 000 元。

【解析】 相关会计分录如下：

（1）确认收入。

借：银行存款	56 500	
贷：主营业务收入		50 000
应交税费——应交增值税（销项税额）		6 500

（2）结转成本及存货跌价准备。

借：主营业务成本	37 000	
存货跌价准备——丙产品	3 000	
贷：库存商品——丙产品		40 000

3）可变现净值为零的存货，应当将其账面余额全部转销，同时转销相应的存货跌价准备。当存货存在以下情况之一时，表明存货的可变现净值为零：

①已霉烂变质的存货。

②已过期且无转让价值的存货。

③生产中已不再需要，并且已无使用价值和转让价值的存货。

④其他足以证明已无使用价值和转让价值的存货。

【例题 32 · 实操题】 2×21 年 12 月，华成公司库存的丙产品已过保质期，不可再使用或销售。丙产品的账面余额为 18 000 元，已计提存货跌价准备 7 000 元。

【解析】 相关会计分录如下：

借：管理费用	11 000	
存货跌价准备——丙产品	7 000	
贷：库存商品——丙产品		18 000

第五节 存货清查

一、存货清查的含义

存货清查是指通过对存货的实地盘点，确定存货的实有数量，并与账面结存数核对，从而确定存货实存数与账面结存数是否相符的一种专门方法。

二、存货盘盈与盘亏的会计处理

（一）账户的设置

存货的盘盈、盘亏和毁损，均应通过“待处理财产损溢”科目进行核算，该科目借方登记存货的盘亏、毁损金额及盘盈的转销金额；贷方登记存货的盘盈金额及盘亏的转销金额。企业清查的各种存货损溢，应在期末结账前处理完毕，期末处理后，“待处理财产损溢”科目应无余额。企业应设置“待处理财产损溢——待处理流动资产损溢”账户，以进行存货盘盈及盘亏的账务处理。

（二）存货盘盈盘亏的会计处理

存货盘盈盘亏的会计处理详见表4－6。

表4－6　存货盘盈盘亏的会计处理对比表

存货盘盈：	
（1）原因不明发现时	（2）查明原因处理时
借：原材料、库存商品等 贷：待处理财产损溢——待处理流动资产损溢	借：待处理财产损溢——待处理流动资产损溢 贷：管理费用
存货盘亏：	
（1）原因不明发现时	（2）查明原因处理时
借：待处理财产损益——待处理流动资产损溢 贷：原材料、库存商品等 应交税费——应交增值税（进项税额转出）	借：管理费用（正常损耗） 其他应收款（保险赔款或责任人赔款） 营业外支出——非常损失 贷：待处理财产损溢——待处理流动资产损溢

【延伸思考1】只有因管理不善造成货物被盗、丢失、霉烂变质，以及因违反法律法规造成货物非正常损耗的，进项税额应予以转出。非正常损失需要履行损失鉴定和税务机关备案程序，如果非正常损失当年未报税务机关备案登记，则不允许在当年及以后年度企业所得税税前扣除。

【延伸思考2】突发性自然灾害导致的非正常损失是非人为因素导致的，天灾面前人是无能为力的，国家这个规定显现了法的人性，不作进项税额转出，仍可抵扣。但需要实行税收备案制度，备案之后才能进行税务处理。

【延伸思考3】对于金额较小的存货盘盈，要通过待处理财产损溢核算，其净收益冲减管理费用；若是金额较大，则要按前期差错更正的处理原则核算，即通过以前年度损益调整核算。

【例题33·实操题】甲公司在财产清查中盘盈J材料1 000千克，实际单位成本60

元，经查属于材料收发计量的错误。

【解析】 甲公司应编制如下会计分录：

（1）批准处理前。

借：原材料	60 000	
贷：待处理财产损溢		60 000

（2）批准处理后。

借：待处理财产损溢	60 000	
贷：管理费用		60 000

【例题 34·实操题】 甲公司在财产清查中发现毁损 L 材料 300 千克，实际成本为 30 000 元，相关增值税专用发票注明的增值税为 3 900 元。经查属于材料保管员的过失，按规定由其个人赔偿 20 000 元。

【解析】 甲公司应编制如下会计分录：

（1）批准处理前。

借：待处理财产损溢	33 900	
贷：原材料		30 000
应交税费——应交增值税（进项税额转出）		3 900

（2）批准处理后。

借：其他应收款	20 000	
管理费用	13 900	
贷：待处理财产损溢		33 900

【例题 35·实操题】 甲公司为增值税一般纳税人，因台风造成一批库存材料毁损，实际成本为 70 000 元，相关增值税专用发票上注明的增值税为 9 100 元。根据保险合同规定，应由保险公司赔偿 50 000 元。

【解析】 甲公司应编制如下会计分录：

（1）批准处理前。

借：待处理财产损溢	70 000	
贷：原材料		70 000

（2）批准处理后。

借：其他应收款	50 000	
营业外支出——非常损失	20 000	
贷：待处理财产损溢		70 000

热点思考题

1. 如何界定存货与固定资产的界限？

2. 发生暂估入账存货应该怎么入账？怎样进行会计处理？

3. 不应计入存货成本的相关费用主要有哪些？

4. 完工待售品、用于生产的原材料、用于出售的原材料可变现净值的计算有何区别？

5. 盘亏存货所含的进项税额在何种情形下需要作转出处理？何种情形下不需要作转出处理？

第五章

固定资产

教学导向

（1）理解固定资产的确认条件

（2）掌握固定资产初始计量的核算

（3）掌握固定资产后续支出的核算

（4）掌握固定资产处置的核算

（5）掌握固定资产的折旧方法

课程思政

（1）自行建造固定资产核算中的思政元素——抗击新冠肺炎疫情中武汉方舱医院的自行建造彰显了中国速度和全国人民团结一心的抗疫决心与力量

（2）固定资产加速折旧核算中的思政元素——加速折旧具有前期节约所得税的优势，对企业起到资金缓解的好处，国家规定固定资产加速折旧优惠的行业范围扩大至全部制造业，这对鼓励企业技术创新、推动产业转型升级等方面具有重要作用

第一节　固定资产概述

一、固定资产的特征

（一）为生产商品、提供劳务、出租或经营管理而持有

这一特征将固定资产与存货、投资性房地产、持有待售资产区分开来。

【延伸思考1】若企业持有固定资产是为了转售，则不再是固定资产，而应定性为一项流动资产，作为“持有待售固定资产”列报，类似于存货。

【延伸思考2】若企业持有的不动产固定资产用于出租，则不属于固定资产，属于投资性房地产。

【延伸思考3】房地产企业建造的商品房若用于出售也不属于固定资产，属于存货。

【例题1·实操题】某房地产公司在南京市中心新街口地铁站附近拥有一栋建好的写字楼，共15层，均能够单独计量和出售。2021年，公司将第1层全部出租给A公司作为超市，2～10层全部出售给B公司作为办公用房，11～15层自己作为办公使用。2021年12月，公司签订一份转让合同拟将第15层出售给某健身中心，对方已支付定金，约定2022年3月进驻。请问2021年度资产负债表中应如何确认资产类别?

【解析】第1层作为投资性房地产，第2～10层作为存货，第11～14层作为固定资产，第15层作为持有待售资产。

（二）使用寿命超过一个会计年度

固定资产使用寿命一般表现为使用期间，也可能表现为生产产品或提供劳务的数量。

这一特征表明固定资产属于非流动资产。

【延伸思考】工业企业所持有的工具、用具、备品备件、维修设备等资产，施工企业所持有的模板、挡板、架料等周转材料，以及地质勘探企业所持有的管材等资产，尽管该类资产具有固定资产的某些特征，如使用期限超过一年，也能够给企业带来经济利益，但由于数量多、单价低，考虑到成本效益原则，在实务中，通常确认为存货。但那些符合固定资产定义和确认条件的，如民用航空运输企业的高价周转件，就应当确认为固定资产，如图5-1所示。

图5-1　民用航空运输企业的高价周转件示意图

【延伸思考】固定资产与存货的区别

存货属于流动资产，以销售为目的，是企业经营的对象；而固定资产属于非流动资产，是企业的生产要素，是经营的手段。

（三）固定资产是有形资产

固定资产具有实物形态，看得见摸得着，比如一台机器、一栋房屋等。这一特征将固定资产与无形资产区分开来。

二、固定资产的确认条件

确认固定资产必须同时满足以下两个条件。

（一）与该固定资产有关的经济利益很可能流入企业

【延伸思考】企业购置的环保设备和安全设备等资产，它们的使用虽然不能直接为企业带来经济利益，但有助于企业从相关资产中获取经济利益，或者将减少企业未来经济利益的流出。因此，对于这些设备，企业应将其确认为固定资产，如图 5-2 所示。

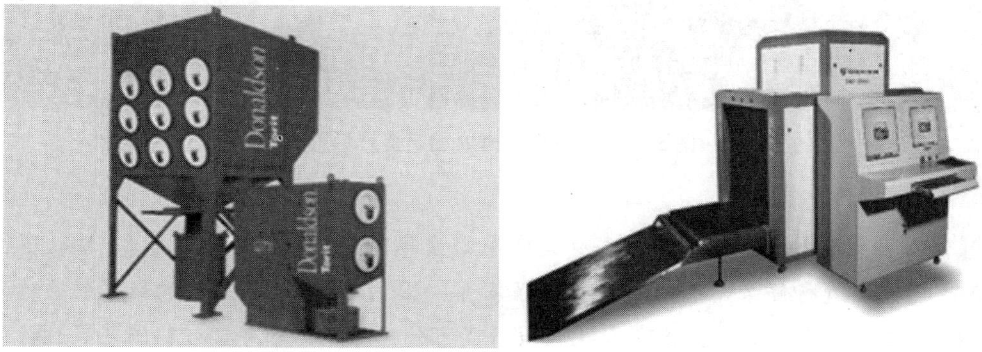

图 5-2　环保设备和安全设备示意图

【延伸思考】融资租入、经营租入的固定资产将在 2021 年起纳入新租赁会计准则进行处理，计入使用权资产核算，不再通过固定资产处理。

（二）该固定资产的成本能够可靠计量

企业取得某项固定资产而发生的支出必须能够可靠计量，是确认固定资产必须满足的另一条件。如果固定资产的成本能够可靠计量，并同时满足其他条件，即可确认为固定资产；否则，不能予以确认。

固定资产成本有时虽然不能可靠地计量，但可以根据最新资料对其成本进行合理的估计。例如，对于已经达到预定可使用状态、尚未办理竣工决算的固定资产，企业可以根据工程预算或工程实际发生的成本等资料，暂估其成本入账，待办理竣工决算手续后再进行调整。如果企业能够合理估计出固定资产的成本，那么应视同固定资产成本能够可靠计量。

【延伸思考】固定资产各组成部分具有不同使用寿命或者以不同方式为企业提供经济利益，适用不同折旧率或折旧方法的，应当分别将各组成部分确认为单项固定资产单独核算，如图5－3所示。

图5－3 不同使用寿命固定资产示意图

【例题2·实操题】为遵守国家有关环保的法律规定，2021年11月28日，甲公司对A生产设备进行停工改造，安装B环保装置。12月31日，新安装的环保装置达到预定可使用状态并交付使用；当日A生产设备尚可使用年限为8年，B环保装置预计使用年限为6年。

（1）B环保装置能否确认为固定资产？

（2）B环保装置能否单独确认为固定资产？

【解析】

（1）企业购置的B环保装置等资产，它们的使用虽然不能直接为企业带来经济利益，但有助于企业从相关资产中获取经济利益，或者将减少企业未来经济利益的流出，因此，发生的成本应计入固定资产成本。

（2）固定资产的各组成部分具有不同使用寿命或者以不同方式为企业提供经济利益，适用不同折旧率或折旧方法的，应当分别将各组成部分确认为单项固定资产。即A

生产设备仍然确认为一项固定资产，B环保装置也确认为另外一项固定资产。

【例题3·实操题】企业购买一台打印机2 000元是应记入“管理费用”账户还是“固定资产”账户？

【解析】打印机属于固定资产中的电子设备类，在会计核算时应记入“固定资产”账户。税法上对所有行业企业持有的单位价值不超过5 000元的固定资产，允许一次性计入当期成本费用在计算应纳税所得额时扣除，不再分年度计算折旧。但这只是税收优惠政策，并不意味着会计核算上不再通过固定资产核算。

三、账户的设置

企业取得固定资产的主要渠道有外购、自行建造和接受投资等。为了反映固定资产的取得情况，企业应设置“固定资产”“工程物资”“在建工程”等账户。

（一）“固定资产”账户

“固定资产”账户属于资产类账户，用于反映企业持有的各项固定资产的增减变动和结存情况。其借方登记增加的固定资产的原值；贷方登记减少的固定资产的原值。期末余额在借方，表示企业现有的固定资产原值。为了获得固定资产的详细资料，企业应设置固定资产卡片和固定资产登记簿，按照固定资产的类别、使用部门等进行明细核算。

（二）“工程物资”账户

“工程物资”账户属于资产类账户，用于反映各项工程物资实际成本的增减变动和结存情况。其借方登记验收入库的工程物资的实际成本；贷方登记出库的工程物资的实际成本。期末余额在借方，表示库存的工程物资的实际成本。本账户应按工程物资的品种设置明细账，进行明细核算。

（三）“在建工程”账户

“在建工程”账户属于资产类账户，用于反映各项工程的实际成本。其借方登记各项工程发生的实际成本；贷方登记已完工工程的实际成本。期末余额在借方，表示未完工工程的实际成本。本账户应按工程项目设置明细账，进行明细核算。

第二节 固定资产的初始计量

一、固定资产初始计量的原则

固定资产应当按照成本进行初始计量。固定资产的成本，是指企业购建某项固定资产达到预定可使用状态前所发生的一切合理、必要的支出。

【解读】预定可使用状态日，即“能用”的时间。

（1）固定资产截止资本化时点：固定资产达到预定可使用状态日。

（2）“固定资产竣工决算日”通常晚于“达到预定可使用状态日”，在预定可使用状态日先按暂估原价计入固定资产，于第二个月开始折旧，等到竣工决算日有了准确的成本资料，再修正原暂估原价，但已提折旧不追溯。

（3）固定资产的验收合格日、固定资产投入使用日与会计核算无关。

二、不同取得渠道下固定资产的初始成本确认

（一）外购方式

1. 外购固定资产

入账成本＝买价(购入固定资产对应的进项税额通常允许抵扣)＋场地整理费
＋装卸费＋运输费(运输费匹配的增值税通常可以抵扣)＋安装费
＋专业人员服务费(员工培训费列入当期损益,不得计入固定资产成本)

【延伸思考1】购入集体福利设施的进项税额，不可以抵扣，因为企业是最终消费者，是税负的承担者。

【延伸思考2】外购环节的增值税抵扣问题如表5-1所示。

表5-1　外购固定资产环节增值税抵扣一览表

<table>
<tr><td colspan="2">价款匹配的进项税额和运输费匹配的进项税额通常可以抵扣</td></tr>
<tr><td>安装固定资产领用原材料</td><td>①原材料的进项税额通常可以抵扣。
借：在建工程
　贷：原材料
②如果是集体福利设施的安装领用原材料，则进项税额不予抵扣。
借：在建工程
　贷：原材料
　　　应交税费——应交增值税（进项税额转出）</td></tr>
<tr><td>安装固定资产领用产品</td><td>①通常不作视同销售处理。
借：在建工程
　贷：库存商品
　　　应交税费——应交消费税
（增值税角度，仍在流转中，不视同销售。但消费税角度，将应税消费品用于非应税项目，停止流转，需要视同销售。）
②如果是集体福利设施的安装领用产品，则作视同销售处理。
借：在建工程
　贷：库存商品
　　　应交税费——应交增值税（销项税额）
　　　　　　　——应交消费税
（不论增值税、消费税角度，企业都是最终消费者，需要视同销售。）</td></tr>
</table>

【延伸思考3】 不动产增值税进项税额如何抵扣？

根据《财政部 国家税务总局 海关总署关于深化增值税改革有关政策的公告》（财政部 税务总局 海关总署公告2019年第39号），自2019年4月1日起，纳税人取得不动产或者不动产在建工程的进项税额不再分两年抵扣。此前按照规定尚未抵扣完毕的待抵扣进项税额，可自2019年4月税款所属期起从销项税额中一次性（注意：不可以分次或按比例）抵扣。

企业与不动产相关的问题主要分两类：

第一类：买、建、改

1. 买——直接购买不动产

举例：甲公司是增值税一般纳税人，2021年5月15日以银行存款3 300万元外购一幢办公楼，取得专用发票，经税务机关认证可以抵扣，发票价款为3 000万元，税率为9%，增值税为270万元。会计分录为（单位为万元，下同）：

借：固定资产	3 000	
应交税费——应交增值税（进项税额）	270	
贷：银行存款		3 270

2. 建——新建不动产

举例：甲公司为增值税一般纳税人，2021年8月新建一仓库，建造仓库时购入建筑材料，取得专用发票，发票价款80万元，增值税10.4万元。支付设计服务项目费用，取得专用发票，服务收费10万元，增值税0.6万元；支付工程款项，取得专用发票，工程款100万元，增值税9万元。以上款项均通过转账支票支付，甲公司的会计分录为：

借：工程物资	80.00	
应交税费——应交增值税（进项税额）	10.40	
贷：银行存款		90.40
借：在建工程	10.00	
应交税费——应交增值税（进项税额）	0.60	
贷：银行存款		10.60
借：在建工程	100	
应交税费——应交增值税（进项税额）	9	
贷：银行存款		109

3. 改——改建、扩建、修缮、装饰

举例：甲公司为增值税一般纳税人，2021年6月对办公楼进行更新改造，更新改造过程中发生支出218万元，其中，价款为200万元，增值税为18万元，取得增值税专用发票，款项已用银行存款支付。会计分录为：

借：在建工程　200
　　应交税费——应交增值税（进项税额）　18
　贷：银行存款　218

第二类：卖、损、转

1. 卖——指不动产和在建工程在2019年4月以后出售

2019年4月1日之前尚未抵扣完毕的不动产待抵扣进项税额，可自2019年4月税款所属期起从销项税额中抵扣。

举例：甲公司在2021年5月将2018年5月购买的办公楼对外出售，此时该办公楼尚有120万元的进项税额属于待抵扣进项税额。尚未抵扣完毕的待抵扣进项税额可于销售当月进行抵扣，会计分录为：

借：应交税费——应交增值税（进项税额）　120
　贷：应交税费——待抵扣进项税额（办公楼）　120

2. 损——非常损失，指管理不善造成的，不包括不可抗力因素

对于不动产，按净值率计算转出的进项税额，转到“固定资产清理”账户。对于不动产在建工程，全部转到“营业外支出”账户。

(1) 不动产发生非常损失。

举例：甲公司为增值税一般纳税人，2021年5月购入的办公楼于2021年10月由于管理不善发生火灾，造成非正常损失。该办公楼原值为3 000万元，已提折旧90万元，净值为2 910万元，净值率为97%。该办公楼已抵扣的进项税额为270万元。则

$$\begin{aligned}\text{不得抵扣的进项税额}&=\text{已抵扣进项税额}\times\text{不动产净值率}\\&=270\times97\%=261.9(\text{万元})\end{aligned}$$

会计分录为：

借：固定资产清理　2 910
　　累计折旧　90
　贷：固定资产　3 000
借：固定资产清理　261.90
　贷：应交税费——应交增值税（进项税额转出）　261.90

(2) 不动产在建工程非正常损失。进项税额处理原则为：已抵扣的要全部转出。

举例：甲公司一座在建仓库于2021年10月由于管理不善发生爆炸事故，其已抵扣进项税额为24万元。会计分录为：

借：营业外支出　24
　贷：应交税费——应交增值税（进项税额转出）　24

3. 转——指不动产改变用途

(1) 正转：可抵扣的不动产转为不可抵扣的不动产。将不动产专门用于集体福利、个人消费等项目。这里强调“专用”二字，如果是“兼用”，不需要进行进项税

额转出，这为企业税务筹划预留了一定的空间。

按净值率转到“固定资产”账户（金额大）或“管理费用”账户（金额小）。

按照一般的会计处理原则，增值税一般纳税人取得资产时不能抵扣的进项税额，一般计入资产成本，鉴于此，已抵扣进项税额的不动产改变用途时，可以借记“固定资产”账户，调整固定资产的账面原价。然而，对于固定资产的核算，一般情况下不调整固定资产的原价，应借记“管理费用”账户。两种观点都有一定的合理性，此处应该采用重要性原则。如果不可抵扣的进项税额金额较大，建议借记“固定资产”账户；如果不可抵扣的进项税额金额不大，建议借记“管理费用”账户。

（2）反转：不可抵扣的不动产转为可抵扣的不动产。按净值率计算全部可抵扣额，然后进行抵扣。

举例：甲公司为增值税一般纳税人，2020 年 8 月购买一处健身房，取得专用发票，发票价款 1 000 万元，增值税 90 万元。健身房专用于企业职工休闲健身。会计分录为：

借：固定资产	1 090
贷：银行存款	1 090

2021 年 8 月，甲公司将该健身房改变用途，用于对外经营。假定此时该健身房已提折旧 108 万元，净值为 982 万元，净值率为 90.9%。则

可以抵扣的进项税额＝90×90.9%＝81.81(万元)

会计分录为：

借：应交税费——应交增值税（进项税额）	81.81
贷：固定资产	81.81

【例题 4 · 实操题】丙公司为增值税一般纳税人，增值税税率为 13%。2021 年 6 月 1 日，购入一台需要安装的生产用设备，买价为 400 万元，进项税额为 52 万元，取得运费增值税专用发票，其中运费 50 万元，增值税税率 9%，进项税额为 4.5 万元，装卸费为 5 万元，保险费为 6 万元。安装过程中领用生产用原材料 10 万元，其购进时的进项税额为 1.3 万元。领用企业的产品用于安装，产品的成本为 16 万元，计税价为 20 万元，消费税税率为 10%。2021 年 12 月 1 日，设备达到预定可使用状态，相关增值税发票已认证完毕。

【解析】会计分录单位为万元。

（1）购入设备时。

借：在建工程（400＋50＋5＋6）	461.00
应交税费——应交增值税（进项税额）（52＋4.5）	56.50
贷：银行存款	517.50

（2）领用原材料时。

借：在建工程	10
贷：原材料	10

（3）领用产品时。

借：在建工程　18

　贷：库存商品　16

　　　应交税费——应交消费税　2

（4）固定资产达到预定可使用状态时。

借：固定资产　489

　贷：在建工程　489

【例题5·单选题】甲公司为增值税一般纳税人，适用的增值税税率为13%。2021年2月，公司购入设备安装某生产线，该设备购买价格为2 000万元，增值税为260万元，支付保险、装卸费用50万元。该生产线安装期间，领用生产用原材料的实际成本为40万元，领用自产产品的实际成本为60万元（公允价值70万元），发生安装工人工资等费用10万元。此外，支付为达到正常运转发生的测试费20万元，外聘专业人员服务费20万元，员工培训费1万元。均以银行存款支付。假定该生产线达到预定可使用状态，其入账价值为（　　）万元。

A. 2 201　　B. 2 210.1　　C. 2 219.1　　D. 2 200

【正确答案】D

【答案解析】

入账价值＝2 000＋50＋40＋60＋10＋20＋20＝2 200（万元）

员工培训费1万元不计入固定资产成本；增值税进项税额可以抵扣，生产用原材料进项税额不用转出，领用自产产品不需要确认销项税额。（会计分录单位为万元。）

借：在建工程　2 050

　　应交税费——应交增值税（进项税额）　260

　贷：银行存款　2 310

借：在建工程　150

　贷：原材料　40

　　　库存商品　60

　　　应付职工薪酬　10

　　　银行存款　40

借：固定资产　2 200

　贷：在建工程　2 200

借：管理费用　1

　贷：银行存款　1

2. 一揽子购入多项没有单独标价的固定资产

一揽子购入多项固定资产的分拆标准为：按各项固定资产公允价值占公允价值总额的比例进行分配，分别确定各项固定资产的成本。

【例题6·单选题】丁公司为增值税一般纳税人。2021年3月1日，为降低采购成本，向甲公司一次购进三套不同型号且有不同生产能力的设备X，Y，Z。丁公司以银行存款支付货款480万元、增值税税额62.4万元、包装费4万元。设备X在安装过程中领用产成品账面成本3万元，该产成品的不含税售价为3.3万元，适用增值税税率13%，支付安装费2.5万元。假定设备Y，Z不需要安装，设备X，Y，Z分别满足固定资产的定义及其确认条件，公允价值分别为192.96万元、259.48万元、83.56万元。如不考虑其他相关税费，设备X的入账价值为（　　）万元。

A. 179.74　　B. 180.301　　C. 209.116　　D. 209.677

【正确答案】 A

【答案解析】

设备X的入账价值＝(480＋4)×192.96/(192.96＋259.48＋83.56)＋(3＋2.5)
＝179.74(万元)

设备Y的入账价值＝(480＋4)×259.48/(192.96＋259.48＋83.56)
＝234.31(万元)

设备Z的入账价值＝(480＋4)×83.56/(192.96＋259.48＋83.56)
＝75.45(万元)

（二）自行建造

1. 自营方式建造固定资产

按建造该项资产达到预定可使用状态前所发生的全部支出作为入账价值。

$$\text{入账价值} = \text{工程用物资成本} + \text{人工成本} + \text{相关税费} + \text{应予资本化的借款费用} + \text{间接费用}$$

【例题7·实操题】 乙股份有限公司（简称乙公司）为增值税一般纳税人，适用的增值税税率为13%。该公司在生产经营期间以自营方式建造一条生产线。假设涉及的增值税专用发票均已认证抵扣完毕。2021年1—4月发生的有关经济业务如下（会计分录单位为万元）：

（1）购入一批工程物资，收到的增值税专用发票上注明的价款为200万元、增值税税额为26万元，款项已通过银行转账支付。

借：工程物资	200	
应交税费——应交增值税（进项税额）	26	
贷：银行存款		226

（2）工程领用工程物资180万元。

借：在建工程	180	
贷：工程物资		180

（3）工程领用生产用A原材料一批，实际成本为100万元；购入该批A原材料支付的增值税为13万元；未对该批A原材料计提存货跌价准备。

借：在建工程　　100
　贷：原材料——A原材料　　100

【延伸思考】如果用于集体福利设施的建造，应作进项税额转出处理。

(4) 应付工程人员职工薪酬114万元。

借：在建工程　　114
　贷：应付职工薪酬　　114

(5) 工程建造过程中，由于非正常原因造成部分毁损，该部分工程实际成本为50万元，未计提在建工程减值准备；应从保险公司收取赔偿款5万元，该赔偿款尚未收到。

借：营业外支出　　45
　　其他应收款　　5
　贷：在建工程　　50

如为合理损失，则计入工程成本：

借：其他应收款　　5
　贷：在建工程　　5

(6) 以银行存款支付工程其他支出40万元。

借：在建工程　　40
　贷：银行存款　　40

(7) 工程达到预定可使用状态前进行试运转，领用生产用B原材料实际成本为20万元；以银行存款支付其他支出5万元。未对该批B原材料计提存货跌价准备。工程试运转生产的产品完工转为库存商品，该库存商品成本中耗用B原材料的增值税为3.2万元，经税务部门核定可以抵扣；该库存商品的估计售价（不含增值税）为38.3万元。

1) 借：在建工程　　25
　　贷：原材料——B原材料　　20
　　　　银行存款　　5

2) 借：库存商品　　38.30
　　贷：在建工程　　38.30

3) 将来商品销售时。

借：银行存款（38.3×(1+13%)）　　43.28
　贷：主营业务收入　　38.30
　　　应交税费——应交增值税（销项税额）（38.3×13%）　　4.98

4) 结转成本时。

借：主营业务成本　　38.30
　贷：库存商品　　38.30

(8) 工程达到预定可使用状态并交付使用。

借：固定资产　　370.70

贷：在建工程（180＋100＋114－50＋40＋25－38.3）　370.70

（9）剩余工程物资转为生产用原材料，并办妥相关手续。

借：原材料　20

　贷：工程物资　20

2. 出包方式建造固定资产

入账价值＝建筑工程支出＋安装工程支出＋安装设备支出＋分摊的待摊支出

在出包工程过程中可能还会发生一些共同的支出，如研究费、监理费等。在账务处理时应通过下列公式分配计入相应的工程项目中。

$$待摊支出分配率=\frac{累计发生的待摊支出}{建筑工程支出+安装工程支出+安装设备支出}\times 100\%$$

$$\begin{matrix}工程应分配的\\待摊支出\end{matrix}=\frac{某工程的建筑工程支出、安装}{工程支出和安装设备支出合计}\times 待摊支出分配率$$

【例题8·实操题】甲公司经当地有关部门批准，新建一个火电厂。建造的火电厂由三个单项工程组成，包括建造发电车间、冷却塔以及安装发电设备。2019年2月1日，甲公司与乙公司签订合同，将该项目出包给乙公司承建。根据双方签订的合同，建造发电车间的价款为500万元，建造冷却塔的价款为300万元，安装发电设备需支付安装费用50万元。建造期间发生的有关事项如下（会计分录单位为万元）：

（1）2019年2月10日，甲公司按合同约定向乙公司预付10%备料款80万元，其中，发电车间50万元，冷却塔30万元。

借：预付账款　80

　贷：银行存款　80

（2）2019年8月2日，建造发电车间和冷却塔的工程进度达到50%，甲公司与乙公司办理工程价款结算400万元，其中，发电车间250万元，冷却塔150万元。甲公司抵扣预付备料款后，将余款用银行存款付讫。

借：在建工程——建筑工程（发电车间）　250

　　　　　——建筑工程（冷却塔）　150

　贷：银行存款　320

　　　预付账款　80

（3）2019年10月8日，甲公司购入需安装的发电设备，价款总计350万元，增值税进项税额59.5万元，已用银行存款付讫。

借：工程物资——发电设备　350.00

　　应交税费——应交增值税（进项税额）　59.50

　贷：银行存款　409.50

（4）2020年3月10日，建筑工程主体已完工，甲公司与乙公司办理工程价款结算400万元，其中，发电车间250万元，冷却塔150万元。甲公司向乙公司开具一张期限

3个月的商业票据。

借：在建工程——建筑工程（发电车间） 250
　　　　　　——建筑工程（冷却塔） 150
　贷：应付票据 400

（5）2020年4月1日，甲公司将发电设备运抵现场，交乙公司安装。

借：在建工程——安装工程（发电设备） 350
　贷：工程物资——发电设备 350

（6）2020年5月10日，发电设备安装到位，甲公司与乙公司办理设备安装价款结算50万元，款项已支付。

借：在建工程——安装工程（发电设备） 50
　贷：银行存款 50

（7）工程项目发生管理费、可行性研究费、公证费、监理费共计29万元，已用银行存款付讫。

借：在建工程——待摊支出 29
　贷：银行存款 29

（8）2020年5月，进行负荷联合试车领用本企业材料10万元，发生其他试车费用5万元，用银行存款支付，试车期间取得发电收入20万元存入银行。

借：在建工程——待摊支出 15
　贷：原材料 10
　　　银行存款 5

借：银行存款 20
　贷：在建工程——待摊支出 20

（9）2020年6月1日，完成试车，各项指标达到设计要求。

$$待摊支出分配率=\frac{29+15-20}{500+300+400}\times 100\%=2\%$$

发电车间应分配的待摊支出＝500×2%＝10(万元)

冷却塔应分配的待摊支出＝300×2%＝6(万元)

发电设备应分配的待摊支出＝400×2%＝8(万元)

结转在建工程：

借：在建工程——建筑工程（发电车间） 10
　　　　　　——建筑工程（冷却塔） 6
　　　　　　——安装工程（发电设备） 8
　贷：在建工程——待摊支出 24

（10）计算已完工的固定资产的成本。

发电车间的成本＝500＋10＝510(万元)

冷却塔的成本＝300＋6＝306（万元）

发电设备的成本＝400＋8＝408（万元）

借：固定资产——发电车间	510
——冷却塔	306
——发电设备	408
贷：在建工程——建筑工程（发电车间）	510
——建筑工程（冷却塔）	306
——安装工程（发电设备）	408

（三）高危行业企业提取的安全生产费

【例题9·实操题】甲公司为山西某大中型煤矿企业，属于高瓦斯矿井，按照国家规定该煤炭生产企业的安全生产费按原煤实际产量每吨15元从成本中提取。2×21年5月31日，甲公司“专项储备——安全生产费”科目余额为30 000万元。

（1）2×21年6月，按照原煤实际产量计提安全生产费1 000万元。

（2）2×21年6月，支付安全生产检查费50万元，以银行存款支付。

（3）2×21年6月，购入一批需要安装的用于改造和完善矿井瓦斯抽采等安全防护设备，取得的增值税专用发票注明价款20 000万元、增值税2 600万元，立即投入安装，安装中应付安装人员薪酬30万元。

（4）2×21年7月，安装完毕达到预定可使用状态。

【解析】甲公司相关的账务处理如下（单位为万元）：

（1）借：生产成本	1 000	
贷：专项储备——安全生产费		1 000
（2）借：专项储备——安全生产费	50	
贷：银行存款		50
（3）借：在建工程	20 000	
应交税费——应交增值税（进项税额）	2 600	
贷：银行存款		22 600
借：在建工程	30	
贷：应付职工薪酬		30
（4）借：固定资产	20 030	
贷：在建工程		20 030
借：专项储备——安全生产费	20 030	
贷：累计折旧		20 030

【延伸思考】“专项储备”科目期末余额在资产负债表所有者权益项下“其他综合收益”和“盈余公积”之间增设“专项储备”项目反映。

（四）其他方式取得的固定资产

企业通过投资者投入、非货币性资产交换、债务重组、企业合并、财产盘盈等方式取得的固定资产，其成本应当分别按照各自相关会计准则处理，详见后续相关章节。

第三节　固定资产的后续计量

经过初始计量的固定资产，在其后期存续的过程中由于受到自然力的作用、正常的使用及其所面临的外部环境因素的影响，其价值也在发生变化。固定资产的后续计量是指固定资产在其后期存续过程中变化的价值金额及最终价值额的确定。固定资产后续计量主要包括固定资产折旧的计提、减值损失的确定以及后续支出的计量三项业务。其中，固定资产减值损失的确定在资产减值专题中单独阐述，不在本节涉及。

一、固定资产折旧

（一）固定资产折旧的概念

计提折旧，在会计上就是将固定资产损耗的价值以费用的形式从营业收入中收回，为固定资产的重置积累资金。当一项固定资产累计的折旧额达到原始成本时，其最初投入的成本就全部收回了。折旧的实质就是固定资产的价值应以何种科学合理的方式分摊到产品成本费用中去的过程。

（二）固定资产的折旧计提范围

1. 不提折旧的固定资产

（1）已提足折旧仍继续使用的固定资产；

（2）按规定单独作价作为固定资产入账的土地；

（3）改扩建期间的固定资产；

（4）提前报废的固定资产；

（5）持有待售的固定资产。

2. 折旧计提范围的认定中易出错的项目

（1）未使用、不需用的固定资产需要计提折旧，而且折旧费用计入管理费用；

（2）因大修理而停工的固定资产需要提取折旧，但折旧费用按正常的方式处理，即不一定就是计入管理费用。

【延伸思考】大修理停工是正常使用状态下的停歇，因此大修理期间照提折旧。

（3）替换设备也需要计提折旧。

（4）已达到预定可使用状态但尚未办理竣工决算的固定资产，无论是否交付使用，均应当按照合理的估计价值确定其成本，并计提折旧；待办理竣工决算后，再按实际成本调整原来的暂估价，但不需要调整原已计提的折旧额。（会计估计变更，未来适用法。）

（5）当月增加的固定资产当月不提折旧，当月减少的固定资产当月照提折旧。

【延伸思考 1】无形资产摊销当月增加当月计提，当月减少当月不提。

【延伸思考 2】务必记住折旧计提范围及起始点，另外固定资产的折旧起始点与无形资产相比正好晚一个月。

【例题 10·实操题】2021 年 6 月初，甲企业的固定资产原值为 1 000 万元，6 月增加固定资产原值 200 万元，减少固定资产原值 100 万元，则 6 月末固定资产的原值为 1 100 万元，假定月折旧率为 1%，不考虑其他因素，该企业 6 月、7 月的固定资产折旧额分别为多少？

【解析】该企业 6 月、7 月的固定资产折旧额分别为 10 万元（1 000×1%）、11 万元（(1 000＋200－100)×1%）。

【例题 11·多选题】下列资产中，不需要计提折旧的有（　　）。

A. 已划分为持有待售的固定资产

B. 以公允价值模式进行后续计量的已出租厂房

C. 因产品市场不景气尚未投入使用的外购机器设备

D. 已经完工投入使用但尚未办理竣工决算的自建厂房

【正确答案】AB

【答案解析】尚未使用的固定资产和已经完工投入使用但尚未办理竣工决算的自建厂房需要计提折旧。

（三）影响固定资产折旧的因素

1. 折旧的基数

计算固定资产折旧的基数一般为取得固定资产的原始成本，即固定资产的账面原价。

2. 固定资产的预计使用年限

确定固定资产的使用寿命需考虑的因素有：

（1）该项资产预计的生产能力或实物产量；

（2）该项资产预计的有形损耗；

（3）该项资产预计的无形损耗；

（4）法律或类似规定对该项资产使用的限制。

【提示】新的企业所得税法明确给出固定资产计提折旧的最低参考年限。

3. 固定资产的预计净残值

预计净残值是指假定固定资产预计使用寿命已满并处于使用寿命终了时的预期状态，企业目前从该项资产处置中获得的扣除预计处置费用后的金额。

【提示】新的企业所得税法对固定资产净残值率不再统一规定，企业可以自己合理确定。

4. 固定资产已提的减值准备

每计提一次减值准备，都视为一项新固定资产的出现，需重新测定折旧指标。

（四）固定资产折旧方法

企业选择固定资产折旧方法时，应当根据与固定资产有关的经济利益的预期消耗方式作出决定。由于收入可能受到投入、生产过程、销售等因素的影响，这些因素与固定资产有关经济利益的预期消耗方式无关，因此，企业不应以包括使用固定资产在内的经济活动所产生的收入为基础进行折旧。可选用的折旧方法包括年限平均法、工作量法、双倍余额递减法和年数总和法等。固定资产的折旧方法一经确定，不得随意变更。

1. 年限平均法

年折旧额＝(固定资产原价－预计净残值)÷预计使用年限
＝固定资产原价×(1－预计净残值/固定资产原价)÷预计使用年限
＝固定资产原价×年折旧率

月折旧率＝年折旧率÷12

月折旧额＝固定资产原值×月折旧率

【例题12·实操题】甲公司某项固定资产的原值为100 000元，预计净残值率为4%，预计使用年限为10年。

【解析】该项固定资产的年折旧率、月折旧率和月折旧额计算如下：

年折旧率＝(1－4%)÷10×100%＝9.6%

月折旧率＝9.6%÷12＝0.8%

月折旧额＝100 000×0.8%＝800(元)

年限平均法计算简便，容易理解，但也存在一些明显的局限性，主要体现在以下两个方面：

(1) 该方法只注重固定资产的使用时间而忽视使用状况，固定资产无论物质磨损程度如何都计提同样的折旧费用，这显然不合理。

(2) 固定资产各年的使用成本负担不均衡。一般来说，随着资产的变旧，所需修理、保养等费用会逐年增加，而年限平均法确定的各年折旧费用是相同的，这就产生了固定资产使用早期负担费用偏低而后期负担偏高的现象，从而违背了收入与费用相配比的原则。

2. 工作量法

工作量法是根据实际工作量计算每期应提折旧额的一种方法。其计算公式如下：

单位工作量折旧额＝固定资产原价×(1－预计净残值率)÷预计总工作量

某项固定资产的月折旧额＝该项固定资产的当月工作量×单位工作量折旧额

【例题13·实操题】 甲公司的一台机器设备原价为800 000元，预计生产产品产量为4 000 000个，预计净残值率为5%，本月生产产品40 000个。假设甲公司没有对该机器设备计提减值准备。

【解析】 计算该台机器设备的本月折旧额：

单个产品折旧额＝800 000×(1－5%)÷4 000 000＝0.19(元/个)

本月折旧额＝40 000×0.19＝7 600(元)

工作量法和年限平均法一样，简单实用，而且采用工作量法计提折旧，各期的折旧额与固定资产的使用程度成正比例关系，体现了收入与费用的配比。但是，工作量法的缺点也是很明显的，在计算折旧时没有考虑无形损耗的因素。工作量法一般适用于使用情况不均衡、使用季节性较为明显的大型机器设备、大型施工机械和运输车辆的折旧的计算。

3. 双倍余额递减法

双倍余额递减法是指在不考虑固定资产预计净残值的情况下，根据每期期初固定资产原价减去累计折旧后的金额（固定资产净值）和双倍的直线法折旧率计算固定资产折旧的一种方法。其计算公式如下：

年折旧额＝期初固定资产净值×2/预计使用年限

最后两年改为年限平均法：

固定资产净值＝固定资产原价－累计折旧

【延伸思考】 在改为年限平均法之前，计算折旧额时不考虑预计净残值的影响。

由于每年年初固定资产净值没有扣除预计净残值，因此，在应用这种方法计算折旧额时必须注意不能使固定资产的净值降到其预计净残值以下，即采用双倍余额递减法计提折旧的固定资产，通常在其折旧年限到期前两年内，将固定资产净值扣除预计净残值后的余额平均摊销，目的是要提足应提的折旧额。

【例题14·实操题】 甲公司某项设备原价为120万元，预计使用年限为5年，预计净残值率为4%。假设甲公司没有对该机器设备计提减值准备。

【解析】 甲公司按双倍余额递减法计算折旧，每年折旧额计算如下：

年折旧率＝2/5×100%＝40%

第一年应计提折旧额＝120×40%＝48(万元)

第二年应计提折旧额＝(120－48)×40%＝28.8(万元)

第三年应计提折旧额＝(120－48－28.8)×40%＝17.28(万元)

从第四年起改按年限平均法（直线法）计提折旧：

第四、五年应提折旧额＝(120－48－28.8－17.28－120×4%)÷2＝10.56(万元)

【延伸思考】2019年11月20日，甲公司购进一台需要安装的A设备，取得的增值税专用发票注明的设备价款为950万元、可抵扣增值税进项税额为123.5万元，款项已通过银行支付。安装A设备时，甲公司领用原材料36万元（不含增值税），支付安装人员工资14万元。2020年3月10日，A设备达到预定可使用状态。A设备预计使用年限为5年，预计净残值率为5%，甲公司采用双倍余额递减法计提折旧。

【解析】

甲公司A设备的入账价值＝950＋36＋14＝1 000(万元)

2020年折旧额＝1 000×2/5×9/12＝300(万元)

2021年折旧额＝1 000×2/5×3/12＋(1 000－400)×2/5×9/12＝280(万元)

2022年折旧额＝(1 000－400)×2/5×3/12＋(1 000－400－240)×2/5×9/12
＝168(万元)

2023年折旧额＝(1 000－400－240)×2/5×3/12＋(1 000－400－240－144
－50)÷2×9/12＝98.25(万元)

2024年折旧额＝(1 000－400－240－144－50)÷2＝83(万元)

2025年折旧额＝(1 000－400－240－144－50)÷2×3/12＝20.75(万元)

验算方法：无论采用什么方法，固定资产到期报废的时候，也就是提满折旧的时候，固定资产的应计提折旧额一定等于累计折旧额。

应计提折旧额＝1 000－50＝950(万元)

累计折旧额＝300＋280＋168＋98.25＋83＋20.75＝950(万元)

4. 年数总和法

年数总和＝$\sum$各年尚可使用年限

各年折旧率＝各年尚可使用年限/预计使用年限的年数总和

各年折旧额＝(固定资产原值－预计净残值)×折旧率

【例题15·实操题】甲公司2×20年初开始对设备提取折旧，原价102万元，折旧期为4年，预计净残值为2万元。

【解析】年数总和法下每年折旧额计算过程如下：

第一年的折旧额＝(102－2)×4/10＝40(万元)

第二年的折旧额＝(102－2)×3/10＝30(万元)

第三年的折旧额＝(102－2)×2/10＝20(万元)

第四年的折旧额＝(102－2)×1/10＝10(万元)

双倍余额递减法和年数总和法都属于加速折旧法，其特点是，在固定资产使用的早期多提折旧，后期少提折旧，递减的速度逐年加快，从而相对加快折旧的速度，目的是使固定资产成本在估计使用寿命内加快得到补偿。但要注意：加速折旧并未增加或减少应计提折旧。

（五）固定资产折旧的会计处理

企业计提的折旧应通过“累计折旧”账户进行核算。该账户为固定资产的备抵账户，其贷方登记计提的固定资产折旧额；借方登记因出售、报废、对外投资等处置固定资产转出的已提折旧额。期末余额在贷方，反映企业现有固定资产的累计折旧额。企业如需查明某项固定资产的已提折旧，可以根据固定资产卡片上所记载的该项固定资产的原值、折旧率和实际使用年限计算获得。

固定资产应当按月计提折旧，计提的折旧应通过“累计折旧”账户进行核算，并根据用途计入相关资产的成本或者当期损益。会计分录如下：

借：制造费用（生产车间计提折旧）
　　管理费用（企业管理部门、未使用的固定资产计提折旧）
　　销售费用（企业专设销售部门计提折旧）
　　其他业务成本（企业出租固定资产计提折旧）
　　研发支出（企业研发无形资产时使用固定资产计提折旧）
　　在建工程（在建工程中使用固定资产计提折旧）
　　应付职工薪酬（将企业的资产，比如住房无偿提供给职工使用计提的折旧）
　贷：累计折旧

（六）固定资产使用寿命、预计净残值和折旧方法的复核

企业至少应当于每年年度终了，对固定资产的使用寿命、预计净残值和折旧方法进行复核：

（1）使用寿命预计数与原先估计数有差异的，应当调整固定资产使用寿命。

（2）净残值预计数与原先估计数有差异的，应当调整预计净残值。

（3）与固定资产有关的经济利益预期消耗方式发生重大改变，企业应当改变固定资产折旧方法。

固定资产使用寿命、预计净残值和折旧方法的改变应当作为会计估计变更。（采用未来适用法处理。）

【例题 16・实操题】 某企业有一项原价 102 万元的固定资产，预计净残值为 2 万元，折旧期为 4 年，采用年数总和法计提折旧。该公司自 2019 年初开始计提该固定资产的折旧。2019 年末，该资产发生减值迹象，可收回金额为 30 万元。假定计提减值后预计净残值、折旧年限和折旧方式不变。

【解析】

2019年末折余价值＝102－(102－2)×4/10＝62(万元)

应计提减值准备额＝62－30＝32(万元)

计提减值后剩余使用寿命为3年（4－1），因此

2020年应计提折旧额＝(30－2)×3/6＝14(万元)

【延伸思考】折旧是以收入为基础还是以价值消耗为基础计提？

企业会计准则解释对固定资产折旧方法作了新要求：不以收入为基础，而以价值消耗为基础。文件规定：企业在按照准则选择固定资产折旧方法时，应当根据与固定资产有关的经济利益的预期消耗方式作出决定。由于收入可能受到投入、生产过程、销售等因素的影响，这些因素与固定资产有关经济利益的预期消耗方式无关，因此，企业不应以包括使用固定资产在内的经济活动所产生的收入为基础进行折旧。

财政部之所以出台这一规定，说明现实中存在以收入为基础计提折旧的现象。以前会计强调收入费用配比原则，可能是企业以收入为基础计提折旧的思想来源。

举例1：北方敦煌滑沙场由于天气原因，一年只有7月、8月、9月3个月运营，滑沙等设备也只在这3个月使用，另外9个月都是闲置的。滑沙设备采用工作量法计提折旧，体现了其价值消耗的方式。相反，如果采取年限平均法每个月都计提折旧，会导致无营业收入的9个月报表出现更多的亏损，而有营业收入的3个月利润更高，全年利润波动更大。

举例2：一个单纯从事水稻种植的农业公司，其拖拉机、插秧机、收割机等农用设备分别只在耕地、插秧、收割时投入使用，这些农用设备采用工作量法计提折旧，体现了其价值消耗的方式。农作物水稻只在7月和9月才收割，企业只在这两个月才有产品销售收入，如果采取年限平均法每月计提折旧，会出现一年中无收入的10个月报表亏损更大，而有收入的两个月报表盈利更多，利润波动更严重的现象。

结论：企业选择折旧方法有不同的会计理论依据和现实需求。会计上规定了四种折旧方法，绝大多数企业都选择了容易操作的直线法，这是从简化会计核算工作角度作出的会计选择。上面两个实例是以资产消耗为基础进行折旧，而非以收入为基础进行折旧。

二、固定资产后续支出

固定资产后续支出是指固定资产在使用过程中发生的更新改造支出、修理费用等。固定资产后续支出的处理原则是，符合固定资产确认条件的，应当计入固定资产成本，同时将被替换部分的账面价值扣除；不符合固定资产确认条件的，应当计入当期损益。

具体如表 5－2 所示。

表 5－2　固定资产后续支出资本化费用化处理对比表

<table>
<tr><td>项目</td><td>更新改造支出</td><td>修理支出</td></tr>
<tr><td>资本化</td><td>通常资本化</td><td>大修理费用如果符合资本化条件则应资本化</td></tr>
<tr><td rowspan="2">费用化</td><td>不符合资本化条件时，应费用化</td><td>通常费用化</td></tr>
<tr><td colspan="2">生产设备、行政设备的后续支出在费用化时列支于管理费用
专设销售机构相关的后续支出在费用化时列支于销售费用</td></tr>
</table>

（一）资本化的后续支出

入账价值＝固定资产的账面价值＋改扩建发生的支出－被替换固定资产的账面价值

1. 固定资产转入改扩建时

借：在建工程
　　累计折旧
　　固定资产减值准备
　贷：固定资产

2. 发生改扩建工程支出时

借：在建工程
　贷：银行存款等

3. 替换原固定资产的某组成部分时

借：银行存款或原材料（残值价值）
　　营业外支出（净损失）
　贷：在建工程（被替换部分的账面价值）

4. 生产线改扩建工程达到预定可使用状态时

借：固定资产
　贷：在建工程

5. 转为固定资产后，按重新确定的使用寿命、预计净残值和折旧方法计提折旧

【例题 17 · 实操题】甲公司是一家饮料生产企业，有关业务资料如下：

（1）2019 年 12 月，该公司自行建成一条生产线并投入使用，建造成本为 600 000 元；采用年限平均法计提折旧；预计净残值率为固定资产原价的 3%，预计使用年限为 6 年。

（2）2021 年 12 月 31 日，由于生产的产品适销对路，这条饮料生产线的生产能力难以满足公司生产发展的需要，但若新建生产线，成本过高，周期过长，于是公司决定对现有生产线进行改扩建，以提高其生产能力。假定该生产线未发生过减值。

(3) 2022年4月30日，完成对这条生产线的改扩建工程，达到预定可使用状态。改扩建过程中发生以下支出：用银行存款购买工程物资一批，增值税专用发票上注明的价款为210 000元、增值税税额为27 300元，已全部用于改扩建工程，发生有关人员薪酬104 000元。另外，拆下的旧设备部件，账面价值为20 000元，处置取得12 000元银行存款。

(4) 该生产线改扩建工程达到预定可使用状态后，大大提高了生产能力，预计尚可使用年限为7年，假定改扩建后的生产线的预计净残值率为改扩建后其账面价值的4%，折旧方法仍为年限平均法。

假定甲公司按年度计提固定资产折旧，为简化计算过程，整个过程不考虑其他相关税费。

【解析】 甲公司各年相关账务处理如下：

(1) 饮料生产线改扩建后生产能力大大提高，能够为企业带来更多的经济利益，改扩建的支出金额也能可靠计量，因此该后续支出符合固定资产的确认条件，应计入固定资产的成本。

(2) 2020年1月1日至2021年12月31日两年间，各年计提固定资产折旧。

借：制造费用（600 000×(1−3%)/6）　　97 000
　贷：累计折旧　　97 000

(3) 2021年12月31日，将该生产线的账面价值406 000元（600 000−(97 000×2)）转入在建工程。

借：在建工程——饮料生产线　　406 000
　　累计折旧　　194 000
　贷：固定资产——饮料生产线　　600 000

(4) 发生改扩建工程支出。

借：工程物资　　210 000
　　应交税费——应交增值税（进项税额）　　27 300
　贷：银行存款　　237 300

借：在建工程——饮料生产线　　314 000
　贷：工程物资　　210 000
　　　应付职工薪酬　　104 000

(5) 旧设备处置时。

借：银行存款　　12 000
　　营业外支出　　8 000
　贷：在建工程　　20 000

(6) 2022年4月30日，生产线改扩建工程达到预定可使用状态，转为固定资产。

借：固定资产——饮料生产线　　700 000
　贷：在建工程——饮料生产线　　700 000

（7）2022 年 4 月 30 日，转为固定资产后，按重新确定的使用寿命、预计净残值和折旧方法计提折旧。

应计提折旧额＝700 000×(1－4%)＝672 000(元)

月折旧额＝672 000/(7×12)＝8 000(元)

2022 年应计提折旧额＝8 000×8＝64 000(元)

借：制造费用　　64 000

　贷：累计折旧　　64 000

（8）2023—2028 年每年应计提的折旧额为 96 000 元（8 000×12）。

借：制造费用　　96 000

　贷：累计折旧　　96 000

（9）2029 年应计提的折旧额为 32 000 元（8 000×4）。

借：制造费用　　32 000

　贷：累计折旧　　32 000

【例题 18 · 单选题】甲公司某项固定资产已完成改造，累计发生的改造成本为 400 万元，拆除部分的原价为 200 万元。改造前，该项固定资产原价为 800 万元，已计提折旧 250 万元，不考虑其他因素，甲公司该项固定资产改造后的账面价值为（　　）万元。

A. 750　　B. 812.5　　C. 950　　C. 1 000

【正确答案】B

【答案解析】该项固定资产改造后的账面价值＝(800－250)＋400－(200－200×250/800)＝812.5 万元。

（二）费用化的后续支出

（1）固定资产的日常修理费用等支出只是确保固定资产的正常工作状况，一般不产生未来的经济利益。因此，通常不符合固定资产的确认条件，在发生时应直接计入当期损益（管理费用）。

【延伸思考】企业车间日常修理费用支出计入管理费用，而不是制造费用。

（2）企业生产车间（部门）和行政管理部门等发生的固定资产修理费用等后续支出计入管理费用；企业设置专设销售机构的，其发生的与专设销售机构相关的固定资产修理费用等后续支出计入销售费用。

（3）对于处于修理、更新改造过程而停止使用的固定资产，如果其修理、更新改造支出不满足固定资产的确认条件，在发生时也应直接计入当期损益。

一般会计分录如下：

借：管理费用

　　销售费用
　　贷：原材料
　　　　应付职工薪酬
　　　　银行存款

【例题19·实操题】 2×20年1月20日，甲公司对某办公楼进行日常维修，维修过程中领用原材料一批，价值为50 000元，为购买该批原材料支付的增值税进项税额为6 500元；应支付维修人员薪酬21 000元。假定不考虑其他因素。

【解析】 甲公司的账务处理如下：

借：管理费用	77 500	
贷：原材料		50 000
应交税费——应交增值税（进项税额转出）		6 500
应付职工薪酬		21 000

第四节　固定资产处置

一、固定资产终止确认的条件

《企业会计准则第4号——固定资产》规定，固定资产满足下列条件之一的，应当予以终止确认。

1. 该固定资产处于处置状态

固定资产处置包括固定资产的出售、转让、报废或毁损、对外投资、非货币性资产交换、债务重组等。处于处置状态的固定资产不再用于生产商品、提供劳务、出租或经营管理，因此，不再符合固定资产的定义，应予以终止确认。

2. 该固定资产预期通过使用或处置不能产生经济利益

固定资产的确认条件之一是“与该固定资产有关的经济利益很可能流入企业”，如果一项固定资产预期通过使用或处置不能产生经济利益，那么，它就不再符合固定资产的定义和确认条件，应予以终止确认。

二、固定资产处置的核算

（一）固定资产出售、毁损和报废的会计处理

固定资产出售、毁损和报废的会计处理如图5-5所示。

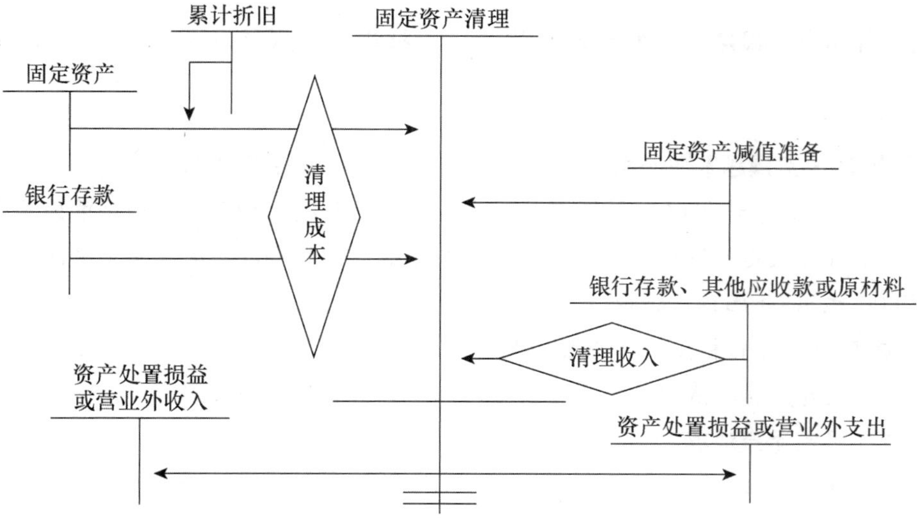

图 5-5　固定资产出售、毁损和报废的会计处理示意图

（二）固定资产出售的会计处理举例

1. 将固定资产清理时的账面价值转入固定资产清理

借：固定资产清理
　　累计折旧
　　固定资产减值准备
　贷：固定资产

2. 支付清理费

借：固定资产清理
　贷：银行存款

3. 固定资产处置回收价值

借：其他应收款、银行存款或原材料
　贷：固定资产清理
　　　应交税费——应交增值税（销项税额）

4. 固定资产处置实现盈余时

借：固定资产清理
　贷：资产处置损益

5. 固定资产处置形成亏损时

借：资产处置损益
　贷：固定资产清理

【延伸思考】固定资产发生的自然毁损和报废，仍然使用“营业外支出”科目核算。

【例题20·实操题】甲公司（增值税一般纳税人）出售某项机器设备。该设备的原价为530 000元，累计折旧为35 000元，已提固定资产减值为5 000元。甲公司在清理过程中以银行存款支付清理费用1 200元，取得出售价款565 000元（其中包含增值税税额65 000元），并已存入银行。

【解析】甲公司的相关会计处理如下：

（1）固定资产转入清理。

借：固定资产清理	490 000	
累计折旧	35 000	
固定资产减值准备	5 000	
贷：固定资产		530 000

（2）发生清理费用。

借：固定资产清理	1 200	
贷：银行存款		1 200

（3）收到残料变价收入。

借：银行存款	565 000	
贷：固定资产清理		500 000
应交税费——应交增值税（销项税额）		65 000

（4）结转固定资产净收益。

净收益＝500 000－490 000－1 200＝8 800(元)

借：固定资产清理	8 800	
贷：资产处置损益		8 800

（三）固定资产报废的会计处理举例

固定资产报废是生产经营期间一种正常的活动，其主要目的是通过报废促进固定资产更新、降低成本、提高生产效率等。固定资产报废有两种情况：一是由于磨损或陈旧，使用期满不能继续使用；二是由于技术进步，必须由先进设备替代。

【例题21·实操题】乙公司有一台设备进入报废程序。该设备的原价为120 000元，累计折旧为117 000元。报废时，支付清理费用360元，残料作价1 600元，可验收入库作为材料使用。

【解析】乙公司的相关会计处理如下：

（1）固定资产转入清理。

借：固定资产清理	3 000	

累计折旧 117 000
贷：固定资产 120 000

(2) 发生清理费用。

借：固定资产清理 360
贷：银行存款 360

(3) 残料入库。

借：原材料 1 600
贷：固定资产清理 1 600

(4) 结转固定资产净损失。

净损失＝3 000＋360－1 600＝1 760(元)

借：营业外支出——处置非流动资产损失 1 760
贷：固定资产清理 1 760

(四) 固定资产毁损的核算举例

固定资产毁损是指因发生水灾、风灾、震灾等自然灾害或因意外责任事故造成的毁坏和损失。固定资产毁损有的是由于生产经营期间自然灾害等不可抗力因素造成的，有的是由于生产经营期间责任事故等人为因素造成的。无论何种原因，固定资产发生毁损都会对企业造成一定的损失。固定资产毁损的净损失是指毁损固定资产的账面价值，加上发生的清理费用，扣除残料变价收入及保险赔偿、责任人赔偿后的净额。对于自然灾害等非常原因造成的毁损损失应作为非常损失计入营业外支出。

【例题 22 · 实操题】甲公司一座仓库因火灾烧毁，仓库的原价为 300 000 元，累计折旧为 120 000 元。大火扑灭后对现场进行清理，发生清理费用 21 000 元，收到保险公司赔偿 100 000 元，残料变卖收入 19 000 元。

【解析】相关会计处理如下：

(1) 将固定资产转入清理。

借：固定资产清理 180 000
累计折旧 120 000
贷：固定资产 300 000

(2) 支付清理费用。

借：固定资产清理 21 000
贷：银行存款 21 000

(3) 收到残料变价收入。

借：银行存款 19 000
贷：固定资产清理 19 000

(4) 收到保险公司赔款。

借：银行存款　　100 000

　贷：固定资产清理　　100 000

（5）结转固定资产净损失。

净损失＝180 000＋21 000－19 000－100 000＝82 000(元)

借：营业外支出——非常损失　　82 000

　贷：固定资产清理　　82 000

三、固定资产清查的核算

固定资产清查的核算如表5-3所示。

表5-3　固定资产盘盈盘亏会计处理对比表

盘盈	盘亏	
盘盈当时，按前期差错处理	原因不明发现盘亏时	查明原因处理盘亏时
借：固定资产（重置成本） 　贷：以前年度损益调整	借：待处理财产损溢 　　累计折旧 　贷：固定资产	借：其他应收款（保险赔款或责任人赔款） 　　营业外支出 　贷：待处理财产损溢

【延伸思考】固定资产盘盈为何不能计入营业外收入?

固定资产盘盈是最特殊的一种盘盈，在现实生活中，真实的固定资产盘盈现象应当是罕见的，但偏偏会出现。原因在于企业购入时可能故意不入账，所以它所适用的会计处理原则应是前期差错更正原则。换句话说，盘盈带来的“收益”不能计入经营者的业绩，而是应该直接放到所有者的口袋里。即盘盈的固定资产通过“以前年度损益调整”账户转入盈余公积和未分配利润，进入资产负债表中。

【例题23·实操题】甲公司2×21年末在对固定资产进行清查时，发现丢失一台冷冻设备。该设备的原价为62 000元，已计提折旧25 000元，已计提减值准备10 000元。经查，该设备丢失的原因在于保管员看管不当。经报批，由保管员赔偿6 000元。假定不考虑增值税的影响。

【解析】甲公司的相关会计处理如下：

（1）发现冷冻设备丢失时。

借：待处理财产损溢——待处理固定资产损溢　　27 000

　　累计折旧　　25 000

　　固定资产减值准备　　10 000

　贷：固定资产　　62 000

（2）报经批准后。

借：其他应收款　　6 000

营业外支出——盘亏损失　　21 000
贷：待处理财产损溢——待处理固定资产损溢　　27 000

【例题24·实操题】 某企业盘盈一台设备，重置成本为100万元。

【解析】 会计处理如下（单位为万元）：

借：固定资产　　100
贷：以前年度损益调整　　100
借：以前年度损益调整　　25
贷：应交税费——应交所得税　　25
借：以前年度损益调整　　75.00
贷：盈余公积　　7.50
利润分配——未分配利润　　67.50

热点思考题

1. 为什么要规定固定资产折旧当月增加的当月不提，当月减少的当月照提？这个规定合理吗？
2. 双倍余额递减法与年数总和法计提折旧有何异同之处？
3. 存货、固定资产、投资性房地产的核算范围如何区分界定？
4. 固定资产的盘盈与盘亏均记入“待处理财产损溢”账户吗？
5. 固定资产的出售、报废、毁损均记入“固定资产清理”账户吗？

第六章

无形资产

教学导向

(1) 了解无形资产的概念、特征和内容

(2) 理解无形资产取得成本的确定

(3) 掌握内部研发无形资产的核算

(4) 掌握无形资产的后续计量

(5) 掌握无形资产的处置

课程思政

(1) 内部研发无形资产核算中思政元素——华为被美国商务部列入管制“实体清单”，而华为实现科技自立，踏踏实实搞自主研发，进行技术创新，充分体现了民族担当、民族自信

(2) 研发支出费用化、资本化核算中的思政元素——无形资产研发费用税前加计扣除政策助力实体经济驶入创新发展快车道

第一节 无形资产概述

一、无形资产的含义及特征

无形资产是指企业拥有或者控制的没有实物形态的可辨认非货币性资产。无形资产具有以下四个特征。

(一) 无形资产是由企业拥有或者控制并能为其带来未来经济利益的资源

无形资产持有的目的是生产经营使用而非出售。例如，企业自行研制的技术通过申请依法取得专利权后，企业在一定期限内拥有该专利技术的法定所有权。又如，企业与

其他企业签订合约转让商标权，合约的签订使商标使用权转让方的相关权利受到法律的保护。

【延伸思考】客户关系、人力资源由于企业无法控制其带来的经济资源，不能确认为无形资产。

（二）无形资产不具有实物形态

无形资产通常表现为某种权利、某项技术或是某种获取超额利润的综合能力。它们不具有实物形态，看不见，摸不着，如土地使用权、非专利技术等。

（三）无形资产具有可辨认性

1. 可辨认性是指该资产能够脱离企业单独存在

比如专利权，A 企业可以用，B 企业买过来也可以用，这说明该资产可以脱离企业而存在，可以单独用于交易，此即可辨认性。

符合以下条件之一的，应认定其具有可辨认性：

（1）能够从企业中分离或者划分出来，并能单独用于出售或转让等。

（2）产生于合同性权利或其他法定权利，无论这些权利是否可以从企业或其他权利和义务中转移或分离。

2. 商誉是不可单独辨认的资产

在天时、地利、人和等要素的共同作用下，企业能够创造超额收益，此能力即为商誉。

比如，王府井商场的超额盈余能力。经评估师评估，王府井商场的可辨认净资产公允价值为 1 亿元。A 公司将其全资收购，收购价为 1.8 亿元，则超出的 0.8 亿元即商誉的价值。该商誉不在王府井商场的账上反映，仅在合并时体现。

（1）商誉的存在无法与企业自身分离，是不可单独辨认的。

（2）自创商誉不入账，只有合并才会认定商誉。

1）吸收合并计入吸收方的账册及个别报表；

2）控股合并计入合并报表。

（3）商誉＝合并成本－拥有的被合并方可辨认净资产公允价值的份额。

（4）商誉不属于无形资产。

（四）无形资产属于非货币性资产

无形资产由于没有发达的交易市场，一般不容易转化成现金，在持有过程中为企业带来未来经济利益的情况不确定，不属于以固定或可确定的金额收取的资产，属于非货币性资产，即将来的货币回流量无法提前预知。

【例题 1 · 单选题】 下列各项中，制造企业应当确认为无形资产的是（　　）。

A. 自创的商誉

B. 取得的土地使用权

C. 企业合并产生的商誉

D. 开发项目研究阶段发生的支出

【正确答案】 B

【答案解析】 选项 A，自创的商誉是不确认的。选项 C，商誉不属于无形资产，根据《企业会计准则第 6 号——无形资产》的规定，无形资产是指企业拥有或者控制的没有实物形态的可辨认非货币性资产。商誉属于不可辨认资产，不属于无形资产。选项 D，研究阶段支出不符合资本化条件，期末应当转入损益。

【例题 2 · 多选题】 下列各项中，不能界定为无形资产的有（　　）。

A. 企业的客户关系

B. 企业的人力资源

C. 企业内部产生的品牌、报刊名

D. 运转计算机控制的机械工具所不可或缺的核心软件

【正确答案】 ABCD

【答案解析】 选项 AB，企业对其客户关系和人力资源未来的经济利益无法控制，不能界定为无形资产；选项 C，企业内部产生的品牌、报刊名、刊头、客户名单和实质上类似项目的支出不能与整个业务开发成本区分开来，因此不能界定为无形资产；选项 D，如果软件是设备不可或缺的组成部分，应界定为固定资产。

【小结】 根据定义可以看出无形资产的几个特征：控制＋没有实物形态＋可辨认＋非货币性资产，其中最重要的是可辨认。

二、无形资产的内容

无形资产通常包括专利权、非专利技术、商标权、著作权、特许权、土地使用权等。具体内容如表 6－1 所示。

表 6－1　无形资产的类别

类别	是否受法律保护	是否有法定期限	备注
商标权	是	有，10 年期	只有能给企业带来经济利益的，方可作为企业的无形资产，这一点尤其明显地体现在商标权、专利权和非专利技术上
专利权	是	有	
非专利技术	否	无	
著作权	是	有	略
土地使用权	是	有	略
特许权	是	有	只有企业授权的，方可作为无形资产入账

【解读】

（1）非专利技术是唯一无法定期限、不受法律保护的无形资产；

（2）政府特许权不是无形资产；

（3）商誉不是无形资产，而是非流动资产。

【延伸思考1】计算机软件是否为无形资产？

不一定，需要区分两种情况。

（1）如果计算机控制的机械工具没有该软件就不能运转，即该软件是构成相关硬件不可缺少的组成部分，该软件应作为固定资产核算。

（2）如果该软件不是相关硬件不可缺少的组成部分，即独立于硬件，单独购置，且价值较大，则作为无形资产核算。

【延伸思考2】土地使用权都确认为无形资产吗？

土地根据情况分别确认为四种：

（1）确认为固定资产，但不计提折旧。

（2）确认为投资性房地产，主要是出租的土地和持有并准备增值后转让的土地。

（3）存货，主要是指房地产开发企业用于建造商品房而购买的土地。

（4）无形资产，指企业通过向政府缴纳出让金，从政府手中取得的或向其他企业支付价款购买的土地。

【例题3·多选题】下列关于企业土地使用权会计处理的表述中，正确的有（　　）。

A. 工业企业将以经营租赁方式租出的自有土地使用权作为无形资产核算

B. 房地产开发企业将购入的用于建造商品房的土地使用权作为存货核算

C. 工业企业将持有并准备增值后转让的自有土地使用权作为投资性房地产核算

D. 工业企业将购入的用于建造办公楼的土地使用权作为无形资产核算

【正确答案】BCD

【答案解析】选项A，应作为投资性房地产核算。

【延伸思考1】非专利技术并非都记录入账

举例1：浙江传化集团是从液体皂起步的，1986年，创始人徐传化及其儿子徐冠巨用家庭作坊生产的液体皂根本就不能去污，邻村的黄老爷子生产的液体皂却具有去污功能，于是花2 000元向黄老爷子买下了“独门秘方”，回家一研究才知道，“独门秘方”就是一勺化工盐。

举例2：世界知名的饮料品牌可口可乐之所以畅销，完全是因为那神秘的配方，这个配方被锁在保险柜里已经有几十年时间。世界上知道配方的人只有3个，他们的身份对外绝对保密，每人手中1/3的配方严防泄露出去，甚至不允许他们3人同乘一架飞机。

液体皂“独门秘方”、可口可乐配方都是非专利技术。非专利技术还有商业（贸易）专有技术和管理专有技术，如市场情报、材料价格、用户信息等。由于非专利技术价值难以可靠计量，因此，许多非专利技术都未记录入账。非专利技术包括工业专有技术、商业（贸易）专有技术和管理专有技术三种，不仅强调专有性，还强调价值性。有些非专利技术不一定具有显著的单独价值，就不一定作为无形资产入账。

【延伸思考 2】有明确价值的特许权才记录入账

特许权分为两种：（1）政府特许，如烟草专卖权。（2）企业特许的连锁品牌。无论是政府特许还是企业特许，取得特许权都需要支付一定的成本。购买成本就是特许权的初始入账价值。我们随处可见的沙县小吃、兰州拉面等地方特色小吃，不需要经过任何人批准，谁都可以使用，不属于特许权，因为它并没有特许，不是一种独享的权利，是一种共享的权利。

【延伸思考 3】知识付费时代著作权具有很高价值

举例：荷兰画家凡·高画了很多画，他在世时这些画基本上无人问津，只有一幅《红色的葡萄园》在 1889 年以数百法郎卖出。他生前穷困潦倒，去世后的第 2 年即 1890 年，在一场艺术研讨会上，他的作品受到高度赞赏。至今他的作品至少有 9 件超过 3 500 万美元（折合 2 亿多元人民币）。《加歇医生》在纽约拍卖出 8 250 万美元的价格，接近 5 亿元人民币。

如今，人类社会进入知识付费时代，在知识付费平台上，很多知识都具有所有权，即著作权。一门在线课程，一年能赚上千万元；一部网络小说，一年可能赚几百万元。由此可以看出，在知识经济时代，知识付费越来越多，相应的著作权呈现出价值越来越高的特征。

三、无形资产的确认条件

无形资产在符合定义的前提下，同时满足以下两个确认条件时才能予以确认。

（一）与该资产有关的经济利益很可能流入企业

作为无形资产确认的项目，必须具备产生的经济利益很可能流入企业的条件。在通常情况下，无形资产产生的未来经济利益可能包括在销售商品、提供劳务的收入中，或者企业使用该项无形资产而减少或节约的成本中，或体现在获得的其他利益中。例如，生产加工企业在生产工序中使用了某种知识产权，降低了未来生产成本，而不是增加了未来收入。在实施这种判断时，需要对无形资产在预计使用寿命内可能存在的各种经济因素进行合理估计，并且应当有明确的证据支持，如企业是否有足够的人力资源、高素质的管理队伍、相关的硬件设备、相关的原材料等来配合无形资产为企业创造经济利益。同时，更为重要的是关注一些外界因素的影响，如是否存在新技术、新产品冲击与无形资产相关的技术或据其生产的产品的市场等。在实施判断时，企业管理当局应对无形资产预计使用寿命内存在的各种因素进行最稳健的估计。

（二）该无形资产的成本能够可靠计量

成本能够可靠计量是资产确认的一项基本条件。对无形资产来说，这个条件相对更为重要。比如，企业内部产生的品牌、报刊名等，因其成本无法可靠计量，不作为无形资产确认。又如，假定一些高新科技企业的科技人才与企业签订了服务合同，且合同规定其在一定期限内不能为其他企业提供服务。在这种情况下，虽然这些科技人才的知识在规定的期限内预期能够为企业创造经济利益，但由于这些技术人才的知识难以辨认，且形成这些知识所发生的支出难以计量，因而不能作为企业的无形资产加以确认。

【延伸思考】互联网时代数据资产入账存在困惑

在互联网时代，数据资产越来越重要，如生物制药企业拥有的产品渠道数据，互联网服务企业拥有的大量客户数据，石油天然气公司拥有的勘探和新技术信息，保险公司拥有的保单更新、赔率和索赔程度信息，零售业拥有的门店销售信息等。这些数据信息不具有实物形态，具有可辨认性，属于非货币性长期资产，即完全具备无形资产的三个特征，却没有确认为无形资产。数据资产的存在使相关企业的账外资产越来越多，企业的账实不符现象越来越严重。这是当今会计的一个明显缺陷。

第二节　无形资产的初始计量

无形资产通常是按实际成本计量，即以取得无形资产并使之达到预定用途而发生的全部支出作为无形资产的成本。对于不同来源取得的无形资产，其初始成本构成也不尽相同。

一、外购的无形资产

（一）外购无形资产的成本

外购无形资产的成本包括购买价款、相关税费及直接归属于使该项资产达到预定用途所发生的其他支出。如使无形资产达到预定用途所发生的专业服务费用、测试无形资产是否能够正常发挥作用的费用等。

（二）不包括在无形资产的初始成本

（1）为引入新产品进行宣传发生的广告费、管理费用及其他间接费用。

（2）无形资产已经达到预定用途以后发生的费用。

【解读】在形成预定经济规模之前发生的初始运作损失，以及在无形资产达到预定用途之前发生的其他经营活动的支出，如专业服务费用、测试费用应计入无形资产成本。如果该经营活动并非无形资产达到预定用途必不可少的，则有关经营活动的损益应于发生时计入当期损益，而不构成无形资产的成本，如达到预定用途之后的员工培训费支出、为引入新产品进行宣传发生的广告费等。

（三）外购无形资产的账务处理

外购的无形资产应按其取得成本进行初始计量；如果购入的无形资产超过正常信用条件延期支付价款，实质上具有融资性质的，应按所取得无形资产购买价款的现值计量其成本，现值与应付价款之间的差额作为未确认的融资费用，在付款期间内按照实际利率法确认为利息费用。

【例题4·实操题】A公司（增值税一般纳税人）为扩大产品销售，于2021年2月5日从乙公司（增值税一般纳税人）购入一项商标权（注：商标、著作权、特许权的增值税税率为6%，取得土地使用权按9%税率征收），支付转让费60万元、增值税3.6万元，款项通过银行转账支付。

【解析】A公司的账务处理如下：

借：无形资产——商标权	600 000
应交税费——应交增值税（进项税额）	36 000
贷：银行存款	636 000

【延伸思考】企业取得专利权、非专利技术免征增值税，从个人取得著作权免征增值税。

【例题5·实操题】甲公司2020—2021年与F专利技术有关的资料如下：

资料一：2020年1月1日，甲公司与乙公司签订F专利技术转让协议。协议约定，该专利技术的转让价款为2 000万元，甲公司于协议签订日支付400万元，其余款项自当年起连续4年每年年末支付400万元。当日，甲、乙公司办妥相关手续；甲公司以银行存款支付400万元，立即将该专利技术用于产品生产，预计使用10年，预计净残值为零，采用直线法按年摊销。甲公司计算确定的该长期应付款项的实际年利率为6%；年金现值系数（P/A，6%，4）为3.47。

资料二：2021年1月1日，甲公司因经营方向转变，将F专利技术转让给丙公司，转让价款1 500万元收讫并存入银行。同日，甲、丙公司办妥相关手续。假定不考虑其他因素。

要求：

（1）计算甲公司2020年1月1日取得的F专利技术的入账价值，并编制相关会计分录。

（2）计算甲公司2020年对F专利技术应摊销的金额，并编制相关会计分录。

（3）分别计算甲公司2020年未确认融资费用的摊销额和2020年12月31日长期应付款的摊余成本。

（4）编制甲公司2021年1月1日转让F专利技术的相关会计分录。

【解析】会计分录单位均为万元。

（1）F专利技术的入账价值=400+400×3.47=1 788(万元)

借：无形资产　　1 788

　　未确认融资费用　　212

　贷：长期应付款　　1 600

　　　银行存款　　400

（2）甲公司2020年应计提的累计摊销=1 788/10=178.8(万元)

借：制造费用　　178.80

　贷：累计摊销　　178.80

（3）2020年未确认融资费用的摊销额=(1 600−212)×6%=83.28(万元)

2020年12月31日长期应付款的摊余成本=(1 600−212)×(1+6%)−400

=1 071.28(万元)

（4）借：银行存款　　1 500.00

　　　累计摊销　　178.80

　　　资产处置损益　　109.20

　　贷：无形资产　　1 788.00

【小结】分期付款（具有融资性质）的外购无形资产处理原则。

（1）购入时。

借：无形资产（现值；本金）

　　未确认融资费用（倒挤；未来应付的利息）

　贷：长期应付款（合同总价款；未来应付本息和）

（无形资产的成本已经确定，之后的分录就是“偿还应付本息”以及“摊销利息”。）

（2）支付每期款项（偿还应付本息，会减少未来应付本息和）。

借：长期应付款

　贷：银行存款

（3）未确认融资费用摊销（摊销利息，会减少未来应付利息）。

借：财务费用

　贷：未确认融资费用

（4）未确认融资费用摊销额(除最后一期)

=期初未偿还的本金×实际利率

=(期初未偿还的本息和−期初未偿还的利息)×实际利率

=(长期应付款期初余额−未确认融资费用期初余额)×实际利率

二、土地使用权的会计处理

企业应按实际支付的价款加上相关税费认定土地使用权的成本。如果此土地使用权用于自行建造厂房或办公楼，则与建筑物分开核算。

下列情况下土地使用权必须与房产合并反映：

（1）房地产开发企业取得的土地使用权用于开发对外出售的房产，相应的土地使用权应并入房产的成本。（“开发产品”属存货性质。）

（2）企业外购房屋建筑物，如果能够合理地分割土地和地上建筑物，则分开核算；否则，应当全部作为固定资产核算。

（3）企业改变土地使用权的用途，将其用于出租或增值目的时，应将其转为投资性房地产。

【例题 6 · 多选题】下列各项关于土地使用权会计处理的表述中，正确的有（　　）。

A. 为建造固定资产购入的土地使用权确认为无形资产

B. 房地产开发企业为开发商品房购入的土地使用权确认为存货

C. 用于出租的土地使用权及其地上建筑物一并确认为投资性房地产

D. 用于建造厂房的土地使用权摊销金额在厂房建造期间计入在建工程成本

【正确答案】ABCD

【答案解析】选项 D，因为土地使用权的经济利益通过建造厂房实现，所以土地使用权的摊销金额可以资本化（计入在建工程成本）。

【例题 7 · 多选题】北方公司为从事房地产开发的上市公司，2019 年 1 月 3 日，外购位于甲地块上的一栋写字楼，作为自用办公楼，甲地块的土地使用权能够单独计量；2019 年 3 月 1 日，购入乙地块和丙地块，分别用于开发对外出售的住宅楼和写字楼，至 2019 年 12 月 31 日，该住宅楼和写字楼尚未开发完成；2020 年 1 月 5 日，购入丁地块，作为办公区的绿化用地，至 2020 年 12 月 31 日，丁地块的绿化已经完成。假定不考虑其他因素，下列各项中，北方公司 2020 年 12 月 31 日不应单独确认为无形资产（土地使用权）的有（　　）。

A. 甲地块的土地使用权

B. 乙地块的土地使用权

C. 丙地块的土地使用权

D. 丁地块的土地使用权

【正确答案】BC

【答案解析】乙地块和丙地块均用于建造对外出售的房屋建筑物，所以这两处地块的土地使用权应该计入所建造房屋建筑物的成本。

【例题 8 · 实操题】2×20 年 1 月 1 日，甲公司（增值税一般纳税人）购入一块土地的使用权，以银行存款转账支付10 000万元（增值税税率为9%，已认证完毕），并在该土地上自行建造厂房等工程，发生材料支出3 000万元、工资费用2 000万元、其他相关费用1 000万元等。该工程已经完工并达到预定可使用状态。假定土地使用权的使用年限为40年，该厂房的使用年限为30年，两者都没有净残值，都采用直线法进行摊销和计提折旧。

【解析】 甲公司的会计处理如下（单位为万元）：

（1）支付转让价款。

借：无形资产——土地使用权	10 000	
应交税费——应交增值税（进项税额）	900	
贷：银行存款		10 900

（2）在土地上自行建造厂房。

借：在建工程	6 000	
贷：工程物资		3 000
应付职工薪酬		2 000
银行存款		1 000

（3）厂房达到预定可使用状态。

借：固定资产	6 000	
贷：在建工程		6 000

（4）每年分期摊销土地使用权和对厂房计提折旧。

借：管理费用	250	
制造费用	200	
贷：累计摊销		250
累计折旧		200

三、通过其他方式取得的无形资产

企业自行研发的无形资产，其成本确定和相应的会计处理比较复杂，将作为单独一节予以阐述。而通过非货币性资产交换、债务重组、政府补助和企业合并取得的无形资产，其成本的确定及具体处理参见后续课程高级财务会计中非货币性资产交换、债务重组、政府补助、企业合并的相关专题介绍，本教材暂略。

第三节　内部研发无形资产的核算

研究与开发活动发生的费用除了要遵循无形资产确认和初始计量的一般要求外，还需要满足其他特定的条件，才能够确认为无形资产。首先，为评价内部产生的无形资产是否满足确认标准，企业应当将资产的形成过程分为研究阶段与开发阶段两部分；其次，对于开发过程中发生的费用，在符合一定条件的情况下，才可确认为一项无形资产。

一、研究阶段和开发阶段的划分

对于企业自行研究开发的项目，应当区分研究阶段与开发阶段两个部分分别进行核算。例如，药品的研究阶段是指实验室试验阶段，属于一个探索阶段，其发生的相关支出计入当期损益；开发阶段是指市场的应用阶段，开发期间成功概率较大，当满足资本化时其相关后续支出计入资产成本。

（一）研究阶段

研究阶段是指为获取并理解新的科学或技术知识而进行的独创性的有计划调查。

研究阶段的特点在于：

（1）计划性。即研究阶段是建立在有计划的调查基础上。

（2）探索性。研究阶段基本上是探索性的，为进一步的开发活动进行资料及相关方面的准备，在这一阶段不会形成阶段性成果。

（二）开发阶段

开发阶段是指在进行商业性生产或使用前，将研究成果或其他知识应用于某项计划或设计，以生产出新的或具有实质性改进的材料、装置、产品等。

开发阶段具有如下特征：

（1）具有针对性；

（2）形成成果的可能性较大。

二、开发阶段有关支出资本化条件

企业内部研究开发项目开发阶段的支出，同时满足下列条件的，才能确认为无形资产：

（1）完成该无形资产以使其能够使用或出售在技术上具有可行性；

（2）具有完成该无形资产并使用或出售的意图；

（3）无形资产产生经济利益的方式，包括能够证明运用该无形资产生产的产品存在市场或无形资产自身存在市场，无形资产将在内部使用的，应当证明其有用性；

（4）有足够的技术、财务资源和其他资源支持，以完成该无形资产的开发，并有能力使用或出售该无形资产；

（5）归属于该无形资产开发阶段的支出能够可靠地计量。

三、内部研究开发费用的会计处理

（一）基本原则

（1）企业内部研究和开发无形资产，在研究阶段由于该研发是否能成功，不确定性很强，也不能确定研发的项目是否能给企业带来经济利益，即不满足资产的确认条件，因此全部费用化，计入当期损益（管理费用）。

（2）开发阶段的支出符合条件的资本化，不符合资本化条件的计入当期损益（管理费用）。其中：研发支出——资本化支出，在达到预定用途前，在资产负债表“开发支出”项目反映；待达到预定用途后，再转入“无形资产”。

（3）如果确实无法区分研究阶段的支出和开发阶段的支出，则应将其所发生的研发支出全部费用化，计入当期损益（管理费用）。具体如图 6－1 所示。

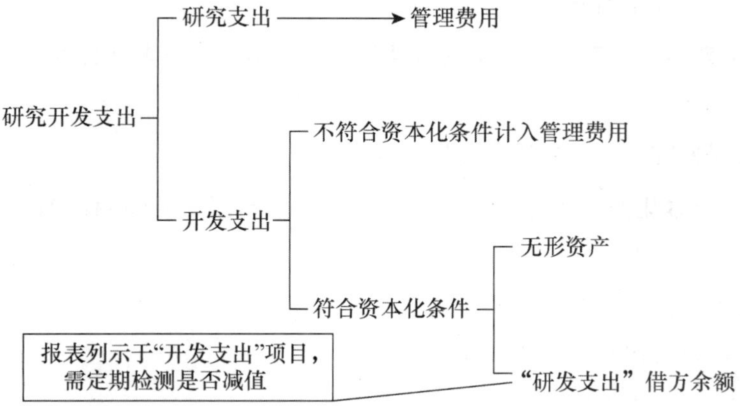

图 6－1　内部研发无形资产的会计处理示意图

【延伸思考】对于研发支出，企业是更愿意资本化还是费用化？注册会计师在审计时，是更愿意企业资本化还是费用化呢？

（1）对于企业自身而言，要具体问题具体分析。

1）如果企业以避税等控制利润为目的，则可能更希望费用化，因为可以减少利润。

2）如果企业期望上市或者其他需要保证较高利润和资产水平的，则更倾向于资本化。

（2）注册会计师在审计时，更倾向于企业费用化，因为可以降低自身执业风险（资本化可能会出现虚增资产的情况）。

（3）已经费用化的，绝对不能再资本化（如果出现，会涉及差错更正）。

（二）内部开发无形资产成本的构成因素

内部开发无形资产的成本包括：开发该无形资产耗费的材料、劳务成本、注册费，在开发该无形资产过程中使用的其他专利权和特许权的摊销，按照借款费用的处理原则可以资本化的利息费用等。

在开发过程中发生的，除上述可直接归属于无形资产开发活动之外的其他销售费用、管理费用等间接费用，无形资产达到预定用途前发生的可辨认的无效和初始运作损失，为运行该无形资产发生的培训支出等，不构成无形资产的成本。

（三）一般会计分录归纳

1. 发生研发费用时

借：研发支出——费用化支出

　　　　　　——资本化支出

　贷：银行存款

　　　原材料

　　　应付职工薪酬

2. 将研究费用以及不符合资本化条件的开发费用列入当期管理费用时

借：管理费用

　贷：研发支出——费用化支出

3. 将符合资本化条件的开发费用在无形资产达到预定可使用状态时转入无形资产成本时

借：无形资产

　贷：研发支出——资本化支出

【延伸思考】首先应记住研发费用的会计处理原则及账务处理；另外还要注意，“研发支出”的借方余额在资产负债表中是列入“开发支出”项目的。

【例题 9 · 实操题】2×20 年 1 月 1 日，甲公司的董事会批准研发某项新型技术，该公司董事会认为，研发该项目具有可靠的技术和财务等资源的支持，一旦研发成功将降低该公司的生产成本。2×21 年 1 月 31 日，该项新型技术研发成功并已达到预定用途。研发过程中所发生的直接相关的必要支出情况如下：

（1）2×20 年度发生材料费用 9 000 000 元，人工费用 4 500 000 元，计提专用设备折旧 750 000 元，以银行存款支付其他费用 3 000 000 元，总计 17 250 000 元，其中符合资本化条件的支出为 7 500 000 元。

（2）2×21 年 1 月 31 日前发生材料费用 800 000 元，人工费用 500 000 元，计提专用设备折旧 50 000 元，其他费用 20 000 元，总计 1 370 000 元。

【解析】甲公司的账务处理为：

2×20 年度资本化支出＝7 500 000(元)

2×20 年度费用化支出＝17 250 000－7 500 000＝9 750 000（元）

2×21 年度资本化支出＝1 370 000（元）

无形资产成本＝7 500 000＋1 370 000＝8 870 000（元）

（1）2×20 年度发生研发支出。

借：研发支出——××技术——费用化支出	9 750 000	
——资本化支出	7 500 000	
贷：原材料		9 000 000
应付职工薪酬		4 500 000
累计折旧		750 000
银行存款		3 000 000

（2）2×20 年 12 月 31 日，将不符合资本化条件的研发支出转入当期管理费用。

借：管理费用——研究费用	9 750 000	
贷：研发支出——××技术——费用化支出		9 750 000

（3）2×21 年 1 月发生研发支出。

借：研发支出——××技术——资本化支出	1 370 000	
贷：原材料		800 000
应付职工薪酬		500 000
累计折旧		50 000
银行存款		20 000

（4）2×21 年 1 月 31 日，该项新型技术已经达到预定用途。

借：无形资产——××技术	8 870 000	
贷：研发支出——××技术——资本化支出		8 870 000

【例题 10 · 单选题】甲公司自行研发一项新技术，累计发生研发支出 800 万元，其中符合资本化条件的支出为 500 万元。研发成功后向国家专利局提出专利权申请并获得批准，实际发生注册登记费 8 万元；为使用该项新技术发生的有关人员培训费为 6 万元。不考虑其他因素，甲公司该项无形资产的入账价值为（　　）万元。

A. 508　　B. 514　　C. 808　　D. 814

【正确答案】A

【答案解析】无形资产入账价值＝500＋8＝508 万元，人员培训费不构成无形资产的开发成本。

第四节　无形资产的后续计量

无形资产在初始确认和计量后，由于对无形资产的使用和技术进步等原因，其价值会因转移和贬值而减少。无形资产的后续计量是在某一时点对无形资产价值余额的确定和计量，即在其后使用该项无形资产期间内应以成本减去累计摊销额和累计减值损失后的余额计量，其中，最主要是无形资产的摊销和减值损失的确定，最基础的是估计其使用寿命。只有使用寿命有限的无形资产，才需要在估计使用寿命内采用系统合理的方法进行摊销。对于使用寿命不确定的无形资产，则不需要计提摊销，但应当每年进行减值测试。

一、无形资产使用寿命的确定与复核

企业应当于取得无形资产时分析判断其使用寿命。无形资产的使用寿命如为有限的，应当估计该使用寿命的年限或者构成使用寿命的产量等类似计量单位数量；无法预见无形资产为企业带来未来经济利益期限的，应当视为使用寿命不确定的无形资产。

（一）估计无形资产使用寿命应考虑的因素

估计无形资产使用寿命应考虑的主要因素有以下方面：

（1）该资产通常的产品寿命周期及可获得的类似资产使用寿命的信息。

（2）技术、工艺等方面的现实情况及对未来发展的估计。

（3）以该资产在该行业运用的稳定性和生产的产品或服务的市场需求情况。

（4）现在或潜在的竞争者预期采取的行动。

（5）为维持该资产产生未来经济利益的能力所需要的维护支出，以及企业预计支付有关支出的能力。

（6）对该资产的控制期限，以及对该资产使用的法律或类似限制，如特许使用期、租赁期等。

（7）与企业持有其他资产使用寿命的关联性等。

（二）无形资产使用寿命的确定

（1）无形资产摊销期限应选择法定期限、合同期限和有效使用期限三者最短期。

（2）如果无形资产摊销期限不确定，则不用摊销，但每年年末需检测其是否减值。

【延伸思考】出租车公司从事汽车客运业务需要两项重要资产：汽车和汽车牌照。汽车是固定资产，牌照是无形资产（特许经营权）。汽车牌照的取得方式主要有政府划拨、公开竞拍、购买三类。无论哪种方式取得的牌照都没有规定使用年限，即合同上未规定牌照的使用年限，法律上也没有规定牌照的使用年限，这说明汽车牌照没有使用年限的限制。而上海大众、强生、巴士股份都按 50 年摊销的行业惯例对汽车牌照进行摊销。

(三) 无形资产使用寿命的复核

企业至少应当于每年年度终了对无形资产的使用寿命及摊销方法进行复核。如果有证据表明无形资产的使用寿命及摊销方法不同于以前的估计，如由于合同的续约或无形资产应用条件的改善，延长了无形资产的使用寿命，则对于使用寿命有限的无形资产，应改变其摊销年限及摊销方法，并按照会计估计变更进行处理。

对于使用寿命不确定的无形资产，如果有证据表明其使用寿命是有限的，则应视为会计估计变更，应当估计其使用寿命并按照使用寿命有限的无形资产的处理原则进行处理。

【例题 11 · 实操题】甲公司 2020 年初购买一项提升产品品质的专利权，初始成本为 203 万元，法定年限为 10 年，预计有效使用期限为 8 年。2020 年初乙公司与甲公司签订协议，约定 5 年后交易该专利权，交易价为 53 万元，则甲公司 2020 年应当如何摊销此专利权？

【解析】

(1) 该专利权的摊销年限应选择法定期限 10 年、有效使用期限 8 年及合同约定期限 5 年中的较低者，即 5 年摊销期。

(2) 专利权 5 年后的交易价 53 万元应界定为残值。

(3) 每年的摊销额＝(203－53)÷5＝30 万元。

二、无形资产摊销额的计算

使用寿命有限的无形资产，应在其预计的使用寿命内采用系统合理的方法对应摊销金额进行摊销。应摊销金额是指无形资产的成本扣除残值后的金额。已计提减值准备的无形资产还应扣除已计提的减值准备累计金额。使用寿命有限的无形资产，其残值一般应当视为零。

(一) 摊销期和摊销方法

无形资产的摊销期自其可供使用（达到预定用途）时起至终止确认时止，即无形资产摊销的起始和停止日期。当月增加的无形资产，当月开始摊销；当月减少的无形资产，当月不再摊销。

【延伸思考】固定资产折旧与无形资产摊销的目的相同，都是对历史成本进行修正，使账面价值反映真实的价值。而会计准则对无形资产摊销和固定资产折旧的起始时间却有不同的规定：固定资产从取得的次月开始计提折旧，无形资产从取得的当月开始进行摊销。为什么会有这样不同的规定？

因为企业计提折旧一般是在月初进行的，这样，当月增加的固定资产就只能在下月开始计提折旧了。而当月减少的固定资产，在月初已经提过折旧。那么企业为什么在月初计提折旧？有一种解释：在手工会计时代，对于当月新增加的固定资产如果当月要计提折旧，就要估算其残值，选择折旧方法。由于有的固定资产增加的时间可能临近月末，估算残值和选择折旧方法需要花不少时间，月末前不一定能完成，因此，将新增的固定资产放在下月计提折旧，使会计人员有充裕的时间做折旧计提前的准备工作比较合适，这样，既不会给会计人员带来“赶工期”的麻烦，还能减少时间短造成的计算差错。

我国计划经济时期没有无形资产这个概念，即使有，也不入账。真正将无形资产纳入会计核算是改革开放后才开始的。我国第一部专利法在 1984 年才开始实施，20 世纪 90 年代才有土地买卖行为。当会计上要求对无形资产进行核算时，已经进入电算化会计时代，计算摊销金额就由财务软件完成了。而国际会计准则规定，无形资产在增加的当月开始摊销。由于我国具备了当月摊销的条件，也就与国际规定保持一致了。

在无形资产的使用寿命内系统地分摊其应摊销金额，存在多种方法。这些方法包括直线法、产量法等。企业选择的无形资产摊销方法，应当能够反映与该项无形资产有关的经济利益的预期实现方式，并一致地运用于不同会计期间。例如，受技术陈旧因素影响较大的专利权和专有技术等无形资产，可采用类似固定资产加速折旧的方法进行摊销；有特定产量限制的特许经营权或专利权，应采用产量法进行摊销；无法可靠确定其预期实现方式的，应当采用直线法进行摊销。

【延伸思考 1】持有待售的无形资产不进行摊销，按照账面价值与公允价值减去处置费用后的净额孰低进行计量。

【延伸思考 2】对于使用寿命不确定的无形资产，在持有期间内不需要进行摊销，但应当在每个会计期间进行减值测试，按照资产减值的原则进行处理。

（二）残值的确定

除下列情况外，无形资产的残值一般为零。

（1）有第三方承诺在无形资产使用寿命结束时购买该项无形资产。

（2）可以根据活跃市场得到无形资产预计残值信息，并且该市场在该项无形资产使用寿命结束时可能存在。

无形资产的残值确定以后，在持有无形资产的期间，至少应于每年年末进行复核。预计其残值与原估计金额不同的，应按照会计估计变更进行处理。如果无形资产的残值重新估计以后高于其账面价值，则无形资产不再摊销，直至残值低于账面价值时再恢复摊销。

（三）使用寿命有限的无形资产摊销的账务处理

无形资产的摊销一般应计入当期损益，但如果某项无形资产是专门用于生产某种产品或者其他资产的，其所包含的经济利益是通过转入所生产的产品或其他资产中实现的，则无形资产的摊销费用应当计入相关资产的成本。例如，某项专门用于生产的专利技术，其摊销费用应构成所生产产品成本的一部分，计入该产品的制造费用。具体分录如下：

借：制造费用/生产成本（用于特定产品生产的列入该产品的成本）

　　管理费用（自用的一般无形资产）

　　其他业务成本（出租的无形资产）

　贷：累计摊销

【例题12·实操题】2018年1月3日，甲公司从外单位购得一项新专利技术用于产品生产，支付价款7 500万元，款项已支付。该专利技术法律保护期为15年，公司预计运用该专利技术生产的产品在未来10年内会为公司带来经济利益。假定这项无形资产的净残值为零，并按年采用直线法摊销。

【解析】甲公司的账务处理如下（单位为万元）：

（1）取得无形资产时。

借：无形资产——专利权	7 500	
贷：银行存款		7 500

（2）按年摊销时。

借：制造费用——专利权摊销	750	
贷：累计摊销		750

（3）2020年1月1日，第三方向甲公司承诺在3年内以其最初取得该专利技术时公允价值的60%购买该专利技术，从公司管理层目前的持有计划来看，准备在3年内将其出售给第三方，为此，甲公司应当在2020年将该专利技术的估计使用寿命变更为3年，净残值变更为4 500万元（7 500×60%），并按会计估计变更进行处理。

2020年该专利技术的摊销金额＝(7 500－750×2－4 500)/3＝500(万元)

借：制造费用——专利权摊销	500	
贷：累计摊销		500

三、无形资产减值的确定

无形资产在资产负债表日存在可能发生减值的迹象，其可收回金额低于账面价值的，企业应当将该无形资产的账面价值减记至可收回金额，减记的金额确认为减值损失，计入当期损益，同时计提相应的资产减值准备，按应减记的金额，借记“资产减值损失——无形资产减值准备”科目，贷记“无形资产减值准备”科目。无形资产减值损失一经确认，在以后会计期间不得转回。

【例题 13 · 单选题】 2018 年 1 月 1 日，甲企业外购一新产品的专利技术，实际支付买价 90 万元，专业服务费用 10 万元，人员培训费 5 万元，假定未发生其他税费。该专利技术使用寿命为 5 年。2019 年 12 月 31 日，与该专利技术相关的经济因素发生不利变化，致使其发生减值，甲企业估计其可收回金额为 18 万元。2021 年 12 月 31 日，甲企业发现，导致该专利在 2019 年发生减值损失的不利经济因素已全部消失，且此时估计该专利技术的可收回金额为 22 万元，则该专利技术在 2021 年末的账面价值为（　　）万元。

A. 20　　B. 10　　C. 6　　D. 22

【正确答案】 C

【答案解析】

（1）初始入账成本＝90＋10＝100 万元；

（2）2018 年摊销额＝100/5＝20 万元；

（3）2019 年摊销额＝100/5＝20 万元；

（4）2019 年末摊余价值＝100－20－20＝60 万元；

（5）2019 年末可收回金额为 18 万元，则应提取减值准备 42 万元；

（6）2020 年摊销额＝18/3＝6 万元，2021 年的摊销额与 2020 年相同。

（7）2021 年末账面价值＝18－6－6＝6 万元，虽然此时其可收回价值已经有所恢复，升至 22 万元，但资产减值准则规定，无形资产一旦减值，在其处置前不得转回，所以 2020 年末的账面价值依然是 6 万元。

第五节　无形资产的处置

无形资产的处置主要是指无形资产的出售、对外出租、对外捐赠，或者是无法为企业带来未来经济利益时应予终止确认并转销。

一、无形资产的出售

企业出售某项无形资产，表明企业放弃无形资产的所有权，应将所取得的价款与该无形资产账面价值的差额作为资产处置利得或损失，记入“资产处置损益”账户。具体分录如下：

借：银行存款

　　无形资产减值准备

　　资产处置损益（出售发生损失时）

累计摊销

贷：无形资产

应交税费——应交增值税（销项税额）

资产处置损益（出售实现收益时）

【备注】按照最新增值税政策，土地使用权的增值税税率为9%，其他无形资产的增值税税率为6%（其中，专利权、非专利技术免征）。

【例题14·单选题】2×17年9月12日，甲公司以银行存款440万元购入一项专利权，另支付相关税费10万元，该无形资产的预计使用年限为10年，假定无残值。2×20年12月31日，该无形资产的可收回金额为205万元，原预计使用年限不变。2×21年12月31日，该无形资产的可收回金额为68万元，原预计使用年限不变。2×22年6月16日，将该无形资产对外出售，取得价款150万元并收存银行。则甲公司出售此无形资产的利得为（　　）万元。

A. 81　　B. 87　　C. 63　　D. 79.5

【正确答案】B

【答案解析】

（1）2×17年9月初始入账成本＝440＋10＝450万元；

（2）2×17年摊销额＝450/10×4/12＝15万元；

（3）2×18年、2×19年、2×20年摊销额＝450/10＝45万元；

（4）2×20年末摊余价值＝450－15－45－45－45＝300万元；

（5）2×20年末可收回金额为205万元，则应提取减值准备95万元；

（6）2×21年摊销额＝205/(6×12＋8)×12＝30.75万元；

（7）2×21年末账面价值＝205－30.75＝174.25万元；

（8）2×21年末可收回金额为68万元，应继续提取减值准备106.25万元（174.25－68）；

（9）2×22年6月出售时账面价值＝68－68/(5×12＋8)×5＝63万元；

（10）甲公司出售该无形资产的收益额＝150－63＝87万元。

二、无形资产的出租

企业将所拥有的无形资产的使用权让渡给他人并收取租金，属于与企业日常活动相关的其他经营活动取得的收入，在满足收入确认条件的情况下，应确认相关的收入及成本。具体会计处理如下：

1. 取得租金收入时

借：银行存款

贷：其他业务收入

应交税费——应交增值税（销项税额）

2. 摊销无形资产价值时

借：其他业务成本

贷：累计摊销

【例题 15 · 实操题】 2×21 年 3 月 5 日，甲企业将某产品的商标权出租给乙企业使用。该商标权的账面余额为 300 万元，摊销期限为 10 年。出租合同规定，承租方每销售一件用该商标冠名的产品，必须付给出租方 5 元租金。假定承租方当年销售该产品 12 万件。

【解析】 甲企业的账务处理如下：

（1）取得该项租金收入。

借：银行存款	636 000	
贷：其他业务收入		600 000
应交税费——应交增值税（销项税额）		36 000

（2）按年对该项商标权进行摊销。

借：其他业务成本	300 000	
贷：累计摊销		300 000

三、无形资产的报废

如果无形资产预期不能为企业带来未来经济利益，如该无形资产已被其他新技术替代或超过法律保护期，则不再符合无形资产的定义，应将其报废并予以转销。具体账务处理如下：

借：营业外支出

累计摊销

无形资产减值准备

贷：无形资产

【例题 16 · 实操题】 甲公司通过对有关因素进行综合分析后判断，其拥有的一项专利技术未来给公司带来经济利益已经变得非常困难，因此，按规定将其报废处理。该项专利技术在报废处理时的账面余额为 20 万元，已摊销 15 万元，未计提减值。

【解析】 甲公司的账务处理如下：

借：累计摊销	150 000	
营业外支出——处置非流动资产损失	50 000	
贷：无形资产		200 000

热点思考题

1. 企业取得的土地使用权与商誉应当分别确认为什么资产？

2. 包括与不包括在无形资产初始成本中的项目主要有哪些?

3. 内部研发无形资产发生的支出如何进行资本化与费用化界定?

4. 无形资产的摊销期限怎样确定?对于使用寿命不确定的无形资产如何进行摊销处理?

5. 无形资产减值损失一经确认，在以后会计期间不得转回吗?

第七章

投资性房地产

教学导向

(1) 理解投资性房地产的界定
(2) 了解投资性房地产的确认条件
(3) 掌握投资性房地产初始计量的核算
(4) 掌握与投资性房地产有关的后续支出的核算
(5) 掌握投资性房地产后续计量的核算
(6) 掌握投资性房地产转换的核算
(7) 掌握投资性房地产处置的核算

课程思政

(1) 投资性房地产转换核算中的思政元素——防止企业利用投资性房地产计量模式的转换人为改变计量模式，虚增利润，粉饰利润表，丧失会计诚信操守

(2) 投资性房地产公允价值模式后续计量核算中的思政元素——通过第十三届全国人大三次会议政府工作报告，明白房子是用来住的，不是用来炒的，树立正确的房产投资观

(3) 投资性房地产成本模式后续计量核算中的思政元素——康美药业300亿元财务造假案例警示违法必究，要以诚为本

第一节　投资性房地产概述

一、投资性房地产的定义及特征

(一) 投资性房地产的定义

投资性房地产是指为赚取租金或资本增值，或两者兼有而持有的房地产。投资性房

地产应当能够单独计量和出售。

（二）投资性房地产的特征

1. 投资性房地产是一种经营性活动

投资性房地产的主要形式是出租建筑物、出租土地使用权。这实质上属于一种让渡资产使用权的行为。房地产租金就是让渡资产使用权取得的使用费收入，是企业为完成其经营目标所从事的经营性活动，以及与之相关的其他活动形成的经济利益总流入。投资性房地产的另一种形式是持有并准备增值后转让的土地使用权，尽管其增值收益通常与市场供求、经济发展等因素相关，但目的是增值后转让以赚取增值收益，也是企业为完成其经营目标所从事的经营性活动，以及与之相关的其他活动形成的经济利益总流入。根据税法的规定，企业房地产出租、国有土地使用权增值后转让均属于经营性活动，其取得的房地产租金收入或国有土地使用权转让收益应当缴纳增值税等。

2. 投资性房地产在用途、状态、目的等方面区别于作为生产经营场所的房地产和用于销售的房地产

企业持有的房地产除了用作生产经营活动场所和对外销售之外，出现了将房地产用于赚取租金或增值收益的活动，甚至是个别企业的主营业务。这就需要将投资性房地产单独作为一项资产核算和反映，与自用的厂房、办公楼等房地产和作为存货（已建完工商品房）的房地产加以区别，从而更加清晰地反映企业所持有房地产的构成情况和盈利能力。企业在首次执行《企业会计准则第 3 号——投资性房地产》时，应当根据投资性房地产的定义对企业资产进行重新分类，凡是符合投资性房地产定义和确认条件的建筑物和土地使用权，都应当归为投资性房地产。

3. 投资性房地产有两种后续计量模式

企业通常应当采用成本模式对投资性房地产进行后续计量，只有在满足特定条件的情况下，即有确凿证据表明其所有投资性房地产的公允价值能够持续可靠取得，才可以采用公允价值模式进行后续计量。也就是说，在满足特定条件的情况下，可以对投资性房地产采用公允价值模式进行后续计量。但是，同一企业只能采用一种模式对所有投资性房地产进行后续计量，不得同时采用两种计量模式进行后续计量。

二、投资性房地产的范围

（一）属于投资性房地产的项目

1. 已出租的土地使用权

已出租的土地使用权是指企业通过出让或转让方式取得的、以经营租赁方式出租的土地使用权。

【延伸思考1】甲公司以拍卖方式在土地交易市场取得一宗土地使用权，使用年限为50年，甲公司将该土地使用权以经营租赁方式出租给乙公司，属于投资性房地产吗？属于。

【延伸思考2】企业将采用经营租赁方式租入的土地使用权转租给其他单位，属于投资性房地产吗？不属于，因为企业并不拥有其经营租入的土地使用权的所有权。

2. 持有并准备增值后转让的土地使用权

例如，企业发生转产或厂址搬迁，部分土地使用权停止自用，企业管理当局（董事会或类似机构）作出书面决议明确继续持有这部分土地使用权，待其增值后转让以赚取增值收益。

【延伸思考1】甲公司为房地产企业，以拍卖方式在土地交易市场取得一宗土地使用权，使用年限为70年，持有并准备增值后再转让，属于投资性房地产？不属于。

【延伸思考2】企业在依法取得土地使用权后，未经原批准用地的人民政府同意、超过规定的期限未动工开发建设的建设用地，属于闲置土地，属于投资性房地产吗？不属于，因为按照国家有关规定认定的闲置土地不属于持有并准备增值后转让的土地使用权。

【延伸思考3】持有并准备增值后出售的建筑物属于投资性房地产吗？不属于，房地产企业持有并准备增值后出售的建筑物属于存货。非房地产企业持有并准备增值后出售的建筑物属于固定资产。

3. 已出租的建筑物

已出租的建筑物是指企业拥有产权的、以经营租赁方式出租的建筑物，包括自行建造或开发活动完成后用于出租的建筑物，以及正在建造或开发过程中将来用于出租的建筑物。例如，A公司将自行建造的办公楼整体出租给B公司，租期为2年，自租赁期开始日，这栋办公楼属于A公司的投资性房地产。

4. 特殊情形

（1）用于出租的建筑物是指企业拥有产权的建筑物，企业以经营租赁方式租入再转租的建筑物不属于投资性房地产。

【延伸思考】A企业与B企业签订一项经营租赁合同，A企业将其拥有产权的门面房出租给B企业，租期5年。B企业最初将该门面房用于自行经营餐馆。2年后，因连续亏损，B企业将餐馆转租给C公司，以赚取租金差价。此情形下该门面房属于哪家公司的投资性房地产？

由于门面房的产权属于A企业，因此对于A企业而言，属于其投资性房地产。由于产权不属于B企业，因此对于B企业而言，不属于其投资性房地产。

（2）企业持有以备经营出租的空置建筑物（万事俱备，只差住人），如董事会或类似机构作出书面决议，明确表明将其用于经营出租且持有意图短期内不再发生变化的，即使尚未签订租赁协议，也应视为投资性房地产。在建建筑物只要管理当局作出正式书面决议，明确表示在房产完工后用于出租，则决议当日即视为投资性房地产。

【延伸思考1】已出租的投资性房地产租赁期届满，因暂时空置但继续用于出租的，可以作为投资性房地产核算吗？可以。

【延伸思考2】甲企业在当地房地产交易中心通过竞拍取得一宗土地使用权。甲企业按照合同规定对这块土地进行了开发，并在这块土地上建造了一栋商场，拟用于整体出租，但尚未开发完工。此情形属于投资性房地产吗？该尚未开发完工的商场不属于空置建筑物，不属于投资性房地产。

(3) 企业将建筑物出租，按租赁协议向承租人提供的相关辅助服务在整个协议中不重大的，应当将该建筑物确认为投资性房地产。

【延伸思考】企业将其办公楼出租，同时向承租人提供维护、保安等日常辅助服务，此情形属于投资性房地产吗？属于。

(4) 在实务中，某项房地产部分用于赚取租金或资本增值，部分用于生产商品、提供劳务或经营管理，能够单独计量和出售的、用于赚取租金或资本增值的部分，应当确认为投资性房地产；不能够单独计量和出售的、用于赚取租金或资本增值的部分，不确认为投资性房地产。

(5) 在实务中，存在某项房地产部分自用或作为存货出售、部分用于赚取租金或资本增值的情形。如某项投资性房地产不同用途的部分能够单独计量和出售的，应当分别确认为固定资产（或无形资产、存货）和投资性房地产。

(6) 关联企业之间租赁房地产的，出租方应将出租的房地产确定为投资性房地产，但在编制合并报表时，应将其作为企业集团的自用房地产。

(二) 不属于投资性房地产的项目

不属于投资性房地产的项目如图7-1所示。

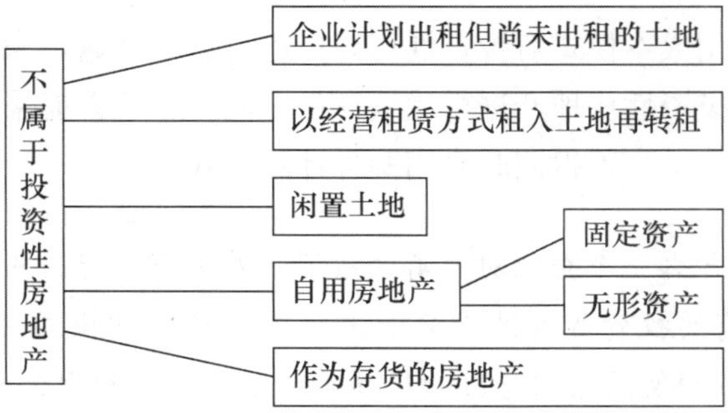

图7-1 不属于投资性房地产的项目示意图

【例题 1 · 多选题】 下列各项中，属于投资性房地产的有（　　）。

A. 已出租的建筑物

B. 待出租的建筑物

C. 已出租的土地使用权

D. 以经营租赁方式租入后再转租的建筑物

【正确答案】 AC

【答案解析】 除形成正式书面决议的拟出租的空置建筑物外，投资性房地产指的是已形成出租事实的房产，选项 B 不严谨；选项 D，转租房产的产权不属于企业，连企业资产都不是，更不会是投资性房地产。

三、投资性房地产的确认

（一）投资性房地产的确认条件

将某个项目确认为投资性房地产，首先应当符合投资性房地产的概念，其次要同时满足投资性房地产的两个确认条件：

（1）与该投资性房地产相关的经济利益很可能流入企业；

（2）该投资性房地产的成本能够可靠地计量。

（二）投资性房地产的确认时点

（1）用于出租的投资性房地产以租赁开始日为确认日；

（2）持有以备经营出租的空置建筑物，以企业管理当局就该事项作出正式书面决议的日期为确认日；

（3）持有以备增值后转让的土地使用权以企业将自用土地使用权停止自用，准备增值后转让的日期为准。

第二节　投资性房地产的确认及计量模式

企业通常应当采用成本模式对投资性房地产进行后续计量，满足特定条件时也可以采用公允价值模式对投资性房地产进行后续计量。同一企业只能采用一种模式对所有投资性房地产进行后续计量，不得同时采用两种计量模式。

【延伸思考】 为什么一个企业对所有的投资性房地产只能采用一种计量模式？

一个企业对所有的投资性房地产只能采用同一种计量模式。这实际上大大限制了公允价值计量属性的使用范围。目的很简单：防止企业利用公允价值计量这一手段进行利润操纵。一个企业如果有100处投资性房地产，分散在50个不同的地方，而其中有一处地处偏僻的房地产。对于这一处偏僻的房地产，由于没有活跃的交易市场，不符合公允价值计量的条件。即便另外99处房地产都符合采用公允价值计量的条件，该企业也只能对所有100处房地产按成本计量。假设分别记录，企业可能会只记录收益，不记录损失，误导会计信息使用者，所以准则要求同一家企业对所有的投资性房地产只能采用一种计量模式。虽然会计准则规定，投资性房地产可以由成本模式转换成公允价值模式，但强调"在具备一定条件下"进行。

一、采用成本模式计量的投资性房地产

（一）账户设置

（1）"投资性房地产"。

（2）"投资性房地产累计折旧"。

（3）"投资性房地产累计摊销"。

（4）"投资性房地产减值准备"。

（5）"其他业务收入（成本）"。

（二）账务处理

企业通常应当采用成本模式对投资性房地产进行后续计量。采用成本模式进行后续计量的投资性房地产，应当遵循以下会计处理规定：

（1）投资性房地产应当按照成本进行初始计量。

（2）投资性房地产按期（月）计提折旧或摊销，借记"其他业务成本"等科目，贷记"投资性房地产累计折旧（摊销）"科目。

（3）取得的租金收入，借记"银行存款"等科目，贷记"其他业务收入"等科目。

（4）投资性房地产存在减值迹象的，适用资产减值的有关规定。经减值测试后确定发生减值的，应当计提减值准备，借记"资产减值损失"科目，贷记"投资性房地产减值准备"科目。已经计提减值准备的投资性房地产，其减值损失在以后的会计期间不得转回。

（5）当投资性房地产被处置，或者永久退出使用且预计不能从其处置中取得经济利益时，应当终止确认该项投资性房地产。

企业出售、转让、报废投资性房地产或者发生投资性房地产毁损时，应当将处置收入扣除其账面价值和相关税费后的金额计入当期损益（将实际收到的处置收入计入其他业务收入，所处置投资性房地产的账面价值计入其他业务成本）。

【例题2·实操题】甲公司2020年1月1日将2018年12月31日开始使用的一栋办

公楼用于对外出租。该办公楼的买价为3 000万元，相关税费为20万元，预计使用寿命为40年，预计净残值为20万元，甲公司采用直线法提取折旧。该办公楼的年租金为400万元，于年末一次结清，租赁期开始日为2020年1月1日。2020年末该办公楼的可收回价值为2 560万元，预计净残值为14万元，预计使用年限和折旧方法不变。2021年12月31日以2 800万元的价格对外转让该房产，假设公允价值不能可靠估计，适用的增值税税率为9%。

请对该办公楼转换为投资性房地产以及处置投资性房地产进行账务处理。

【解析】 相关账务处理如下（会计分录单位为万元）：

（1）2019年末累计计提的折旧额=(3 020−20)/40×1=75(万元)

（2）2020年初，办公楼出租时。

借：投资性房地产　3 020

　　累计折旧　75

　贷：固定资产　3 020

　　　投资性房地产累计折旧　75

（3）2020年计提的折旧额=(3 020−20)/40=75(万元)

借：其他业务成本　75

　贷：投资性房地产累计折旧　75

（4）2020年，收取租金时。

借：银行存款　436

　贷：其他业务收入　400

　　　应交税费——应交增值税（销项税额）　36

（5）2020年末，办公楼的折余价值为2 870万元（3 020−75−75），相比可收回金额2 560万元，发生减值310万元。

借：资产减值损失　310

　贷：投资性房地产减值准备　310

（6）2021年计提的折旧额=(2 560−14)/38=67(万元)

借：其他业务成本　67

　贷：投资性房地产累计折旧　67

（7）2021年，收取租金时。

借：银行存款　436

　贷：其他业务收入　400

　　　应交税费——应交增值税（销项税额）　36

（8）2021年12月31日，以2 800万元的价格对外转让该房产时。

借：银行存款　3 052

　贷：其他业务收入　2 800

　　　应交税费——应交增值税（销项税额）　252

同时

借：其他业务成本	2 493	
投资性房地产累计折旧	217	
投资性房地产减值准备	310	
贷：投资性房地产		3 020

二、采用公允价值模式计量的投资性房地产

（一）采用公允价值模式的前提条件

采用公允价值模式进行后续计量的投资性房地产，应当同时满足下列条件：

（1）投资性房地产所在地有活跃的房地产交易市场；

（2）企业能够从活跃的房地产交易市场上取得同类或类似房地产的市场价格及其他相关信息，从而对投资性房地产的公允价值作出合理的估计。

企业只有存在确凿证据表明投资性房地产的公允价值能够持续可靠取得，才可以采用公允价值模式对投资性房地产进行后续计量。企业一旦选择采用公允价值计量模式，就应当对其所有的投资性房地产均采用公允价值模式进行后续计量。

（二）账户设置

（1）“投资性房地产——成本”。

（2）“投资性房地产——公允价值变动”。

（3）“公允价值变动损益”。

（4）“其他业务收入（成本）”。

（三）会计处理原则

投资性房地产应当按照成本进行初始计量，记入“投资性房地产——成本”账户。企业采用公允价值模式进行后续计量的，不需要对投资性房地产计提折旧、摊销和减值测试，而是以资产负债表日投资性房地产的公允价值为基础调整其账面价值，公允价值与原账面价值的差额计入公允价值变动损益，此损益属于暂时损益，一旦资产处置就要转入其他业务成本，形成正式损益。投资性房地产取得的租金收入，确认为其他业务收入。

【例题 3·实操题】华远公司 2019 年 9 月 1 日购入一栋写字楼，房产的公允价值为 3 000 万元，公司将此楼房用于出租，并于 2019 年 10 月 1 日与丁公司签订租赁协议，租期为 10 年，年租金为 120 万元，租金于每年年末结清，同时开具增值税专用发票。按照当地的房地产交易市场的价格体系，该房产 2019 年末的公允价值为 3 200 万元，2020 年末的公允价值为 3 120 万元。华远公司对其投资性房地产按照公允价值进行后续计量。

上述公司均为增值税一般纳税人，不动产及不动产租赁服务适用的增值税税率均为9%。

【解析】 华远公司的会计处理如下（单位为万元）：

（1）该投资性房地产的入账成本＝3 000（万元）

（2）取得该楼房时。

借：投资性房地产——成本　3 000

　　应交税费——应交增值税（进项税额）　270

　贷：银行存款　3 270

（3）2019年末，取得租金时。

借：银行存款　32.70

　贷：其他业务收入　30.00

　　　应交税费——应交增值税（销项税额）　2.70

（4）2019年末，该房产的公允价值为3 200万元，账面价值为3 000万元，两者差额200万元（增值）应确认当年的公允价值变动损益。

借：投资性房地产——公允价值变动　200

　贷：公允价值变动损益　200

（5）2020年末，取得租金时。

借：银行存款　130.80

　贷：其他业务收入　120.00

　　　应交税费——应交增值税（销项税额）　10.80

（6）2020年末，该房产的公允价值为3 120万元，账面价值为3 200万元，两者差额80万元（贬值）应确认当年的公允价值变动损益。

借：公允价值变动损益　80

　贷：投资性房地产——公允价值变动　80

第三节　投资性房地产的转换

一、投资性房地产后续计量模式的变更

（一）模式变更的原则

为了保证会计信息的可比性，企业对投资性房地产的计量模式一经确定，不得随意变更。只有在房地产市场比较成熟、能够满足采用公允价值模式条件的情况下，才允许企业对投资性房地产从成本模式计量变更为公允价值模式计量。

成本模式转为公允价值模式的，应当作为会计政策变更处理，并按计量模式变更时公允价值与账面价值的差额调整期初留存收益。已采用公允价值模式计量的投资性房地产，不得从公允价值模式转为成本模式。

【延伸思考1】 为什么计量模式一经确定不得随意改变？

原因有两个：

（1）保证会计信息的可比性。如果一个企业的投资性房地产上年按成本计量，本年按公允价值计量，那么上年和本年的资产、利润等财务指标就缺少纵向可比性。

（2）堵住企业见风使舵的路子，不让企业通过两种模式的转换来张扬收益、隐藏损失。

【延伸思考2】 为什么不允许投资性房地产由公允价值计量改为成本计量？

不允许由公允价值计量改为成本计量，是为了防止企业隐藏公允价值下跌对业绩的负面影响。

举例：位于新疆伊犁的霍尔果斯口岸由于设立了很多税收优惠条款，被称为中国的“避税天堂”，2011—2017 年间，仅北京的企业就有 1 431 家在霍尔果斯设立了 1 600 多家子公司。仅仅 2017 年一年在这里新设立注册的市场主体就达 14 000 多家。2018 年 3 月，政策开始收紧，一时间出现了很多人走楼空的现象。有一家设立在霍尔果斯的公司有多处投资性房地产，2015 年由于房地产市场比较活跃，有公开的报价信息，公司将其由成本计量转换成公允价值计量，记录了 300 万元涨价收益，2018 年 6 月，由于担心房价下跌，公司欲将其由公允价值计量转为成本计量，遭到审计机构的否决。

但是，这一规定存在两个问题：

（1）企业可以采取变通的方法让公允价值计量转为成本计量。办法是：暂停租约合同，将投资性房地产转为自用，账面上从“投资性房地产”账户过到“固定资产”账户，固定资产只有一种计量方法：成本计量。然后转为投资性房地产，选择按成本计量。

（2）如果按公允价值计量的投资性房地产情况发生了变化，其活跃市场已经不存在，公允价值不能取得，这时仍然要求企业继续按公允价值计量是不合理的。

（二）成本模式转为公允价值模式的会计处理

（1）应当作为会计政策变更处理。

（2）将计量模式变更时公允价值与账面价值的差额，调整期初留存收益（盈余公积、未分配利润），不能通过资本公积。

（3）投资性房地产后续计量由成本模式变更为公允价值模式的账务处理：

借：投资性房地产——成本（变更日公允价值）
　　投资性房地产累计折旧（摊销）（原投资性房地产已计提的折旧或摊销）
　　投资性房地产减值准备
　贷：投资性房地产（原价）
　　　利润分配——未分配利润（或借记）
　　　盈余公积（或借记）

【延伸思考】为什么投资性房地产由成本模式计量转为公允价值模式计量产生的价值变动只能调整留存收益？

会计准则总体原则是限制投资性房地产的计量模式发生变动，要求“从一而终”，不允许“朝三暮四”。

（1）为了满足会计信息的相关性要求，会计又规定：在特定情况下（有成熟的房地产市场，有公允价格），成本计量可以改为公允价值计量。

（2）即使由成本计量转为公允价值计量，产生的升值或跌价也只调整期初未分配利润，记录在“利润分配——未分配利润”账户上。之所以这样处理，就是让改变计量模式产生的涨价的好处不对营业利润产生影响，而是直接作为未分配利润，记到老板的头上。这就让经营者失去了改变计量模式的动力。

举例：2017 年 4 月 1 日，中央电视台新闻联播发布了中共中央国务院关于设立雄安新区的消息，雄安新区的房价在 2 天之内从每平方米 3 000～4 000 元涨到近每平方米 20 000元。有一家位于雄安的公司拥有一处对外出租的房屋，面积约 3 000 平方米。2017 年 3 月份之前是按成本计量的，如果 4 月份改为按公允价值计量，则瞬间可在账面上增加收益约 4 800 万元。如果让这种一夜暴富的现象记录在会计信息中，不符合稳健性的会计原则。

【例题 4·实操题】甲公司的投资性房地产原采用成本模式进行后续计量。由于甲公司所在地的房地产市场现已比较成熟，房地产的公允价值能够持续可靠取得，可以满足采用公允价值模式的条件，甲公司决定自 2×20 年 1 月 1 日开始对投资性房地产采用公允价值模式进行后续计量。甲公司持有两项投资性房地产：一项是成本为 3 600 万元、累计已计提折旧 600 万元的写字楼；另一项是成本为 2 000 万元、累计已摊销 300 万元的土地使用权。2×20 年 1 月 1 日，写字楼的公允价值为 3 500 万元，土地使用权的公允价值为 1 600 万元。甲公司按净利润的 10%计提盈余公积。

【解析】甲公司的账务处理如下（单位为万元）：

（1）将写字楼转为公允价值模式计量。

借：投资性房地产——成本（写字楼）	3 500	
投资性房地产累计折旧	600	
贷：投资性房地产——写字楼		3 600
盈余公积		50
利润分配——未分配利润		450

（2）将土地使用权转为公允价值模式计量。

借：投资性房地产——成本（土地使用权）	1 600	
投资性房地产累计摊销	300	
盈余公积	10	
利润分配——未分配利润	90	
贷：投资性房地产——土地使用权		2 000

二、自用房产、存货、投资性房地产之间的转换

（一）投资性房地产转换形式及转换日

房地产的转换，是因房地产用途发生改变而对房地产进行的重新分类。企业必须有确凿证据表明房地产用途发生改变，才能将投资性房地产转换为非投资性房地产或者将非投资性房地产转换为投资性房地产。

这里的确凿证据包括两个方面：

（1）企业董事会应当就改变房地产用途形成正式的书面决议；

（2）房地产因用途改变而发生实际状态上的改变。

投资性房地产转换形式包括：

（1）投资性房地产转换为自用房地产；

（2）投资性房地产转换为存货；

（3）自用房地产转换为投资性房地产；

（4）作为存货的房地产转换为投资性房地产。

【延伸思考1】 2×20年1月5日，A公司资产管理部门建议管理层将一闲置办公楼用于出租。2月18日，董事会批准关于出租办公楼的方案并明确出租办公楼的意图在短期内不会发生变化。3月1日，A公司与承租方签订办公楼租赁合同，租赁期为自2×20年7月1日起5年。A公司将自用房地产转换为投资性房地产的时点是哪一天？2×20年2月18日。

【延伸思考2】 2×20年3月5日，A公司董事会就即将到期的已出租办公楼收回后用于行政办公作出书面决议。4月30日，租赁期届满收回达到自用状态，开始自用。A公司将投资性房地产转换为自用房地产的时点是哪一天？2×20年4月30日。

（二）投资性房地产转换的会计处理

1. 非房地产企业

非房地产企业投资性房地产转换的会计处理详见表7-1。

表7-1

成本模式下的转换	公允价值模式下的转换
①自用房地产转换为投资性房地产。 借：投资性房地产（原值） 　　累计折旧（累计摊销） 　　固定资产减值准备（无形资产减值准备） 　贷：固定资产（无形资产）（原值） 　　　投资性房地产累计折旧（投资性房地产累计摊销） 　　　投资性房地产减值准备	①自用房地产转换为投资性房地产。 借：投资性房地产——成本（公允价值） 　　累计折旧（累计摊销） 　　固定资产减值准备（无形资产减值准备） 　　公允价值变动损益（借差） 　贷：固定资产（无形资产）（原值） 　　　其他综合收益（贷差）

续表

成本模式下的转换	公允价值模式下的转换
②投资性房地产转换为自用房地产。 借：固定资产（无形资产）（原值） 　　投资性房地产累计折旧（投资性房地产累计摊销） 　　投资性房地产减值准备 　贷：投资性房地产（原值） 　　　累计折旧（累计摊销） 　　　固定资产减值准备（无形资产减值准备）	②投资性房地产转换为自用房地产。 借：固定资产（无形资产）（公允价值） 　　公允价值变动损益（借差） 　贷：投资性房地产——成本 　　　　　　　　——公允价值变动 　　　公允价值变动损益（贷差）

【延伸思考】 为什么自用固定资产转为按公允价值计量的投资性房地产时产生的升值只能计入其他综合收益，产生的价值减少则计入公允价值变动损益？

如果遵循公允价值对资产进行后续计量的原则，将资产转换时产生的升值收益记入“公允价值变动损益”账户的贷方，将转换时产生的贬值损失记入“公允价值变动损益”账户的借方，将会导致与按成本计量的模式之间产生重大差异。将转换产生的价值减少记入“公允价值变动损益”账户，其意义等同于成本模式下计提的投资性房地产减值准备；而将转换产生的升值记入“其他综合收益”账户是为了不增加经营业绩。这与成本模式下不反映升值起到大致相同的作用。

【例题5·实操题】 A公司系增值税一般纳税人，投资性房地产租金收入适用的增值税税率为9%，收到租金时一次确认收入（不考虑按月确认收入）。

(1) 2×19年9月30日，A公司董事会决定将自用办公楼整体出租并形成正式的书面决议（不考虑土地使用权）。同日与乙公司签订租赁合同，租期为3年，年租金为1 000万元。2×19年9月30日为租赁期开始日。该写字楼于2×17年3月30日购建完成达到预定可使用状态，成本为19 200万元，预计使用年限为40年，预计净残值为零，均采用直线法计提折旧。2×19年收到本年3个月的租金250万元。

如果采用成本模式进行后续计量，以直线法按年计提折旧；如果采用公允价值模式进行后续计量，2×19年9月30日和2×19年12月31日办公楼公允价值分别为20 000万元和21 000万元。详见表7-2（单位为万元，下同）。

表7-2

成本模式	公允价值模式
①2×19年9月30日转换日。 借：投资性房地产　19 200 　　累计折旧（19 200/40×30/12）　1 200 　贷：固定资产　19 200 　　　投资性房地产累计折旧　1 200	①2×19年9月30日转换日。 借：投资性房地产——成本　20 000 　　累计折旧　1 200 　贷：固定资产　19 200 　　　其他综合收益　2 000
②确认2×19年租金收入。 借：银行存款　272.50 　贷：其他业务收入　250.00 　　　应交税费——应交增值税（销项税额）　22.50	②确认2×19年租金收入。 同左

续表

成本模式	公允价值模式
③2×19 年 12 月 31 日办公楼计提折旧。 借：其他业务成本（19 200/40×3/12） 120 贷：投资性房地产累计折旧 120	③2×19 年 12 月 31 日。 借：投资性房地产——公允价值变动1 000 贷：公允价值变动损益（21 000－20 000） 1 000

（2）2×20 年收到租金 1 000 万元。2×20 年 12 月 31 日办公楼公允价值为 25 000 万元。详见表 7－3。

表 7－3

成本模式	公允价值模式
2×20 年 12 月 31 日。 借：银行存款 1 090 贷：其他业务收入 1 000 应交税费——应交增值税（销项税额） 90	2×20 年 12 月 31 日。 同左
2×20 年 12 月 31 日。 借：其他业务成本 480 贷：投资性房地产累计折旧（19 200÷40） 480	2×20 年 12 月 31 日。 借：投资性房地产——公允价值变动 4 000 贷：公允价值变动损益（25 000－21 000） 4 000

（3）2×21 年收到租金 1 000 万元。2×21 年 12 月 31 日办公楼公允价值为 23 000 万元。详见表 7－4。

表 7－4

成本模式	公允价值模式
2×21 年 12 月 31 日。 借：银行存款 1 090 贷：其他业务收入 1 000 应交税费——应交增值税（销项税额） 90	2×21 年 12 月 31 日。 同左
2×21 年 12 月 31 日。 借：其他业务成本 480 贷：投资性房地产累计折旧 480	2×21 年 12 月 31 日。 借：公允价值变动损益 2 000 贷：投资性房地产——公允价值变动（23 000－25 000） 2 000

（4）2×22 年收到 9 个月租金 750 万元。2×22 年 9 月 30 日办公楼公允价值为 24 000 万元。租赁期届满时，企业董事会作出书面决议明确表明，该房地产收回作为固定资产入账，当日达到自用状态。详见表 7－5。

表 7－5

成本模式	公允价值模式
2×22 年 9 月 30 日。 借：银行存款 817.50 贷：其他业务收入 750.00 应交税费——应交增值税（销项税额） 67.50	2×22 年 9 月 30 日。 同左

续表

成本模式	公允价值模式
借：其他业务成本（19 200/40×9/12）　360 　贷：投资性房地产累计折旧　360	—
借：固定资产　19 200 　　投资性房地产累计折旧　2 640 　贷：投资性房地产　19 200 　　　累计折旧（1 200+480×3）　2 640	借：固定资产　24 000 　贷：投资性房地产——成本　20 000 　　　　——公允价值变动（1 000 　　　　+4 000−2 000）　3 000 　　　公允价值变动损益　1 000

2. 房地产企业

房地产企业投资性房地产转换的会计处理详见表7-6。

表7-6

成本模式下的转换	公允价值模式下的转换
①作为存货的房地产转换为投资性房地产。 借：投资性房地产（账面价值） 　　存货跌价准备（已计提存货跌价准备） 　贷：开发产品（账面余额）	①作为存货的房地产转换为投资性房地产。 借：投资性房地产——成本（公允价值） 　　存货跌价准备（已计提存货跌价准备） 　　公允价值变动损益（借差） 　贷：开发产品（账面余额） 　　　其他综合收益（贷差）
②投资性房地产转换为存货。 借：开发产品（账面价值） 　　投资性房地产累计折旧 　　投资性房地产减值准备 　贷：投资性房地产	②投资性房地产转换为存货。 借：开发产品（公允价值） 　　公允价值变动损益（借差） 　贷：投资性房地产——成本 　　　　　　——公允价值变动 　　　公允价值变动损益（贷差）

【例题6·实操题】甲公司是从事房地产开发业务的企业，2×19年3月31日，甲公司董事会就其开发的一栋写字楼的第一层商铺不再用于出售而改用作出租形成书面决议。

(1) 2×19年5月31日，甲公司与乙企业签订租赁协议，租赁期开始日为2×19年6月30日，租赁期为2年。该商铺的账面余额为5 500万元，未计提存货跌价准备。若采用成本模式进行后续计量，该商铺预计使用年限为50年，预计净残值为零，采用直线法计提折旧。若采用公允价值模式进行后续计量，2×19年3月31日和2×19年12月31日商铺公允价值分别为6 000万元和6 100万元。2×19年12月31日收到6个月的租金300万元。详见表7-7（单位为万元，下同）。

表7-7

成本模式	公允价值模式
①2×19年3月31日。 借：投资性房地产　5 500 　贷：开发产品　5 500	①2×19年3月31日。 借：投资性房地产——成本　6 000 　贷：开发产品　5 500 　　　其他综合收益　500

续表

成本模式	公允价值模式
②2×19 年 12 月 31 日。 借：银行存款 327 贷：其他业务收入 300 应交税费——应交增值税（销项税额） 27 借：其他业务成本 82.50 贷：投资性房地产累计折旧（5 500/50×9/12） 82.50	②2×19 年 12 月 31 日。 借：银行存款 327 贷：其他业务收入 300 应交税费——应交增值税（销项税额） 27 借：投资性房地产——公允价值变动 100 贷：公允价值变动损益（6 100－6 000） 100

（2）2×20 年 12 月 31 日，商铺公允价值为 6 500 万元，收到本年租金 600 万元。详见表 7－8。

表 7－8

成本模式	公允价值模式
2×20 年 12 月 31 日。 借：银行存款 654 贷：其他业务收入 600 应交税费——应交增值税（销项税额） 54 借：其他业务成本 110 贷：投资性房地产累计折旧（5 500÷50） 110	2×20 年 12 月 31 日。 借：银行存款 654 贷：其他业务收入 600 应交税费——应交增值税（销项税额） 54 借：投资性房地产——公允价值变动 400 贷：公允价值变动损益（6 500－6 100） 400

（3）2×21 年 6 月 30 日，对外出租的商铺租赁期届满，企业董事会作出书面决议明确表明，将该商铺重新开发用于对外销售，即从投资性房地产转换为存货。2×21 年 6 月 30 日转换日该商铺的公允价值为 6 400 万元。收到半年租金 300 万元。详见表 7－9。

表 7－9

成本模式	公允价值模式
借：银行存款 327 贷：其他业务收入 300 应交税费——应交增值税（销项税额） 27 借：其他业务成本 55 贷：投资性房地产累计折旧（5 500/50/2） 55 借：开发产品 5 252.50 投资性房地产累计折旧（82.5＋110＋55） 247.50 贷：投资性房地产 5 500.00	借：银行存款 327 贷：其他业务收入 300 应交税费——应交增值税（销项税额） 27 借：开发产品 6 400 公允价值变动损益 100 贷：投资性房地产——成本 6 000 ——公允价值变动（100＋ 400） 500

【小结】公允价值模式下投资性房地产的核算详见图 7－2。

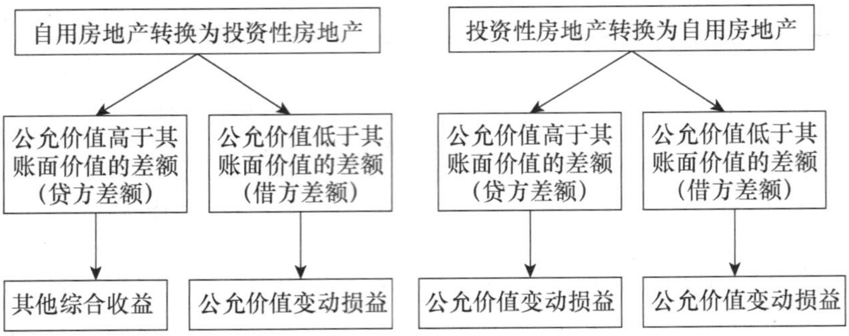

图7-2　公允价值模式下投资性房地产核算示意图

第四节　投资性房地产的后续支出

投资性房地产的后续支出是指已确认为投资性房地产的项目在持有期间发生的与投资性房地产使用效能直接相关的各种支出，如改扩建支出、装修装潢支出、日常维修支出等。

一、资本化的后续支出

（一）资本化后续支出的原理

与投资性房地产有关的后续支出，如果延长了投资性房地产的使用寿命或明显改良了投资性房地产的使用性能，从而导致流入企业的经济利益超过原来的估计，满足投资性房地产确认条件的，应当计入投资性房地产成本。

例如，企业为了提高投资性房地产的使用效能，往往需要对投资性房地产进行改建、扩建而使其更加坚固耐用，或者通过装修而改善其室内装潢，改扩建或装修所发生的支出一般可以满足投资性房地产的确认条件，应当将其资本化，计入投资性房地产成本。

（二）资本化后续支出的账务处理

资本化后续支出的账务处理详见表7-10。

表7-10

采用成本模式进行后续计量	采用公允价值模式进行后续计量
企业对某项投资性房地产进行改扩建等再开发且将来仍作为投资性房地产的，再开发期间应继续将其作为投资性房地产，再开发期间不计提折旧或摊销	企业对某项投资性房地产进行改扩建等再开发且将来仍作为投资性房地产的，再开发期间应继续将其作为投资性房地产

续表

采用成本模式进行后续计量	采用公允价值模式进行后续计量
①投资性房地产转入改扩建工程。 借：投资性房地产——在建（账面价值） 　　投资性房地产累计折旧 　　投资性房地产减值准备 　贷：投资性房地产	①投资性房地产转入改扩建工程。 借：投资性房地产——在建（账面价值） 　贷：投资性房地产——成本 　　　　　　　　　——公允价值变动 注：先考虑公允价值变动，再结转。
②发生改扩建或装修支出。 借：投资性房地产——在建 　贷：银行存款等	②发生改扩建或装修支出。 借：投资性房地产——在建 　贷：银行存款等
③改扩建工程或装修完工。 借：投资性房地产 　贷：投资性房地产——在建	③改扩建工程或装修完工。 借：投资性房地产——成本 　贷：投资性房地产——在建

【例题7·实操题】2×20年3月，甲企业与乙企业签订的一项厂房经营租赁合同即将到期。该厂房按照成本模式进行后续计量，原价为3 000万元，已计提折旧800万元。为了提高厂房的租金收入，甲企业决定在租赁期届满后对厂房进行改扩建，并与丙企业签订了经营租赁合同，约定自改扩建完工时将厂房出租给丙企业。3月15日，与乙企业的租赁合同到期，厂房随即进入改扩建工程。12月10日，厂房改扩建工程完工，共发生支出350万元，以银行存款支付，即日按照租赁合同出租给丙企业。假设甲企业采用成本计量模式。

【解析】甲企业的账务处理如下（单位为万元）：

（1）2×20年3月15日，投资性房地产转入改扩建工程。

借：投资性房地产——厂房（在建）　2 200

　　投资性房地产累计折旧　800

　贷：投资性房地产——厂房　3 000

（2）2×20年3月15日—12月10日。

借：投资性房地产——厂房（在建）　350

　贷：银行存款　350

（3）2×20年12月10日，改扩建工程完工。

借：投资性房地产——厂房　2 550

　贷：投资性房地产——厂房（在建）　2 550

【例题8·实操题】2×20年3月，甲企业与乙企业签订的一项厂房经营租赁合同即将到期。为了提高厂房的租金收入，甲企业决定在租赁期届满后对厂房进行改扩建，并与丙企业签订了经营租赁合同，约定自改扩建完工时将厂房出租给丙企业。3月15日，与乙企业的租赁合同到期，厂房随即进入改扩建工程。3月15日，厂房的账面余额为2 300万元，其中，成本2 000万元，累计公允价值变动300万元。11月10日，厂房改扩建工程完工，共发生支出280万元，即日按照租赁合同出租给丙企业。假设甲企业采用公允价值计量模式。

【解析】甲企业的账务处理如下（单位为万元）：

(1) 2×20年3月15日，投资性房地产转入改扩建工程。

借：投资性房地产——厂房（在建）　　2 300
　贷：投资性房地产——成本　　2 000
　　　　　　　　——公允价值变动　　300

(2) 2×20年3月15日—11月10日。

借：投资性房地产——厂房（在建）　　280
　贷：银行存款　　280

(3) 2×20年11月10日，改扩建工程完工。

借：投资性房地产——成本　　2 580
　贷：投资性房地产——厂房（在建）　　2 580

二、费用化的后续支出

（一）费用化后续支出的原理

与投资性房地产有关的后续支出，如果只是维护或恢复投资性房地产的原有使用性能，不可能导致流入企业的经济利益超过原来的估计，则应当在发生时计入当期损益。例如，企业为了保持投资性房地产的正常使用效能而对其进行日常维护和修理所发生的一些支出，不能满足投资性房地产的确认条件，应当将其费用化，计入支付当期损益。

（二）费用化后续支出的账务处理

费用化后续支出的账务处理详见表7-11。

表7-11

采用成本模式进行后续计量	采用公允价值模式进行后续计量
借：其他业务成本 　贷：银行存款	借：其他业务成本 　贷：银行存款

【例题9·实操题】 甲公司2×20年1月对其用于出租的投资性房地产进行日常维修，以银行存款支付维修费用3万元。

【解析】 甲公司的账务处理如下：

借：其他业务成本　　30 000
　贷：银行存款　　30 000

第五节　投资性房地产的处置

当投资性房地产被处置或者永久退出使用且预计不能从其处置中取得经济利益时，

应当终止确认该项投资性房地产。

企业可以通过对外出售或转让的方式处置投资性房地产取得收益。对于那些由于使用而不断磨损直到最终报废，或者由于遭受自然灾害等非正常原因发生毁损的投资性房地产，应当及时进行清理。此外，企业因其他原因如非货币性交易等而减少投资性房地产，也属于投资性房地产的处置。

一、采用成本模式计量的投资性房地产的处置

处置采用成本模式进行后续计量的投资性房地产时，应当按实际收到的金额，借记"银行存款"等账户，贷记"其他业务收入""应交税费——应交增值税（销项税额）"账户；按该项投资性房地产的账面价值，借记"其他业务成本"账户；按其账面余额，贷记"投资性房地产"账户；按照已计提的折旧或摊销，借记"投资性房地产累计折旧（摊销）"账户；原已计提减值准备的，借记"投资性房地产减值准备"账户。

【例题 10 · 实操题】 甲公司将一栋对外出租的写字楼划分为投资性房地产，采用成本模式计量。租赁期届满，甲公司将该写字楼出售给C公司，合同价款为1 500万元（不含增值税税额，增值税税率为9%）。C公司已用银行存款付清所有价款。出售时，该栋写字楼的成本为1 400万元，已计提折旧260万元，未计提减值准备。假定不考虑相关税费。

【解析】 甲公司的账务处理如下（单位为万元）：

借：银行存款	1 635	
贷：其他业务收入		1 500
应交税费——应交增值税（销项税额）		135
借：其他业务成本	1 140	
投资性房地产累计折旧	260	
贷：投资性房地产——写字楼		1 400

二、采用公允价值模式计量的投资性房地产的处置

处置采用公允价值模式计量的投资性房地产，应当按实际收到的金额，借记"银行存款"等账户，贷记"其他业务收入""应交税费——应交增值税（销项税额）"账户；按该项投资性房地产的账面余额，借记"其他业务成本"账户；按其成本，贷记"投资性房地产——成本"账户；按其累计公允价值变动，贷记或借记"投资性房地产——公允价值变动"账户。同时，结转投资性房地产累计公允价值变动。若存在原转换日计入其他综合收益的金额，也一并结转。

【例题 11 · 实操题】 甲企业为一家房地产开发企业，2×19年3月10日，甲企业与乙企业签订租赁协议，将其开发的一栋写字楼出租给乙企业使用，租赁期开始日为

2×19年4月15日。2×19年4月15日，该写字楼的账面余额为50 000万元，公允价值为56 000万元。2×19年12月31日，该写字楼的公允价值为58 000万元。2×20年6月，租赁期届满，甲企业收回该写字楼，并以65 400万元的价格出售（含增值税税额），出售款项已收讫。甲企业采用公允价值模式计量，不考虑相关税费。

【解析】甲企业的账务处理如下（单位为万元）：

（1）2×19年4月15日，存货转换为投资性房地产。

借：投资性房地产——成本　　56 000
　贷：开发产品　　50 000
　　　其他综合收益　　6 000

（2）2×19年12月31日，确认公允价值变动。

借：投资性房地产——公允价值变动　　2 000
　贷：公允价值变动损益　　2 000

（3）2×20年6月，出售投资性房地产。

借：银行存款　　65 400
　贷：其他业务收入　　60 000
　　　应交税费——应交增值税（销项税额）　　5 400
借：其他业务成本　　58 000
　贷：投资性房地产——成本　　56 000
　　　　　　　　　——公允价值变动　　2 000
借：公允价值变动损益　　2 000
　贷：其他业务成本　　2 000
借：其他综合收益　　6 000
　贷：其他业务成本　　6 000

【小结】两种模式下投资性房地产处置的会计处理详见表7-12。

表7-12

成本模式计量的投资性房地产	公允价值模式计量的投资性房地产
借：银行存款 　贷：其他业务收入 　　　应交税费——应交增值税（销项税额）	借：银行存款 　贷：其他业务收入 　　　应交税费——应交增值税（销项税额）
借：其他业务成本 　　投资性房地产累计折旧（摊销） 　　投资性房地产减值准备 　贷：投资性房地产	借：其他业务成本 　　公允价值变动损益（或贷记） 　　其他综合收益 　贷：投资性房地产——成本 　　　　　　　　　——公允价值变动

【例题12·单选题】2020年6月30日，甲公司与乙公司签订租赁合同，合同规定甲公司将一栋自用办公楼出租给乙公司，租赁期为1年，年租金为200万元。当日，出

租办公楼的公允价值为 8 000 万元大于其账面价值 5 500 万元。2020 年 12 月 31 日，该办公楼的公允价值为 9 000 万元。2021 年 6 月 30 日，甲公司收回租赁期届满的办公楼并对外出售，取得价款 9 500 万元。甲公司采用公允价值模式对投资性房地产进行后续计量，不考虑其他因素。上述交易或事项对甲公司 2021 年度损益的影响金额是（　　）万元。

A. 500　　B. 6 000　　C. 6 100　　D. 7 000

【正确答案】 C

【答案解析】 上述交易或事项对甲公司 2021 年度损益的影响金额＝(9 500－9 000)(出售损益)＋5 500(其他综合收益转入损益的金额)＋200/2(半年的租金收入)＝6 100 万元。

第六节　投资性房地产的减值

一、投资性房地产减值概述

企业至少应当在年度终了时对其持有的以成本模式计量的投资性房地产进行减值测试，判断投资性房地产是否存在发生减值的迹象。如果有确凿证据表明存在减值迹象，则要对该项投资性房地产提取减值准备。采用公允价值模式计量的投资性房地产，期末按公允价值计量，不计提减值损失。

与其他非流动资产的减值处理一样，当投资性房地产存在减值迹象时，企业则需要估计其可收回金额，判断其可收回金额与账面价值孰高。当账面价值高于可收回金额时，按其差额，借记“资产减值损失”账户，贷记“投资性房地产减值准备”账户；当账面价值低于可收回金额时，不计提减值准备。投资性房地产的可收回金额估计同样也是根据其公允价值减去处置费用后的净额与投资性房地产预计未来现金流量的现值两者之间较高者确定的。如果投资性房地产的公允价值不可得，则只用估计投资性房地产预计未来现金流量的现值作为其可收回金额。对于持有准备增值后转让的土地使用权，由于持有期间产生的现金流很少，其最终能够取得的未来现金流量基本就是该土地使用权的处置净收益，因此，在这种情况下，以土地使用权公允价值减去处置费用后的金额作为可收回金额更适宜。

按照规定，采用成本模式核算的投资性房地产减值损失一经确认，在以后期间不得转回。计提减值后的投资性房地产在未来期间计提折旧或进行摊销，应当以计提减值后的账面价值为基础，以使该投资性房地产在剩余使用寿命内系统分摊调整后的账面价值。

二、投资性房地产减值的会计处理

为了核算和监督采用成本模式核算的投资性房地产减值准备的提取情况，企业应设置“投资性房地产减值准备”账户。该账户属于资产类账户，也是“投资性房地产”账户的备抵调整账户。其贷方登记企业提取的投资性房地产的减值准备；借方登记企业处置投资性房地产时转销的减值准备。期末余额在贷方，反映企业已计提但尚未转销的投资性房地产减值准备。

【例题 13 · 实操题】甲公司对其投资性房地产采用成本模式进行后续计量。2×21 年 12 月 31 日，甲公司一栋出租的写字楼出现了减值迹象。经测试，预计未来现金流量现值为 3 500 万元，公允价值减去处置费用后的净额为 3 700 万元。该写字楼的成本为 6 000 万元，已计提折旧 1 500 万元。该写字楼的预计使用年限为 20 年。假定预计净残值为零，使用直线法计提折旧。

【解析】

（1）2×21 年 12 月 31 日，该写字楼的账面价值＝6 000－1 500＝4 500 万元。

（2）可收回金额根据其公允价值减去处置费用后的净额与投资性房地产预计未来现金流量现值两者之间较高者确定的为 3 700 万元，则应确认减值损失＝4 500－3 700＝800 万元。

会计处理如下：

借：资产减值损失　　8 000 000

　贷：投资性房地产减值准备　　8 000 000

（3）自 2×22 年 1 月起，该写字楼的月折旧额＝(4 500－800)÷20÷12＝154 万元。

热点思考题

1. 拟出租但还未出租的房屋建筑物，是确认为固定资产，还是确认为投资性房地产？

2. 自用的房屋转为出租后又转回自用，投资性房地产应如何转换？

3. 投资性房地产的处置收入作为营业收入是否合理？它与作为自用的房地产出售两者之间有什么本质区别？

4. 自用房地产项目转为投资性房地产时公允价值高于账面价值的差额为何计入其他综合收益？

5. 投资性房地产项目转为自用房地产时公允价值高于账面价值的差额为何计入公允价值变动损益？

第八章

长期股权投资

教学导向

（1）理解同一控制下企业合并形成的长期股权投资初始投资成本的确定方法

（2）理解非同一控制下企业合并形成的长期股权投资初始投资成本的确定方法

（3）掌握以非企业合并方式取得的长期股权投资初始投资成本的确定方法

（4）掌握长期股权投资成本法核算

（5）掌握长期股权投资权益法核算

（6）掌握长期股权投资核算方法转换的处理

（7）掌握长期股权投资处置的核算

课程思政

（1）长期股权投资的定义中的思政元素——启发学生思考人生投资，用学习投资自己，活到老，学到老

（2）长期股权投资初始投资成本核算中的思政元素——长期股权投资取得需要付出成本代价，才会有后续持有损益，启发学生“不积跬步，无以至千里”

第一节　长期股权投资概述

一、长期股权投资的概念

长期股权投资是指投资方对被投资方实施控制、重大影响的权益性投资，以及对其合营企业的权益性投资。除此之外，其他权益性投资不作为长期股权投资进行核算，而应当按照《企业会计准则第 22 号——金融工具确认和计量》的规定进行会计核算。

二、长期股权投资的范围

（一）达到控制影响程度的长期股权投资

1. 控制的内涵

控制是指投资方拥有对被投资方的权力，通过参与被投资方的相关活动而享有可变回报，并且有能力运用对被投资方的权力影响其回报金额。说白了就是一个企业能够决定另一个企业的财务和经营政策，并能据以从另一个企业的经营活动中获取利益的权力。投资企业能够对被投资单位实施控制的，被投资单位为其子公司。投资企业对子公司的权益性投资，应当划分为长期股权投资，并纳入合并财务报表的合并范围。

2. 控制的界定

控制＝持股过半＋非常手段(依据实质重于形式理念界定,不能仅看出资比例)

（1）持股过半。当被投资方的相关活动由持有半数以上表决权的投资方表决决定，持有半数以上表决权的投资方拥有对被投资方的权力。具体包括：

1）母公司直接拥有被投资单位半数以上表决权。（直接控制。）

举例：A 公司对 B 公司投资，持股比例为 70%，这种情况下，若没有特殊原因，则 A 公司一定控制 B 公司，B 公司是 A 公司的子公司，要纳入 A 公司的合并范围，如图 8-1 所示。

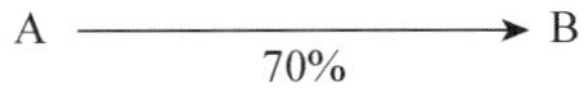

图 8-1　直接控制示意图

2）母公司间接拥有被投资单位半数以上表决权。（间接控制。）

举例：A 公司对 B 公司投资，持股比例为 70%，B 公司要纳入 A 公司的合并范围。B 公司对 C 公司投资，持股比例为 60%。则因为 A 公司控制 B 公司，间接拥有 C 公司的 60%股权，所以 C 公司也要纳入 A 公司的合并范围，如图 8-2 所示。

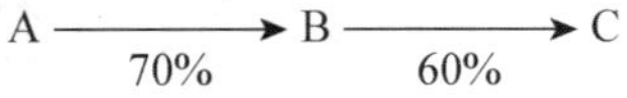

图 8-2　间接控制示意图

3）母公司直接和间接方式合计拥有被投资单位半数以上表决权。（直接＋间接控制。）

该情况是指母公司以直接方式拥有某一被投资单位半数以下的权益性资本，同时又通过其他方式，如通过子公司拥有该被投资单位一部分的表决权，两者合计拥有该被投资单位半数以上的表决权。

举例：A 公司拥有 B 公司 60%的表决权资本，A 公司拥有 C 公司 30%的表决权资本，若B公司拥有C公司40%的表决权资本，则A公司直接拥有C公司30%的表决权资本，间接拥有C公司40%的表决权资本，两者合计拥有70%的表决权资本。满足这种情况的前提是B公司一定是被A公司控制的，如图8-3所示。

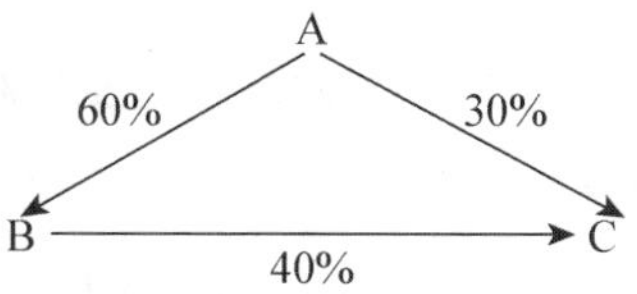

图8-3　直接+间接控制示意图

【课堂练习】 C公司是A公司、B公司合伙设立的房地产公司，A公司、B公司分别出资3亿元和2亿元，占股权的60%和40%，后来，D信托公司向C公司增资5亿元，A公司、B公司、D公司的持股比例变为30%、20%、50%。根据协议安排，A公司仍控制C公司。

本例中，由于信托的特点，C公司要定期向信托公司支付固定利息，且几年后信托资金全部收回。故形式上信托公司是股权投资，实质上是债权投资，因而A公司仍然对C公司具有控制权。

(2) 非常手段。引入实质性控制概念，即投资方虽持有小于50%的表决权，但综合考虑投资方拥有的表决权相对于其他各方拥有的表决权份额的大小、其他各方表决权的分散程度、潜在表决权、其他合约性安排、被投资方以往的表决权行使情况等所有因素和条件后仍可具有控制。

1) 通过与其他投资者协议，投资企业拥有被投资单位50%以上表决权资本的控制权。

举例：A公司拥有C公司40%的表决权资本，B公司拥有C公司20%的表决权资本，单从持股比例看，A公司和B公司都没有控制C公司，但若是B公司和A公司签订了协议，B公司拥有的C公司的20%表决权资本由A公司全权代管，则根据实质重于形式要求，A公司直接和间接拥有C公司60%（40%+20%）的表决权资本，C公司要纳入A公司的合并范围（且A公司对C公司的长期股权投资要采用成本法核算），如图8-4所示。

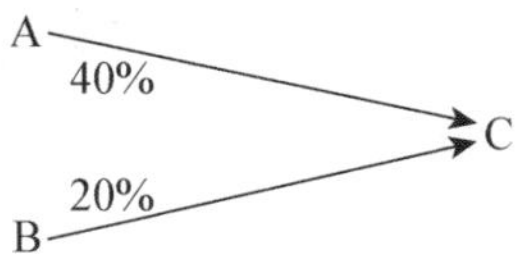

图8-4　通过协议达到控制示意图

2) 根据公司章程或协议，有权决定被投资单位的财务和经营政策。

举例：A公司持有B公司40%的表决权资本，但对B公司来说，A公司是最大的股东，按双方协议，B公司的关键管理人员全部由A公司派出，则根据实质重于形式要求，A公司是控制B公司的，B公司要纳入合并范围，如图8-5所示。

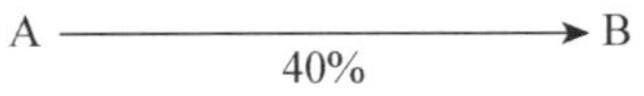

图8-5　通过公司章程或协议达到控制示意图

3）第一大股东且其他股权高度分散。

举例：A公司持有M公司30%的股权。第二大股东持股比例为4%，其他股东持股比例非常分散，A公司有权提名M公司董事会中过半数的董事。本例中，虽然A公司持有M公司的股权未超过50%，但能提名过半数的董事，能决定M公司的财务和经营政策并能从中受益，所以，A公司对M公司有控制权。

4）持有潜在表决权，如可转债、可执行认股权证。

（3）特殊情形。投资方虽然持有被投资方半数以上投票权，但当这些投票权不是实质性权利时，其并不拥有对被投资方的权力：

1）当其他方拥有现时权利使其可以主导被投资方的相关活动（例如，持有半数以下表决权的其他方拥有实质性潜在表决权，并据此取得主导被投资方相关活动的现时权利），且该其他方不是投资方的代理人时，则投资方不拥有对被投资方的权力。

2）当投资方所拥有的表决权并非实质性权利时，即使持有多数表决权，投资方也不拥有对被投资方的权力。例如，由于无法获得必要的信息或法律法规方面的障碍，投资方虽持有半数以上表决权但无法行使，则该投资方不拥有对被投资方的权力。

确定持有半数以上表决权的投资方是否拥有权力，关键在于该投资方是否拥有主导被投资方相关活动的现时能力。在被投资方相关活动被政府、法院、管理人、接管人、清算人或监管人等其他方主导时，投资方无法凭借其拥有的表决权主导被投资方的相关活动，因此，投资方即使持有被投资方过半数的表决权，也不拥有对被投资方的权力。例如，被投资方的公司章程规定，与相关活动有关的决策必须由出席会议的投资方所持2/3以上的表决权通过。这种情况下，持有半数以上但不足2/3表决权的投资方，虽然表决权比例超过半数，但该表决权本身不足以赋予投资方权力，应结合其他因素进行进一步的分析与判断。

（二）达到共同控制影响程度的长期股权投资——合营方对合营企业的股权投资

合营企业是一种特殊的企业形式，企业成立之初，出资人以契约的方式约定对合营企业的财务和经营政策进行共同控制。

共同控制的特征如下：

（1）任何一个合营方均不能单独控制合营企业的生产经营活动；

（2）涉及合营企业基本经营活动的决策需要各合营方一致同意；

（3）各合营方可能通过合同或协议的形式任命其中的一个合营方对合营企业的日常活动进行管理，但其必须在各合营方已经一致同意的财务和经营政策范围内行使管理权。

【延伸思考】在判断是否存在共同控制时，应当首先判断所有参与方或参与方组合是否集体控制该安排，其次判断该安排相关活动的决策是否必须经过这些集体控制该安排的参与方一致同意。如果存在两个或两个以上的参与方组合能够集体控制某项安排的，不构成共同控制。仅享有保护性权利的参与方不享有共同控制。

举例1：假设A公司、B公司、C公司、D公司共同设立E公司，并分别持有E公司60%、20%、10%和10%的表决权股份。协议约定，E公司相关活动的决策需要50%以上表决权通过方可作出，如图8-6所示。

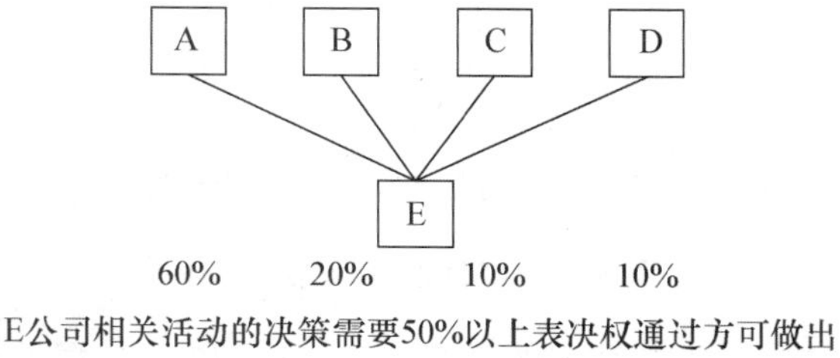

图8-6　共同控制示意图（1）

解析：本例中，E公司的表决权安排使得A公司能够单独主导E公司的相关活动，只要A公司享有E公司的可变回报并有能力运用其权力影响E公司的可变回报，A公司无须与其他参与方联合，即可控制E公司。因此，E公司是A公司的子公司，而不是一项合营安排。

举例2：假设A公司、B公司、C公司、D公司分别持有E公司40%、30%、20%和10%的表决权股份，E公司相关活动的决策需要85%以上表决权通过方可作出，如图8-7所示。

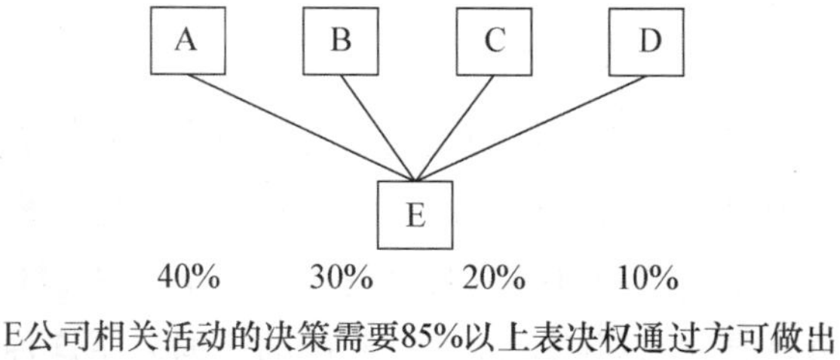

图8-7　共同控制示意图（2）

解析：本例中，E公司的表决权安排使得：

1）A公司、B公司、C公司、D公司任何一方均不能单独控制E公司。

2）参与方组合可能的形式有很多种，但A公司、B公司、C公司联合起来（40%+30%+20%=90%）即可控制E公司，且A公司、B公司、C公司是联合起来能够控制E公司的参与方数量最少的组合。因此，称A公司、B公司、C公司集体控制E公司，而不是A公司、B公司、C公司、D公司集体控制E公司。

举例3：假定一项安排涉及三方：A公司在该安排中拥有50%的表决权股份，B公司和C公司各拥有25%的表决权股份。A公司、B公司、C公司之间的相关约定规定，该安排相关活动决策至少需要75%的表决权通过方可作出。尽管A公司拥有50%的表决权，但是A公司没有控制该安排，因为A公司对该安排的相关活动作出决策需要获得B公司或C公司的同意，如图8-8所示。

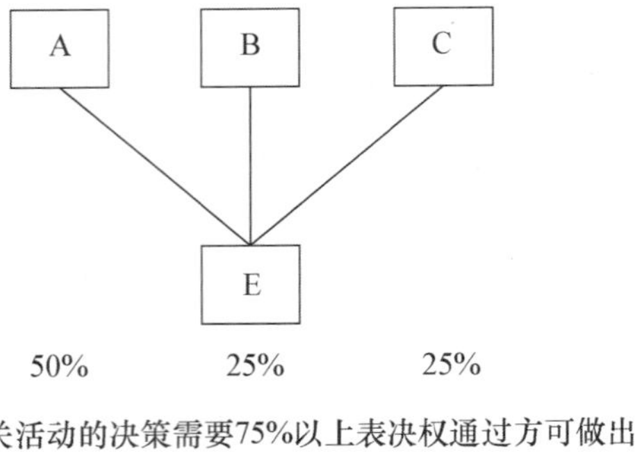

图8-8　共同控制示意图（3）

解析：本例中，A公司和B公司的组合或A公司和C公司的组合均可集体控制该安排。这样，存在多种参与方之间的组合能够达到75%表决权的要求。在此情况下，该安排要成为合营安排，需要在相关约定中指明哪些参与方一致同意才能对相关活动作出决策。

（三）达到重大影响程度的长期股权投资——联营方对联营企业的股权投资

1. 重大影响的含义

重大影响是指投资方对被投资方的财务和经营政策有参与权但达不到共同控制或控制程度。投资方称为被投资方的联营方，被投资方称为投资方的联营企业。

2. 重大影响的界定

（1）一般标准。实务中，较为常见的重大影响体现为在被投资单位的董事会或类似权力机构中派有代表，通过在被投资单位财务和经营政策制定过程中的发言权实施重大影响。投资方直接或通过子公司间接持有被投资单位20%以上但低于50%的表决权时，一般认为对被投资单位具有重大影响，除非有明确的证据表明这种情况下其不能参与被投资单位的生产经营决策，不形成重大影响。

在确定能否对被投资单位施加重大影响时，一方面应考虑投资方直接或间接持有被投资单位的表决权股份，同时要考虑投资方及其他方持有的当期可执行潜在表决权在假定转换为对被投资单位的股权后产生的影响，如被投资单位发行的当期可转换的认股权证、股份期权及可转债等的影响。

举例1：A公司持有B公司40%的表决权资本，仅从持股比例看，有重大影响。2020年1月10日，A公司购买B公司的可转债，假定在购买当期就行权，则A公司对B公司的持股比例变为60%，达到控制了，A公司对B公司的长期股权投资采用成本法核算，B公司要纳入A公司的合并范围。

举例2：A公司持有B公司15%的股权，同时持有B公司发行的可转债，一旦转股会使A公司增加B公司10%的股权，则考虑A公司对B公司的影响程度时，要按15%+10%=25%分析，可达到重大影响。

(2) 特殊标准。企业通常可以通过以下一种或几种情形来判断是否对被投资单位具有重大影响：

1) 在被投资单位的董事会或类似权力机构中派有代表。在这种情况下，由于在被投资单位的董事会或类似权力机构中派有代表，并相应享有实质性的参与决策权，投资方可以通过该代表参与被投资单位财务和经营政策的制定，对被投资单位施加重大影响。

2) 参与被投资单位财务和经营政策的制定过程。这种情况下，在制定政策过程中可以为其自身利益提出建议和意见，从而可以对被投资单位施加重大影响。

3) 与被投资单位之间发生重要交易。有关的交易因对被投资单位的日常经营具有重要性，进而一定程度上可以影响到被投资单位的生产经营决策。

4) 向被投资单位派出管理人员。在这种情况下，管理人员有权力主导被投资单位的相关活动，从而能够对被投资单位施加重大影响。

5) 向被投资单位提供关键技术资料。因被投资单位的生产经营需要依赖投资方的技术或技术资料，表明投资方对被投资单位具有重大影响。

但是，需要注意的是，存在上述一种或多种情形并不意味着投资方一定对被投资单位具有重大影响。投资方需要综合考虑所有事实和情况来作出恰当的判断。

举例：甲公司持有乙公司5%的表决权股份，乙公司的另外三个股东委托甲公司全权行使其所持乙公司股份对应的表决权，接受委托后甲公司合计享有乙公司21%的表决权股份，并增派了2名董事，且甲公司能够不受任何限制独立行使表决权，2名董事的权利完全为甲公司所有。

解析：在受托行使股东表决权时，要依据三个因素判断受托方是否对被投资单位具有重大影响：①接受表决权委托是否具有合理的商业目的或背景，如受托方比委托方更了解被投资单位所处的行业等。②受托方行使表决权是否受到限制。如果需要听从委托方的指示，则受托方的表决权并不能代表自身的意愿。③受托方派出董事的权利为委托方享有还是受托方享有。故本例中甲公司对乙公司的持股比例虽然只有5%，但其对乙公司具有重大影响。

达不到重大影响的权益性投资的会计处理如表8-1所示。

表8-1 达不到重大影响的权益性投资会计处理

被投资方是上市公司	短线运作	交易性金融资产
	长线运作	其他权益工具投资
被投资方是非上市公司	其他权益工具投资	

【延伸思考】长期股权投资准则规范的权益性投资不包括风险投资机构、共同基金以及类似主体（如投资联结保险产品）持有的、在初始确认时按照金融工具确认和计量准则的规定以公允价值计量且其变动计入当期损益的金融资产，这类金融资产即使符合持有待售条件也应继续按金融工具确认和计量准则进行会计处理。投资性主体对不纳入合并财务报表的子公司的权益性投资，应按照公允价值计量且其变动计入当期损益。

举例1：某投资性主体购买A公司90%股权，但投资性主体只负责出钱，不参与A公司的经营管理。因此两者之间不是真正的母子公司关系，不编制合并财务报表。

举例2：A有限合伙企业于2017年设立，合伙年限为10年，根据合伙协议，A有限合伙企业的设立目的是投资于高速增长潜力的企业以实现资本增值。2018年，A有限合伙企业获得B公司的控制权，2019年获得对其他5家经营公司的权益性投资。除上述情况外，A有限合伙企业不从事其他活动。A有限合伙企业以公允价值计量和评价其投资。A有限合伙企业计划在合伙年限内以直接出售、推动某投资公司公开上市后出售该投资公司股价方式处置这些投资。

解析：A有限合伙企业虽然借助于股权投资控制B公司及其他5家公司，但其本质目的在于资本增值、投资收益，以公允价值计量和评价其投资。一旦达到增值目的，马上退出。所以，A有限合伙企业的权益性投资应定性为以公允价值计量且其变动计入当期损益的金融资产，而非长期股权投资。

【小结】长期股权投资核算模式如图8-9所示。

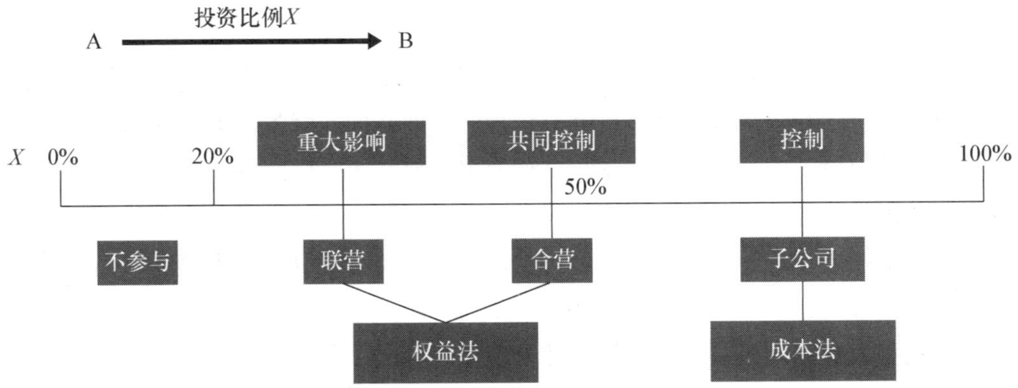

图8-9 长期股权投资核算模式示意图

第二节　长期股权投资的初始计量

一、企业合并形成的长期股权投资初始计量

（一）企业合并概述

1. 企业合并的定义

企业合并是指将两个或者两个以上单独的企业合并成一个报告主体的交易或事项。构成企业合并必须同时具备两要素：一是取得对另一个或多个企业（或业务）的控制权；二是所合并的企业必须构成业务。这里的业务是指由若干个资产、负债组成的有机组合体，该组合具有投入、加工处理和产出能力，如分公司等。企业合并要至少合并一个业务，如果被合并的企业没有业务，只是一个空壳，则该交易不能叫作企业合并。如果合并的是一个业务，而不是一个企业，该交易也可以视为企业合并。企业合并往往是为了扩大生产规模，所以企业合并行为是一种投资行为，而且是一种长期股权投资行为。

2. 企业合并的方式

企业合并通常包括吸收合并、新设合并和控股合并三种形式。其中，吸收合并和新设合并均不形成投资关系，只有控股合并形成投资关系。因此，企业合并形成的长期股权投资是指控股合并所形成的投资企业（合并后的母公司）对被投资单位（合并后的子公司）的股权投资。企业合并形成的长期股权投资，应当区分同一控制下的企业合并和非同一控制下的企业合并，分别确定初始投资成本。具体如图 8－10、图 8－11 所示。

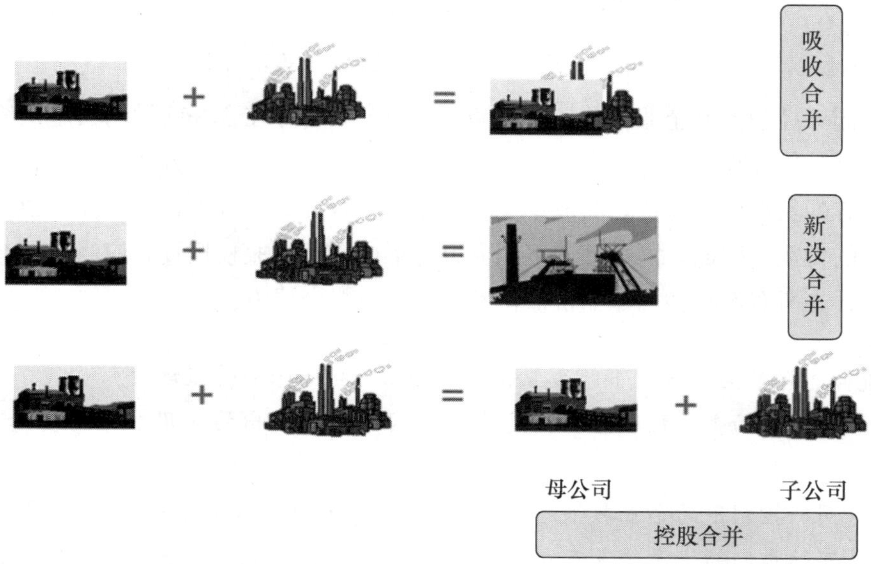

图 8－10　企业合并类型示意图

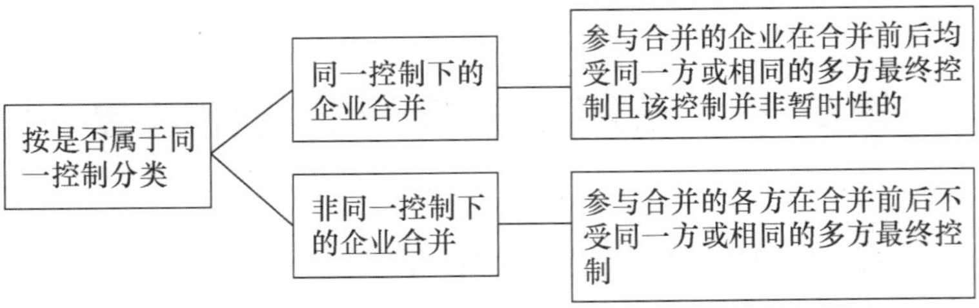

图 8-11　控股合并类型示意图

（二）同一控制下企业控股合并形成的长期股权投资初始计量

1. 核算原理

同一控制下的企业合并，是指参与合并的企业在合并前后均受同一方或相同的多方最终控制且该控制并非暂时性的。如：杭州六和集团公司下有全资子公司甲和全资子公司乙。甲公司收购乙公司，乙公司原来的老板放弃了对乙公司的控制权，甲公司的老板拥有了对乙公司的直接控制权，但幕后的大老板仍然是集团公司，这就是同一控制下的企业合并。具体如图 8-12 所示。

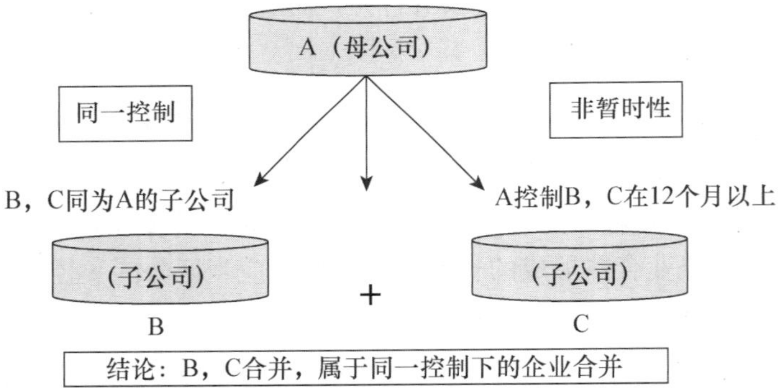

图 8-12　同一控制下的企业合并类型示意图

对于同一控制下的企业合并，从能够对参与合并各方在合并前后均实施最终控制的一方来看，其能够控制的资产在合并前后并没有发生变化，合并方通过企业合并形成的对被合并方的长期股权投资，其成本代表的是在被合并方所有者权益账面价值中按持股比例享有的份额。因此，同一控制下企业合并形成的长期股权投资，应当按照合并日取得的被合并方所有者权益的账面价值份额作为初始投资成本。

【延伸思考】同一控制下的企业合并为什么要按照账面价值计量？

同一控制下的企业控股合并，是基于中国的实际提出的应用非市场理念处理合并问题。理由如下：

（1）同一控制下的企业控股合并，对于最终控制方（两个公司的共同母公司）而言，其实际控制的资源并没有发生变化，故不能视为购买，既然不能视为购买，就不能按照市场价（公允价值）计算投资的入账成本。站在最终控制方集团公司角度看问题，A合并B好比是从左口袋拿钱放在右口袋，不会引起增值。所以，从合并各方在合并前后的最终控制方没有发生变化来看，准则没有把这种合并视为"交易"，只是当作一个经济事项。

（2）同一控制下的子公司属同一"母亲"的"儿子"，其评估结果很可能受到母公司的人为干预，若按评估值入账很难做到真正公允。母公司为什么人为干预，因为母公司要编制合并报表。假设A，B为同一母公司下的两个子公司，现A合并B，合并前A，B两个子公司的账面价值分别为8 000万元、5 000万元。则母公司编制合并报表时按账面价值计量两者合并数为13 000万元。但如果允许母公司按公允价值计量，假设子公司B的公允价值为12 000万元，则母公司编制合并报表的总资产变为20 000万元，既增加了7 000万元资产，又增加了7 000万元利润。于是，合并成为很多"母亲"创造资产和利润的一种手段，存在虚增资产和利润的嫌疑。

2. 初始投资成本的确定

（1）合并方以支付现金、转让非现金资产或承担债务方式作为合并对价的。应当在合并日按取得被合并方所有者权益在最终控制方合并财务报表中的账面价值的份额作为长期股权投资的初始投资成本。长期股权投资初始投资成本与支付的现金、转让的非现金资产以及所承担债务账面价值之间的差额，应当调整资本公积；资本公积（资本溢价或股本溢价）不足冲减的，调整留存收益。

合并方的一般会计分录如下：

借：长期股权投资（合并当日最终控制方认可的被合并方账面净资产×合并方取得的股份比例）

资本公积（转让资产或代偿负债的账面价值高于长期股权投资初始成本的差额先冲减资本公积）

盈余公积（当资本公积不够冲减时再冲减盈余公积）

利润分配——未分配利润（如果仍不够的最后冲减未分配利润）

贷：转让的资产或代偿的负债（账面价值）

应交税费——应交增值税（销项税额）

——应交消费税

【例题1·实操题】2×22年1月15日，甲公司以账面原价150万元、累计摊销20万元、减值准备4万元、公允价值200万元的土地使用权作为对价，自同一集团内丙公司取得乙公司60%的股权。土地使用权转让适用的增值税税率为9%，合并日乙公司账面净资产为120万元。合并当日甲公司"资本公积——资本溢价"为10万元，盈余公积结存5万元。甲公司与乙公司的会计年度和采用的会计政策相同。

【解析】相关会计处理如下（单位为万元）：

长期股权投资的成本＝120×60%＝72(万元)

借：长期股权投资	72
资本公积	10
盈余公积	5
利润分配——未分配利润	57
累计摊销	20
无形资产减值准备	4
贷：无形资产——土地使用权	150
应交税费——应交增值税（销项税额）	18

【例题2·实操题】2×22年2月25日，甲公司以账面余额800万元、存货跌价准备100万元、公允价值1 000万元的库存商品，自同一集团的丁公司换取乙公司70%的股权，该商品的增值税税率为13%，消费税税率为5%。乙公司账面净资产为800万元。甲公司投资当日“资本公积——资本溢价”为70万元，盈余公积结存50万元。甲公司与乙公司的会计年度和采用的会计政策相同。

【解析】相关会计处理如下（单位为万元）：

长期股权投资的成本＝800×70%＝560(万元)

借：长期股权投资	560
资本公积	70
盈余公积	50
利润分配——未分配利润	200
存货跌价准备	100
贷：库存商品	800
应交税费——应交增值税（销项税额）	130
——应交消费税	50

【例题3·实操题】2×22年5月20日，甲公司以代母公司偿还负债的方式取得母公司控制的乙公司90%的股权，并于当日起能够对乙公司实施控制。合并日此负债的债权人为丁公司，账面价值为450万元，乙公司净资产的账面价值为600万元。甲公司与乙公司的会计年度和采用的会计政策相同。

【解析】相关会计处理如下（单位为万元）：

长期股权投资的成本＝600×90%＝540(万元)

借：长期股权投资	540
贷：应付账款	450
资本公积	90

（2）合并方以发行权益性证券作为合并对价的。应当在合并日按照被合并方账面净资产中属于合并方的份额作为长期股权投资的初始投资成本。按照发行股份的面值总额

作为股本，长期股权投资初始投资成本与所发行股份面值总额之间的差额，应当调整资本公积；资本公积（资本溢价或股本溢价）不足冲减的，调整留存收益。

合并方的一般会计分录如下：

借：长期股权投资（合并日最终控制方认可的被合并方账面净资产×合并方取得的股份比例）

　贷：股本或实收资本（发行股份的面值或新增的实收资本）

　　资本公积——股本溢价或资本溢价（当长期股权投资的入账成本大于股份面值时记入贷方，反之记入借方，资本公积不够冲减的冲减留存收益）

如果采取定增股票方式，另行支付股票发行费时：

借：资本公积——股本溢价

　贷：银行存款

【例题 4·实操题】甲公司 2022 年 3 月 1 日定向增发普通股 100 万股给丙公司，自其手中换得乙公司 60%的股份，甲公司、乙公司和丙公司同属一个企业集团，该股票每股面值为 1 元，每股市价为 10 元。当日，乙公司账面净资产为 800 万元，可辨认净资产的公允价值为 1 500 万元；甲公司资本公积结存额为 240 万元，全部为股本溢价，盈余公积结存额为 360 万元，未分配利润结存额为 1 000 万元。甲公司支付审计、咨询费用 10 万元，证券公司收取 45 万元的发行费用。

【解析】甲公司投资当日的会计分录如下（单位为万元）：

（1）发行股票时。

借：长期股权投资——乙公司（800×60%）	480	
贷：股本		100
资本公积——股本溢价		380

（2）支付发行费用时。

借：资本公积——股本溢价	45	
贷：银行存款		45

（3）支付审计、咨询费用时。

借：管理费用	10	
贷：银行存款		10

（3）合并直接费用及证券发行费用的会计处理原则。

1）同一控制下的企业合并中，合并方发生的审计、法律服务、评估咨询等中介费用以及其他相关直接费用，应当于发生时直接计入管理费用。

2）股票发行费用应冲减“资本公积——股本溢价”，如果溢价不够冲减或无溢价则冲减留存收益。

3）债券发行费用应冲减“应付债券——利息调整”，即冲减溢价或追加折价。

【备注】非同一控制下的合并直接费用和证券发行费用的会计处理与同一控制下相同。

【例题5·实操题】2×22年5月20日，甲公司以发行公司债券的方式取得母公司控制的乙公司90%的股权，并于当日起能够对乙公司实施控制。甲公司所发行的公司债券的面值为500万元，票面年利率为6%，每年年末付息，到期还本，甲公司另行支付发行费用2万元。合并日，乙公司所有者权益在最终控制方合并财务报表中的账面价值为600万元。甲公司与乙公司的会计年度和采用的会计政策相同。

【解析】甲公司的会计处理如下（单位为万元）：

长期股权投资的成本＝600×90%＝540(万元)

借：长期股权投资——乙公司	540	
贷：应付债券——面值		500
——利息调整		40

同时，支付发行费用时：

借：应付债券——利息调整	2	
贷：银行存款		2

（4）同一控制下一揽子交易的会计处理。企业通过多次交易分步取得同一控制下被投资单位的股权，最终形成企业合并的，应当判断多次交易是否属于一揽子交易。属于一揽子交易的，合并方应当将各项交易作为一项取得控制权的交易进行会计处理。（具体会计处理将在高级财务会计企业合并专题中介绍，这里略。）

（三）非同一控制下企业控股合并形成的长期股权投资

1. 核算原理

参与合并的各方在合并前后不受同一方或相同的多方最终控制的，为非同一控制下的企业合并。具体如图8－13所示。

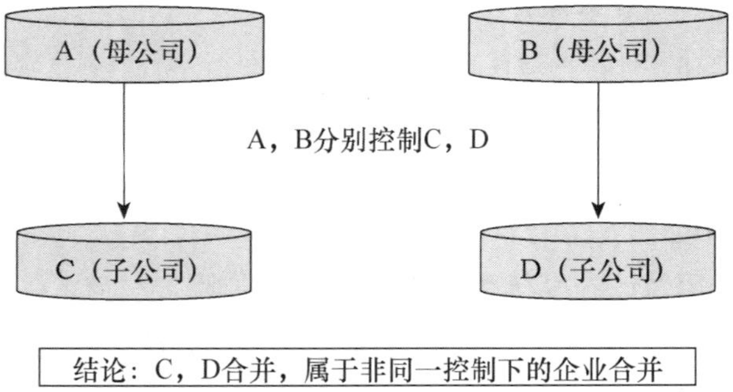

图8－13　非同一控制下的企业合并类型示意图

非同一控制下的企业控股合并，由于参与合并各方在合并前后不属于同一方或相同的多方最终控制，这种合并实质上是一种市场交易，即购买方购买被购买方控制权的交易。正因为如此，相应的会计处理中需要遵循交易规则，使用自愿交易的双方都能够接受的价值——公允价值确定合并成本，作为长期股权投资的初始投资成本。

2. 初始投资成本的确定

$$\text{长期股权投资的初始投资成本(合并成本)}=\text{支付价款或付出资产的公允价值}+\text{发生或承担的负债的公允价值}+\text{发行的权益性证券的公允价值}$$

3. 会计处理

（1）如果换出的是无形资产，按正常转让方式处理。

借：长期股权投资（无形资产的公允价值＋增值税）

　累计摊销

　无形资产减值准备

　贷：无形资产

　　应交税费——应交增值税（销项税额）

　　资产处置损益（损失则借记）

注：专利技术、非专利技术免征增值税，商标、著作权及特许经营权需按照6%计列销项税额，土地使用权转让适用的增值税税率为9%。

（2）如果换出的是固定资产，按正常转让方式处理。

借：固定资产清理

　累计折旧

　固定资产减值准备

　贷：固定资产

借：长期股权投资（固定资产的公允价值＋增值税）

　贷：固定资产清理

　　应交税费——应交增值税（销项税额）

　　资产处置损益（损失则借记）

（3）如果换出的是存货，则按正常销售处理。

借：长期股权投资（存货的公允价值＋增值税）

　贷：主营业务收入

　　应交税费——应交增值税（销项税额）

借：主营业务成本

　存货跌价准备

　贷：库存商品

借：税金及附加

　贷：应交税费——应交消费税

（4）如果是换股合并方式，则应作如下处理。

借：长期股权投资（按股票公允价值入账）

　贷：股本（按股票面值入账）

资本公积——股本溢价（倒挤）

在另付发行费用时：

借：资本公积——股本溢价

贷：银行存款

【例题6·实操题】甲公司系增值税一般纳税人，不动产和存货适用的增值税税率分别为9%和13%。有关业务如下：

（1）2×21年4月30日，甲公司与乙公司的控股股东A公司签订股权转让协议，甲公司以一批资产作为对价支付给A公司，A公司以其所持有乙公司80%的股权作为支付对价。2×21年5月31日，甲公司与A公司的股东大会批准收购协议。2×21年6月30日，将作为对价的资产所有权转移给A公司，参与合并各方已办理必要的财产权交接手续。甲公司于当日起控制乙公司财务和经营政策。

（2）2×21年6月30日，甲公司作为对价的资产资料如下：

1）交易性金融资产，账面价值20 000万元，公允价值23 130万元；

2）固定资产（不动产），账面价值5 000万元，公允价值6 000万元；

3）库存商品，账面价值4 800万元，公允价值5 000万元。

甲公司开出增值税专用发票，增值税销项税额为1 190万元。购买日乙公司可辨认净资产的账面价值为42 000万元，可辨认净资产的公允价值为43 800万元。此外，甲公司发生审计、评估、咨询费用330万元。

（3）与A公司在交易前不存在任何关联方关系，合并前甲公司与乙公司未发生任何交易。甲公司与乙公司采用的会计政策相同。不考虑所得税影响。

【解析】甲公司的会计处理如下（单位为万元）：

（1）该项为非同一控制下的企业合并。理由：甲公司与A公司在此项交易前不存在关联方关系。

（2）购买日为2×21年6月30日。

（3）企业合并成本＝23 130＋6 000×1.09＋5 000×1.13＝35 320（万元）

（4）会计分录如下（单位为万元）：

借：长期股权投资	35 320	
贷：交易性金融资产		20 000
投资收益（23 130－20 000）		3 130
固定资产清理		5 000
资产处置损益（6 000－5 000）		1 000
主营业务收入		5 000
应交税费——应交增值税（销项税额）		1 190
借：管理费用	330	
贷：银行存款		330

结转成本分录略。

【例题 7 · 实操题】 华联公司和 D 公司为两个独立的法人企业，合并之前不存在任何关联方关系。华联公司和 D 公司达成合并协议，约定华联公司以发行的权益性证券作为合并对价，取得 D 公司 80%的股权。华联公司拟增发的权益性证券为每股面值 1 元的普通股股票，共增发 1 600 万股，每股公允价值 3.5 元；2×21 年 7 月 1 日，华联公司完成权益性证券的增发，发生手续费及佣金等发行费用 120 万元。在华联公司和 D 公司的合并中，华联公司另以银行存款支付审计费用、评估费用、法律服务费用等共计 80 万元。

【解析】 相关计算与会计分录如下（单位为万元）：

（1）确认长期股权投资的初始投资成本。

合并成本＝3.5×1 600＝5 600(万元)

借：长期股权投资——D 公司　　5 600
　贷：股本　　1 600
　　　资本公积——股本溢价　　4 000

（2）支付手续费及佣金等发行费用。

借：资本公积——股本溢价　　120
　贷：银行存款　　120

（3）支付直接相关费用。

借：管理费用　　80
　贷：银行存款　　80

（5）通过多次交换交易，分步取得股权，最终形成企业合并的会计核算。（具体会计处理将在高级财务会计企业合并专题中介绍，这里略。）

【小结】 企业合并形成的长期股权投资核算详见表 8－2。

表 8－2　同一控制与非同一控制下长期股权投资核算比较表

事项	同一控制下	非同一控制下
初始计量	在合并日按照所取得的被合并方在最终控制方合并财务报表中的净资产的账面价值份额作为长期股权投资的初始投资成本	按所付对价的公允价值（合并成本）作为长期股权投资的初始投资成本
支付对价的差额	长期股权投资的初始投资成本与支付的现金、转让的非现金资产及所承担债务账面价值之间的差额、合并方以发行权益性工具作为合并对价时长期股权投资的初始投资成本与所发行股份面值总额之间的差额，均应当调整资本公积（资本溢价或股本溢价），资本公积（资本溢价或股本溢价）不足冲减的，依次冲减盈余公积和未分配利润	付出非现金资产公允价值与账面价值的差额计入损益
发生的审计、法律服务、评估、咨询等中介费用	应当于发生时计入当期损益	

续表

事项	同一控制下	非同一控制下
合并方或购买方作为合并对价发行的权益性证券或债务性证券的交易费用	与发行权益性工具作为合并对价直接相关的交易费用，应当冲减资本公积（资本溢价或股本溢价），资本公积（资本溢价或股本溢价）不足冲减的，依次冲减盈余公积和未分配利润 与发行债务性工具作为合并对价直接相关的交易费用，应当计入债务性工具的初始确认金额	
商誉	不会产生新的商誉	可能会产生新的商誉

二、非企业合并形成的长期股权投资的初始计量

除企业合并形成的对子公司的长期股权投资外，企业以支付现金、发行权益性证券等方式取得的对被投资单位不具有控制的长期股权投资，为非企业合并方式取得的长期股权投资，如取得的对合营企业、联营企业的长期股权投资。

（一）核算理念

非合并背景下的长期股权投资是不分同一控制和非同一控制的，其会计处理采取市场交易原则，类似于非同一控制下的会计处理。

（二）初始计量

1. 以支付现金取得的长期股权投资

应当按照实际支付的购买价款和直接相关的费用、税金及其他必要支出作为长期股权投资的初始投资成本。企业取得长期股权投资，实际支付的价款或对价中包含的已宣告但尚未发放的现金股利或利润，应作为应收项目处理。

一般分录如下：

借：长期股权投资

　　应收股利

　贷：银行存款

【例题8·实操题】甲公司2021年7月1日取得乙公司20%的股份，对乙公司具有重大影响，实际支付价款8 000万元。另支付直接相关的费用、税金及其他必要支出10万元（不考虑增值税因素）。甲公司取得该部分股权后，能够对乙公司的生产经营决策施加重大影响。投资时乙公司各项可辨认资产、负债的公允价值与其账面价值相同，可辨认净资产公允价值及账面价值的总额均为20 000万元。

【解析】会计分录为（单位为万元）：

借：长期股权投资　　8 010

　贷：银行存款　　8 010

2. 以发行权益性证券取得的长期股权投资

其成本为所发行权益性证券的公允价值。为发行权益性证券支付的手续费、佣金等应自权益性证券的溢价发行收入中扣除，溢价不足的，应冲减盈余公积和未分配利润。

一般分录如下：

借：长期股权投资

　贷：股本

　　　资本公积——股本溢价

借：资本公积——股本溢价

　贷：其他货币资金——存出投资款

【例题 9 · 实操题】 2×21 年 3 月 5 日，A 公司通过增发 9 000 万股普通股（每股面值 1 元）取得 B 公司 20%的股权，该 9 000 万股股票的公允价值为 15 600 万元。为增发该部分股票，A 公司向证券承销机构等支付了 600 万元的佣金和手续费。假定 A 公司取得该部分股权后，能够对 B 公司的财务和经营政策施加重大影响。

【解析】 会计分录如下（单位为万元）：

（1）A 公司应当以所发行股票的公允价值作为取得长期股权投资的成本。

借：长期股权投资	15 600	
贷：股本		9 000
资本公积——股本溢价		6 600

（2）对发行权益性证券过程中支付的佣金和手续费，应冲减权益性证券的溢价发行收入。

借：资本公积——股本溢价	600	
贷：其他货币资金——存出投资款		600

3. 债务重组、非货币性资产交换方式换入的长期股权投资

具体会计处理将在高级财务会计债务重组、非货币性资产交换专题中介绍，这里略。

【小结】 同一控制下的控股合并、非同一控制下的控股合并及非企业合并形成的长期股权投资的初始计量如图 8－14 所示。

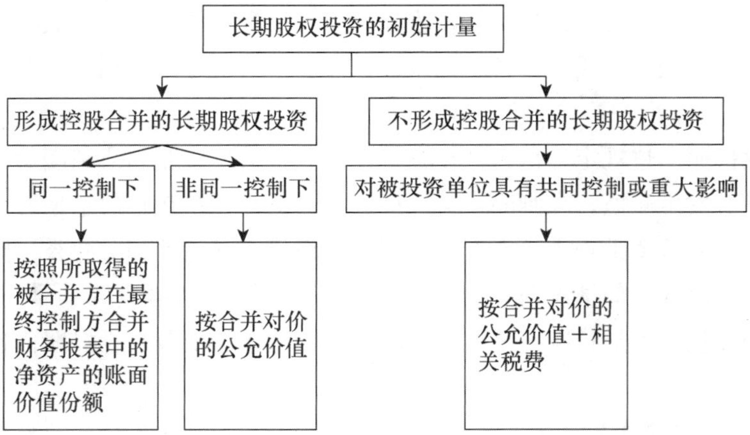

图 8－14　长期股权投资初始计量示意图

第三节　长期股权投资的后续计量

企业取得的长期股权投资，在持有期间要根据所持股份的性质、占被投资单位股份总额比例的大小以及对被投资单位财务和经营政策的影响程度，分别采用成本法或权益法进行会计处理。

一、长期股权投资的成本法

（一）成本法的定义及其适用范围

成本法是指长期股权投资的价值通常按初始投资成本计量，除追加或收回投资外，一般不对长期股权投资的账面价值进行调整的一种会计处理方法。

投资方能够对被投资单位实施控制的长期股权投资应当采用成本法核算。

【延伸思考】对被投资单位不具有控制、共同控制、重大影响，且公允价值不能可靠计量的股权投资，根据新修订的会计准则应按照金融资产（其他权益工具投资）会计核算方法处理。

（二）成本法的具体会计核算

（1）在初始投资或追加投资时，按照初始投资或追加投资时的成本增加长期股权投资的账面价值。

（2）采用成本法核算的长期股权投资，除取得投资时实际支付的价款或对价中包含的已宣告但尚未发放的现金股利或利润外，投资企业应当按照享有被投资单位宣告发放的现金股利或利润确认投资收益。当被投资单位宣告发放现金股利或利润时，投资企业应当按照本企业应享有的份额确认投资收益；当被投资单位宣告分派股票股利时，投资企业应于除权日对获得的股份作备忘记录；被投资单位未分派股利的，投资企业不进行会计处理。

（3）企业按照上述规定确认自被投资单位应分得的现金股利或利润后，应当考虑长期股权投资是否发生减值。在判断该类长期股权投资是否存在减值迹象时，应当关注长期股权投资的账面价值是否大于享有被投资单位净资产（包括相关商誉）账面价值的份额等类似情况。出现类似情况时，企业应当按照《企业会计准则第 8 号——资产减值》的规定对长期股权投资进行减值测试，可收回金额低于长期股权投资账面价值的，应当计提减值准备。

【例题 10 · 实操题】2×19 年 3 月 20 日，华联公司以 628 000 元的价款（包括相关税费和已宣告但尚未发放的现金股利 25 000 元）取得 F 公司普通股股票 250 000 股，华联公司能够对 F 公司实施控制，将其划分为长期股权投资并采用成本法核算。2×19 年 4 月 5 日，华联公司收到支付的投资价款中包含的已宣告但尚未发放的现金股利。2×20年 3 月 5 日，F 公司宣告 2×19 年度股利分配方案，每股分派现金股利 0.2 元，并于 2×20 年 4 月 15 日派发。2×21 年 4 月 15 日，F 公司宣告 2×20 年度股利分配方案，每股派送股票股利 0.3 股；除权日为 2×21 年 5 月 10 日。2×21 年度 F 公司发生亏损，该年未进行股利分配；2×22 年度 F 公司扭亏为盈，该年未进行股利分配；2×23 年度 F 公司继续盈利，于 2×24 年 3 月 10 日宣告 2×23 年度股利分配方案，每股分派现金股利 0.1 元，并于 2×24 年 4 月 15 日派发。

【解析】 华联公司取得以及持有 F 公司股份的有关会计处理如下：

（1）2×19 年 3 月 20 日，取得 F 公司普通股股票。

借：长期股权投资——F 公司　　603 000
　　应收股利　　25 000
　贷：其他货币资金——存出投资款　　628 000

（2）2×19 年 4 月 5 日，收到 F 公司派发的现金股利。

借：其他货币资金——存出投资款　　25 000
　贷：应收股利　　25 000

（3）2×20 年 3 月 5 日，F 公司宣告 2×19 年度股利分配方案。每股分派现金股利 0.2 元，并于 2×20 年 4 月 15 日派发。

1）2×20 年 3 月 5 日。

现金股利＝0.2×250 000＝50 000(元)

借：应收股利　　50 000
　贷：投资收益　　50 000

2）2×20 年 4 月 15 日。

借：其他货币资金——存出投资款　　50 000
　贷：应收股利　　50 000

（4）2×21 年 4 月 15 日，F 公司宣告 2×20 年度股利分配方案，每股派送股票股利 0.3 股，除权日为 2×21 年 5 月 10 日。

华联公司不作正式会计记录，但应于除权日在备查簿中登记增加的股份。

股票股利＝0.3×250 000＝75 000(股)
持有 F 公司股票总数＝250 000＋75 000＝325 000(股)

（5）2×21 年度 F 公司发生亏损，该年未进行股利分配。华联公司不必作任何会计处理。

（6）2×22 年度 F 公司扭亏为盈，该年未进行股利分配。华联公司不必作任何会计处理。

（7）2×23年度F公司继续盈利，于2×24年3月10日宣告2×23年度股利分配方案，每股分派现金股利0.1元，并于2×24年4月15日派发。

1）2×24年3月10日。

现金股利＝0.1×325 000＝32 500（元）

借：应收股利　　32 500

　　贷：投资收益　　32 500

2）2×24年4月15日。

借：其他货币资金——存出投资款　　32 500

　　贷：应收股利　　32 500

【提示】2×24年末长期股权投资的账面价值为603 000元。

二、长期股权投资的权益法

（一）权益法的定义及其适用范围

1. 权益法定义

权益法是指投资以初始投资成本计量后，在投资持有期间根据投资企业享有被投资单位所有者权益的份额的变动对投资的账面价值进行调整的方法。这个定义的理解非常重要，从定义中可以看出权益法和成本法处理最根本的不同点在于权益法要根据被投资单位所有者权益的份额的变动对投资的账面价值进行调整，而成本法不需要作这样的处理。

2. 适用范围

投资企业对被投资单位具有共同控制或重大影响的长期股权投资，应当采用权益法核算。

（二）权益法的具体会计核算

1. 科目设置

长期股权投资采用权益法核算的，应当分别“投资成本”“损益调整”“其他综合收益”“其他权益变动”进行明细核算。

被投资单位所有者权益变动的类型不同，使用的明细科目也不同：

（1）初始投资成本、对初始投资成本的调整，核算的科目是“长期股权投资——投资成本”；

（2）被投资单位实现的净利润或发生净亏损、分配的现金股利，核算的科目是“长期股权投资——损益调整”；

（3）被投资单位其他综合收益变动，核算的科目是“长期股权投资——其他综合收益”；

（4）被投资单位除上述内容以外的所有者权益的变动，核算的科目是“长期股权投资——其他权益变动”。

2. 会计处理

权益法的会计处理如图 8-15 所示。

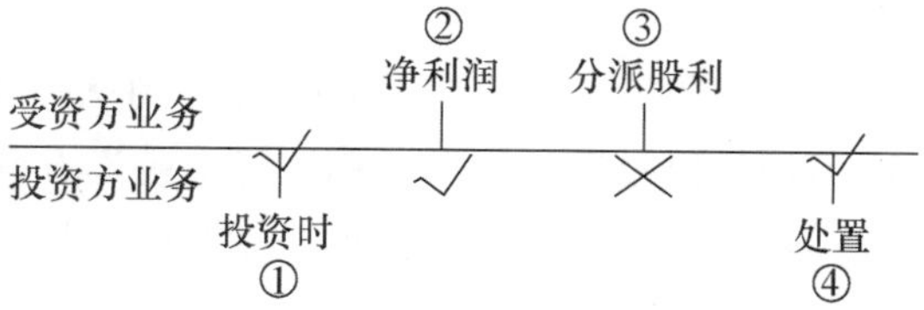

图 8-15　长期股权投资权益法核算示意图

（1）初始投资成本与被投资方可辨认净资产公允价值中属于投资方的部分之间的差额处理。

1）当初始投资成本大于在被投资方所拥有的可辨认净资产公允价值份额时。

借：长期股权投资——投资成本

　贷：银行存款等

2）当初始投资成本小于在被投资方所拥有的可辨认净资产公允价值份额时。

先确认初始投资成本：

借：长期股权投资——投资成本

　贷：银行存款等

再将差额作如下处理：

借：长期股权投资——投资成本

　贷：营业外收入

（2）被投资方发生盈亏时。

1）被投资方实现盈余时投资方的会计处理。当被投资方实现盈余时，首先将此盈余口径调整为公允口径，再根据公允口径的净利润乘以投资方的持股比例即为投资收益额，具体分录如下：

借：长期股权投资——损益调整（被投资方实现的公允净利润×投资方的持股比例）

　贷：投资收益

【例题 11 · 实操题】甲公司 2022 年 1 月 10 日取得乙企业 30%的股权，取得投资时被投资方的固定资产公允价值为 1 200 万元，账面价值为 600 万元，固定资产的预计尚可使用年限为 10 年，净残值为零，按照直线法计提折旧。假设被投资方 2020 年度利润表中净利润为 500 万元。

【解析】会计处理如下（单位为万元）：

被投资方的公允折旧口径=1 200/10=120（万元）

被投资方的账面折旧口径=600/10=60（万元）

因折旧造成的差异＝120－60＝60(万元)

由此调整的被投资方公允净利润＝500－60＝440(万元)

投资方由此认定的投资收益＝440×30%＝132(万元)

借：长期股权投资——损益调整　132

　贷：投资收益　132

2）被投资方发生亏损时投资方的会计处理。投资方确认被投资方发生的净亏损，应当以长期股权投资的账面价值以及其他实质上构成对被投资方净投资的长期权益（长期应收款）减记至零为限，投资方负有承担额外损失义务的除外。因此，在确认应分担被投资方发生的亏损时，应当按照以下顺序进行处理：

①冲减长期股权投资的账面价值。

②如果长期股权投资的账面价值不足以冲减，应当以其他实质上构成对被投资方净投资的长期权益账面价值为限继续确认投资损失，冲减长期权益的账面价值。

③在进行上述处理后，按照投资合同或协议约定企业仍承担额外义务的，应按预计承担的义务确认预计负债，计入当期投资损失。

被投资方以后期间实现盈利的，扣除未确认的亏损分担额后，应按与上述顺序相反的顺序处理，减记已确认预计负债的账面余额、恢复其他长期权益以及长期股权投资的账面价值，同时确认投资收益。

投资方在确认应享有被投资方净损益的份额时，均应当以取得投资时被投资方各项可辨认资产等的公允价值为基础，对被投资方的净利润进行调整后确认。

被投资方亏损时一般会计分录为：

借：投资收益

　贷：长期股权投资——损益调整（以长期股权投资的账面价值为冲抵上限）

　　长期应收款（如果投资方拥有被投资方的长期债权，超额亏损应视为此债权的减值，冲抵长期应收款）

　　预计负债（如果投资方对被投资方的亏损承担连带责任，需将超额亏损列入预计负债；如果投资方无连带责任，则应将超额亏损列入备查簿）

将来被投资方实现盈余时，先冲备查簿中的亏损额，再作如下反调分录：

借：预计负债（先冲当初列入的预计负债）

　长期应收款（再恢复当初冲减的长期应收款）

　长期股权投资——损益调整（最后恢复长期股权投资）

　贷：投资收益

3）对内部交易的调整。在确认投资收益时，除考虑公允价值的调整外，对于投资企业与其联营企业及合营企业之间发生的未实现内部交易损益应予抵销。顺流交易和逆流交易如图8－16所示。

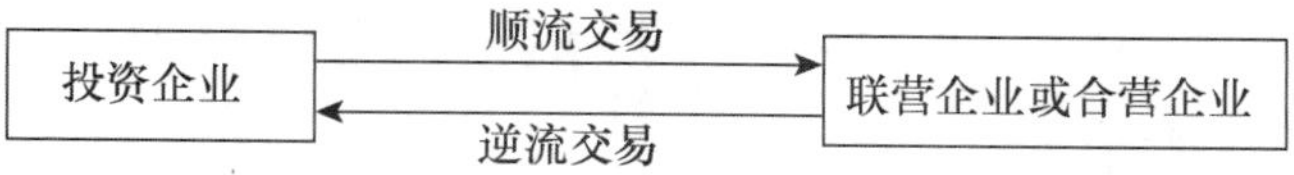

图 8－16　权益法下顺逆流销售示意图

【例题 12·实操题】甲公司 2021 年 1 月取得乙公司 20%的有表决权股份，具备重大影响能力。投资当日，乙公司各项可辨认资产、负债的公允价值与其账面价值相同。2021 年 8 月，乙公司将其成本为 300 万元的商品以 400 万元的价格卖给甲公司，甲公司将取得的商品作为存货，至 2021 年 12 月 31 日，甲公司将该批存货的 40%卖给了外部独立第三方。乙公司 2021 年实现净利润 1 000 万元。假定不考虑所得税因素。

【解析】会计分录单位为万元。

(1) 乙公司销售商品给甲公司，而甲公司当年并未售出其中的 60%，应界定逆销形成的未实现内部收益 60 万元。

(2) 甲公司在按照权益法确认应享有乙公司 2021 年净损益时。

借：长期股权投资——损益调整（[1 000－(400－300)×60%]×20%）　188

　贷：投资收益　188

(3) 假定 2022 年，甲公司将余下的存货出售给了外部独立第三方，则该部分内部交易损益已经实现，甲公司在确认应享有乙公司 2022 年净损益时，应考虑将原未确认的该部分内部交易损益计入投资损益。假设乙公司 2022 年实现的净利润为 800 万元。甲公司的会计处理如下：

借：长期股权投资——损益调整（(800＋60)×20%）　172

　贷：投资收益　172

【例题 13·实操题】甲公司持有乙公司 20%的有表决权股份，能够对乙公司施加重大影响。2020 年 9 月，甲公司将其账面价值为 400 万元的商品以 600 万元的价格出售给乙公司，乙公司将取得的商品作为管理用固定资产，采用直线法折旧，预计使用寿命为 10 年，净残值为零。假定甲公司取得该项投资时，乙公司各项可辨认资产、负债的公允价值与其账面价值相同，两者在以前期间未发生过内部交易。乙公司 2020 年实现净利润 900 万元。不考虑相关税费等其他因素影响。

【解析】会计分录单位为万元。

(1) 甲公司将商品卖给乙公司实现盈余 200 万元，而乙公司当作固定资产，当年提了 3 个月的折旧，即折旧进度为 1/40，此业务应界定为顺销形成的未实现总收益 200 万元，因折旧而实现未实现收益 5 万元，即截至年末累计未实现内部收益为 195 万元。

(2) 甲公司基于乙公司当年的净利润作如下账务处理：

借：长期股权投资——损益调整（[900－(200－200/10×3/12)]×20%）　141

　贷：投资收益　141

(3) 假设乙公司 2021 年实现净利润 500 万元，当年因提取折旧又实现 20 万元的未实现内部收益，则甲公司当年的投资收益认定如下：

借：长期股权投资——损益调整（(500＋200/10)×20%）　　104

　贷：投资收益　　104

【例题14·实操题】甲公司持有乙公司20%的有表决权股份，能够对乙公司施加重大影响。2020年，甲公司将其账面价值200万元的商品以160万元的价格出售给乙公司。至2020年12月31日，该批商品尚未对外部第三方出售。甲公司取得该项投资时，乙公司各项可辨认资产、负债的公允价值与其账面价值相同，两者在以前期间未发生过内部交易。乙公司2020年实现净利润300万元。不考虑相关税费等其他因素影响。

【解析】会计分录单位为万元。

(1) 甲公司将账面价值200万元的商品以160万元的低价卖给乙公司，如非客观损失，则界定为未实现内部交易损失40万元，甲公司当年的投资收益处理如下：

借：长期股权投资——损益调整（(300＋40)×20%）　　68

　贷：投资收益　　68

(2) 假设2021年乙公司实现净利润500万元，且乙公司将此存货卖给了外部独立第三方，则甲公司投资收益处理如下：

借：长期股权投资——损益调整（(500－40)×20%）　　92

　贷：投资收益　　92

(3) 如果当初的低价交易形成的损失是客观损失，则不能界定为未实现内部交易损失，甲公司2020年的投资收益处理如下：

借：长期股权投资——损益调整（300×20%）　　60

　贷：投资收益　　60

(3) 被投资方分红时。

1) 被投资方分派现金股利时。直接根据总的分红额乘以持股比例认定投资方享有的现金股利额，作如下会计处理：

宣告时：

借：应收股利

　贷：长期股权投资——损益调整

发放时：

借：银行存款

　贷：应收股利

2) 被投资方分派股票股利时。由于股票股利仅是将被投资方的未分配利润转化为股本，其本质是对现有所有者权益结构进行再调整，该业务既不会增加企业的资产，也不会增加企业的负债，更不会增加业主权益。因此，作为投资方，无论成本法还是权益法，均不能将其认定为投资收益，只需在备查簿中登记由此而增加的股份额即可。

【提示】权益法下分红的会计处理与成本法下分红的会计处理进行对比掌握。

【例题15·单选题】2×20年4月1日，甲公司以账面价值1 400万元、公允价值

1 500 万元的一项专利权换得丁公司持有的乙公司 30%的股权，能够对乙公司施加重大影响。投资当日，乙公司的账面净资产和可辨认净资产的公允价值均为 3 500 万元。甲公司另行支付相关税费 20 万元。2×20 年 4 月 21 日，乙公司宣告分派现金股利 200 万元，并于 5 月 10 日发放。

2×20 年乙公司实现公允净利润 600 万元（其中 1～3 月公允净利润为 200 万元）。2×21 年 4 月 25 日，乙公司宣告分派现金股利 300 万元，并于 5 月 20 日发放红利。2×21年乙公司实现公允净利润 500 万元，则 2×21 年末甲公司的长期股权投资账面余额为（　　）万元。

A. 1 640　　B. 1 720　　C. 1 520　　D. 1 840

【正确答案】A

【答案解析】

(1) 甲公司持有的长期股权投资的初始投资成本＝1 500＋20＝1 520 万元，由于甲公司按权益法核算投资，而当天乙公司可辨认净资产公允价值中属于甲公司的额度为 1 050 万元（3 500×30%），产生商誉 470 万元，在账上不予确认。

(2) 2×20 年乙公司宣告发放红利时甲公司应冲减长期股权投资账面价值 60 万元（200×30%）。

(3) 2×20 年末甲公司因乙公司实现盈余而增加的长期股权投资账面价值＝(600－200)×30%＝120 万元。

(4) 2×21 年乙公司宣告发放红利时甲公司应冲减的长期股权投资账面价值＝300×30%＝90 万元。

(5) 2×21 年末甲公司因乙公司实现盈余而增加的长期股权投资账面价值＝500×30%＝150 万元。

(6) 甲公司 2×21 年末长期股权投资的账面余额＝1 520－60＋120－90＋150＝1 640万元。

(4) 被投资方其他综合收益发生变动时。

1) 被投资方其他综合收益发生变动的，投资方应当按照归属于本企业的部分，相应调整长期股权投资的账面价值，同时增加或减少其他综合收益。

借：长期股权投资——其他综合收益

　贷：其他综合收益（或相反分录）

2) 投资方全部处置权益法核算的长期股权投资时，原权益法核算的相关其他综合收益应当在终止采用权益法核算时全部计入投资收益；投资方部分处置权益法核算的长期股权投资，剩余股权仍采用权益法核算的，原权益法核算的相关其他综合收益按比例结转计入投资收益。但由于被投资方其他综合收益不能重分类进损益的除外。

借：其他综合收益

　贷：投资收益（或相反分录）

需要强调的是，投资方按权益法确认应分担被投资方的净亏损或被投资方其他综合收益减少净额，将有关长期股权投资冲减至零并产生了未确认投资净损失（注意亏损类型可能是上述两种情况）的，被投资方在以后期间实现净利润或其他综合收益增加净额时，投资方应当按照以前确认或登记有关投资净损失时的相反顺序进行会计处理，即依次减记未确认投资净损失金额、恢复其他长期权益和恢复长期股权投资的账面价值，同时，投资方还应当重新复核预计负债的账面价值。

【例题 16 · 实操题】 华联公司持有 G 公司 25%的股份，能够对 G 公司施加重大影响，采用权益法核算。2×21 年 12 月 31 日，G 公司持有的一项成本为 1 500 万元的其他权益工具投资，公允价值升至 2 000 万元，G 公司按公允价值超过成本的差额 500 万元调增该项其他权益工具投资的账面价值，并计入其他综合收益。

【解析】 华联公司的会计处理如下：

应享有其他综合收益份额＝500×25%＝125(万元)

借：长期股权投资——其他综合收益　　1 250 000

　贷：其他综合收益　　1 250 000

（5）其他所有者权益发生变动时。

1）被投资方接受其他股东的资本性投入；

2）被投资方发行可分离交易的可转债中包含的权益成分；

3）以权益结算的股份支付；

4）其他股东对被投资方增资导致投资方持股比例变化等。

借：长期股权投资——其他权益变动

　贷：资本公积——其他资本公积（或相反分录）

投资方在后续处置股权投资但对剩余股权仍采用权益法核算时，应按处置比例将这部分资本公积转入当期投资收益；对剩余股权终止权益法核算时，将这部分资本公积全部转入当期投资收益。

借：资本公积——其他资本公积

　贷：投资收益（或相反分录）

【例题 17 · 实操题】 C 有限公司 2×21 年 1 月 10 日向 F 公司投资 8 000 000 元，拥有该公司 20%的股份，并对该公司有重大影响，对 F 公司长期股权投资采用权益法核算。2×21 年 12 月 31 日，F 公司除净利润、其他综合收益和利润分配之外的所有者权益增加了 1 000 000 元。除此之外，F 公司的所有者权益没有变化，C 有限公司的持股比例没有变化，F 公司资产的公允价值与其账面价值也相同，双方当期及以前期间未发生任何内部交易。

【解析】 C 有限公司的会计处理如下：

C 有限公司对 F 公司投资增加的资本公积＝1 000 000×20%＝200 000(元)

借：长期股权投资——其他权益变动　　200 000

　贷：资本公积——其他资本公积　　200 000

【例题18·综合题】 A公司系增值税一般纳税人，假设2019—2022年有关投资业务如下：

(1) A公司2019年4月1日以自身权益工具及原材料为对价支付给B公司的原股东，取得B公司20%的股权。A公司向B公司的原股东定向增发本公司普通股股票1 000万股，每股面值1元，市价5.56元；原材料的账面价值为1 700万元，公允价值为2 000万元，增值税税率为13%。当日对B公司董事会进行改组，改组后B公司董事会由9人组成，A公司委派1名，B公司章程规定，公司财务及生产经营的重大决策应由董事会1/2以上的董事同意方可实施。

投资日B公司可辨认净资产公允价值为40 000万元，除某无形资产公允价值高于账面价值2 400万元以外，其他各项资产、负债的公允价值与账面价值相同。上述无形资产自取得之日起预计尚可使用8年，按直线法摊销，预计净残值为零。双方采用的会计政策、会计期间相同，暂不考虑所得税影响因素。会计处理如下（单位为万元，下同）：

借：长期股权投资——投资成本（40 000×20%） 8 000
　贷：股本 1 000
　　资本公积——股本溢价 4 560
　　其他业务收入 2 000
　　应交税费——应交增值税（销项税额） 260
　　营业外收入 180

(2) 2019年B公司向A公司销售商品2 000件，每件成本为2万元，售价为3万元，A公司作为存货且当年已经对外销售1 000件。2019年度B公司实现净利润7 300万元。

调整后的净利润=7 300−2 400/8−1 000×(3−2)=6 000(万元)

借：长期股权投资——损益调整（6 000×20%） 1 200
　贷：投资收益 1 200

2019年末长期股权投资的账面价值=8 000+1 200=9 200(万元)

(3) 2020年2月5日，B公司董事会提出2019年度利润分配方案，按照2019年实现净利润的10%提取盈余公积，发放现金股利4 000万元。

不需编制会计分录。

(4) 2020年3月5日，B公司股东大会批准董事会提出的2019年度利润分配方案，按照2019年实现净利润的10%提取盈余公积，发放现金股利改为5 000万元。

借：应收股利（5 000×20%） 1 000
　贷：长期股权投资——损益调整 1 000

(5) 2020年B公司因可重分类进损益的其他综合收益增加800万元，除净损益、其他综合收益以及利润分配以外的所有者权益的其他变动增加200万元。

借：长期股权投资——其他综合收益（800×20%） 160
　贷：其他综合收益 160

借：长期股权投资——其他权益变动（200×20%）　　40

　　贷：资本公积——其他资本公积　　40

（6）2020年5月10日，上年B公司向A公司销售的剩余1 000件商品，A公司已全部对外销售。2020年度B公司发生净亏损21 900万元。

调整后的净利润＝－21 900－2 400/8＋1 000＝－21 200(万元)

借：投资收益（21 200×20%）　　4 240

　　贷：长期股权投资——损益调整　　4 240

2020年末长期股权投资的账面价值＝9 200－1 000＋160＋40－4 240＝4 160(万元)

（7）2020年度A公司对B公司的长期股权投资出现减值迹象，经过减值测试可收回金额为4 000万元。

借：资产减值损失（4 160－4 000）　　160

　　贷：长期股权投资减值准备　　160

（8）2021年度未发生内部交易。2021年度B公司发生净亏损20 700万元。假定A公司应收B公司的长期款项为60万元且实质上构成对其的净投资额，此外，投资合同约定，若B公司发生亏损，A公司需要按照持股比例承担额外损失的最高限额为80万元。

调整后的净利润＝－20 700－2 400/8＝－21 000(万元)

应承担的亏损额＝21 000×20%＝4 200(万元)

长期股权投资的账面价值＝4 000(万元)

实际承担的亏损额＝4 000＋60＋80＝4 140(万元)

未承担的亏损额＝4 200－4 140＝60(万元)(备查)

借：投资收益　　4 140

　　贷：长期股权投资——损益调整　　4 000

　　　　长期应收款　　60

　　　　预计负债　　80

到此为止，长期股权投资的账面价值＝0，长期股权投资的明细科目余额＝0。

长期股权投资相关明细账户余额如图8－17所示。

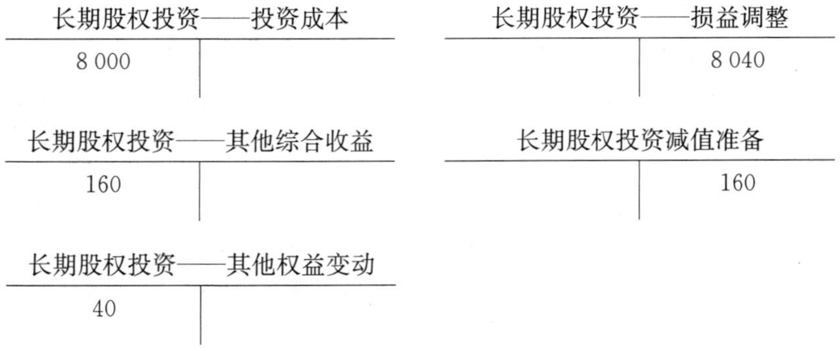

图8－17　权益法下长期股权投资明细账户余额示意图

（9）2022 年度 B 公司实现净利润 30 200 万元。

调整后的净利润＝30 200－2 400/8＝29 900（万元）

借：预计负债　80
　　长期应收款　60
　　长期股权投资——损益调整　5 780
　贷：投资收益（29 900×20%－未承担的亏损额 60）　5 920

长期股权投资的账面价值＝5 780（万元）

（10）2023 年 1 月 10 日，A 公司出售对 B 公司的投资，出售价款为 15 000 万元。

借：银行存款　15 000
　　长期股权投资——损益调整（－8 040＋5 780）　2 260
　　长期股权投资减值准备　160
　贷：长期股权投资——投资成本　8 000
　　　　　　　　　——其他综合收益　160
　　　　　　　　　——其他权益变动　40
　　　投资收益　9 220
借：其他综合收益　160
　　资本公积——其他资本公积　40
　贷：投资收益　200

【小结】长期股权投资后续计量的成本法、权益法会计核算对比如表 8－3 所示。

表 8－3　长期股权投资成本法与权益法核算比较表

事项	成本法	权益法
投资	借：长期股权投资 　贷：其他货币资金	借：长期股权投资——投资成本 　贷：其他货币资金 借：长期股权投资——投资成本 　贷：营业外收入
发生盈余		借：长期股权投资——损益调整 　贷：投资收益
宣告发放现金股利	借：应收股利 　贷：投资收益	借：应收股利 　贷：长期股权投资——损益调整
收到股利	借：其他货币资金 　贷：应收股利	
其他综合收益变动		借：长期股权投资——其他综合收益 　贷：其他综合收益
其他权益变动		借：长期股权投资——其他权益变动 　贷：资本公积——其他资本公积
减值	借：资产减值损失 　贷：长期股权投资减值准备	

续表

事项	成本法	权益法
处置	借：其他货币资金 　　长期股权投资减值准备 　贷：长期股权投资 　　　投资收益	借：其他货币资金 　　长期股权投资减值准备 　贷：长期股权投资——投资成本 　　　　　　　　　——损益调整 　　　　　　　　　——其他权益变动 　　　　　　　　　——其他综合收益 　　　投资收益 借：资本公积——其他资本公积 　　其他综合收益 　贷：投资收益

【延伸思考】为什么会计准则规定母公司对子公司的长期股投资不能采用权益法，只能采用成本法核算？

（1）由于母公司可以控制子公司，基于自身利益考虑，可能会操纵子公司的利润，使子公司“制造”账面利润。如果允许母公司采用权益法核算，就会导致母公司账面上也“制造”出利润，一举两得。但如果这样，两个公司的会计信息（尤其是利润信息）都不真实。

（2）母公司故意“制造”超前分配利润，然后逼迫子公司再融资（当子公司是上市公司时），将再融资的资金支付给母公司，作为应当分配给母公司的利润，甚至以大股东的身份向子公司借款，最终导致“掏空”子公司的后果。

三、长期股权投资成本法与权益法的转换

长期股权投资在持有期间因各方面情况的变化，可能导致其核算需要由一种方法转换为另外一种方法。共涉及六种情形，如图8-18所示。

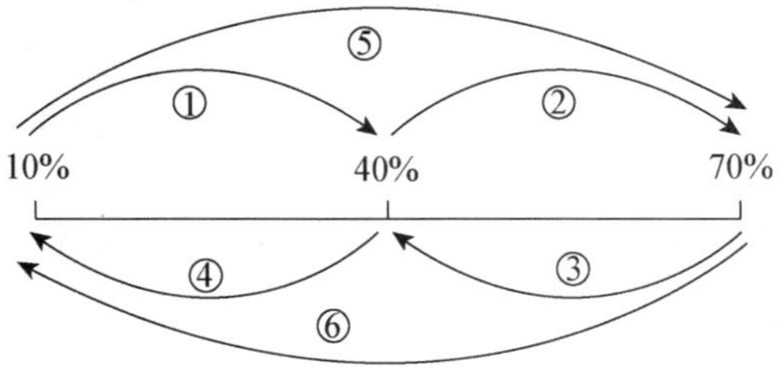

图8-18　长期股权投资转换示意图

说明：假定条件如下：10%（金融资产）；40%（权益法）；70%（成本法）
①10%（金融资产）→40%（权益法）
②40%（权益法）→70%（成本法）【涉及合并报表】
③70%（成本法）→40%（权益法）【涉及合并报表】
④40%（权益法）→10%（金融资产）
⑤10%（金融资产）→70%（成本法）【涉及合并报表】
⑥70%（成本法）→10%（金融资产）【涉及合并报表】

这里重点介绍成本法与权益法间的转换。

（一）成本法转权益法的核算

1. 核算的基本理念

投资方由于处置部分权益性投资等原因丧失了对被投资单位的控制的，在编制个别财务报表时，处置后的剩余股权能够对被投资单位实施共同控制或施加重大影响的，应当改按权益法核算，并对该剩余股权视同自取得时即采用权益法核算进行追溯调整，如图8-19所示。

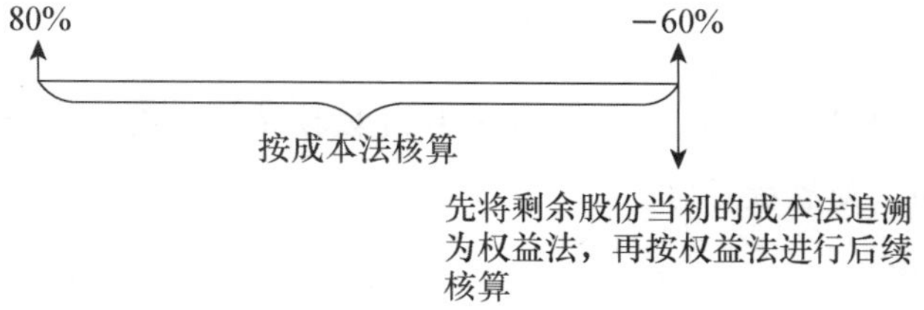

图8-19　长期股权投资成本法转权益法追溯调整示意图

【延伸思考】为什么要追溯调整呢？

由于权益法下的核算是以享有被投资方净资产的份额作为长期股权投资账面价值的核算依据与标准的，如果对其原有的部分不作调整，那么在符合权益法核算的时点上，其享有的被投资方的净资产的公允价值的份额与账面上的长期股权投资的价值就不相等了，自然就会出现核算上的严重问题。通过追溯调整，将其原持有部分调整到权益法形成的时点上来，调整的思路是将原持有部分看作自始就是权益法核算，则调整过程就是将原成本法还原为权益法的过程。这属于会计政策变更，所以必须追溯调整。

2. 核算案例

【例题19·实操题】M公司2021年1月10日购入N公司80%的股份作为长期股权投资核算，以银行存款支付买价320万元，假定无相关税费。当日N公司可辨认净资产的公允价值为350万元。M公司能够控制N公司的财务、经营政策，采用成本法核算。M公司按净利润的10%提取法定盈余公积。

2021年N公司发生如下经济业务：

（1）分红40万元；

（2）全年实现净利润300万元；

（3）年末N公司持有的其他权益工具投资增值20万元。

2022年初M公司卖出N公司60%的股份，假定无相关税费，卖价290万元。至此，M公司对N公司的持股比例为20%，达到重大影响。

【解析一】2021年M公司成本法的会计处理如下（单位为万元，下同）：

（1）初始投资时。

借：长期股权投资　　320

　贷：银行存款　　320

（2）N 公司分红时。

宣告时：

借：应收股利　　32

　贷：投资收益　　32

发放时：

借：银行存款　　32

　贷：应收股利　　32

（3）截至 2021 年末 M 公司对 N 公司长期股权投资的账面余额为 320 万元。

（4）2022 年初，处置投资时。

借：银行存款　　290

　贷：长期股权投资（320×（60%÷80%））　　240

　　投资收益　　50

（5）处置后剩余股份的账面余额为 80 万元。

【解析二】 2022 年初 M 公司因持股比例下降对长期股权投资的核算方法由成本法改为权益法，并对 2021 年的成本法核算进行追溯调整。

追溯 1：初始投资的追溯，如表 8-4 所示。

表 8-4　长期股权投资成本法转权益法追溯调整分析表　　单位：万元

成本法	追溯分录	权益法
借：长期股权投资　80 　贷：银行存款　80	无须追溯	借：长期股权投资　80 　贷：银行存款　80 占 N 公司可辨认净资产公允价值的份额为 70 万元（350×20%），形成商誉 10 万元，无须账务处理
假设 N 公司 2021 年初可辨认净资产的公允价值为 500 万元，则解析如下：		
借：长期股权投资　80 　贷：银行存款　80	借：长期股权投资　20 贷：盈余公积　2 　利润分配——未分配利润　18	借：长期股权投资　80 　贷：银行存款　80 占 N 公司可辨认净资产公允价值的份额为 100 万元，形成贷差 20 万元，分录如下： 借：长期股权投资　20 　贷：营业外收入　20

【理论总结】

追溯认定剩余股份原投资时被投资方公允净资产中属于投资方的部分与初始投资成本之间的差额：

1）初始投资成本大于被投资方可辨认净资产公允价值份额的差额，属于通过投资作价体现的商誉部分，不调整长期股权投资的账面价值；

2）初始投资成本小于应享有被投资方可辨认净资产公允价值份额的差额，应调整长期股权投资的账面价值，同时调整留存收益。相应分录如下：

借：长期股权投资

　贷：盈余公积

　　利润分配——未分配利润

注：如果追溯的是当年的贷差，则应贷记“营业外收入”。

追溯2：追溯认定成本法核算期间被投资方盈亏的影响，如表8-5所示。

表8-5　追溯认定成本法核算期间被投资方盈亏的影响分析表　　单位：万元

成本法	追溯分录	权益法
无	借：长期股权投资　60 　贷：盈余公积　6 　　利润分配——未分配利润　54	借：长期股权投资　60 　贷：投资收益　60

【理论总结】

对于购买日之后到丧失控制权之间被投资方可辨认净资产公允价值的变动相对于原持股比例的部分，属于在此期间被投资方实现净损益中应享有份额的，应调整长期股权投资的账面价值，同时调整留存收益（截至收回投资当年初的被投资方实现损益的归属）或投资收益（收回投资当年初至收回投资当日被投资方损益额的归属）。

被投资方实现盈余时投资方的一般分录如下：

借：长期股权投资

　贷：盈余公积

　　利润分配——未分配利润（截至收回投资当年初的被投资方实现损益的归属）

　　投资收益（减资当年初至减资当日被投资方损益的归属）

注：被投资方发生亏损时投资方的一般分录与上述分录相反。

追溯3：追溯认定被投资方分红的影响，如表8-6所示。

表8-6　追溯认定被投资方分红的影响分析表　　单位：万元

成本法	追溯分录	权益法
借：应收股利　8 　贷：投资收益　8	借：盈余公积　0.80 　　利润分配——未分配利润　7.20 　贷：长期股权投资　8.00	借：应收股利　8 　贷：长期股权投资　8

【理论总结】

借：盈余公积

　利润分配——未分配利润（如果追溯的是当年的分红影响，则应借记“投资收益”）

　贷：长期股权投资

追溯4：追溯认定被投资方其他综合收益或其他权益变动的影响，如表8-7所示。

表8-7　追溯认定被投资方其他综合收益或其他权益变动的影响分析表　单位：万元

成本法	追溯分录	权益法
无	借：长期股权投资　4 　贷：其他综合收益　4	借：长期股权投资　4 　贷：其他综合收益　4

至此，M公司对N公司20%长期股权投资追溯后的余额=80+60-8+4=136万元。

【理论总结】

因被投资方其他综合收益或其他所有者权益变动导致的长期股权投资价值调整，在调整长期股权投资账面价值的同时，应当记入“其他综合收益”或“资本公积——其他资本公积”，一般分录如下：

借：长期股权投资——其他综合收益
　　　　　　　　——其他权益变动
　贷：其他综合收益
　　　资本公积——其他资本公积

【例题20·实操题】A公司2020—2021年投资业务如下：

资料一：2020年1月2日，A公司以一项投资性房地产作为对价，从非关联方购入B公司60%的股权并取得控制权，投资性房地产的公允价值为6 300万元，账面价值为5 000万元（其中，成本为2 000万元，公允价值变动为3 000万元），此外自用房地产转为投资性房地产时产生其他综合收益1 000万元。B公司可辨认净资产公允价值总额为10 000万元（假定公允价值与账面价值相同）。A公司和B公司在合并前后未受同一方最终控制，当日起主导B公司财务和经营政策。暂不考虑增值税、所得税的影响。

【解析】A公司的会计处理如下（单位为万元，下同）：

借：长期股权投资　6 300
　贷：其他业务收入　6 300
借：其他业务成本　1 000
　　公允价值变动损益　3 000
　　其他综合收益　1 000
　贷：投资性房地产　5 000

合并商誉=6 300-10 000×60%=300(万元)

资料二：2020年B公司实现净利润1 000万元，B公司当期将作为存货的房地产转换为以公允价值模式计量的投资性房地产，转换日公允价值大于账面价值180万元，计入其他综合收益；B公司重新计量设定受益计划净负债或净资产所产生的变动为20万元，B公司除净损益、其他综合收益和利润分配以外的增加其他所有者权益变动为100万元。假定B公司一直未进行利润分配。

【解析】不编制会计分录。

资料三：2021 年 7 月 1 日，A 公司将其持有的 B 公司 40%的股权出售给某企业，取得价款 5 000 万元，出售后仍持有 B 公司 20%的股权，并在 B 公司董事会指派了一名董事。对 B 公司长期股权投资应由成本法改为权益法核算。假设 2021 年前 6 个月 B 公司实现的净利润为 560 万元，分配现金股利 60 万元，2021 年 7 月 1 日 B 公司可辨认净资产公允价值总额为 9 790 万元（其中一项 X 存货公允价值高于账面价值的差额为 90 万元）。A 公司按净利润的 10%提取盈余公积。

【解析】A 公司的会计处理如下：

(1) 2021 年 7 月 1 日，确认长期股权投资处置损益。

借：银行存款	5 000	
贷：长期股权投资（6 300×40%/60%）		4 200
投资收益		800

(2) 2021 年 7 月 1 日，调整长期股权投资账面价值。

剩余长期股权投资的账面价值=6 300−4 200=2 100 万元，大于原剩余投资时应享有的被投资单位可辨认净资产公允价值的份额 100 万元（2 100−10 000×20%），为商誉，该部分商誉的价值不需要对长期股权投资的成本进行调整。

两个交易日之间的调整，处置投资以后按照持股比例计算享有被投资单位自购买日至处置投资当期期初之间实现的净损益的份额为 200 万元（1 000×20%），应调整增加长期股权投资的账面价值，同时调整留存收益；处置期初至处置日之间实现的净损益的份额为 100 万元（500×20%），应调整增加长期股权投资的账面价值，同时计入当期投资收益。

借：长期股权投资——损益调整（1 500×20%）	300	
——其他综合收益（200×20%）	40	
——其他权益变动（100×20%）	20	
贷：盈余公积（1 000×20%×10%）		20
利润分配——未分配利润（1 000×20%×90%）		180
投资收益（500×20%）		100
其他综合收益		40
资本公积——其他资本公积		20

（二）权益法转成本法的核算

1. 核算的基本理念

因追加投资导致原持有的对联营企业或合营企业的投资转变为对子公司投资的，长期股权投资账面价值的调整应当按照分步实现企业合并的原则处理。除此之外，因收回投资等导致长期股权投资的核算由权益法转换为成本法的，应以转换时长期股权投资的账面价值作为按照成本法核算的基础，如图 8-20 所示。

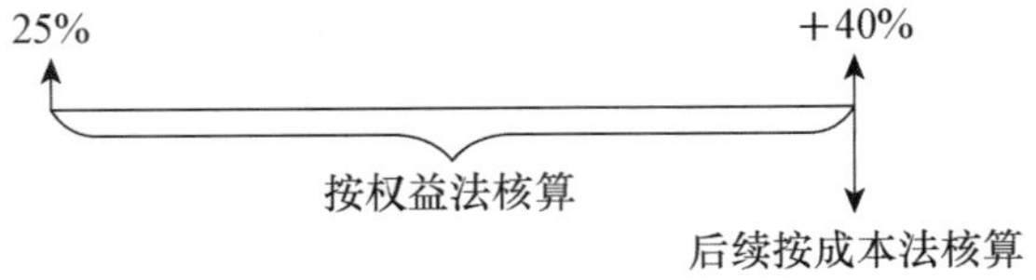

图8-20　长期股权投资权益法转成本法核算示意图

2. 核算案例

【例题21·实操题】 2×20年1月5日，华联公司以5 600万元的价款取得R公司30%的股份，能够对R公司施加重大影响，采用权益法核算。当日，R公司的可辨认净资产公允价值为19 000万元。由于该项投资的初始成本小于投资时应享有R公司可辨认净资产公允价值的份额5 700万元（19 000×30%），因此，华联公司按照其差额调增了该项股权投资的成本100万元，同时，计入当期营业外收入。2×20年度，R公司实现净收益1 000万元，未分配现金股利，华联公司已将应享有的收益份额300万元（1 000×30%）作为投资收益确认入账，并相应调整了长期股权投资的账面价值。除实现净损益外，R公司在此期间还确认了其他权益工具投资公允价值变动利得500万元，华联公司已将应享有的其他综合收益变动份额150万元（500×30%）作为其他综合收益确认入账，并相应调整了长期股权投资的账面价值。2×21年2月10日，华联公司又以4 800万元的价款取得R公司25%的股份。至此，华联公司对R公司的持股比例已增至55%，对R公司形成控制，长期股权投资的核算方法由权益法转为成本法。

【解析】 相关会计处理如下（单位为万元）：

（1）假定该项合并为同一控制下的企业合并。合并日，R公司所有者权益的账面价值为20 000万元。

原持有股份按权益法核算的账面价值＝5 600＋100＋300＋150＝6 150(万元)

成本法下的初始投资成本＝20 000×55%＝11 000(万元)

借：长期股权投资——R公司	11 000	
贷：长期股权投资——R公司（投资成本）		5 700
——R公司（损益调整）		300
——R公司（其他综合收益）		150
银行存款		4 800
资本公积——股本溢价		50

（2）假定该项合并为非同一控制下的企业合并。

成本法下的初始投资成本＝6 150＋4 800＝10 950(万元)

借：长期股权投资——R公司	10 950	
贷：长期股权投资——R公司（投资成本）		5 700
——R公司（损益调整）		300
——R公司（其他综合收益）		150

银行存款　4 800

【延伸思考】华联公司采用权益法核算期间确认的在R公司其他权益工具投资公允价值变动中应享有的份额150万元，不能自其他综合收益转为本期投资收益（因为未发生处置），而应待将来处置该项长期股权投资时转为处置当期投资收益。

第四节　长期股权投资的减值与处置

一、长期股权投资的减值

长期股权投资的期末计价，应遵循可收回金额与账面价值孰低原则。投资账面价值高于可收回金额的，按其差额借记“资产减值损失”科目，贷记“长期股权投资减值准备”科目。

长期股权投资减值损失一经确认，在以后会计期间不得转回。

【例题22·实操题】2×21年12月31日，甲公司将其持有的乙公司普通股股票作为长期股权投资进行核算，其账面价值为1 350 000元。由于乙公司当年度经营不善，资金周转发生困难，其股票市场价值下跌至1 140 000元，短期内难以恢复。假设甲公司本年度首次对其计提长期股权投资减值准备，计提的长期股权投资减值准备金额为210 000元（1 350 000－1 140 000）。

【解析】甲公司的会计处理如下：

借：资产减值损失　210 000

　贷：长期股权投资减值准备　210 000

二、长期股权投资的处置

（一）会计处理原则

企业处置长期股权投资时，应相应结转与所售股权相对应的长期股权投资的账面价值，出售所得价款与处置长期股权投资账面价值之间的差额，应确认为处置损益。采用权益法核算的长期股权投资，原计入其他综合收益、资本公积——其他资本公积中的金额，在处置时亦应进行结转，将与所出售股权相对应的部分在处置时自其他综合收益、资本公积——其他资本公积转入当期损益或留存收益。

【延伸思考】因被投资单位设定受益计划净负债或净资产变动而确认的其他综合收益和被投资单位持有其他权益工具投资变动而确认的其他综合收益，不转入投资收益。

(二) 处置长期股权投资的会计处理

1. 成本法下处置长期股权投资的一般分录

借：银行存款
　　长期股权投资减值准备
　贷：长期股权投资
　　　投资收益（倒挤）

2. 权益法下处置长期股权投资的一般分录

借：银行存款
　　长期股权投资减值准备
　　资本公积——其他资本公积（如为借方余额则应在贷方冲减）
　　其他综合收益（如为借方余额则应在贷方冲减）
　贷：长期股权投资——投资成本
　　　　　　　　　——损益调整（如为贷方余额则应在借方冲减）
　　　　　　　　　——其他权益变动（如为贷方余额则应在借方冲减）
　　　　　　　　　——其他综合收益（如为贷方余额则应在借方冲减）
　　　投资收益（倒挤）
　　　盈余公积
　　　利润分配——未分配利润

【例题23·实操题】2021年5月10日，甲公司将其持有的一项以权益法核算的长期股权投资全部出售，取得价款1 200万元，当日办妥手续。出售时，该项长期股权投资的账面价值为1 100万元，其中，投资成本为700万元，损益调整为300万元，可重分类进损益的其他综合收益为100万元，暂不考虑增值税等相关税费及其他因素。

【解析】相关会计处理如下（单位为万元）：

处置长期股权投资确认的投资收益=1 200−1 100+100=200(万元)

借：银行存款	1 200	
贷：长期股权投资——投资成本		700
——损益调整		300
——其他综合收益		100
投资收益		100
借：其他综合收益	100	
贷：投资收益		100

【例题24·实操题】A企业原持有B企业40%的股权。2×21年12月20日，A企业决定出售B企业10%的股权，出售时A企业账面上对B企业长期股权投资的构成为投资成本1 800万元、损益调整480万元、其他权益变动300万元。出售取得价款705

万元。

【解析】 相关会计处理如下（单位为万元）：

（1）确认处置损益。

借：银行存款　705

　贷：长期股权投资——B企业（投资成本）　450

　　　　　　　　——B企业（损益调整）　120

　　　　　　　　——B企业（其他权益变动）　75

　　　投资收益　60

（2）除应将实际取得价款与出售长期股权投资的账面价值进行结转确认出售损益外，还应将原计入资本公积的部分按比例转入当期损益。

借：资本公积——其他资本公积　75

　贷：投资收益（300×10%/40%）　75

热点思考题

1．控制一定要求投资方持股过半吗？说说你对投资业务中控制的理解。同一控制下的企业合并与非同一控制下的企业合并的本质区别是什么？

2．长期股权投资的成本法与权益法核算上的异同有哪些？

3．对被投资单位不具有控制、共同控制、重大影响，且公允价值不能可靠计量的股权投资应如何进行会计处理？

4．成本法转换为权益法为何要追溯调整？应该怎么进行调整？

5．权益法下长期股权投资处置时“其他综合收益”及“资本公积——其他资本公积”账户的余额应如何进行会计处理？

第九章

负　债

教学导向

(1) 重点掌握应交增值税、消费税的会计处理

(2) 重点掌握应付职工薪酬的核算

(3) 理解应付账款的现金折扣处理及无法偿付的应付账款的会计处理

(4) 重点掌握借款费用资本化、费用化会计处理的界定

(5) 掌握应付债券的核算

(6) 了解长短期借款、预收账款、应付票据、其他应付款、长期应付款等负债的核算操作

课程思政

(1) 短期借款核算中的思政元素——诚信对企业融资至关重要，重视诚信，养成诚信行为习惯，不做老赖企业

(2) 应交税费核算中的思政元素——形成自觉纳税、诚信纳税、遵纪守法的税务伦理，感悟减税降费新政带来的国家发展的制度自信和道路自信

(3) 借款费用核算中的思政元素——树立精打细算、节约成本、风险防范的意识，远离网络不良信贷

第一节　流动负债

一、短期借款

(一) 短期借款的核算内容

短期借款是指企业向银行或其他金融机构等借入的期限在一年以下（含一年）的各种借款。企业取得短期银行借款一般是为了弥补自有流动资金的不足，因此属于企业流动负债。常见的短期借款主要包括：经营周转借款、临时借款、结算借款、票据贴现借

款、卖方信贷、预购定金借款和专项储备借款等。

（二）短期借款的账务处理

企业应通过“短期借款”科目核算短期借款的发生、偿还等情况。短期借款的利息一般应作为财务费用处理。具体会计处理如下：

（1）企业借入各种短期借款时。

借：银行存款

　贷：短期借款

（2）资产负债表日，核算短期借款利息费用时。

借：财务费用

　贷：银行存款（直接支付）

　　　应付利息（月末计提）

（3）期满归还本息时。

借：短期借款

　　应付利息

　贷：银行存款

【延伸思考】如果企业的短期银行借款数额不多，各月负担的利息金额不大，根据会计上的重要性原则，年内各月份也可以采用简化的核算方法，即采用借款期满一次性付息方式，一次性将全部利息费用直接计入财务费用；如果短期银行借款利息金额较大，为了正确计算各期盈亏，应按照预提的方法，采用按月预提、按季支付方式计入财务费用。

【例题 1·实操题】华夏公司 2×22 年 1 月 1 日从银行取得短期借款 100 000 元，年利率为 6%，期限为 6 个月，期满一次性还本付息。

【解析】账务处理如下：

（1）1 月 1 日，借入款项时。

借：银行存款	100 000	
贷：短期借款		100 000

（2）7 月 1 日，一次性还本付息时。

借：短期借款	100 000	
财务费用	3 000	
贷：银行存款		103 000

【例题 2·实操题】2022 年 1 月 1 日，甲公司向银行借入一笔生产经营用短期借款共计 120 万元，期限为 9 个月，年利率为 4%。根据与银行签署的借款协议，该项借款的本金到期后一次归还，利息按季支付。

【解析】甲公司应编制如下会计分录（单位为万元）：

（1）1月1日，借入短期借款。

借：银行存款　　120

　贷：短期借款　　120

（2）1月末，计提1月份应付利息。

借：财务费用　　0.40

　贷：应付利息（120×4%÷12）　　0.40

2月末计提2月利息费用的处理与1月相同。

（3）3月末，支付第一季度银行借款利息。

借：财务费用　　0.40

　　应付利息　　0.80

　贷：银行存款　　1.20

第二、第三季度的会计处理同上。

（4）10月1日，偿还银行借款本金。

借：短期借款　　120

　贷：银行存款　　120

【延伸思考】如果上述借款期限是8个月，则到期日为9月1日，8月末之前的会计处理与上述相同。9月1日偿还银行借款本金，同时支付7月和8月已提未付利息。甲公司应编制如下会计分录：

借：短期借款　　120.00

　　应付利息　　0.80

　贷：银行存款　　120.80

二、金融负债

金融负债是指企业符合下列条件之一的负债：

（1）向其他方交付现金或其他金融资产的合同义务。如：公司发行的承诺支付固定利息的公司债券。

（2）在潜在不利条件下，与其他方交换金融资产或金融负债的合同义务。如：Z公司向Y公司签出一项在6个月后以每股9元的价格购买A上市公司股票的看涨期权。6个月后标的股票的市价超过9元，则Y公司将行使期权。

（3）将来须用或可用企业自身权益工具进行结算的非衍生工具合同，且企业根据该合同将交付可变数量的自身权益工具。如：企业取得一项金融资产，并承诺两个月以后向卖方交付本企业发行的普通股，交付的普通股数量根据交付时的股价确定，则该承诺就是一项金融负债。

（4）将来须用或可用企业自身权益工具进行结算的衍生工具合同，但以固定数量的自身权益工具交换固定金额的现金或其他金融资产的衍生工具合同除外。如：甲公司2×19年2月1日向乙公司发行以自身普通股为标的的看涨期权。根据该期权合同，乙公司有权于2×20年1月31日以每股102元的价格从甲公司购入普通股1 000股。

1）期权将以普通股净额结算，若2×20年1月31日看涨期权的公允价值为2 000元（每股市价为104元），则甲公司交付普通股数量约为19.23股（2 000/104），属于金融负债。

2）期权将以普通股总额结算，即2×20年1月31日甲公司将以固定数量的自身股票1 000股换取乙公司支付的固定金额现金102 000元（1 000×102），应将该衍生工具确认为权益工具。

【延伸思考】合同负债不是金融负债，因其导致的未来经济利益流出是商品或服务，不是交付现金或其他金融资产的合同义务。

【例题3·单选题】甲公司为制造企业，下列交易或事项形成的现时义务，属于金融负债的是（　　）。

A. 为已销售产品计提的质量保证金5 000万元

B. 按年度奖金计划计提的应付职工薪酬30万元

C. 预收乙公司的商品采购款800万元

D. 向证券公司借入丙上市公司100万股股票对外出售

【正确答案】D

【答案解析】选项A，为销售产品计提的质量保证金应该按照《企业会计准则第13号——或有事项》的规定确认为一项预计负债；选项B，需要按照《企业会计准则第9号——职工薪酬》的规定，确认为一项应付职工薪酬；选项C，预收的商品采购款是一项向其他单位交付存货的义务，不符合金融负债的定义。

三、应付票据

（一）应付票据的核算内容

应付票据是由出票人出票、委托付款人在指定日期无条件支付特定金额给收款人或者持票人的票据。应付票据也是委托付款人允诺在一定时期内支付一定款额的书面证明。应付票据按是否带息分为不带息应付票据和带息应付票据两种。

对于带息应付票据，通常应在期末对尚未支付的应付票据计提利息，计入财务费用。

【例题4·单选题】下列各项中，应通过“应付票据”科目核算的是（　　）。

A. 用银行本票购买办公用品

B. 用商业汇票购买原材料

C. 用转账支票购买固定资产

D. 用银行汇票购买周转材料

【正确答案】 B

【答案解析】 选项AD，通过“其他货币资金”科目核算；选项C，通过“银行存款”科目核算。

（二）应付票据的会计核算

1. 带息应付票据的会计处理

（1）签发并承兑票据时。

借：原材料等

　　应交税费——应交增值税（进项税额）

　贷：应付票据

（2）计提利息时。

借：财务费用

　贷：应付利息

（3）偿付票据本息时。

借：应付票据

　　应付利息

　贷：银行存款/

　　短期借款（应付银行承兑汇票到期企业无力支付票款时）/

　　应付账款（应付商业承兑汇票到期企业无力支付票款时）

2. 不带息应付票据的会计处理

（1）签发并承兑票据时。

借：原材料等

　　应交税费——应交增值税（进项税额）

　贷：应付票据

（2）偿付票款时。

借：应付票据

　贷：银行存款/短期借款/应付账款（同上）

【例题5·实操题】 华夏公司赊购一批材料，不含税价格为30 000元，适用的增值税税率为13%，取得的增值税专用发票已通过认证，材料已验收入库，企业开出一张等值的4个月期限的不带息商业承兑汇票。

【解析】 相关账务处理如下：

（1）购货时。

借：原材料　　30 000
　　应交税费——应交增值税（进项税额）　　3 900
　贷：应付票据　　33 900

（2）到期付款时。

借：应付票据　　33 900
　贷：银行存款　　33 900

（3）假如该票据到期时华夏公司无力偿还这笔款项，则应将其转为应付账款。

借：应付票据　　33 900
　贷：应付账款　　33 900

（4）假如该票据为银行承兑汇票，企业到期不能支付这笔款项，则应由银行先行支付，作为对企业的短期借款。

借：应付票据　　33 900
　贷：短期借款　　33 900

四、应付账款

应付账款是指企业对外购买商品或服务时没有及时支付款项所形成的一种信用欠款。其形成的原因有两个：一是企业资金紧张，不得已而欠款；二是企业凭借自己在交易中的优势地位有意延迟付款。应付账款仅凭买卖双方的互信，合同协议是其债务关系的证明，销售方今后收款难度大，易出现“三角债”。

（一）应付账款的入账时间

应付账款的入账时间应以与所购买物资所有权有关的风险和报酬已经转移或劳务已经接受为标志。但在实际工作中应区别情况处理：

（1）在物资和发票账单同时到达的情况下，应付账款一般待物资验收入库后，才按发票账单登记入账。这主要是为了确认所购入的物资是否在质量、数量和品种上都与合同上订明的条件相符，以免因先入账而在验收入库时发现购入物资错漏、破损等问题再行调账。

（2）在物资和发票账单未同时到达的情况下，由于应付账款需根据发票账单登记入账，有时货物已到，发票账单要间隔较长时间才能到达，而因为这笔负债已经成立，应作为一项负债反映。为在资产负债表上客观反映企业所拥有的资产和承担的债务，在实际工作中采用在月份终了将所购物资和应付债务估计入账待下月初再用红字予以冲回的办法。因购买商品等产生的应付账款，应设置“应付账款”科目进行核算，用以反映这部分负债的价值。

（二）应付账款的入账金额

应付账款一般按将来的应付金额入账，而不按到期应付金额的现值入账。如果购入的资产在形成一笔应付账款时是带有现金折扣的，应付账款入账金额的确定按发票上记载的应付金额的总值（即不扣除折扣）记账。

随着企业间竞争的加剧，企业为了吸引顾客，往往采用赊销等方式。按照国际惯例，企业赊销商品时通常约定信用期限为30天。但为了鼓励买方尽早还款，卖方通常还提供一个比信用期限更短的折扣期限。折扣的条件可以表达为“2/10，n/30”等，即买方若在发票日起10天内付款，可享受2%的现金折扣，只需付98%的现款；若放弃这个折扣，须在开出发票的30天内付清全部货款，否则视为拖欠货款。

商业折扣、现金折扣对应付账款的影响如表9-1所示。

表9-1　商业折扣和现金折扣与应付账款的关系

折扣类型	形成原因	与增值税的关系	与应付账款的关系	会计处理
商业折扣	企业为促进商品销售而在商品标价上给予的价格扣除	折后计税	按折后价款加折后计税额计入应付账款	无专门的
现金折扣	债权人为鼓励债务人在规定的期限内付款而向债务人提供的债务扣除	按全款计税	按全款价税计入应付账款	有专门的

（三）应付账款的会计核算

（1）企业在购入材料、商品等时，若货款尚未支付，则根据有关凭证（发票账单、随货同行发票上记载的实际价款或暂估价值），借记“库存商品”“在途物资”等账户；按可抵扣的增值税税额，借记“应交税费——应交增值税（进项税额）”等账户；按应付的价款，贷记“应付账款”账户。

（2）企业接受供应单位提供劳务而发生的应付未付款项，根据供应单位的发票账单，借记“生产成本”“管理费用”等账户，贷记“应付账款”账户。

（3）企业开出承兑商业汇票抵付应付账款，借记“应付账款”账户，贷记“应付票据”账户。

（4）企业在规定期限内付款享受现金折扣时，借记“应付账款”账户，贷记“财务费用”“银行存款”账户。

（5）企业偿付应付账款时，借记“应付账款”账户，贷记“银行存款”账户。

（6）企业将应付账款划转出去或者确实无法支付的应付账款经批准豁免时，应按其账面余额，借记“应付账款”账户，贷记“营业外收入”账户。

【例题6·实操题】华夏公司向庆阳公司（双方均为增值税一般纳税人）购入库存商品一批，价款为20 000元，适用的增值税税率为13%，专用发票已认证，价税款尚未支付。

【解析】相关账务处理如下：

（1）购货时。

借：库存商品　　20 000

应交税费——应交增值税（进项税额） 2 600

贷：应付账款——庆阳公司 22 600

（2）支付货款时。

借：应付账款——庆阳公司 22 600

贷：银行存款 22 600

（3）假如华夏公司征得庆阳公司同意，开出期限为60天的商业承兑汇票22 600元抵付货款。

借：应付账款——庆阳公司 22 600

贷：应付票据 22 600

在赊购过程中，若销售方根据购买方的付款时间给予一定的折扣，则购买方可供选择的会计处理方法主要有总价法和净价法。

【例题7·实操题】华夏公司购入材料100 000元，付款条件是“2/10，n/30”，适用的增值税税率为13%。

【解析】会计处理如下：

（1）总价法下。

1）购入材料时。

借：在途物资 100 000

应交税费——应交增值税（进项税额） 13 000

贷：应付账款 113 000

2）材料验收入库时。

借：原材料 100 000

贷：在途物资 100 000

3）10天内付款，可得到货款2%的折扣。

借：应付账款 113 000

贷：银行存款 111 000

财务费用（100 000×2%） 2 000

（2）净价法下。

1）购入材料时。

借：在途物资 98 000

应交税费——应交增值税（进项税额） 13 000

贷：应付账款 111 000

2）材料验收入库时。

借：原材料 98 000

贷：在途物资 98 000

3）10天内付款。

借：应付账款 111 000

贷：银行存款　　111 000

4）如超过 10 天的折扣期限付款。

借：应付账款　　111 000

财务费用　　2 000

贷：银行存款　　113 000

【延伸思考】在我国，总价法符合会计准则的要求。但是，从理财角度来看，净价法比总价法更为可取。这是因为在净价法下，如果企业没有在折扣期内支付货款，则会在“财务费用”账户中反映为一项损失，从而容易引起企业管理者的注意和控制。可见，这种方法将管理和控制的观念贯穿于日常核算中。而在总价法下，所丧失的购货折扣无法得到反映，因而不利于提供引起企业管理者重视的会计信息。

【例题 8 · 实操题】由于债权单位撤销，华夏公司的应付账款中有一笔 6 000 元的货款确定无法支付，现予以转销。

【解析】账务处理如下：

借：应付账款　　6 000

贷：营业外收入　　6 000

五、预收账款

（一）预收账款发生的原因

通常情况下，企业取得的预收账款主要基于以下三种原因：

（1）发生在紧俏的商品买卖中；

（2）发生在市场需求旺盛的时期；

（3）发生在关联企业之间。

母子公司之间往往出现这样的现象，一方发生了资金困难，向另一方借款，但将借款在账簿上记录为预收账款，为什么？因为借款是一项纯粹的负债，借款越多，偿债风险越大；而预收账款是与销售业务对应的，预收账款越多，说明公司产品越受欢迎，前景越好。所以，关联企业将相互借款记录为预收账款掩盖了事实真相，对外提供了虚假的会计信息。

（二）预收账款的核算内容

预收账款是指买卖双方协议商定，由购货方预先支付一部分货款给供应方而发生的一项负债。预收账款一般按预收金额入账，预收账款的核算应视企业的具体情况而定。如果预收账款较多，则可以设置“预收账款”账户；如果预收账款不多，则可以将预收的款项直接记入“应收账款”账户的贷方，不设置“预收账款”账户。

【延伸思考】“预收账款”账户的双重性

企业在收到预收款项时，先列入“预收账款”的贷方，此时该项目表现为一项负债；等到企业发出商品时，按总的价税款列入“预收账款”的借方，由于预收款会小于实际价税款，在企业发出商品后“预收账款”的余额一般为借方，其本质为应收的性质，等同于“应收账款”。在期末列报时，如果截至期末“预收账款”为借方余额则应列入“应收账款”项目，如为贷方余额则列入“预收款项”项目。企业在预收账款业务不多时，可用“应收账款”来代替，其列报方式等同。

（三）预收账款的会计核算

（1）企业在向购货单位预收款项时，借记“银行存款”账户，贷记“预收账款”账户。

（2）当销售实现时，按照实现的收入和应交的增值税销项税额，借记“预收账款”账户；按照实现的营业收入，贷记“主营业务收入”账户；按照增值税专用发票上注明的增值税税额，贷记“应交税费——应交增值税（销项税额）”等账户。

（3）企业收到购货单位补付的款项，借记“银行存款”账户，贷记“预收账款”账户。

（4）在向购货单位退回其多付的款项时，借记“预收账款”账户，贷记“银行存款”账户。

【例题9·实操题】D公司为增值税一般纳税人，预收账款销售业务较多。2×19年6月3日，D公司与甲企业签订供货合同，向其出售一批设备，货款金额共计100 000元，应交增值税税额13 000元（已通过认证）。根据购货合同的规定，甲企业在购货合同签订一周内，应当向D公司预付货款60 000元，剩余货款在交货后付清。6月8日，D公司收到甲企业交来的预付货款60 000元，并存入银行。6月18日，D公司将货物发到甲企业并开出增值税专用发票，甲企业验收合格后付清了剩余货款。

【解析】D公司的有关会计处理如下：

（1）6月8日，收到甲企业交来的预付货款60 000元。

借：银行存款	60 000	
贷：预收账款——甲企业		60 000

（2）6月18日，D公司发货后收到甲企业剩余货款。

借：预收账款——甲企业	113 000	
贷：主营业务收入		100 000
应交税费——应交增值税（销项税额）		13 000
借：银行存款	53 000	
贷：预收账款——甲企业		53 000

【延伸思考】假设D公司预收账款销售业务不多，则可以不单独设置“预收账款”科目，所预收的货款可以通过“应收账款”科目核算。

（四）预收账款长期挂账的原因

有些企业销售商品，按预收的一部分货款，借记“银行存款”账户，贷记“预收账款”账户，一段时间后，发货了。但对方不急于要发票（有的企业本月进项税额很多，有意将本月发生的部分进项税额留到以后月份抵扣，因为当进项税额大于销项税额时，税务局并不退税，只允许留待以后抵扣），或者根本就不需要发票（购货方是小规模纳税人）。销售方就一直将预收账款挂在账上。

再者，有些企业将预收款销售方式当成了分期收款销售方式，认为货物发出后货款没有全部收到就不作销售实现，将前期收到的货款全部记入“预收账款”账户。如：某企业销售大型设备，合同约定：购货方先预付 30%定金，发货后支付 50%货款，安装调试后支付 16%货款，开票时再付 4%货款。该企业在很长的一段时间内将 96%的货款以预收账款处理。

以上做法都不符合会计准则要求。按会计有关操作规定，采取预收款销售商品时，在发货后应确认收入。企业以上不符合会计规定的做法，有的属于故意行为，为了延期确认收入，以达到推迟缴税的目的；有的属于对会计准则理解的错误，无意中造成了税收上缴的推迟。

六、应付职工薪酬

（一）职工的范围

（1）与企业订立劳动合同的所有人员，含全职、兼职和临时职工；

（2）未与企业订立劳动合同但由企业正式任命的人员，如董事会成员、监事会成员等；

（3）在企业的计划和控制下，虽未与企业订立劳动合同或未由其正式任命，但向企业所提供服务与职工所提供服务类似的人员，也属于职工范畴，包括通过企业与劳务中介公司签订用工合同而向企业提供服务的人员。

【解读】职工的范围进一步宽泛，强调只要有雇佣关系的都可能列为职工范畴，更明确了全职、兼职、临时工、劳务派遣工包括在内。

【延伸思考】企业因雇用季节工、临时工、实习生、返聘离退休人员以及接受外部劳务派遣用工所实际发生的费用，应区分为工资薪金支出和职工福利费支出，并按《中华人民共和国企业所得税法》的规定在企业所得税税前扣除。其中属于工资薪金支出的费用，准予计入企业工资薪金总额的基数，作为计算其他各项相关费用扣除的依据。对于企业接受外部劳务派遣用工支出的税前扣除问题，分为两种情况进行税务处理：一是按照协议（合同）约定直接支付给劳务派遣公司的费用，作为劳务费支出；二是直接支付给员工个人的费用，作为工资薪金支出和职工福利费支出。

（二）职工薪酬的概念及分类

1. 职工薪酬的概念

薪酬，既包括职工本人在任职期间的薪酬，也包括带薪缺勤、离职后福利、其他长期福利、辞退福利、利润分享，还包括企业提供给职工配偶、子女、受赡养人、已故员工遗属及其他受益人的福利。

2. 职工薪酬的分类

（1）短期薪酬。是指企业在职工提供相关服务的年度报告期间结束后 12 个月内需要全部予以支付的职工薪酬，因解除与职工的劳动关系给予的补偿（属辞退福利）除外。具体包括：

1）职工工资、奖金、津贴和补贴。

2）职工福利费。

①为职工卫生保健、生活等发放或支付的各项现金补贴和非货币性福利，包括职工因公赴外地就医费用、职工疗养费用、防暑降温费等；

②企业尚未分离的内设集体福利部门所发生的设备、设施和人员费用；

③发放给在职职工的生活困难补助以及按规定发生的其他职工福利支出，如丧葬补助费、抚恤费、职工异地安家费、独生子女费等。

3）医疗保险费、工伤保险费和生育保险费等社会保险费。

4）住房公积金。

5）工会经费和职工教育经费。

6）短期带薪缺勤。是指企业支付工资或提供补偿的职工缺勤，包括年休假、病假、短期伤残、婚假、产假、丧假、探亲假等。

7）短期利润分享计划。是指因职工提供服务而与职工达成的基于利润或其他经营成果提供薪酬的协议。

8）非货币性福利。

9）其他短期薪酬。

（2）离职后福利。是指企业为获得职工提供的服务而在职工退休或与企业解除劳动关系后，提供的各种形式的报酬和福利，如企业为职工支付的基本养老保险、补充养老保险（企业年金）、失业保险等。注意：个人储蓄性质的商业养老保险不算职工薪酬离职后福利。

离职后福利按其特征可分为：

1）设定提存计划。简单地说，设定提存计划，是指企业向养老金机构为每个职工支付固定的金额，职工退休后从养老金机构领取养老金。如：某企业在职工王某任职期间（如 25～60 岁）的每个月向当地养老金机构支付 1 200 元福利费，预计王某退休后每月能拿到 5 000 元养老金。但几十年后的 5 000 元的价值（或者购买力）多少与企业无关，企业无须为几十年后物价上涨导致 5 000 元养老金不够维持正常的生活而另外支付费用。

2）设定受益计划。是指企业除了向养老金机构为每个职工支付固定的金额外，还可能另外支付费用，以保证职工退休后从养老金机构领取的养老金达到一定的生活水平。即承担物价上涨导致的养老金缩水的另行支付义务。如：甲公司向所有在职员工提供统筹外补充退休金，这些职工在退休后每年可以额外获得 12 万元退休金，直至去世。

（3）辞退福利。是指企业在职工劳动合同到期之前解除与职工的劳动关系，或者为鼓励职工自愿接受裁减而给予职工的补偿。

【解读】辞退福利是为达到终止劳动合同关系的目的而支付的福利，离职后福利则是为取得职工提供的服务而支付的福利。辞退福利包括两方面的内容：一是在职工劳动合同尚未到期前，不论职工本人是否愿意，企业决定解除与职工的劳动关系而给予的补偿；二是在职工劳动合同尚未到期前，为鼓励职工自愿接受裁减而给予的补偿，职工有权利选择继续在职或者接受补偿离职。

（4）其他长期职工福利。是指除短期薪酬、离职后福利、辞退福利之外所有的职工薪酬，包括长期带薪缺勤、长期残疾福利、长期利润分享计划、递延奖金等。

【延伸思考】实务中企业提供的职工薪酬种类繁多，无法完全列举，在常见的三类职工薪酬的基础上，引入其他长期职工福利，有助于囊括实务中可能存在的其他职工薪酬，以完整规范与职工薪酬相关的会计处理问题。

【例题 10 · 实操题】下列各项中，属于职工薪酬的有哪些？

（1）为职工支付的住房公积金；

（2）自产产品发放给职工；

（3）给员工购买的医疗保险；

（4）提供给职工的住房补贴；

（5）为职工支付的培训费；

（6）因解除职工劳动合同支付的补偿款；

（7）为职工支付的企业年金（即补充养老保险）；

（8）为职工进行健康检查而支付的体检费。

【解析】（1）～（8）都属于职工薪酬。（1）（2）（3）（4）（5）（8）属于短期薪酬的内容，（2）是非货币性福利，（4）和（8）是职工福利费，（5）是职工教育经费；（6）属于辞退福利；（7）属于离职后福利。

（三）短期薪酬的确认和计量

1. 货币性职工薪酬

一般会计分录如下：

借：生产成本（一线工人薪酬）
　　制造费用（生产管理人员薪酬）
　　管理费用（行政人员薪酬）
　　销售费用（销售人员薪酬）
　　研发支出（从事研发人员的薪酬）
　　在建工程（从事工程建设人员的薪酬）
　贷：应付职工薪酬

【例题 11・实操题】张某系某公司职工，2021 年 3 月份工资表和单位缴纳的五险一金明细表显示相关数据如下：

（1）个人应发工资合计为 7 350 元。包括：基本工资 800 元，技能工资 500 元，岗位工资 4 300 元，交通补贴 300 元，午餐费 450 元，加班工资 1 000 元。

（2）个人代扣款项合计 1 343.92 元。（假设当地社保基数为 5 900 元，注意不同地区社保的缴费比例会有差异，应按当地的缴费比例计算）。包括：个人缴纳的养老保险 472 元（社保基数×8%），医疗保险 121 元（社保基数×2%＋3），失业保险 11.80 元（社保基数×0.2%），住房公积金 708 元（社保基数×12%），个人所得税 31.12 元（(7 350－472－121－11.8－708－5 000)×3%）。

（3）单位为张某负担的社保公积金合计 2 573.40 元。包括：养老保险 1 180 元（社保基数×20%），医疗保险 532 元（社保基数×9%＋1），失业保险 59 元（社保基数×1%），工伤保险 47.20 元（社保基数×0.8%），生育保险 47.20 元（社保基数×0.8%），住房公积金 708 元（社保基数×12%）。

请编制张某工资、社保公积金、个人所得税相关分录。

【解析】

（1）2021 年 3 月末，根据考勤表以及薪金制度计提应付张某本月工资时。

借：管理费用/销售费用/制造费用等——工资　　7 350
　贷：应付职工薪酬——工资　　7 350

（2）2021 年 3 月末，根据社会保险费计算单等原始凭证计提单位负担的社保公积金时。

借：管理费用/销售费用/制造费用等——社保公积金　　2 573.40
　贷：应付职工薪酬——社保公积金（单位部分）　　2 573.40

（3）2021 年 4 月 10 日，发放 3 月份工资时（注意企业一般是本月发放上月工资）。

借：应付职工薪酬——工资　　7 350.00
　贷：应付职工薪酬——社保公积金（个人部分）　　1 312.80
　　　应交税费——应交个人所得税　　31.12
　　　银行存款　　6 006.08

（4）2021 年 4 月 20 日，缴纳社保公积金时。

借：应付职工薪酬——社保公积金（单位部分）　　2 573.40
　　　　　　　　——社保公积金（个人部分）　　1 312.80

贷：银行存款　　3 886.20

（5）2021年5月6日，缴纳代扣个人所得税时。

借：应交税费——应交个人所得税　　31.12

贷：银行存款　　31.12

其他月份、全体职工参照上述处理。

【例题12·实操题】某企业2021年度工资总额为3 500 000元，按照规定，该企业可按2.5%计提职工教育经费，但实际发生80 000元；按2%向工会组织拨交工会经费，同时需返还42 000元工会经费。

【解析】

（1）企业实际发生的职工教育经费支出不超过工资总额的2.5%，因此根据职工教育经费计算单等原始凭证作分录如下：

借：管理费用　　80 000

贷：应付职工薪酬——职工教育经费　　80 000

（2）支付职工教育经费时。

借：应付职工薪酬——职工教育经费　　80 000

贷：银行存款　　80 000

（3）按工资总额的2%向工会组织拨交工会经费时。

借：应付职工薪酬——工会经费（3 500 000×2%×40%）　　28 000

其他应收款——应收工会经费返还（3 500 000×2%×60%）　　42 000

贷：银行存款　　70 000

同时结转应付职工薪酬：

借：管理费用　　28 000

贷：应付职工薪酬——工会经费　　28 000

（4）收到60%经费返还款时。

借：银行存款　　42 000

贷：其他应收款——应收工会经费返还　　42 000

（5）支出42 000元工会经费时。

借：应付职工薪酬——工会经费　　42 000

贷：银行存款　　42 000

同时结转应付职工薪酬：

借：管理费用　　42 000

贷：应付职工薪酬——工会经费　　42 000

2. 带薪缺勤

（1）带薪缺勤的内容。

1）累积带薪缺勤。是指带薪缺勤权利可以结转下期的带薪缺勤，本期尚未用完的带薪缺勤权利可以在未来期间使用。

2）非累积带薪缺勤。是指带薪缺勤权利不能结转下期的带薪缺勤，本期尚未用完的带薪缺勤权利将予以取消，职工离开企业时也无权获得现金支付。

我国企业职工休婚假、产假、丧假、探亲假、病假期间的工资通常属于非累积带薪缺勤。

（2）累积带薪缺勤的会计处理。应当在职工提供服务从而增加其未来享有的带薪缺勤权利时，确认与累积带薪缺勤相关的职工薪酬，并以累积未行使权利所增加的预期支付金额计量。

【例题 13 · 实操题】乙公司共有 1 000 名职工，从 2×21 年 1 月 1 日起，该公司实行累积带薪缺勤制度。该制度规定，每名职工每年可享受 5 个工作日带薪年休假，未使用的年休假只能向后结转一个日历年度，超过一年未使用的权利作废，不能在职工离开公司时获得现金支付；职工休年休假时，首先使用当年可享受的权利，不足部分再从上年结转的带薪年休假中扣除；职工离开公司时，对未使用的累积带薪年休假无权获得现金支付。

2×21 年 12 月 31 日，每名职工当年平均未使用带薪年休假为 2 天。乙公司预计 2×22 年有 950 名职工将享受不超过 5 天的带薪年休假，剩余 50 名职工每人将平均享受 6 天半年休假，假定这 50 名职工全部为总部管理人员，该公司平均每名职工每个工作日工资为 300 元。

【解析】2×21 年 12 月 31 日，乙公司预计由于职工累积未使用的带薪年休假权利导致预期将支付的工资负债为 75 天（50×1.5）的年休假工资金额 22 500 元（75×300），并作如下账务处理：

借：管理费用 22 500

　贷：应付职工薪酬——累积带薪缺勤 22 500

（1）如果 2×22 年乙公司职工休假情况与预测一致，则这 75 天的工资在支付时。

借：应付职工薪酬——累积带薪缺勤 22 500

　贷：银行存款 22 500

（2）如果 2×22 年乙公司职工休假情况与预测不一致，职工只休了 60 天。

1）先将当初多计的费用冲回。

借：应付职工薪酬——累积带薪缺勤（15×300） 4 500

　贷：管理费用 4 500

2）再兑付这 60 天的工资。

借：应付职工薪酬——累积带薪缺勤（22 500－4 500） 18 000

　贷：银行存款 18 000

（3）非累积带薪缺勤的会计处理。企业应当在职工实际发生缺勤的会计期间确认与非累积带薪缺勤相关的职工薪酬。即非累积带薪缺勤发生时视为全勤，按正常全勤状态进行会计处理。

【例题 14 · 实操题】惠民公司 2021 年 5 月有 2 名销售人员因工作原因放弃 15 天的

婚假，假设平均每名职工每个工作日工资为200元，月工资为6 000元。

【解析】会计处理为：

（1）假设该公司实行非累积带薪缺勤货币补偿制度，补偿标准为放弃带薪休假期间平均日工资的2倍。

借：销售费用　　24 000

　贷：应付职工薪酬——工资　　12 000

　　　　　　　　——非累积带薪休假（2×15×200×2）　　12 000

（2）实际补偿时一般随工资同时支付。

借：应付职工薪酬——工资　　12 000

　　　　　　　　——非累积带薪休假　　12 000

　贷：银行存款　　24 000

3. 短期利润分享计划

【例题15·实操题】丙公司有一项利润分享计划，要求丙公司将其至2×20年12月31日止会计年度的税前利润的指定比例支付给在2×20年7月1日至2×21年6月30日期间为丙公司提供服务的职工。该奖金于2×21年6月30日支付。2×20年12月31日止会计年度的税前利润为1 000万元。如果丙公司在2×20年7月1日至2×21年6月30日期间没有职工离职，则当年的利润分享支付总额为税前利润的3%。丙公司估计职工离职将使支付额降低至税前利润的2.5%（其中，直接参加生产的职工享有1%，总部管理人员享有1.5%），假设暂不考虑个人所得税影响。2×21年6月30日，丙公司的职工离职使其支付的利润分享金额为2×20年度税前利润的2.8%（其中，直接参加生产的职工享有1.1%，总部管理人员享有1.7%）。

【解析】账务处理如下：

（1）2×20年12月31日。

借：生产成本（10 000 000×50%×1%）　　50 000

　　管理费用（10 000 000×50%×1.5%）　　75 000

　贷：应付职工薪酬——利润分享计划（10 000 000×50%×2.5%）　　125 000

（2）2×21年6月30日。

借：生产成本（10 000 000×1.1%－50 000）　　60 000

　　管理费用（10 000 000×1.7%－75 000）　　95 000

　贷：应付职工薪酬——利润分享计划（10 000 000×2.8%－125 000）　　155 000

4. 非货币性福利

企业向职工提供非货币性福利的，应当按照公允价值计量。公允价值不能可靠取得的，可以采用成本计量。

（1）企业以其自产产品作为非货币性福利发放给职工的，应当根据受益对象，按照该产品的公允价值和相关税费，计入相关资产成本或当期损益，同时确认应付职工薪酬，相关收入、成本的处理与正常商品销售相同。

一般账务处理如下：

1）借：××费用（以产品的价税合计认定）

　　贷：应付职工薪酬

2）借：应付职工薪酬

　　贷：主营业务收入

　　　　应交税费——应交增值税（销项税额）

3）借：主营业务成本

　　贷：库存商品

【例题16·实操题】某公司为一家电子产品生产企业，共有职工100名。2×22年1月，该公司以其每台生产成本为5 000元的笔记本电脑作为春节福利发放给公司职工。该型号笔记本电脑的售价为每台7 000元。该公司适用的增值税税率为13%。假定100名职工中有85名为直接参加生产的职工，15名为总部管理人员。

【解析】该公司以自己生产的产品作为福利发放给职工，应以公允价值计量计入主营业务收入，同时计入成本费用的职工薪酬，产品按照成本结转，根据相关税收的规定，视同销售计算增值税销项税额。

笔记本电脑的售价＝7 000×85＋7 000×15＝700 000(元)

笔记本电脑的增值税销项税额＝85×7 000×13%＋15×7 000×13%

＝91 000(元)

（1）决定发放非货币性福利时。

借：生产成本	672 350	
管理费用	118 650	
贷：应付职工薪酬——非货币性福利		791 000

（2）实际发放非货币性福利时。

借：应付职工薪酬——非货币性福利	791 000	
贷：主营业务收入		700 000
应交税费——应交增值税（销项税额）		91 000
借：主营业务成本	500 000	
贷：库存商品		500 000

（2）购买商品发放给职工作为福利。

1）购买商品时（注意：购进时不确定是否用于发放福利）。

借：××存货

　　应交税费——应交增值税（进项税额）

　贷：银行存款

2）决定转作福利发放时。

借：生产成本、制造费用或管理费用等

贷：应付职工薪酬

3）实际发放时。

借：应付职工薪酬

贷：××存货

应交税费——应交增值税（进项税额转出）

【例题17·实操题】中秋节即将来临，某商场（增值税一般纳税人）购入100 000元的月饼用于上市销售，已取得增值税专用发票并认证抵扣，适用的增值税税率为13%。月末商场工会决定将外购用于销售的部分月饼作为福利发放给职工，该批月饼的买价为10 000元。

【解析】会计处理如下：

（1）购入100 000元月饼用于上市销售时。

借：库存商品	100 000	
应交税费——应交增值税（进项税额）	13 000	
贷：银行存款等		113 000

（2）决定转作福利发放时。

借：管理费用（10 000×1.13）	11 300	
贷：应付职工薪酬——非货币性福利		11 300

（3）实际发放时。

借：应付职工薪酬——非货币性福利	11 300	
贷：库存商品		10 000
应交税费——应交增值税（进项税额转出）		1 300

【延伸思考】此次新冠肺炎疫情期间购买的防疫物资直接发放给职工的不作为福利处理，而应视为劳保费，其进项税额可以正常抵扣，不必转出。

【例题18·实操题】由于新冠肺炎疫情较为严重，公司决定紧急购买一批口罩，并全部发放给员工，同时要求员工必须佩戴口罩工作。取得的增值税专用发票注明价款10 000元、增值税税额1 300元。

【解析】

借：管理费用——劳动保护费	10 000	
应交税费——应交增值税（进项税额）	1 300	
贷：银行存款		11 300

（3）企业将拥有的房屋等资产无偿提供给职工使用的，应当根据受益对象，将该住房每期应计提的折旧计入相关资产成本或当期损益，同时确认应付职工薪酬。租赁住房等资产供职工无偿使用的，应当根据受益对象，将每期应付的租金计入相关资产成本或

当期损益，并确认应付职工薪酬。

一般账务处理如下：

1）借：××费用（如为企业自有资产则以折旧费用认定费用标准；如为企业经营租入的，则以租金认定费用标准）

贷：应付职工薪酬

2）借：应付职工薪酬

贷：累计折旧（企业自有资产的折旧计提）/银行存款或其他应付款（企业经营租入房屋等资产支付或应付的租金）

【例题 19 · 实操题】2021 年丁公司董事会决定为总部各部门经理级别以上职工提供自建单位宿舍免费使用，同时为副总裁以上高级管理人员每人租赁一套住房。该公司总部共有部门经理以上职工 60 名，每人提供一间单位宿舍免费使用，假定每间单位宿舍每月计提折旧 1 000 元；该公司共有副总裁以上高级管理人员 10 名，公司为其每人租赁一套月租金为 10 000 元的公寓。

【解析】丁公司每月应作如下账务处理：

借：管理费用	60 000	
贷：应付职工薪酬——非货币性福利		60 000
借：应付职工薪酬——非货币性福利	60 000	
贷：累计折旧		60 000
借：管理费用	100 000	
贷：应付职工薪酬——非货币性福利		100 000
借：应付职工薪酬——非货币性福利	100 000	
贷：其他应付款		100 000

（4）难以认定受益对象的非货币性福利，直接计入当期损益和应付职工薪酬。

（5）向职工提供企业支付了补贴的商品或服务。

1）如果合同规定了职工在取得住房等商品或服务后至少应提供服务的年限，企业应将出售商品或服务的价格与其成本间的差额，作为长期待摊费用处理，在合同规定的服务年限内平均摊销，根据受益对象分别计入相关资产成本或当期损益。

2）如果合同没有规定职工在取得住房等商品或服务后至少应提供服务的年限，企业应将出售商品或服务的价格与其成本间的差额，作为对职工过去提供服务的一种补偿，直接计入向职工出售商品或服务当期的损益。

【例题 20 · 实操题】2022 年初甲公司（增值税一般纳税人）为稳定管理队伍，与 10 名中层管理人员签订如下协议：（1）以每套 50 万元的价格售予每名管理人员一套公寓；（2）每名管理人员必须自协议签订之日起服务 10 年，如违约则由公司无偿收回公寓。此协议于 2022 年初生效并当即执行。甲公司已在 2021 年 11 月以每套 80 万元的价格购入 10 套公寓，取得增值税专用发票（已认证），适用的税率为 9%。

【解析】甲公司的会计处理如下（单位为万元）：

(1) 2021年11月，购入公寓时。

借：固定资产（80×10×1.09）　872

　贷：银行存款　872

(2) 2022年初，执行协议时。

借：银行存款　500

　　长期待摊费用　372

　贷：固定资产　872

(3) 2022年，分摊长期待摊费用时。

借：管理费用　37.20

　贷：应付职工薪酬　37.20

借：应付职工薪酬　37.20

　贷：长期待摊费用　37.20

(4) 假如协议并未要求服务年限及其他附加条件，2022年初执行协议时。

借：银行存款　500

　　管理费用　372

　贷：固定资产　872

（四）离职后福利的确认与计量

1. 设定提存计划的会计处理

企业应当在职工为其提供服务的会计期间，将根据设定提存计划计算的应缴存金额确认为负债，并计入当期损益或相关资产成本。根据设定提存计划，预期不会在职工提供相关服务的年度报告期结束后12个月内支付全部应缴存金额的，应当参照规定的折现率，将全部应缴存金额以折现后的金额计量应付职工薪酬。

【例题21·实操题】甲企业为管理人员设立了一项企业年金：每月该企业按照每名管理人员工资的5%向独立于甲企业的年金基金缴存企业年金，年金基金将其计入该管理人员个人账户并负责资金的运作。该管理人员退休时可以一次性获得其个人账户的累积额，包括公司历年来的缴存额以及相应的投资收益。公司除了按照约定向年金基金缴存之外不再负有其他义务，既不享有缴存资金产生的收益，也不承担投资风险。因此，该福利计划为设定提存计划。2019年，按照计划安排，该企业向年金基金缴存的金额为1 000万元。

【解析】账务处理如下（单位为万元）：

借：管理费用　1 000

　贷：应付职工薪酬　1 000

借：应付职工薪酬　1 000

　贷：银行存款　1 000

2. 设定受益计划的会计处理

企业的义务是为现在及以前的职工提供约定的福利，并且精算风险和投资风险由企业来承担，如果精算或者投资的实际结果比预期差，则企业的义务可能会增加。

【例题22·实操题】甲公司在2×22年1月1日设立了一项设定受益计划，并于当日开始实施。该设定受益计划规定：

(1) 甲公司向所有在职员工提供统筹外补充退休金，这些职工在退休后每年可以额外获得12万元退休金，直至去世。

(2) 职工获得该额外退休金基于自该计划开始日起为公司提供的服务，而且应当自该设定受益计划开始日起一直为公司服务至退休。

为简化起见，假定符合计划的职工为100人，当前平均年龄为40岁，退休年龄为60岁，还可以为公司服务20年。在退休前无人离职，退休后平均剩余寿命为15年。适用的折现率为10%，并且不考虑未来通货膨胀影响等其他因素。经精算师测算第1年支付的服务成本为746 200元，第2年累计服务成本为820 800元。其余年略。

【解析】服务第1～20年的账务处理如下：

(1) 服务的第1年年末。

借：管理费用（或相关资产成本） 746 200
　贷：应付职工薪酬——设定受益计划义务 746 200

(2) 服务的第2年年末。

借：管理费用（或相关资产成本） 820 800
　贷：应付职工薪酬——设定受益计划义务 820 800

借：财务费用（或相关资产成本） 74 620
　贷：应付职工薪酬——设定受益计划义务 74 620

(3) 服务第3～20年，以此类推处理。

【例题23·单选题】下列各项有关职工薪酬的会计处理中，正确的是（　）。

A. 与设定受益计划相关的当期服务成本应计入当期损益

B. 与设定受益计划负债相关的利息费用应计入其他综合收益

C. 与设定受益计划相关的过去服务成本应计入期初留存收益

D. 因重新计量设定受益计划净负债产生的精算损失应计入当期损益

【正确答案】A

【答案解析】选项B，应计入当期损益；选项C，应计入当期成本或损益；选项D，应计入其他综合收益。

（五）辞退福利

首先要明确，辞退福利（也称离职补偿）是应付职工薪酬的一部分，应该通过“应付职工薪酬”科目进行中转。但离职补偿和正常的职工薪酬是有差别的，毕竟离职员工不能再为企业服务了，因此它不能根据员工的任职部门确定该归属于哪个费用科目。

1. 辞退福利的会计处理原则

（1）企业向职工提供辞退福利的，应当在下列两者孰早日确认辞退福利产生的职工薪酬负债，并计入当期损益：

1）企业不能单方面撤回因解除劳动关系计划或裁减建议所提供的辞退福利时。

2）企业确认与涉及支付辞退福利的重组相关的成本或费用时。

（2）企业应当按照辞退计划条款的规定，合理预计并确认辞退福利产生的应付职工薪酬。辞退福利预期在其确认的年度报告期结束后12个月内完全支付的，应当适用短期薪酬的相关规定；辞退福利预期在年度报告期结束后12个月内不能完全支付的，应当适用关于其他长期职工福利的有关规定。

2. 辞退福利的会计处理

一般账务处理如下：

（1）提取员工离职补偿时。

借：管理费用——离职补偿

　贷：应付职工薪酬——离职补偿

（2）实际发放时。

借：应付职工薪酬——离职补偿

　贷：银行存款

（3）如果给员工的离职补偿超过规定标准的，超过部分金额企业需要扣缴个人所得税。具体依据为，计算离职补偿时，离职员工月工资标准在当地上年职工平均工资3倍数额以内的部分，免征个人所得税；超过3倍数额的部分，不并入当年综合所得，单独适用综合所得税率表，计算纳税。

借：应付职工薪酬——离职补偿

　贷：银行存款

　　其他应付款——代扣个人所得税

借：其他应付款——代扣个人所得税

　贷：银行存款

【延伸思考】离职补偿金虽然属于应付职工薪酬的核算范围，但它不属于企业所得税规定的“工资薪金”范畴，所以离职补偿不作为计提三项经费（福利费、工会经费、职工教育经费）的基数。另外，离职补偿金也不作为计提残保金的基数。

【例题24·实操题】2×21年12月20日，甲公司董事会作出决议，拟关闭在某地区的一个公司，针对该公司员工进行补偿，方案为：对尚未达到法定退休年龄、提前离开公司的员工给予一次性离职补偿30万元。另外自其达到法定退休年龄后，按照每月1 000元的标准给予退休人员补偿。涉及员工80人、每人30万元的一次性补偿2 400万元已于当年12月26日支付。每月1 000元的退休后补偿将于2×22年1月1日陆续发放，根据精算结果甲公司估计该项补偿义务的现值为1 200万元。

【解析】给予一次性离职补偿按照重组义务处理，计入管理费用；给予退休人员补偿应当作为辞退福利，计入管理费用。

借：管理费用（2 400+1 200） 3 600
　贷：应付职工薪酬 3 600
借：应付职工薪酬 2 400
　贷：银行存款 2 400

（六）其他长期职工福利

下面以递延奖金为例解读其他长期职工福利的会计处理。

【例题25·实操题】2×20年初甲企业为其管理人员设立了一项递延奖金计划：将当年利润的5%提成作为奖金，但要在两年后即2×21年末才向仍然在职的员工分发。假设2×20年利润为1亿元，且该计划条款中明确规定：员工必须在这两年持续为公司服务，如果提前离开将拿不到奖金。

【解析】具体会计处理如下：

（1）根据预期累计福利单位法，采用无偏且相互一致的精算假设对有关人口统计变量和财务变量等作出估计，计量设定受益计划所产生的义务，并按照同久期同币种的国债收益率将设定受益计划所产生的义务折现，以确定设定受益计划义务的现值和当期服务成本。

假设不考虑死亡率和离职率等因素，且无计划资产，2×20年初预计两年后此计划的现金流支出为500万元，平均每年250万元，选取同久期同币种的国债收益率5%折现，则2×20年的当年服务成本为2 380 952元（2 500 000/(1+5%)），年末折现率调整为3%，则此负债应调整至2 427 184元（2 500 000/(1+3%)），其差额46 232元（2 427 184−2 380 952）列作精算损失，则2×20年末会计分录如下：

借：管理费用——当期服务成本 2 380 952
　　　　　　——精算损失 46 232
　贷：应付职工薪酬——递延奖金计划 2 427 184

（2）2×21年折现率假设仍为3%。

借：财务费用（2 427 184×3%） 72 816
　　管理费用 2 500 000
　贷：应付职工薪酬 2 572 816

（3）实际支付时。

借：应付职工薪酬 5 000 000
　贷：银行存款 5 000 000

七、应交税费

应交税费是指企业依法缴纳的增值税、消费税、企业所得税、企业代扣代缴的个人所得税、资源税、土地增值税、城市维护建设税、房产税、城镇土地使用税、车船税、教育费附加等税费。

【延伸思考1】契税、车辆购置税、耕地占用税不需要通过“应交税费”科目核算，直接支付。

【延伸思考2】印花税是否通过“应交税费”科目核算？

企业缴纳的印花税如果金额比较小，比如定额贴花的账簿和产权许可证照等，不需要预计应交数的税金，不通过“应交税费”科目核算。实际工作中，很多地方采购合同和销售合同印花税是根据实际采购、销售或购销总额的一定百分比乘以税率直接计算缴纳的，这时很多企业就会先通过“应交税费”科目计提本月的印花税，次月实际缴纳时再冲减“应交税费”科目。

（一）应交增值税

1. 一般纳税人的会计处理

（1）购入货物、无形资产、固定资产、加工修理修配劳务、应税服务（含国内旅客运输服务）时。

借：原材料/库存商品/委托加工物资/管理费用/固定资产/无形资产等

　　应交税费——应交增值税（进项税额）

　贷：银行存款

【延伸思考1】2019年4月1日以后纳税人购进国内旅客运输服务，其进项税额允许从销项税额中抵扣。注意：可以用普通发票抵扣。

【延伸思考2】2019年4月1日以后纳税人取得不动产或者不动产在建工程的进项税额必须一次性抵扣，不再分两年抵扣，此前尚未抵扣完毕的待抵扣进项税额，可自2019年4月税款所属期起从销项税额中抵扣，且只能一次性转入进项税额进行抵扣。

【例题26·实操题】某公司属于一般纳税人，2021年3月购置新建不动产取得增值税专用发票价税合计1 090万元，发票4月认证相符。

【解析】账务处理如下（单位为万元）：

借：固定资产——办公楼	1 000
应交税费——应交增值税（进项税额）	90
贷：银行存款	1 090

【例题 27·实操题】 甲公司截至 2019 年 3 月 31 日尚未抵扣完毕的不动产待抵扣进项税额为 150 万元（假设选择 2022 年 1 月一次性抵扣）。2022 年 1 月购进不动产新发生进项税额为 90 万元。

【解析】 2022 年 1 月不动产进项税额合计数为 240 万元，可以一次性从当期销项税额中抵扣。

借：应交税费——应交增值税（进项税额） 1 500 000

　贷：应交税费——待抵扣进项税额 1 500 000

【延伸思考】 购入免税农产品进项税额的核算新规

借：原材料/库存商品（收购免税农产品的，按收购凭证的 91%入账）

　　应交税费——应交增值税（进项税额）（收购免税农产品的，按收购凭证的 9%扣税）

　贷：银行存款

在领用农产品环节，如果农产品用于生产或者委托加工 13%税率货物，则再加计 1%进项税额。（注意：加计扣除的时间是生产领用环节，而不是购进环节。）

借：生产成本

　　应交税费——应交增值税（进项税额）（农产品加计扣除）

　贷：原材料——农产品

【例题 28·实操题】 甲公司为一家酿酒企业（一般纳税人），2021 年 8 月向农村基层供销社收购高粱，农产品销售发票显示收购价为 100 000 元，货款已付，原料入库。9 月该批高粱全部用于酿造某品牌的白酒，该品牌酒适用的增值税税率为 13%。

【解析】

（1）8 月，收购高粱时。

借：原材料——高粱（100 000－9 000） 91 000

　　应交税费——应交增值税（进项税额）（100 000×9%） 9 000

　贷：银行存款 100 000

（2）9 月，酿造某品牌的白酒领用高粱时。

借：生产成本 99 000

　　应交税费——应交增值税（进项税额）（100 000×1%） 1 000

　贷：原材料——高粱 100 000

【延伸思考】 2019 年 4 月 1 日至 2021 年 12 月 31 日允许生产、生活性服务业一般纳税人按照当期可抵扣进项税额加计 10%抵减应纳税额。另 2019 年 10 月 1 日至 2021 年 12 月 31 日，允许生活性服务业纳税人按照当期可抵扣进项税额加计 15%抵减应纳税额。（注意：抵减的进项税额不仅限于提供四项服务对应的进项税额。）

【例题29·实操题】某公司经判断符合加计抵减15%的政策，2019年10月开始享受，作了声明。2020年5月，公司实现销售收入100 928.30元，均为住宿服务，税率6%，销项税额6 055.70元，当期接受服务发生支出90 601.89元，取得进项税额合计5 413.87元，其中，专用发票抵扣税额5 276.14元，普通发票抵扣税额137.73元，均为取得的旅客运输服务发票。前期没有留抵税额。

【解析】按照规定，纳税人应按照当期可抵扣进项税额的15%计提当期加计抵减额。

加计抵减的发生额＝5 413.87×15%＝812.08(元)

2020年5月应交增值税＝6 055.70－5 413.87＝641.83(元)

抵减数812.08元大于641.83元，当期最多实际能抵减641.83元，剩下的170.25元留待6月再抵减。

(1) 销项部分。

借：银行存款	106 984.00	
贷：主营业务收入		100 928.30
应交税费——应交增值税（销项税额）		6 055.70

(2) 进项部分。

借：成本或者费用科目	90 601.89	
应交税费——应交增值税（进项税额）	5 413.87	
贷：银行存款		96 015.76

(3) 月末转出时。

借：应交税费——应交增值税（转出未交增值税）	641.83	
贷：应交税费——未交增值税		641.83

(4) 加计抵减分录。

借：应交税费——未交增值税	641.83	
贷：其他收益		641.83

“应交税费——未交增值税”结平了，本月不纳税。

【延伸思考】如果执行非企业会计准则的企业，比如执行小企业会计准则，没有设置“其他收益”科目，计入营业外收入即可。

(2) 视同购进的会计处理。

1) 受托代销行为进项税额。

借：代销商品款

　　应交税费——应交增值税（进项税额）

　贷：应付账款

2) 接受投资进项税额。

借：原材料/库存商品/固定资产/无形资产等

应交税费——应交增值税（进项税额）

贷：实收资本

资本公积

3）接受捐赠物资进项税额。

借：原材料/库存商品/固定资产/无形资产等

应交税费——应交增值税（进项税额）

贷：营业外收入

（3）进项税额转出的会计处理。

1）购进的货物中途改变用途用于集体福利和个人消费。

借：应付职工薪酬

贷：原材料

应交税费——应交增值税（进项税额转出）

2）货物发生非正常损失。

借：待处理财产损溢

存货跌价准备

贷：库存商品/原材料等

应交税费——应交增值税（进项税额转出）

3）在产品、产成品发生非正常损失。

借：待处理财产损溢

贷：生产成本/库存商品

应交税费——应交增值税（进项税额转出）

4）取得退还的留抵税额。

借：银行存款

贷：应交税费——应交增值税（进项税额转出）

（4）销项税额的一般会计处理。

借：银行存款

贷：主营业务收入

应交税费——应交增值税（销项税额）

（5）视同销售销项税额的会计处理，如表 9-2 所示。

（6）转出未交增值税和多交增值税的会计处理。

1）转出未交增值税。

借：应交税费——应交增值税（转出未交增值税）

贷：应交税费——未交增值税

2）转出多交增值税。

借：应交税费——未交增值税

贷：应交税费——应交增值税（转出多交增值税）

表9-2　视同销售销项税额的会计处理一览表

视同销售的情形	会计处理分录
①将自产的、委托加工的、购买的物资用于分红 ②将自产的、委托加工的、购买的物资用于对外投资 ③将自产的、委托加工的物资用于集体福利或个人消费	借：应付利润① 　　长期股权投资② 　　应付职工薪酬③ 　贷：主营业务收入或其他业务收入 　　　应交税费——应交增值税（销项税额）（按计税价计算销项税额） 同时结转成本： 借：主营业务成本或其他业务成本 　　存货跌价准备 　贷：库存商品或原材料 如果涉及消费税的还需作如下分录： 借：税金及附加 　贷：应交税费——应交消费税
④将自产的、委托加工的、购买的物资用于捐赠	借：营业外支出 　　存货跌价准备 　贷：库存商品（账面余额） 　　　应交税费——应交增值税（销项税额）（按计税价计算销项税额） 　　　　　　——应交消费税（按计税价计算消费税）
⑤将自产的、委托加工的物资用于其他非应税项目	借：在建工程 　　存货跌价准备 　贷：库存商品（账面余额） 　　　应交税费——应交消费税（按计税价计算消费税）

（7）缴纳增值税的会计处理。

借：应交税费——应交增值税（已交税金）

　贷：银行存款

（8）一般纳税人简易计税会计处理。

1）劳务派遣服务选择差额纳税。

【例题30·实操题】甲公司为一般纳税人，主要提供劳务派遣服务，适用差额征税，含税销售额为10万元，向用工单位收取用于支付给劳务派遣员工工资、福利和为其办理社会保险及住房公积金的费用8万元，征收率5%。

【解析】

（1）确认收入。

借：银行存款	100 000.00
贷：主营业务收入（100 000÷(1+5%)）	95 238.10
应交税费——简易计税（100 000÷(1+5%)×5%）	4 761.90

（2）支付给劳务派遣员工工资、福利和为其办理社会保险及住房公积金。

借：应交税费——简易计税（80 000÷(1+5%)×5%）	3 809.52

主营业务成本（80 000÷(1+5%)）　　76 190.48
　贷：银行存款　　80 000.00

2）一般纳税人销售自己使用过的固定资产。

【例题 31·实操题】乙公司为一般纳税人，2021 年 3 月销售购于 2011 年 2 月的设备一台，取得收入 59 000 元，购入时未抵扣增值税。

【解析】

（1）清理发生收入及应纳税额时。

借：银行存款　　59 000
　贷：固定资产清理（59 000÷(1+3%)）　　57 281
　　应交税费——简易计税（59 000÷(1+3%)×3%）　　1 719

（2）减按 2%征收增值税时。

借：应交税费——简易计税（59 000÷(1+3%)×2%）　　1 145.63
　贷：银行存款　　1 145.63

（3）取得 1%的减免税额时。

借：应交税费——简易计税（59 000÷(1+3%)×1%）　　573.37
　贷：营业外收入　　573.37

【延伸思考】假设乙公司 2021 年 3 月销售购于 2015 年 12 月的设备一台，取得收入 59 000 元，购入时已抵扣增值税，则销售时应纳增值税＝59 000/(1＋13%)×13%＝6 787.61元。

借：银行存款　　59 000.00
　贷：固定资产清理（59 000÷(1+13%)）　　52 212.39
　　应交税费——简易计税　　6 787.61

3）出租不动产。

【例题 32·实操题】丙公司为增值税一般纳税人，2019 年 12 月 1 日出租异地办公楼，该办公楼是 2011 年购入的。合同约定每月收取租金 6.3 万元。丙公司采用简易计税核算该项目。

【解析】

（1）每月收取租金时。

借：银行存款　　63 000
　贷：预收账款　　63 000

（2）在不动产所在地预缴增值税。

借：应交税费——简易计税（63 000÷(1+5%)×5%）　　3 000
　贷：银行存款　　3 000

（3）在机构所在地申报。

借：预收账款　　63 000

贷：其他业务收入 60 000

应交税费——简易计税 3 000

注意：“应交税费——简易计税”自然结平。

2. 小规模纳税人的会计处理

（1）发生业务时，应正常计算增值税。

借：应收账款/银行存款/库存现金等

贷：主营业务收入

应交税费——应交增值税（含税销售额÷(1+3%)×3%）

（2）缴纳时。

借：应交税费——应交增值税

贷：银行存款

其他收益（执行企业会计准则）/营业外收入（执行小企业会计准则）

注意：自2021年4月1日至2022年12月31日，小规模纳税人发生增值税应税销售行为，合计月销售额未超过15万元（以1个季度为1个纳税期的，季度销售额未超过45万元）的，免征增值税。

（二）应交消费税

1. 一般消费税业务会计处理

借：税金及附加

贷：应交税费——应交消费税

2. 特殊业务涉及消费税的会计处理

（1）视同销售行为。

1）将应税消费品用于对外投资、捐赠。

①借：长期股权投资/营业外支出

贷：主营业务收入/其他业务收入/库存商品

应交税费——应交增值税（销项税额）（按计税价计算销项税额）

②结转成本。

借：主营业务成本/其他业务成本

存货跌价准备

贷：库存商品/原材料

③计算应交消费税。

借：税金及附加

贷：应交税费——应交消费税

2）将应税消费品用于在建工程时。

借：在建工程

存货跌价准备

贷：库存商品（账面余额）

应交税费——应交消费税（按计税价计算消费税）

【提示】掌握账务处理，注意与增值税的视同销售联系在一起理解。

（2）委托加工应税消费品。

1）如果收回后直接销售或用于非应税消费品的再加工，由受托方代缴的消费税计入加工物资的成本。

借：委托加工物资

贷：银行存款/应付账款

2）如果收回后再加工应税消费品然后再出售。

①由受托方代缴的消费税先记入“应交税费——应交消费税”的借方。

借：应交税费——应交消费税

贷：银行存款

②最终产品出售时，将总的应交消费税记入“应交税费——应交消费税”的贷方。

借：税金及附加

贷：应交税费——应交消费税

③最后补交其差额即可。

（3）企业进口产品需要缴纳消费税时，应将缴纳的消费税计入该项目消费品的成本。

借：原材料/库存商品等

贷：银行存款

（4）企业收到实际返还的消费税金额。

借：银行存款等

贷：税金及附加

（三）代扣代缴个人所得税会计处理

（1）计算应代扣代缴个人所得税时。

借：应付职工薪酬等

贷：应交税费——应交个人所得税

（2）实际上缴时。

借：应交税费——应交个人所得税

贷：银行存款

（3）代扣代缴单位收到税务局返还的手续费时。

借：银行存款

贷：其他收益

应交税费——应交增值税

（4）代扣代缴单位奖励给相关员工时。

借：管理费用

　　贷：库存现金/银行存款

（四）其他小税种会计处理综述

1. 城市维护建设税及教育费附加、资源税

（1）计算时。

借：税金及附加

　　贷：应交税费——应交城市维护建设税

　　　　　　　　——应交教育费附加

　　　　　　　　——应交资源税

（2）下月初缴纳时。

借：应交税费——应交城市维护建设税

　　　　　　——应交教育费附加

　　　　　　——应交资源税

　　贷：银行存款

（3）企业收到返还时。

借：银行存款等

　　贷：税金及附加

2. 土地增值税

（1）兼营房地产业务的企业，应由当期收入负担的土地增值税。

借：税金及附加

　　贷：应交税费——应交土地增值税

（2）转让的国有土地使用权与其地上建筑物及其附着物一并在“固定资产”或“在建工程”科目核算的，转让时应缴纳的土地增值税。

借：固定资产清理/在建工程

　　贷：应交税费——应交土地增值税

（3）企业在项目全部竣工结算前转让房地产取得的收入，按税法规定预缴的土地增值税。

借：应交税费——应交土地增值税

　　贷：银行存款等

（4）待该项房地产销售收入实现时，再按上述销售业务的会计处理方法进行处理。该项目全部竣工、办理结算后进行清算，收到退回多交的土地增值税。

借：银行存款等

　　贷：应交税费——应交土地增值税

（5）待该项房地产销售收入实现时，再按上述销售业务的会计处理方法进行处理。该项目全部竣工、办理结算后进行清算，补交的土地增值税。

借：税金及附加

贷：应交税费——应交土地增值税

借：应交税费——应交土地增值税

贷：银行存款等

3. 房产税、城镇土地使用税、车船税、环保税

（1）计算应交时。

借：税金及附加

贷：应交税费——应交房产税、城镇土地使用税、车船税、环保税

（2）上缴时。

借：应交税费——应交房产税、城镇土地使用税、车船税、环保税

贷：银行存款

4. 印花税

（1）按合同自贴花。企业缴纳的印花税可以不通过“应交税费”科目。

借：税金及附加

贷：银行存款

（2）汇总缴纳。同一种类应纳税凭证，需频繁贴花的，应向当地税务机关申请按期汇总缴纳印花税。

企业按规定应缴的印花税，在“应交税费”科目下设置“应交印花税”明细科目核算。

1）计算应交时。

借：税金及附加

贷：应交税费——应交印花税

2）上缴时。

借：应交税费——应交印花税

贷：银行存款

（3）企业按照核定征收计算缴纳印花税同（2）会计处理。

5. 耕地占用税

借：在建工程

贷：银行存款

6. 车辆购置税

借：固定资产

贷：银行存款

7. 契税

借：固定资产/无形资产

贷：银行存款

8. 文化事业建设费

文化事业建设费是国务院为进一步完善文化经济政策、拓展文化事业资金投入渠道而对广告、娱乐行业开征的一种规费。缴纳文化事业建设费的单位和个人应按照计费销售额的3%计算应交费额，计费销售额含增值税。

（1）计算应交时。

借：税金及附加

贷：应交税费——应交文化事业建设费

（2）实际上缴时。

借：应交税费——应交文化事业建设费

贷：银行存款

9. 水利建设基金

（1）计算应交时。

借：管理费用——水利建设基金

贷：应交税费——应交水利建设基金

（2）实际上缴时。

借：应交税费——应交水利建设基金

贷：银行存款

10. 残疾人就业保障金

（1）计算应交时。

借：管理费用——残疾人就业保障金

贷：应交税费——残疾人就业保障金

（2）实际上缴时。

借：应交税费——残疾人就业保障金

贷：银行存款

注意：企业所得税的会计处理详见第13章“所得税会计”一节专题介绍，这里略。

【例题33·多选题】下列各项中，企业应通过“应交税费”科目核算的有（　　）。

A. 计算确认的代扣代缴个人所得税

B. 占用耕地建设厂房缴纳的耕地占用税

C. 计算确认的教育费附加

D. 签订购销合同购买印花税票缴纳的印花税

【正确答案】AC

【答案解析】选项BD，企业缴纳的印花税、耕地占用税等不需要预计应交数的税金，不通过“应交税费”科目核算。

【例题 34 · 判断题】企业发生印花税应税行为时，应记入“管理费用”科目。（ ）

【正确答案】×

【答案解析】企业发生的印花税，应通过“税金及附加”科目核算。

八、应付利息

应付利息是指企业按照合同约定应支付的利息，包括分期付息到期还本的长期借款、分期付息到期还本的企业债券、带息应付票据及短期借款等应支付的利息。

企业应通过“应付利息”账户核算应付利息的发生、支付情况。该账户的贷方登记按照合同约定计算的应付利息；借方登记实际支付的利息；期末贷方余额反映企业应付未付的利息。本账户一般应按照债权人设置明细账户进行核算。

一般会计分录如下：

（1）利息计提时。

借：财务费用

在建工程

研发支出

贷：应付利息

（2）利息偿付时。

借：应付利息

贷：银行存款

【例题 35 · 多选题】下列各项中，关于“应付利息”科目的表述正确的有（ ）。

A. 企业开出银行承兑汇票支付银行手续费，应记入“应付利息”科目借方

B.“应付利息”科目期末贷方余额反映企业应付未付的利息

C. 按照短期借款合同约定计算的应付利息，应记入“应付利息”科目借方

D. 企业支付已经预提的利息，应记入“应付利息”科目借方

【正确答案】BD

【答案解析】选项 A，应记入“财务费用”科目借方；选项 C，应记入“应付利息”科目贷方。

九、应付股利

应付股利是指企业经股东大会或类似机构审议批准分配的现金股利或利润。

需要说明的是，对企业董事会或类似机构通过的利润分配方案中拟分配的现金股利或利润，不需要进行账务处理，但应在附注中予以披露。企业分配的股票股利不通过

“应付股利”账户进行核算。对企业经过股东大会或类似机构审议批准的利润分配方案，按应支付的现金股利或利润作如下处理：

借：利润分配

　贷：应付股利

实际支付股利或利润时：

借：应付股利

　贷：银行存款

【例题 36 · 实操题】 A 有限责任公司有甲、乙两个股东，分别占注册资本的 30%和 70%。2×19 年，该公司实现净利润 6 000 000 元，经过股东会批准，决定 2×19 年分配股利 4 000 000 元。股利已用银行存款支付。

【解析】 A 有限责任公司应进行如下会计处理：

（1）确认应付投资者利润。

甲股东应分配的股利=4 000 000×30%=1 200 000(元)

乙股东应分配的股利=4 000 000×70%=2 800 000(元)

借：利润分配——应付股利	4 000 000	
贷：应付股利——甲股东		1 200 000
——乙股东		2 800 000

（2）支付投资者利润。

借：应付股利——甲股东	1 200 000	
——乙股东	2 800 000	
贷：银行存款		4 000 000

【例题 37 · 多选题】 下列各项中，不应计入应付股利的有（　　）。

A. 董事会通过的利润分配方案中拟分派的现金股利

B. 已分派的股票股利

C. 已宣告分派但尚未支付的现金股利

D. 已宣告分派的股票股利

【正确答案】 ABD

【答案解析】 选项 A，企业董事会或类似机构通过的利润分配方案中拟分配的现金股利或利润，不需要进行账务处理，但应在附注中披露；选项 B，企业分配的股票股利通过“股本”科目核算；选项 D，宣告分派股票股利不需要进行账务处理。

十、其他应付款

其他应付款是指应付、暂收其他单位或个人的款项，如应付租入包装物租金、存入保证金、售后回购方式形成的负债等。

企业应通过“其他应付款”账户核算其他应付款的增减变动及其结存情况。该账户贷方登记发生的各种应付、暂收款项；借方登记偿还或转销的各种应付、暂收款项；期末贷方余额反映企业应付未付的其他应付款。该账户按照其他应付款的项目和对方单位或个人设置明细账户进行核算。

【例题 38·单选题】某企业 2021 年 5 月 1 日短期经营租入管理用办公设备一批，月租金为 2 260 元（含增值税），每季度末一次性支付本季度租金。不考虑其他因素，该企业 5 月 31 日计提租入设备租金时相关会计科目处理正确的是（ ）。

A. 贷记“预收账款”科目 2 260 元

B. 贷记“应付账款”科目 2 260 元

C. 贷记“预付账款”科目 2 260 元

D. 贷记“其他应付款”科目 2 260 元

【正确答案】D

【答案解析】会计分录为：

借：管理费用（2 260/(1+13%)）	2 000
应交税费——应交增值税（进项税额）	260
贷：其他应付款	2 260

【例题 39·多选题】下列各项中，企业应通过“其他应付款”科目核算的有（ ）。

A. 购进商品时供货方代垫的运费

B. 存入保证金

C. 应付的合同违约金

D. 代垫职工家属医药费

【正确答案】BC

【答案解析】选项 A，应通过“应付账款”科目核算；选项 D，应通过“其他应收款”科目核算。

第二节 非流动负债

非流动负债又称长期负债，是指企业偿还期限在 1 年或超过 1 年的一个营业周期以上的债务。包括：长期借款、应付债券、长期应付款、预计负债及递延所得税负债项目（注意：一年内到期的非流动负债属于流动负债性质）。非流动负债债务偿还的期限较长，一般超过 1 年或者一个营业周期以上，债务的金额较大，可以采用分期偿还方式。企业筹措这些资金主要是为了购买大型设备，以及增建或扩建厂房、办公楼等。企业发生这种长期负债还需要负担长期的、固定的、数额较大的利息费用。企业必须在债务到期之前提前安排好偿付本息用的货币资金，以免发生财务危机。

一、长期借款及借款费用

（一）长期借款的会计处理

（1）借入时。

借：银行存款

　贷：长期借款

（2）每年计算利息费用时。

借：在建工程/财务费用/制造费用

　贷：应付利息

　　长期借款——利息调整

【延伸思考】长期借款利息的计算为何可以运用实际利率法？

类型一：借多少得多少——直接按合同利率计算利息

举例：甲公司向中国工商银行借入3年期借款1 000万元，利率8%，工行直接将1 000万元转入甲公司的存款账户。

解析：由于借款数额等于实际额，每期利息＝1 000×8%＝80万元。

具体会计处理如下（单位为万元，下同）：

借：银行存款	1 000	
贷：长期借款		1 000
借：财务费用	80	
贷：应付利息		80

类型二：借的多得的少——按摊余成本和实际利率法计算利息

举例：乙公司向中国农业银行借入3年期借款1 000万元，利率8%，农行扣除手续费1万元和前半年的利息40万元，将剩余的959万元借款打到乙公司存款账户上。

解析：此时乙公司取得的借款额小于合同约定的金额。会计处理上，各项财务费用与应付利息金额不相等，且需要采用实际利率法计算各期财务费用，因为财务费用是按实际借款金额959万元计算的，而应付利息是按合同借款金额1 000万元计算的。这就是实际利率法计算利息的根本原因。具体会计处理如下：

（1）第1年初借入款项时。

借：银行存款	959	
长期借款——利息调整	41	
贷：长期借款		1 000

（2）第1年末计息时。

$$80\times(1+i\%)^{-3}+1\,000\times(1+5\%)^{-3}=959$$

由此求得实际利率 $i=9\%$。

第 1 年应付利息＝1 000×8%＝80(万元)

第 1 年实际负担利息＝959×9%＝86.31(万元)

借：财务费用 86.31

  贷：应付利息 80.00

    长期借款——利息调整 6.31

(3) 归还借款时。

借：长期借款

  在建工程/财务费用/制造费用

  贷：银行存款

(二) 借款费用的资本化与费用化界定

1. 借款费用的范围

借款费用是企业因借入资金所付出的代价，即企业因借款而发生的利息及其他相关成本，如图 9－1 所示。

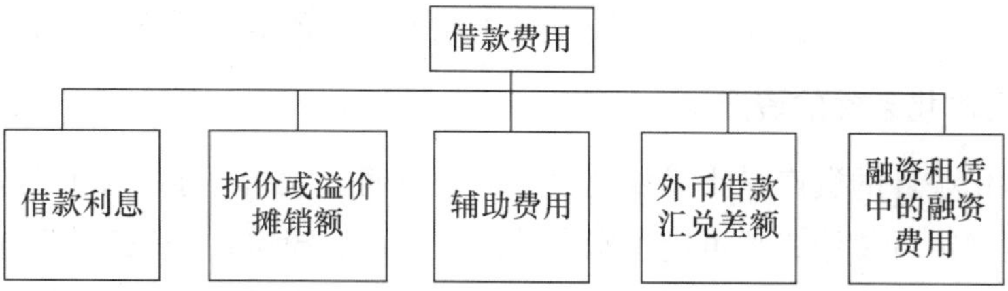

图 9－1 借款费用的范围示意图

【说明 1】折价或溢价主要是指发行债券等所发生的折价或溢价。发行债券中的折价或者溢价，其摊销实质是对债券票面利息的调整（即将债券票面利率调整为实际利率)，属于借款费用的范畴。即公司债券的实际利息＝公司债券的票面利息±折、溢价摊销

【说明 2】辅助费用指安排借款过程中发生的必要费用，如手续费、佣金等。由于这些费用是因安排借款而发生的，也属于借入资金所付出的代价，是借款费用的构成部分。

【说明 3】外币借款汇兑差额是指由于汇率变动市场汇率与账面汇率产生差异，从而对外币借款本金及其利息的记账本位币金额所产生的影响金额。由于汇率的变化往往和利率的变化联动，它是企业外币借款所需承担的风险，因此，属于借款费用的有机组成部分。

【说明 4】借款费用只包括融资租赁中的融资费用，不包括权益性融资费用。

权益性融资费用是企业接受的股权性质的投资，而非债权性质的投资。比如发行股票、接受新股东投资等，都属于权益性融资，而为此发生的发行手续费（如支付券商、律师、会计师的费用，以及在发行过程中的其他杂费等），就是权益性融资费用。

【例题 40 · 单选题】企业发生的下列各项融资费用中，不属于借款费用的是（　　）。

A. 发行股票支付的承销商佣金、手续费

B. 外币借款汇兑差额

C. 企业发行债券的相关费用及折价或者溢价的摊销

D. 分期付款购买固定资产发生的未确认融资费用的摊销

【正确答案】A

【答案解析】借款费用包括借款利息、折价或者溢价的摊销、辅助费用以及因外币借款而发生的汇兑差额、融资租赁中的融资费用等，对于企业发生的权益性融资费用，不应包括在借款费用中。

2. 借款的范围

（1）专门借款。是指为购建或者生产符合资本化条件的资产而专门借入的款项。专门借款通常应当有明确的用途，并通常应当具有标明该用途的借款合同。

（2）一般借款。是指除专门借款之外的借款，相对于专门借款而言，一般借款在借入时，其用途通常没有特指用于符合资本化条件的资产的购建或者生产。

3. 符合资本化条件的资产

符合资本化条件的资产是指需要经过相当长时间（大于等于 1 年）的购建或者生产活动才能达到预定可使用或者可销售状态的固定资产、投资性房地产和存货等资产。

建造合同成本、确认为无形资产的开发支出等在符合条件的情况下，也可以认定为符合资本化条件的资产。

符合资本化条件的存货，主要包括房地产开发企业开发的用于对外出售的房地产开发产品、企业制造的用于对外出售的大型机械设备等，这类存货通常需要经过相当长时间的建造或者生产过程，才能达到预定可销售状态。

【提示 1】如果由于人为或者故意等非正常因素导致资产的购建或者生产时间相当长的，该资产不属于符合资本化条件的资产。

【提示 2】企业购入即可使用的资产，购入后需要安装但所需安装时间较短的资产，或者需要建造或生产但所需建造或生产时间较短的资产，均不属于符合资本化条件的资产。

【例题 41 · 实操题】

（1）A 公司于 2020 年 1 月 1 日起，用银行借款开工建设一栋简易厂房，厂房将于当年 7 月 1 日完工，达到预定可使用状态。问：利息是否可以资本化?

（2）甲公司向银行借入资金分别用于生产A产品和B产品，其中，A产品的生产时间较短，为15天；B产品属于大型发电设备，生产时间较长，为1年零3个月。问：利息是否可以资本化？

【解析】

（1）不可以资本化，应费用化。

（2）为生产存货而借入的借款费用在符合资本化条件的情况下应当予以资本化，但本例中，由于A产品的生产时间较短，不属于需要经过相当长时间的生产才能达到预定可使用状态的资产，因此，为A产品的生产而借入资金所发生的借款费用不应计入A产品的生产成本，而应当计入当期财务费用。反之，B产品的生产时间比较长，属于需要经过相当长时间的生产才能达到预定可销售状态的资产，因此，符合资本化的条件，有关借款费用可以资本化，计入B产品的成本。

4. 借款费用资本化时点的确定

（1）借款费用资本化的确认原则。企业发生的借款费用，可直接归属于符合资本化条件的资产的购建或者生产的，应当予以资本化，计入符合资本化条件的资产成本。其他借款费用，应当在发生时根据其发生额计入当期损益。即借款费用的归属方向主要有：

1）符合资本化条件的记入“在建工程”“投资性房地产”“存货”等；

2）不符合资本化条件而且属于筹建期内发生的部分记入“管理费用”；

3）既不符合资本化条件又未发生在筹建期内的部分则记入“财务费用”。

（2）借款费用应予资本化的借款范围。借款费用应予资本化的借款范围既包括专门借款，也包括一般借款。其中，对于一般借款，只有在购建或者生产符合资本化条件的资产占用了一般借款时，才应将与一般借款相关的借款费用资本化；否则，所发生的借款费用应当计入当期损益。

（3）资本化期间的确定。借款费用资本化期间，是指从借款费用开始资本化时点到停止资本化时点的期间，但不包括借款费用暂停资本化的期间。资本化期间的确定是借款费用确认和计量的重要前提，如图9－2所示。

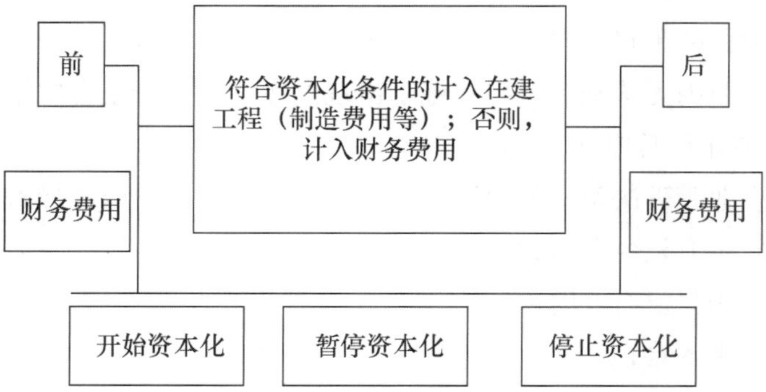

图9－2 借款费用资本化期间确定示意图

1）借款费用开始资本化时点的确定。借款费用同时满足下列条件的，才能开始资本化：

①资产支出已经发生。包括支付现金、转移非现金资产和承担带息债务形式发生的支出，赊购形式发生的支出不属于资产支出。

②借款费用已经发生。已经发生专门借款费用或者占用一般借款的借款费用。

③为使资产达到预定可使用或者可销售状态所必要的购建或者生产活动已经开始。是指符合资本化条件的资产的实体建造或者生产工作已经开始。

注意：必须三个条件同时满足。

【例题 42 · 单选题】2021 年 4 月 20 日，甲公司以当月 1 日自银行取得的专门借款支付建造办公楼的首期工程物资款，5 月 10 日开始施工，5 月 20 日因发现文物需要发掘保护而暂停施工，7 月 15 日复工兴建。甲公司该笔借款费用开始资本化的时点为（　　）。

A. 2021 年 4 月 1 日　　B. 2021 年 4 月 20 日

C. 2021 年 5 月 10 日　　D. 2021 年 7 月 15 日

【正确答案】C

【答案解析】借款费用开始资本化的三个条件：（1）资产支出已经发生；（2）借款费用已经发生；（3）为使资产达到预定可使用或者可销售状态所必要的构建或者生产活动已经开始。借款费用开始资本化的三个条件全部满足的时点为 2021 年 5 月 10 日，所以此时为开始资本化时点。

2）借款费用暂停资本化期间的确定。符合资本化条件的资产在购建或者生产过程中发生非正常中断且中断时间连续超过 3 个月的，应当暂停借款费用的资本化。

在中断期间所发生的借款费用，应当计入当期损益，直至购建或者生产活动重新开始。

中断的原因必须是非正常中断，属于正常中断的，相关借款费用仍可资本化。

【解读 1】何谓正常中断？

如：某些工程建造到一定阶段必须暂停下来进行质量或者安全检查，检查通过后才可继续下一阶段的建造工作形成的正常测试、调试停工，这种中断是在施工前可以预见的，而且是工程建造必须经过的程序，属于正常中断。

再如：某些地区的工程在建造过程中，由于可预见的不可抗力因素（如南方雨季或东北因冰冻季节等原因无法施工）导致施工出现停顿，也属于正常中断。

【解读 2】何谓非正常中断？

通常是由于企业管理决策上的原因或者其他不可预见的原因等导致的中断。例如：

①企业因与施工方发生质量纠纷；

②工程、生产用料没有及时供应；

③资金周转发生困难；

④施工、生产发生安全事故；

⑤发生与资产购建、生产有关的劳动纠纷等。

3）借款费用停止资本化的时点确定。购建或者生产符合资本化条件的资产达到预定可使用或者可销售状态时，借款费用应当停止资本化。企业在确定借款费用停止资本化的时点时需要运用职业判断，应当遵循实质重于形式的原则。具体可从以下几个方面进行判断：

①实体建造已经完成。

②基本符合设计要求，即使有极个别与设计、合同或者生产要求不相符的地方，也不影响其正常使用或者销售。

③后续支出金额很少或者几乎不再发生。

【例题 43·单选题】2020 年 2 月 1 日，甲公司为建造一栋厂房向建设银行取得一笔专门借款。2020 年 3 月 5 日，以该贷款支付前期订购的工程物资款。因征地拆迁发生纠纷，该厂房延迟至 2020 年 7 月 1 日才开工兴建，开始支付其他工程款。2021 年 2 月 28 日，该厂房建造完成，达到预定可使用状态。2021 年 4 月 30 日，甲公司办理工程竣工决算。不考虑其他因素，甲公司该笔借款费用的资本化期间为（　　）。

A. 2020 年 2 月 1 日至 2021 年 4 月 30 日

B. 2020 年 3 月 5 日至 2021 年 2 月 28 日

C. 2020 年 7 月 1 日至 2021 年 2 月 28 日

D. 2020 年 7 月 1 日至 2021 年 4 月 30 日

【正确答案】C

【答案解析】本题中，借款费用同时满足三个条件发生在 2020 年 7 月 1 日，所以 2020 年 7 月 1 日为开始资本化时点，而达到预定可使用状态时停止资本化，所以资本化期间的结束时间是 2021 年 2 月 28 日。

【例题 44·单选题】2019 年 1 月 1 日，甲公司从银行取得 3 年期专门借款开工兴建一栋厂房。2021 年 6 月 30 日该厂房达到预定可使用状态并投入使用，7 月 31 日验收合格，8 月 5 日办理竣工决算，8 月 31 日完成资产移交手续。甲公司该专门借款费用在 2021 年停止资本化的时点为（　　）。

A. 6 月 30 日　　B. 7 月 31 日　　C. 8 月 5 日　　D. 8 月 31 日

【正确答案】A

【答案解析】购建或者生产符合资本化条件的资产达到预定可使用或者可销售状态时，借款费用应当停止资本化，即 6 月 30 日。

④购建或者生产符合资本化条件的资产需要试生产或者试运行的，在试生产结果表明资产能够正常生产出合格产品，或者试运行结果表明资产能够正常运转或者营业时，应当认为该资产已经达到预定可使用或者可销售状态。

【例题 45·实操题】企业购建一条符合资本化条件的生产线，该生产线试生产结果能生产出合格产品，但产量未达到设计产量。这种情况下，相关借款费用是否应该停止资本化？

【解析】应该停止资本化。

⑤分别建造、分别完工的资产，如果完工部分能够独立使用或销售，完工部分借款费用应当停止资本化。比如，企业购建三条符合资本化条件的流水线，三条流水线分别用于独立生产不同的产品，这种情况下，某条流水线达到预定可使用状态时，应该相应地停止该条流水线借款费用的资本化。

⑥购建或者生产的资产的各部分分别完工，但必须等到整体完工后才可使用或者对外销售的，应当在该资产整体完工时停止借款费用的资本化。在这种情况下，即使各部分资产已经分别完工，也不能认为该部分资产已经达到预定可使用或者可销售状态，企业只能在所购建或者生产的资产整体完工时，才能认为资产已经达到预定可使用或者可销售状态，借款费用才可停止资本化。

【例题 46 · 实操题】某企业为建设钢铁冶炼项目发生借款，建设选矿、炼铁、炼钢、轧钢四个车间，用以生产线材和板材，不对外销售铁锭、钢锭，选矿车间完工后，其他三个车间尚在建造，此时选矿车间相关借款费用是否继续资本化？

【解析】应该继续资本化。

【例题 47 · 实操题】2019 年 7 月 1 日，乙公司为兴建厂房从银行借入专门借款5 000 万元，借款期限为 2 年，年利率为 5%，借款利息按季支付。乙公司于 2019 年 10 月 1 日正式开工兴建厂房，预计工期为 1 年 3 个月，工程采用出包方式。乙公司于开工日、2019 年 12 月 31 日、2020 年 5 月 1 日分别支付工程进度款 1 200 万元、1 000 万元、1 500 万元。

因新冠肺炎疫情，工程于 2020 年 1 月 15 日至 3 月 15 日暂停施工。厂房于 2020 年 12 月 31 日达到预定可使用状态，乙公司于当日支付剩余款项 800 万元。

【解析】2019 年 10 月 1 日为开始资本化的时点；2020 年 12 月 31 日为停止资本化的时点；2019 年 10 月 1 日至 2020 年 12 月 31 日为资本化期间；2020 年 1 月 15 日至 3 月 15 日为正常停工期间，且连续时间不超过 3 个月，不需要暂停资本化。

（三）借款利息资本化金额的确定

1. 专门借款利息费用资本化金额的确定

$$\text{专门借款资本化金额}=\text{资本化期间的实际利息费用}-\text{资本化期间的存款利息收入}$$

$$\text{专门借款费用化金额}=\text{费用化期间的实际利息费用}-\text{费用化期间的存款利息收入}$$

【例题 48 · 实操题】ABC 公司 2021 年 1 月 1 日正式动工兴建一栋厂房，工期预计为 1 年 6 个月，工程采用出包方式，分别于 2021 年 1 月 1 日、2021 年 7 月 1 日和 2022 年 1 月 1 日支付工程进度款。

ABC 公司为建造厂房于 2021 年 1 月 1 日专门借款 2 000 万元，借款期限为 3 年，年利率为 6%。另外在 2021 年 7 月 1 日又专门借款 4 000 万元，借款期限为 5 年，年利率为 7%。借款利息按年支付。（如无特别说明，名义利率与实际利率均相同。）

闲置借款资金均用于固定收益债券短期投资，该短期投资月收益率为0.5%。厂房于2022年6月30日完工，达到预定可使用状态。ABC公司建造厂房的支出金额如表9-3所示。

表9-3 ABC公司建造厂房支出金额一览表 单位：万元

日期	每期资产支出金额	累计资产支出金额	闲置借款资金用于短期投资金额
2021年1月1日	1 500	1 500	500
2021年7月1日	2 500	4 000	2 000
2022年1月1日	1 500	5 500	500
总计	5 500		3 000

【解析】 由于ABC公司使用了专门借款建造厂房，而且厂房建造支出没有超过专门借款金额，因此公司2021年、2022年为建造厂房应予资本化的利息金额计算如下：

(1) 确定借款费用资本化期间为2021年1月1日至2022年6月30日。

(2) 计算在资本化期间内专门借款实际发生的利息金额。

2021年专门借款发生的利息金额=2 000×6%+4 000×7%×6/12=260(万元)

2022年1月1日至6月30日专门借款发生的利息金额=2 000×6%×6/12+4 000×7%×6/12=200(万元)

(3) 计算在资本化期间内利用闲置的专门借款资金进行短期投资的收益。

2021年短期投资收益=500×0.5%×6+2 000×0.5%×6=75(万元)

2022年1月1日至6月30日短期投资收益=500×0.5%×6=15(万元)

(4) 由于在资本化期间内，专门借款利息费用的资本化金额应当以其实际发生的利息费用减去将闲置的借款资金进行短期投资取得的投资收益后的金额确定，因此

2021年利息资本化金额=260−75=185(万元)

2022年利息资本化金额=200−15=185(万元)

(5) 有关账务处理如下（单位为万元）：

2021年12月31日：

借：在建工程	185
应收利息（或银行存款）	75
贷：应付利息	260

2022年6月30日：

借：在建工程	185
应收利息（或银行存款）	15
贷：应付利息	200

2022年12月31日：

借：财务费用	185

　　应收利息（或银行存款）　　15

　贷：应付利息　　200

2. 一般借款利息资本化金额的确定

$$\text{一般借款利息资本化金额}=\text{累计资产支出超过专门借款部分的资产支出加权平均数}\times\text{所占用一般借款的资本化率}$$

其中

$$\text{所占用一般借款的资本化率}=\text{所占用一般借款加权平均利率}=\frac{\text{所占用一般借款当期实际发生的利息之和}}{\text{所占用一般借款本金加权平均数}}\times 100\%$$

$$\text{所占用一般借款本金加权平均数}=\sum\left(\text{所占用每笔一般借款本金}\times\frac{\text{每笔一般借款在当期所占用的天数}}{\text{当期天数}}\right)$$

【例题49·实操题】甲公司2020年开始一项办公楼的建设，具体资料如下：

(1) 自2020年1月1日起开始实体建造，发生支出情况如下：

2020年：

1月1日，支出100万元；

4月1日，支出80万元；

9月1日，支出150万元。

2021年：

2月1日，支出300万元；

4月1日，支出40万元。

至2021年6月30日，该办公楼建造完成并投入使用。

(2) 由于甲公司没有专门借款，因此占用了公司的一般借款，一般借款的情况如下：

1) 2019年1月1日，借入一笔5年期的借款，本金500万元，年利率为9%，按年支付利息；

2) 2020年7月1日，借入一笔3年期的借款，本金200万元，年利率为6%，按年支付利息。

(3) 该办公楼建造完工后，甲公司董事会作出决议，将其自2021年7月1日起对外出租，并与乙公司签订租赁协议，约定租赁期3年，年租金90万元，租赁期开始日为2021年7月1日。甲公司对该投资性房地产采用成本模式计量，预计该办公楼使用寿命为40年，预计净残值为112.27万元，采用直线法计提折旧。

假定甲公司按年计算借款费用资本化的金额。不考虑其他因素。

要求：

(1) 计算2020年一般借款利息应予以资本化和费用化的金额，并编制计提利息费用的分录。

(2) 计算2021年一般借款利息应予以资本化和费用化的金额，并编制计提利息费用的分录。

【解析】会计分录单位为万元。

（1）2020年利息费用总额＝500×9%＋200×6%×6/12＝51（万元）

$$2020年一般借款资本化率=\frac{500\times9\%+200\times6\%\times6/12}{500+200\times6/12}\times100\%=8.5\%$$

2020年累计资产支出加权平均数＝100×12/12＋80×9/12＋150×4/12＝210（万元）

2020年一般借款利息资本化金额＝210×8.5%＝17.85（万元）

费用化的金额＝51－17.85＝33.15（万元）

计提利息费用的分录：

借：在建工程	17.85	
财务费用	33.15	
贷：应付利息		51.00

（2）2021年利息费用总额＝500×9%＋200×6%＝57（万元）

$$2021年一般借款资本化率=\frac{500\times9\%+200\times6\%}{500+200}\times100\%=8.14\%$$

2021年累计资产支出加权平均数＝（100＋80＋150）×6/12＋300×5/12＋40×3/12＝300（万元）

2021年一般借款利息资本化金额＝300×8.14%＝24.42（万元）

费用化的金额＝57－24.42＝32.58（万元）

计提利息费用的分录：

借：在建工程	24.42	
财务费用	32.58	
贷：应付利息		57.00

3. 混合占用时

原则上，先计算专门借款利息资本化金额，再计算一般借款利息资本化金额。

【例题50·实操题】 ABC公司2021年1月1日动工兴建一栋办公楼，工期为1年，工程采用出包方式，分别于2021年1月1日、7月1日和10月1日支付工程进度款3 000万元、6 000万元和2 000万元。办公楼于2021年12月31日完工，达到预定可使用状态。公司为建造办公楼发生了两笔专门借款，分别为：

（1）2021年1月1日专门借款4 000万元，借款期限为3年，年利率为8%，利息按年支付；

（2）2021年7月1日专门借款4 000万元，借款期限为5年，年利率为10%，利息按年支付。

闲置专门借款资金均用于固定收益债券短期投资，该短期投资月收益率为0.5%。公司为建造办公楼的支出总额为11 000万元（3 000＋6 000＋2 000），超过专门借款总额8 000万元（4 000＋4 000），占用了一般借款3 000万元。所占用一般借款有两笔，分别为：

（1）向A银行长期借款4 000万元，期限为2020年12月1日至2025年12月1日，年利率为6%，按年支付利息；

（2）发行公司债券20 000万元，于2020年1月1日发行，期限为5年，年利率为8%，按年支付利息。

【解析】

（1）计算专门借款利息资本化金额（为简化计算，假定全年按360天计算）。

$$\text{专门借款利息资本化金额}=4\,000\times 8\%+4\,000\times 10\%\times 180/360-1\,000\times 0.5\%\times 6=490(\text{万元})$$

（2）计算一般借款利息资本化金额。

$$\text{累计资产支出超过专门借款部分的资产支出加权平均数}=(9\,000-8\,000)\times 180/360+2\,000\times 90/360=1\,000(\text{万元})$$

$$\text{一般借款资本化率}=\frac{4\,000\times 6\%+20\,000\times 8\%}{4\,000+20\,000}\times 100\%=7.67\%$$

$$\text{一般借款利息资本化金额}=1\,000\times 7.67\%=76.7(\text{万元})$$

（3）计算建造办公楼应予资本化的利息费用金额。

该公司建造办公楼应予资本化的利息费用金额为566.7万元，即专门借款利息资本化金额490万元和一般借款利息资本化金额76.7万元之和。

（4）会计处理如下（单位为万元）：

借：在建工程	566.70	
应收利息	30.00	
财务费用	1 763.30	
贷：应付利息		2 360.00

【小结】借款利息资本化金额的确定。

（1）企业在确定每期利息（包括折价或溢价的摊销）资本化金额时，应当首先判断符合资本化条件的资产在购建或者生产过程所占用的资金来源。如果所占用的资金是专门借款资金，应按照专门借款利息资本化金额的思路计算；如果所占用的资金是一般借款资金，则按照一般借款利息资本化金额的思路计算。

（2）专门借款利息资本化的处理是最简单的处理，只需要注意什么时候开始资本化，专门借款发生的利息费用在资本化期间都可以资本化，不管专门借款有没有被占用，以及占用多少；注意资本化期间的利息支出和利息收入就可以了；即使有一笔专门借款一直闲置也不影响资本化。

（3）一般借款资本化期间未必全部资本化，只有被占用的部分才予以资本化处理。

【提示】

（1）计算一般借款资本化率和累计资产支出加权平均数时所选用的期间应该一致，如以1年为一个期间或者以年初至完工时为一个期间。

（2）计算累计资产支出加权平均数考虑资产支出在当期占用的天数时需要剔除暂停资本化期间，计算一般借款资本化率不需要剔除暂停资本化期间。

（3）每一会计期间的利息资本化金额不得超过当期相关借款实际发生的利息金额。

（四）借款辅助费用资本化的计算

借款辅助费用是企业为了安排借款而发生的必要费用，包括借款手续费（如发行债券手续费）、佣金等。如果企业不发生这些费用，就无法取得借款，因此借款辅助费用是企业借入款项所付出的一种代价，是借款费用的有机组成部分。

借款辅助费用计入借款的初始确认金额，即记入“长期借款——利息调整”或“应付债券——利息调整”科目，最终会抵减相关借款的初始金额。记入“利息调整”明细科目的金额以后各期按照实际利率法进行摊销，从而影响以后各期实际利息的计算。换句话说，由于借款辅助费用的发生将导致相关借款实际利率的上升，从而需要对各期利息费用作相应调整，在确定借款辅助费用资本化金额时可以结合借款利息资本化金额一起计算。

【例题51·实操题】甲公司2020年1月1日从银行借入100万元，借款期限为2年，年利率为6%，利息每年支付一次。为了借入该款项，甲公司支付了财务资料鉴证费用2万元。假设2020年发生的利息费用可以资本化，2021年发生的利息费用应费用化。银行同期实际利率为7.11%。

【解析】甲公司的账务处理如下（单位为万元）：

（1）2020年1月1日，借款时。

借：银行存款　　100

　贷：长期借款——本金　　100

借：长期借款——利息调整　　2

　贷：银行存款　　2

长期借款摊余成本＝100－2＝98(万元)

（2）2020年末，计算应付利息和利息费用。

应付利息＝100×6%×1＝6(万元)

利息费用(实际利率法)＝98×7.11%×1＝6.97(万元)

借：在建工程　　6.97

　贷：应付利息　　6.00

　　长期借款——利息调整　　0.97

（3）2021年12月31日。

借：财务费用（(98＋0.97)×7.11%）　　7.04

贷：应付利息　　　　　　　　　　　　　　　　　　　　　　　　　　6.00

　　长期借款——利息调整　　　　　　　　　　　　　　　　　　　　1.04

注：外币借款汇兑差额资本化的计算、融资租赁中的融资费用资本化的计算将在后续高级财务会计课程外币业务、租赁专题中介绍，此处略。

二、应付债券

（一）债券概述

债券是企业为筹集资金而依照法定程序发行的约定在一定日期还本付息的有价证券。企业发行债券必须经国家有关部门批准，委托银行或其他金融机构代理发行。发行债券筹集的资金，既可用于购建固定资产，也可用于补充流动资金。企业发行期限超过1年的债券，构成一项长期负债。

企业发行债券的种类很多，常见的有：

（1）一般公司债券。

（2）可转换债券。指债券持有人在规定的期限内可以将债券转换成发行人自己的股票。如：旭升股份（股票代码：603305）2018年11月22日公开发行420万元可转换公司债券，每张面值100元，发行总额4.2亿元。规定自发行结束之日满6个月后的第一个交易日起至可转换公司债券到期日止，即2019年5月28日至2024年11月21日期间转换成旭升股份股票。

（3）可交换债券。指债券持有人在规定的期限内可以将债券转换成发行人持有的其他公司股票。如：中国石化集团2018年6月拟发行以其持有的子公司——中石化A股股票为标的的可交换债券，期限不超过5年，拟募集资金总额不超过人民币500亿元。在满足换股条件下，债券持有人有权将其持有的可交换债券交换为中石化A股股票。

（4）永续债。即期限永久的债券，其最大特点是期限长，没有明确的到期期限，理论上讲可以永远存在下去，1 000年以后还可以存在，所以有“债券中的股票”之称。但实际上永续债也不一定是永久的，大部分永续债带有赎回条款或者续期选择权，一般会设置票面利率重置和跳升机制，发行人还可以设置利息递延支付权。

债券的票面一般要载明下列要素：

（1）债券面值即票面价值，包括两项内容：一是币种；二是金额，即企业在还款日应偿还的本金额。

（2）票面利率，又称名义利率，是指债券上载明的利率。它表示债券发行人承诺根据这个利率来支付利息。

（3）债券还本期限，是指债券发行人偿还本金的时间。

此外，债券的票面上还有还本付息方式、发行日期和序号、发行单位印鉴以及能否转让等项目。

（二）应付债券的账务处理

（1）发行债券时。

借：银行存款

　　应付债券——利息调整（折价时）

　贷：应付债券——面值

　　　　　　——利息调整（溢价时）

【备注】债券发行费用，冲溢价、追折价。

（2）每年计提利息费用时。

借：财务费用/在建工程（期初债券的摊余成本×市场利率×当期期限）

　贷：应付债券——应计利息（到期一次还本付息）（债券票面价值×票面利率×当期期限）/应付利息（分次付息到期还本）

　　应付债券——利息调整（倒挤，也可能记借方）

（3）到期时。

借：应付债券——面值

　　　　　　——应计利息/应付利息

　贷：银行存款

【例题 52·实操题】甲公司经批准于 2017 年 12 月 31 日发行债券 10 000 张，每张面值 100 元，票面利率 6%，期限 4 年，每年年末付息，到期还本。发行价为每张 110 元，券商发行费用为 3 万元，自发行收入中扣除。债券溢折价采用实际利率法摊销。

【解析】甲公司的账务处理如下：

（1）首先计算此债券的内含利率 r。

$$110\times10\,000-30\,000=100\times10\,000\times6\%\times(P/A,r,4)+100\times10\,000\times(P/F,r,4)$$

经内插法测定，得出 $r=4.07\%$。

（2）发行时的会计分录。

借：银行存款　　1 070 000

　贷：应付债券——面值　　1 000 000

　　　　　　　——利息调整　　70 000

（3）各期利息费用计算表（如表 9-4 所示）。

表 9-4　各期利息费用计算表　　单位：元

日期	利息费用	支付现金	应付债券摊余成本
2017 年 12 月 31 日			1 070 000.00
2018 年 12 月 31 日	43 549.00	60 000	1 053 549.00
2019 年 12 月 31 日	42 879.44	60 000	1 036 428.44
2020 年 12 月 31 日	42 182.64	60 000	1 018 611.08
2021 年 12 月 31 日	41 388.92	1 060 000	0

2018年末利息费用的账务处理如下：

借：财务费用/在建工程　　43 549

　　应付债券——利息调整　　16 451

　贷：应付利息　　60 000

2019年末、2020年末、2021年末的分录均参照上述处理。

（4）到期还本付息时。

借：应付债券——面值　　1 000 000

　贷：银行存款　　1 000 000

（三）可转换公司债券的账务处理

1. 会计处理原则

（1）企业发行的可转换公司债券，应当在初始确认时将其包含的负债成分和权益成分进行分拆，将负债成分确认为应付债券，将权益成分确认为其他权益工具。

在进行分拆时，应当先对负债成分的未来现金流量进行折现确定负债成分的初始确认金额，再按发行价格总额扣除负债成分初始确认金额后的金额确定权益成分的初始确认金额。发行可转换公司债券发生的交易费用，应当在负债成分和权益成分之间按照各自的相对公允价值进行分摊。

（2）对于可转换公司债券的负债成分，在转换为股份前，其会计处理与一般公司债券相同。

2. 一般会计分录

（1）发行时。

借：银行存款

　　应付债券——可转换公司债券（利息调整）（倒挤认定，也可能记贷方）

　贷：应付债券——可转换公司债券（面值）

　　其他权益工具（按权益成分的公允价值）（该债券的发行价－未来现金流量按普通债券市场利率的折现）

（2）转股前的会计处理同普通债券。

（3）转股时。

借：应付债券——可转换公司债券（面值）

　　　　　　——可转换公司债券（利息调整）（折价记贷方，溢价记借方）

　　其他权益工具（当初的权益成分公允价值）

　贷：股本

　　资本公积——股本溢价

　　库存现金（不足一股支付的现金部分）

【例题53·实操题】甲公司2020年1月1日发行100万元的可转换公司债券，以筹措流动资金。该可转换公司债券发行期限为3年，票面利率为6%，每年年末付息，债券发行1年后按面值每100元转6股普通股，每股面值为1元。假定债券持有人全部转股。甲公司实际发行价格为120万元（无发行费用），同期普通债券市场利率为5%。

【解析】相关会计处理如下（单位为万元）：

（1）初始确认时负债成分和权益成分的划分。

按照实际利率计算如下：

$$\begin{aligned}\text{负债成分初始确认}&=\text{未来现金流量按照实际利率进行折现}\\&=6\times(1+5\%)^{-1}+6\times(1+5\%)^{-2}+6\times(1+5\%)^{-3}\\&\quad+100\times(1+5\%)^{-3}\approx102.72(\text{万元})\end{aligned}$$

$$\begin{aligned}\text{权益成分初始确认}&=\text{发行价格总额扣除负债成分初始确认}\\&=120-102.72=17.28(\text{万元})\end{aligned}$$

（2）2020年1月1日，发行时。

借：银行存款	120.00	
贷：应付债券——面值		100.00
——利息调整		2.72
其他权益工具		17.28

（3）2020年12月31日，计提利息费用时。

借：财务费用（102.72×5%）	5.14	
应付债券——利息调整	0.86	
贷：应付利息		6.00

（4）2020年末应付债券的账面余额=102.72−0.86=101.86（万元）

（5）2021年，转股时。

借：应付债券——面值	100.00	
——利息调整	1.86	
其他权益工具	17.28	
贷：股本（100÷100×6）		6.00
资本公积——股本溢价		113.14

三、长期应付款

（一）长期应付款的核算内容

长期应付款是指企业除长期借款和应付债券以外的其他各种长期应付款项，包括以分期付款方式购入固定资产、无形资产或存货发生的应付款项等。

（二）长期应付款的会计核算

具有融资性质的延期付款购买存货、固定资产、无形资产形成的长期应付款，详见前面相关章节介绍。

四、预计负债

（一）预计负债的内容

预计负债是指偿还金额、时间不确定，需要根据有关资料进行估计确认的负债，主要包括企业对外提供担保和产品质量保证等而形成的负债。

（二）预计负债的会计核算

将在后续课程高级财务会计或有事项专题中介绍，此处略。

五、递延所得税负债

将在第 13 章“所得税会计”一节介绍，此处略。

热点思考题

1. 买方取得的现金折扣应如何处理？商业折扣和现金折扣与应付账款之间有什么关系？

2. 如何理解视同销售？视同销售包括哪些内容？用实物、货物或者无形资产、固定资产对外投资、捐赠等，会计处理上是按照公允价值确认收入，还是按照成本结转？进项税额转出的情形包括哪些？

3. 借款费用开始资本化、暂停资本化、停止资本化的判定条件是什么？

4. 企业代扣代缴个人所得税取得的代扣手续费应如何入账？

5. 企业通过“税金及附加”账户核算的税种有哪些？不通过“应交税费”账户核算的税种有哪些？

第十章

所有者权益

教学导向

（1）了解实收资本的核算

（2）掌握资本公积的来源与核算

（3）理解其他综合收益的概念和核算

（4）熟练掌握留存收益的概念和核算

课程思政

实收资本核算中的思政元素——防止企业通过假验资虚列实收资本、注册完毕抽逃资本等，严格遵守国家的法律法规，对组织要有责任感和奉献精神，树立正确的价值观

第一节 所有者权益概述

一、所有者权益的特征

所有者权益又称股东权益，是指企业资产扣除负债后投资者所享有资产的剩余求偿权。它具有以下基本特征：

（1）除非发生减值、清算或分派现金股利，企业不需要偿还所有者权益；

（2）企业清算时，只有在清偿完所有的负债后，才将所有者权益返还投资者；

（3）投资者凭借所有者身份参与企业利润分配。

二、所有者权益的构成

公司制企业的所有者权益主要包括实收资本（股本）、资本公积、其他权益工具、其他综合收益、盈余公积和未分配利润等。其中，盈余公积和未分配利润统称为留存收益。

第二节　实收资本

一、实收资本概述

实收资本是指投资者按照企业章程或合同、协议的约定实际投入企业的资本。它是所有者权益的主体和基础，是企业注册登记的法定资本总额的来源。实收资本的构成比例（即投资者的出资比例或股东的股份比例）通常是确定所有者在企业所有者权益中所占的份额和参与企业财务经营决策的基础，也是企业进行利润分配或股利分配的依据，还是企业清算时确定所有者对净资产的要求权的依据。

纵观全社会，企业实收资本的形成有四个路径：

路径一：初创时投入。一般为创业者（合伙人）最初的投入。合伙人是企业的缔造者，他们确定了企业的业务范围、发展方向，形成了早期的管理层等。这些合伙人中往往有一个主心骨，成为企业的灵魂人物或者叫精神领袖。如阿里巴巴的马云、腾讯的马化腾、新东方的俞敏洪、京东的刘强东等。他们既拥有公司较多的股份，又实质上控制着公司的发展。

路径二：发展中投入。企业发展到一定阶段后，外部人看好企业的发展前景，想加入企业，就形成了企业在发展中的新资本投入。包括首次公开发行股份（IPO）、增发、风险投资等。

路径三：内部转换。包括资本公积转增资本、盈余公积转增资本。

路径四：外部转换。包括可转换公司债券转换为股份、欠款转换为股份（通常所说的债转股）。

股东以货币出资的，应当将货币出资足额存入有限责任公司在银行开设的账户；以非货币资产出资的，应当依法办理其财产权的转移手续。股东不按照上述规定缴纳出资的，除应当向公司足额缴纳外，还应当向已按期足额缴纳出资的股东承担违约责任。

二、实收资本的核算

（一）账户设置

为了核算企业接受投资者投入资本的增减变动和结存情况，企业应当设置“实收资本”账户。该账户属于所有者权益类账户，贷方登记所有者投入资本的增加；借方登记所有者投入资本的减少。期末余额在贷方，反映企业实收资本总额。“实收资本”账户可按投资者进行明细核算。股份有限公司应将该账户改为“股本”账户。企业收到投资者出资超过其在注册资本或股本中所占份额的部分，作为资本溢价或股本溢价，在“资本公积”账户进行核算。

（二）接受货币资金投资的核算

1. 股份有限公司以外的企业接受货币资金投资

【例题1·实操题】甲、乙、丙共同投资设立A有限责任公司，公司的注册资本为2 000万元，甲、乙、丙的持股比例分别为60%、25%和15%。A有限责任公司已如期收到各个投资者一次性缴足的款项。

【解析】根据上述资料，A有限责任公司应作如下账务处理（单位为万元）：

借：银行存款	2 000	
贷：实收资本——甲		1 200
——乙		500
——丙		300

【例题2·实操题】丙公司接受个人投资100万元，享有注册资本的份额为60万元。

【解析】账务处理如下（单位为万元）：

借：银行存款	100	
贷：实收资本（按比例所占份额）		60
资本公积——资本溢价（超出份额部分）		40

2. 股份有限公司接受货币资金投资

股份有限公司发行股票可按面值（每股面值为1元）发行和溢价发行，不允许折价发行。在溢价发行股票的情况下，企业应将相当于股票面值的部分作为股本，其余部分在扣除发行手续费和佣金等费用后作为资本公积中的股本溢价处理。

【例题3·实操题】丁股份有限公司发行普通股2 000万股，每股面值为1元，发行价格为5元/股。证券公司按发行收入的1%收取手续费100万元，扣除相关税费后的余额已全部转入公司银行存款账户。

【解析】根据上述资料，丁股份有限公司应作如下账务处理（会计分录单位为万元）：

计入股本的金额＝2 000×1＝2 000(万元)

计入资本公积的金额＝(5－1)×2 000－100＝7 900(万元)

借：银行存款	9 900	
贷：股本		2 000
资本公积——股本溢价		7 900

（三）接受非货币资金投资的核算

1. 接受投入固定资产

企业接受投资者投入的房屋、建筑物、机器设备等固定资产，应按投资合同或协议约定的价值确定固定资产的入账价值（投资合同或协议约定价值不公允的除外），并按可以抵扣的进项税额，借记“应交税费——应交增值税（进项税额）”账户（注：限增值税一般纳税人企业接受用于应税项目的固定资产投资，若为不动产投资其进项税额需全额一次性抵扣，不再分次抵扣）；按在注册资本中所占的份额，贷记“实收资本”账户，差额贷记“资本公积”账户。

【例题4·实操题】甲有限责任公司注册资本为1 000 000元，设立时收到乙公司投入的不需要安装的设备一台，合同约定该设备的价值为200 000元，增值税进项税额为26 000元（由投资方支付税款并提供增值税专用发票）。合同约定的价值与公允价值一致，乙公司享有甲公司注册资本20%的份额。不考虑其他因素。

【解析】甲公司接受乙公司投资的会计处理为：

借：固定资产	200 000	
应交税费——应交增值税（进项税额）	26 000	
贷：实收资本		200 000
资本公积		26 000

2. 接受投入材料物资

原理同上。

3. 接受投入无形资产

原理同上。

（四）实收资本（或股本）变动的核算

1. 实收资本（或股本）的增加

（1）接受投资者追加投资。

【例题5·实操题】丙有限责任公司（一般纳税人）接受投资者追加投资设备价款100万元，增值税进项税额13万元（已认证），占注册资本份额为110万元。

【解析】会计分录单位为万元。

借：固定资产	100	
应交税费——应交增值税（进项税额）	13	
贷：实收资本		110
资本公积——资本溢价		3

结论：留存收益（盈余公积、未分配利润）不变，所有者权益增加113万元。

（2）资本公积转增资本。

【例题6·实操题】资本公积转增资本10万元。

【解析】会计分录单位为万元。

借：资本公积	10	
贷：实收资本（或股本）		10

结论：留存收益（盈余公积、未分配利润）不变，所有者权益内部一增一减，总额不变。

（3）盈余公积转增资本。

【例题 7 · 实操题】盈余公积转增资本 10 万元。

【解析】会计分录单位为万元。

借：盈余公积　　10
　贷：实收资本（或股本）　　10

结论：留存收益（盈余公积）减少 10 万元，所有者权益内部一增一减，总额不变。

2. 实收资本（或股本）的减少

（1）有限责任公司按法定程序批准减资。

借：实收资本
　贷：银行存款

（2）股份有限公司采用回购本公司股票方式减资。

通过“库存股”账户核算回购的股份，该账户属于所有者权益备抵类（不是资产类），增加在借，减少在贷，具体分以下两种情形：

1）回购时。

借：库存股（按照实际支付的回购价款）
　贷：银行存款

2）注销时。

借：股本（股票面值×注销股数）
　　资本公积——股本溢价（借方差额）
　贷：库存股（注销库存股的账面余额）

【延伸思考】当资本公积（股本溢价）不足以冲减时，要依次冲减盈余公积与未分配利润。

【例题 8 · 实操题】A 上市公司 2×21 年 12 月 31 日的股本为 100 000 000 元（面值为 1 元），资本公积（股本溢价）为 30 000 000 元，盈余公积为 40 000 000 元。经股东大会批准，A 上市公司以现金回购方式回购本公司股票 20 000 000 股并注销。假定 A 上市公司按每股 2 元回购股票，不考虑其他因素。

【解析】A 上市公司应编制如下会计分录：

（1）回购本公司股份时。

库存股成本＝20 000 000×2＝40 000 000(元)

借：库存股　　40 000 000
　贷：银行存款　　40 000 000

（2）注销本公司股份时。

应冲减的资本公积＝20 000 000×2－20 000 000×1＝20 000 000(元)

借：股本 20 000 000

　　资本公积——股本溢价 20 000 000

　贷：库存股 40 000 000

【延伸思考1】 假定A上市公司按每股3元回购股票，其他条件不变，A上市公司应编制如下会计分录：

（1）回购本公司股份时。

库存股成本＝20 000 000×3＝60 000 000(元)

借：库存股 60 000 000

　贷：银行存款 60 000 000

（2）注销本公司股份时。

应冲减的资本公积＝20 000 000×3－20 000 000×1＝40 000 000(元)

借：股本 20 000 000

　　资本公积——股本溢价 30 000 000

　　盈余公积 10 000 000

　贷：库存股 60 000 000

本例中，由于应冲减的金额大于公司现有的资本公积，因此只能冲减资本公积30 000 000元，剩余的10 000 000元应冲减盈余公积。

【延伸思考2】 假定A上市公司按每股0.9元回购股票，其他条件不变，A上市公司应编制如下会计分录：

（1）回购本公司股份时。

库存股成本＝20 000 000×0.9＝18 000 000(元)

借：库存股 18 000 000

　贷：银行存款 18 000 000

（2）注销本公司股份时。

应增加的资本公积＝20 000 000×1－20 000 000×0.9＝2 000 000(元)

借：股本 20 000 000

　贷：库存股 18 000 000

　　　资本公积——股本溢价 2 000 000

本例中，由于折价回购，股本与库存股成本的差额2 000 000元应作增加资本公积处理。

【延伸思考3】“库存股”账户与“库存商品”账户在名称上都带有“库存”二字，但性质完全不同：“库存商品”属于资产类账户，借方登记商品增加，贷方登记商品减少；而“库存股”账户属于所有者权益的备抵账户，回购时在借方登记，冲减资产负债表上的所有者权益项目金额。

第三节 其他权益工具

一、其他权益工具会计处理的基本原则

企业发行的除普通股（作为实收资本或股本）以外，根据金融负债和权益工具区分原则分类为权益工具的其他权益工具，按照以下原则进行会计处理：

（1）对于归类为权益工具的金融工具，无论其名称中是否包含“债”，其利息支出或股利分配都应作为发行企业的利润分配，其回购、注销等作为权益的变动处理。

（2）对于归类为金融负债的金融工具，无论其名称中是否包含“股”，其利息支出或股利分配原则上都应按照借款费用进行处理，其回购或赎回产生的利得或损失等计入当期损益。

（3）企业（发行方）发行金融工具，其发生的手续费、佣金等交易费用，如分类为债务工具且以摊余成本计量的，应当计入所发行工具的初始计量金额；如分类为权益工具的，应当从权益（其他权益工具）中扣除。

【延伸思考】金融负债和权益工具的区分

1. 是否存在无条件地避免交付现金或其他金融资产的合同义务

（1）如果企业不能无条件地避免以交付现金或其他金融资产来履行一项合同义务，则该合同义务符合金融负债的定义。

举例1：甲公司发行10万股股票给乙公司，每股发行价10元。双方约定：一年后，乙公司有权要求甲公司按每股12元的价格赎回此股票。在此情形下，甲公司应将发行款100万元定义为金融负债。如果一年后，乙公司并未行使回售权，甲公司才可以将100万元金融负债转为权益工具。

举例2：一项以面值1亿元发行的优先股要求每年按6%的股息率支付优先股股息，则发行方承担了支付未来每年6%股息的合同义务，应当就该强制付息的合同义务确认金融负债。

举例3：企业发行的一项永续债，无固定还款期限且不可赎回，每年按8%的利率强制付息。尽管该项工具的期限永续且不可赎回，但由于企业承担了以利息形式永续支付现金的合同义务，因此符合金融负债的定义。

（2）如果企业能够无条件地避免交付现金或其他金融资产，如：能够根据相应的议事机制自主决定是否支付股息（即无支付股息的义务），同时所发行的金融工具没有到期日且持有方没有回售权，或虽有固定期限但发行方有权无限期递延（即无支付本金的义务），则此类交付现金或其他金融资产的结算条款不构成金融负债。

2. 是否通过交付固定数量的自身权益工具结算

如果一项金融工具须用或可用企业自身权益工具进行结算，企业需要考虑用于结算该工具的自身权益工具，是作为现金或其他金融资产的替代品，还是为了使该工具持有方享有在发行方扣除所有负债后的资产中的剩余权益。如果是前者，该工具是发行方的金融负债；如果是后者，该工具是发行方的权益工具。因此，对于以企业自身权益工具结算的金融工具，其分类需要考虑所交付的自身权益工具的数量是可变的还是固定的。

举例1：甲公司与乙公司签订的合同约定，甲公司以100万元等值的自身权益工具偿还所欠乙公司债务。

解析：甲公司需偿还的负债金额100万元是固定的，但甲公司需交付的自身权益工具的数量随着其权益工具市场价格的变动而变动。在这种情况下，甲公司发行的该金融工具应当划分为金融负债。

举例2：甲公司与乙公司签订的合同约定，甲公司以100盎司黄金等值的自身权益工具偿还所欠乙公司债务。

解析：甲公司需偿还的负债金额随黄金价格变动而变动，同时，甲公司需交付的自身权益工具的数量随着其权益工具市场价格的变动而变动。在这种情况下，该金融工具应当划分为金融负债。

举例3：甲公司发行名义金额100元的优先股，合同条款规定甲公司在3年后将优先股强制转换为普通股，转股价格为转股日前一工作日的该普通股市价。

解析：转股价格是变动的，未来须交付的普通股数量是可变的，实质可视作甲公司将在3年后使用自身普通股并按其市价履行支付优先股每股100元的义务。在这种情况下，该强制可转换优先股整体是一项金融负债。

【结论】在上述三个例子中，虽然企业通过交付自身权益工具来结算合同义务，该合同仍属于一项金融负债，而并非企业的权益工具，因为企业以可变数量的自身权益工具作为合同结算方式，该合同不能证明持有方享有发行方在扣除所有负债后的资产中的剩余权益。

二、其他权益工具会计处理的科目设置

1. “应付债券”科目

核算发行方归类为金融负债的金融工具。

2. “衍生工具”科目

核算衍生金融负债或衍生金融资产。

3. “交易性金融负债”科目

核算嵌入了非紧密相关的衍生金融资产或衍生金融负债，且发行方选择将其整体指定为以公允价值计量且其变动计入当期损益的金融工具。

4. “其他权益工具”科目

核算企业发行的除普通股以外的归类为权益工具的各种金融工具。

三、其他权益工具的主要账务处理

1. 发行方发行的金融工具归类为权益工具的

借：银行存款
　贷：其他权益工具——优先股、永续债等

在存续期间分派股利时：

借：利润分配——应付优先股股利、应付永续债利息等
　贷：应付股利——优先股股利、永续债利息等

2. 权益工具与金融负债重分类的

（1）权益工具重分类为金融负债。

借：其他权益工具——优先股、永续债等（账面价值）
　贷：应付债券——优先股、永续债等（面值）
　　　　　　——优先股、永续债等(利息调整)（应付债券公允价值与面值的差额）（或借方）
　　资本公积——资本溢价(或股本溢价)（重分类后公允价值与应付债券账面价值的差额）（或借方）

【提示】如果资本公积不够冲减的，依次冲减盈余公积和未分配利润，下同。

（2）金融负债重分类为权益工具。

借：应付债券——优先股、永续债等（面值）
　　　　　——优先股、永续债等（利息调整）（利息调整余额）（或贷方）
　贷：其他权益工具——优先股、永续债等

3. 发行方按合同条款约定赎回所发行的除普通股以外的分类为权益工具的金融工具

（1）回购。

借：库存股——其他权益工具
　贷：银行存款

（2）注销。

借：其他权益工具
　贷：库存股——其他权益工具
　　资本公积——资本溢价（或股本溢价）（或借方）

4. 发行方按合同条款约定将发行的除普通股以外的金融工具转换为普通股

借：应付债券（账面价值）
　　其他权益工具（账面价值）
　贷：实收资本（或股本）（面值）
　　　资本公积——资本溢价（或股本溢价）（差额）
　　　银行存款（支付现金）

第四节　资本公积与其他综合收益

一、资本公积

（一）资本公积的来源

资本公积是指企业收到投资者出资额超出其在注册资本（或股本）中所占份额的部分，以及其他资本公积等。资本公积是与企业收益无关而与资本相关的事项。

（二）资本公积的会计处理

1. 资本（股本）溢价

同前节例题。

2. 其他资本公积

（1）以权益结算的股份支付。

【例题9·实操题】A公司为一上市公司。2020年1月1日，A公司向其200名管理人员每人授予100股股票期权。这些管理人员从2020年1月1日起在该公司连续服务3年，即可以5元/股购买100股A公司股票，从而获益。公司估计该期权在授予日的公允价值为18元。第一年有20名管理人员离开A公司，A公司估计3年中离开的管理人员的比例将达到20%；第二年又有10名管理人员离开公司，A公司将估计的管理人员离开比例修正为15%；第三年又有15名管理人员离开。

【解析】

（1）费用和资本公积的计算过程如表10-1所示。

表10-1　费用和资本公积计算表　　单位：元

年份	计算过程	当期费用	累计费用
2020	200×100×(1－20%)×18×1/3	96 000	96 000
2021	200×100×(1－15%)×18×2/3－96 000	108 000	204 000
2022	(200－20－10－15)×100×18－204 000	75 000	279 000

（2）账务处理如下。

1）2020 年 1 月 1 日。

授予日不作账务处理。

2）2020 年 12 月 31 日。

借：管理费用　96 000

　贷：资本公积——其他资本公积　96 000

3）2021 年 12 月 31 日。

借：管理费用　108 000

　贷：资本公积——其他资本公积　108 000

4）2022 年 12 月 31 日。

借：管理费用　75 000

　贷：资本公积——其他资本公积　75 000

5）假设全部 155 名管理人员都在 2023 年 12 月 31 日行权，A 公司股份面值为 1 元。

借：银行存款　77 500

　　资本公积——其他资本公积　279 000

　贷：股本　15 500

　　资本公积——资本溢价　341 000

（2）采用权益法核算的长期股权投资。权益法核算下，被投资单位除净损益之外的其他所有者权益变动，投资方记入“资本公积——其他资本公积”科目。

借：长期股权投资

　贷：资本公积——其他资本公积

二、其他综合收益

其他综合收益是指直接计入所有者权益的各项利得和损失。其他综合收益一般是由特定资产的计价变动而形成的，当处置特定资产时，其他综合收益也应一并处置。因此，其他综合收益项目不得用于转增资本（或股本）。主要包括：

1. 将来可以转入损益的其他综合收益

（1）权益法下被投资单位发生其他综合收益变动。

借：长期股权投资——其他综合收益

　贷：其他综合收益（或相反分录）

（2）自用房地产或存货转换为以公允价值计价的投资性房地产产生增值时。

借：投资性房地产（以转换当日的公允价值计量）

　　累计折旧

　　资产减值准备（转换当时已提减值准备）

贷：固定资产、无形资产或存货（按转换当时的账面余额结转）

其他综合收益（公允价值大于账面价值的差额）

（3）其他债权投资公允价值的变动。

借：其他债权投资

贷：其他综合收益或相反分录

（4）金融资产的重分类：将债权投资重分类为其他债权投资时。

借：其他债权投资（按重分类日的公允价值入账）

债权投资减值准备

贷：债权投资——成本

——利息调整（也可能记借方）

——应计利息

其他综合收益（可能记借方，也可能记贷方）

（5）现金流量套期工具产生的利得中属于有效套期的部分。

（6）外币财务报表折算差额。外币财务报表折算差额就是在折算的时候，资产负债表中资产负债项目是按照资产负债表日的即期汇率进行折算，而所有者权益项目除未分配利润外，按照发生时的即期汇率进行折算。

2. 将来不可以转入损益的其他综合收益

（1）重新计量设定受益计划变动额。根据设定受益计划产生的职工薪酬成本以及重新计量设定受益计划净负债或净资产所产生的变动，确定应当计入其他综合收益的金额。

（2）权益法下，投资方基于被投资单位因重新计量设定受益计划净负债或净资产变动而对应的调整，以及基于被投资单位其他权益工具投资价值波动产生的调整。

（3）其他权益工具投资持有期间的公允价值变动（处置时不能转入损益，转入留存收益）。

【例题10·多选题】下列各项中，在相关资产处置时应当转入当期损益的有（　　）。

A. 自用房地产转换为以公允价值计量的投资性房地产时计入其他综合收益的部分

B. 权益法下投资方应享有被投资单位因接受其他股东资本性投入导致所有者权益变动计入资本公积的金额

C. 指定为以公允价值计量且其变动计入其他综合收益的权益工具投资，因以前期间公允价值变动累计计入其他综合收益的金额

D. 同一控制下企业合并中长期股权投资初始投资成本与支付对价之间的差额计入资本公积的部分

【正确答案】AB

【答案解析】选项A，处置时其他综合收益结转计入其他业务成本；选项B，处置时资本公积结转计入投资收益；选项C，其他综合收益结转计入留存收益；选项D，处置时不需要结转。

（二）其他综合收益的会计处理

【例题 11·实操题】甲公司 2021 年的部分业务资料如下：

（1）2021 年初“其他综合收益”科目的贷方余额为 120 万元。

（2）2021 年 5 月 6 日，甲公司发放股票股利 100 万股，已于当日办妥相关增资手续。

（3）2021 年 7 月 1 日，甲公司以自用房产转换为以公允价值模式计量的投资性房地产，房产账面原价为 300 万元，已计提折旧 30 万元，转换日公允价值为 400 万元。

（4）甲公司以 500 万元购入某股票，并将其指定为以公允价值计量且其变动计入其他综合收益的金融资产。

（5）2021 年 12 月 31 日，甲公司上述房产的公允价值为 420 万元，上述股票的公允价值为 560 万元。

（6）其他资料：假定不考虑相关税费。

要求：

（1）根据上述资料，编制甲公司的相关会计分录（单位：万元）。

（2）计算甲公司“其他综合收益”账户 2021 年 12 月 31 日的余额。

【解析】

（1）借：利润分配	100	
贷：股本		100
借：投资性房地产	400	
累计折旧	30	
贷：固定资产		300
其他综合收益		130
借：其他权益工具投资	500	
贷：银行存款		500
借：投资性房地产	20	
贷：公允价值变动损益		20
借：其他权益工具投资	60	
贷：其他综合收益		60

（2）甲公司“其他综合收益”账户 2021 年 12 月 31 日的余额＝120＋130＋60＝310(万元)

【延伸思考】其他综合收益与投资收益的显著区别

其他综合收益列在资产负债表中，作为所有者权益的组成部分；投资收益列在利润表中，作为营业利润的组成部分。换句话说，其他综合收益反映的收益直接记在所有者（股东）头上，不算总经理的经营业绩；投资收益反映的收益记到总经理头上，作为其经营企业的成果。

第五节　留存收益

一、留存收益概述

留存收益是指企业从历年实现的利润中提取或形成的留存于企业的内部积累，包括盈余公积和未分配利润两类。

（一）盈余公积

盈余公积是指企业按照有关规定从净利润中提取的具有特定用途的积累资金。公司制企业的盈余公积包括法定盈余公积和任意盈余公积。

1. 法定盈余公积

企业是一个完全的市场参与者，自负盈亏，却并非“无法无天”，就连自己赚的利润也不能完全自作主张。法律上不允许企业“吃光喝光”，要求公司制企业至少按当年实现净利润的法定计提比例 10%提取法定的积累资金，这是盈余公积金计提的硬性下限。10%意味着企业当年赚取的利润可以分掉九成，留下一成，这主要是考虑到股东利润分配的偏好。如果当年企业赚取的利润很多，计提 10%后分配给股东的金额也不会少；反之，如果企业当年赚取的利润很少，计提 10%也不算多。

【延伸思考 1】如果企业以前年度的亏损尚未弥补，当年实现的净利润应首先用于弥补亏损，然后计提法定盈余公积金。

【延伸思考 2】盈余公积金计提的弹性上限 50%：当企业计提的法定盈余公积金累计额已经达到企业注册资本的 50%以上时，可以不再计提，以保护股东的利益。注意：这里是“可以”不计提，并非不能计提。

首先，法律体恤了一些企业不愿多提的“民意”，所以设定了 50%的上限。

其次，以注册资本作为 50%的计算基数理由何在？盈余公积金的使用顺序是先弥补亏损，后转增资本。为什么不以弥补亏损额为计算基数呢？因为如果企业税后净利润小于以前年度尚未弥补完的亏损，当年根本就不需要计提盈余公积金。以注册资本为基数意在充实资本，但 2014 年 3 月 1 日开始实施的《公司法》将注册资本从实缴制改为认缴制，对注册资本是否到位以及何时到位都放松了管制。《公司法》中计提盈余公积金的规定与其中注册资本的规定似乎不协调。

2. 任意盈余公积

任意盈余公积是指公司制企业根据股东大会或类似权力机构的决议从净利润中提取的盈余公积。具体计提比例由企业根据需要自行决定。

（二）未分配利润

未分配利润是指企业实现的净利润经过弥补亏损、提取盈余公积和向投资者分配利润后留存在企业的历年结存的利润。相对于所有者权益的其他部分来说，企业对于未分配利润的使用有较大的自主权。计算公式如下：

$$\begin{array}{c}\text{年末}\\\text{未分配利润}\end{array}=\begin{array}{c}\text{年初未分配利润}\\\text{（负数为年初未弥补的亏损）}\end{array}+\begin{array}{c}\text{本年实现的净利润}\\\text{（负数为净亏损）}\end{array}+\begin{array}{c}\text{其他转入}\\\text{（盈余公积补亏）}\end{array}$$

$$-\begin{array}{c}\text{已分配}\\\text{利润}\end{array}\left(\begin{array}{c}\text{提取的法定}\\\text{盈余公积}\end{array}+\begin{array}{c}\text{提取的任意}\\\text{盈余公积}\end{array}+\begin{array}{c}\text{向投资者分配的}\\\text{利润或股利}\end{array}\right)$$

【例题 12·实操题】2021 年初，某公司“利润分配——未分配利润”账户借方余额为 20 万元，当年实现净利润 160 万元，法定盈余公积计提比例为 10%，任意盈余公积计提比例为 5%，宣告发放现金股利 100 万元。

要求：

（1）计算计提的法定盈余公积；

（2）计算计提的任意盈余公积；

（3）计算当年年末可供分配利润；

（4）计算当年年末未分配利润。

【解析】

（1）计提的法定盈余公积＝(160－20)×10%＝14(万元)

（2）计提的任意盈余公积＝(160－20)×5%＝7(万元)

（3）当年年末可供分配利润＝(－20)＋160＝140(万元)

（4）当年年末未分配利润＝140－(14＋7＋100)＝19(万元)

二、留存收益的会计处理

（一）盈余公积的核算

1. 账户设置

为了反映盈余公积的形成及使用情况，企业应设置“盈余公积”账户。该账户属于所有者权益类账户，其贷方登记企业从净利润中提取的盈余公积；借方登记弥补亏损或转增资本冲减的盈余公积。期末余额在贷方，反映企业盈余公积的累计数。该账户应按盈余公积的种类分别设置“法定盈余公积”“任意盈余公积”明细账户，进行明细核算。

2. 具体的会计处理

（1）企业按规定提取盈余公积时。

借：利润分配——提取法定盈余公积/提取任意盈余公积

贷：盈余公积——法定盈余公积/任意盈余公积

（2）企业提取的盈余公积用于弥补亏损时。

借：盈余公积

　贷：利润分配——盈余公积补亏

（3）结转用于弥补亏损的盈余公积时。

借：利润分配——盈余公积补亏

　贷：利润分配——未分配利润

【延伸思考】盈余公积用于弥补亏损并未导致所有者权益减少。

（4）企业提取的盈余公积用于转增资本时。

借：盈余公积

　贷：实收资本/股本

【延伸思考 1】企业在将盈余公积转增资本时，必须经股东大会决议批准。

【延伸思考 2】在实际将盈余公积转增资本时，要按股东原有持股比例结转。在将盈余公积转增资本时，转增后留存的盈余公积的数额不得少于注册资本的 25%。

【延伸思考 3】企业提取的盈余公积，无论是用于弥补亏损，还是用于转增资本，都只是在企业所有者权益内部进行结构调整，并不引起所有者权益总额的变动。

（5）用盈余公积发放现金股利或利润时。

借：盈余公积

　贷：应付股利/应付利润

【延伸思考 1】宣告发放现金股利时会计处理为：

借：利润分配——应付现金股利

　贷：应付股利

【延伸思考 2】支付股票股利时会计处理为：

借：利润分配——转作股本的股利

　贷：股本

　　资本公积——股本溢价

（二）未分配利润的核算

1. 账户设置

未分配利润通过“利润分配——未分配利润”账户进行核算。每年年度终了，企业应将全年实现的净利润自“本年利润”账户转入“利润分配——未分配利润”账户，借记“本年利润”账户，贷记“利润分配——未分配利润”账户；如为亏损，则作相反的会计分录。同时，将“利润分配”账户下其他明细账户的余额转入“利润分配——未分配利润”账户。年末结账后，“利润分配——未分配利润”明细账户的贷方余额就是累计尚未分配的利润；如出现借方余额，则表示累计尚未弥补的亏损数额。

2. 具体的会计处理

【例题 13 · 实操题】甲股份有限公司 2021 年“利润分配——未分配利润”账户贷方余额为 160 万元，“本年利润”账户贷方余额为 500 万元，法定盈余公积提取 50 万元，经董事会提议并经股东大会同意提取任意盈余公积 40 万元，宣告发放普通股现金股利 300 万元。假设暂不考虑其他因素。

【解析】甲公司的相关会计处理如下（会计分录单位为万元）：

（1）结转 2021 年度实现的净利润 500 万元时。

借：本年利润	500	
贷：利润分配——未分配利润		500

（2）计提盈余公积时。

借：利润分配——提取法定盈余公积	50	
——提取任意盈余公积	40	
贷：盈余公积——法定盈余公积		50
——任意盈余公积		40

（3）宣告发放现金股利时。

借：利润分配——应付现金股利	300	
贷：应付股利		300

（4）年终结转全年利润分配项目时。

借：利润分配——未分配利润	390	
贷：利润分配——提取法定盈余公积		50
——提取任意盈余公积		40
——应付现金股利		300

（5）“利润分配——未分配利润”账户年末余额＝160＋500－390＝270(万元)

热点思考题

1. 如何界定资本公积与其他综合收益的区别？
2. 如果企业以前年度的亏损尚未弥补，当年实现的净利润应如何计提法定盈余公积？
3. “利润分配——未分配利润”账户年末余额如何计算？其借方余额含义是什么？
4. 支付股票股利如何进行会计处理？会导致所有者权益减少吗？
5. 盈余公积用于弥补亏损如何进行会计处理？会导致所有者权益减少吗？

第十一章

收　入

教学导向

（1）理解收入的确认和计量原则

（2）了解合同履约成本与合同取得成本的构成、摊销及减值

（3）熟练掌握与收入相关的特定交易的会计处理

课程思政

（1）收入的确认和计量中的思政元素——五步法确认收入一定程度上敦促销售方遵守合同，及时发货，履行契约，培养重视合同管理的法治理念，推动整个社会的诚信建设

（2）视同销售核算中的思政元素——通过传统节日企业视同销售发放实物福利核算收入，唤起对传统文化的继承与发扬，增强民族自信

收入是指企业在日常活动中形成的、会导致所有者权益增加的、与所有者投入资本无关的经济利益的总流入。其中，日常活动是指企业为完成其经营目标所从事的经常性活动以及与之相关的其他活动。工业企业制造并销售产品、商品流通企业销售商品、咨询公司提供咨询服务、软件公司为客户开发软件、安装公司提供安装劳务、建筑企业提供建造服务、金融机构提供金融服务、物流公司提供物流服务等，均属于企业的日常活动。

本章不包括如下业务：（1）出租资产的租金收益；（2）债权投资的利息收益；（3）股权投资的股利收益；（4）保险公司的保费收入；（5）以非存货交换非货币性资产的业务。

第一节　收入的确认和计量

一、收入确认的标准

根据财政部 2017 年发布的新收入准则，企业应当在履行了合同中的履约义务，即

在客户取得相关商品控制权时确认收入。取得相关商品控制权，是指能够主导该商品的使用并从中获得几乎全部的经济利益，也包括有能力阻止其他方主导该商品的使用并从中获得经济利益。

新收入准则强调“控制权转移”（从客户角度考虑），把商品和服务视作向客户转移的资产（服务通常不被认为是资产，因其获得的同时就被耗用了），收入是否实现主要取决于向客户承诺的资产控制权是否已转移给客户。卖方（服务提供方）履行履约义务，向买方（客户）交付了承诺商品或服务时，卖方才能确认收入。

【例题1·实操题】甲公司是一家电子商务公司，其商务平台在6月18日开展大型促销活动，自营商品在6月18日当天接受客户大量订单，并且订单已支付。同时，由于订单量激增，大量货物延迟到6月25日发货，部分货物在6月30日24点尚在运输途中。请判断甲公司能否在收款后或者发出商品时确认收入呢？

【解析】根据收入的确认原则，结合本例的资料，甲公司对收入的判断基准如下：

（1）客户能够主导该商品的使用并从中获得几乎全部的经济利益；

（2）企业已经将该商品转移给客户，即客户已实物占有该商品；

（3）客户已接受该商品。

显然，本例中在运输途中的货物的销售不符合上述条件，因此，甲公司在收款后或者发出商品时不应该确认收入。

【小结】新收入准则要求企业基于合同确认收入，商品控制权替代风险与报酬转移成为收入确认的重要判断标准。即企业应当在履行了合同中的履约义务，在客户取得相关商品控制权时确认收入。

二、收入确认的流程——五步法模型

企业在确认收入时一般遵循一定的判断依据与流程。具体如图11-1所示。

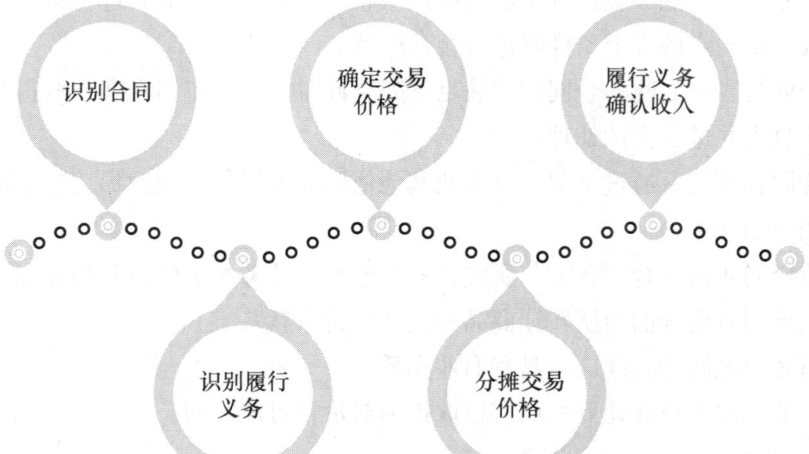

图11-1 五步法模型确认收入示意图

举例：2021年1月1日，客户老王去移动公司参加一个元旦缴费送手机的活动，合同规定：老王自2021年1月1日起签约1年，每月缴纳话费200元，包括无限通话时间及免费流量，即可获得一部免费的手机。如果没有参加这个活动，手机单独售价为1 500元，提供通信服务的成本为每月175元。

解析：按照五步法模型确认移动公司的收入。

（1）识别与客户订立的合同。

移动公司和老王有一个12个月的合同。

（2）区分履约义务。

在合同中有两个单独的义务：一是赠送老王一部手机；二是提供12个月的通信服务。

（3）确定交易价格。

确定价格＝12×200＝2 400(元)

（4）分配交易价格。

交易价格要按照独立售卖价格的比例分配至每一项单独的义务。手机单独售价为1 500元，套餐服务价值＝175×12＝2 100元，销售手机的收入＝2 400×1 500÷(1 500＋2 100)＝998.4元，提供服务收入＝2 400×2 100÷(1 500＋2 100)＝1 401.6元。

（5）确认收入。

1月份与老王签约赠送手机的时候确认手机收入998.4元，其后每个月履行相应套餐义务时再确认通信服务收入116.8元（1 401.6÷12）。

（一）识别与客户订立的合同——收入确认的前提

新收入准则以企业与客户订立的合同为主线，确认环节通篇援引“合同”作为收入确认的依据，体现了对契约精神的重视。即如果在合同开始日企业与客户之间的合同不满足规定条件，则不能够应用五步法模型确认收入，企业应当对其进行持续评估，并在其满足收入准则规定的五个条件时进行会计处理。

仅当企业与客户之间的合同同时满足下列条件时，企业应当在客户取得相关商品控制权时确认收入并进行会计处理：

（1）合同各方已（通过书面、口头或其他依照商业惯例采用的形式）批准合同并承诺履行其相应的义务；

（2）该合同明确了合同各方与所转让商品或提供劳务相关的权利和义务；

（3）该合同有明确的与所转让商品相关的支付条款；

（4）与客户之间的合同应当具有商业实质；

（5）企业因向客户转让商品而有权取得的对价很可能收回。

1. 合同的识别

在合同开始日即满足收入确认的前提条件，在客户取得相关商品控制权时确认收入的具体判定标准如下：

(1) 企业因向客户转让商品而有权取得的对价很可能不能收回。

【例题2·实操题】 甲房地产开发公司（以下简称“甲公司”）与乙公司签订合同，向其销售一栋建筑物，合同价款为100万元。该建筑物的成本为60万元，乙公司在合同开始日即取得了该建筑物的控制权。根据合同约定，乙公司在合同开始日支付5%的保证金5万元，并就余下95%的价款与甲公司签订不附追索权的长期融资协议。如果乙公司违约，甲公司可重新拥有该建筑物，即使收回的建筑物不能涵盖所欠款项的总额，甲公司也不能向乙公司索取进一步的赔偿。

乙公司计划在该建筑物内开设一家餐馆，并以该餐馆的收益偿还甲公司的欠款。但是，在该建筑物所在的地区，餐饮行业竞争激烈，且乙公司缺乏餐饮行业的经营经验。

【解析】 本例中，乙公司计划以该餐馆产生的收益偿还甲公司的欠款，除此之外并无其他经济来源，乙公司也未对该笔欠款设定任何担保。如果乙公司违约，则甲公司可重新拥有该建筑物，但是，根据合同约定，即使收回的建筑物不能涵盖所欠款项的总额，甲公司也不能向乙公司索取进一步的赔偿。因此，甲公司对乙公司还款的能力和意图存在疑虑，认为该合同不满足合同价款很可能收回的条件。甲公司应当将收到的5万元确认为一项负债。

(2) 企业向客户提供价格折让的，应当在估计交易价格时进行考虑。

【例题3·实操题】 A公司向国外B公司销售一批商品，合同标价为100万元。在此之前，A公司从未向B公司所在国家的其他客户销售过。B公司所在国家正在经历严重的经济困难，A公司预计不能从B公司收回全部的对价金额，仅能收回约60万元。尽管如此，A公司预计B公司所在国家的经济情况将在未来2～3年内好转，且A公司与B公司之间建立的良好关系将有助于其在该国拓展其他潜在客户。

【解析】 本例中，根据B公司所在国家的经济情况以及A公司的销售战略，A公司认为其将向B公司提供价格折让，A公司能够接受B公司支付低于合同对价的金额，即60万元，且估计很可能收回该对价。A公司认为，该合同满足“有权取得的对价很可能收回”的条件；A公司按照收入准则的规定确定交易价格时，应当考虑其向B公司提供的价格折让的影响。因此，A公司确定的交易价格不是合同标价100万元，而是60万元。

(3) 合同的持续评估。企业与客户之间的合同，在合同开始日即满足收入确认的前提条件的，企业在后续期间无须对其进行重新评估，除非有迹象表明相关事实和情况发生重大变化。

但如果在后续期间，客户的信用风险显著升高，企业就需要评估其在未来向客户转让剩余商品而有权取得的对价是否很可能收回，如果不能满足很可能收回的条件，应当停止确认收入，并且只有当后续合同条件再度满足时或者当企业不再负有向客户转让商品的剩余义务，且已向客户收取的对价无须退回时，才能将已收取的对价确认为收入，但是，不应当调整在此之前已经确认的收入。

【例题4·实操题】甲公司与乙公司签订合同，将一项专利技术授权给乙公司使用，并按其使用情况收取特许权使用费。甲公司评估认为，该合同在合同开始日满足合同确认收入的五个条件。该专利技术在合同开始日即授权给乙公司使用。在合同开始日后的第一年，乙公司每季度向甲公司提供该专利技术的使用情况报告，并在约定的期间内支付特许权使用费。在合同开始日后的第二年，乙公司继续使用该专利技术，但是，乙公司的财务状况下滑，融资能力下降，可用资金不足，因此，乙公司仅按合同支付了当年第一季度的特许权使用费，而后三个季度仅按象征性金额付款。在合同开始日后的第三年，乙公司继续使用甲公司的专利技术。但是，甲公司得知，乙公司已经完全丧失融资能力，且流失大部分客户，乙公司的付款能力进一步恶化，信用风险显著升高。

【解析】

（1）该合同在合同开始日满足收入确认的前提条件，因此甲公司在乙公司使用该专利技术的行为发生时，按照约定的特许权使用费确认收入。

（2）合同开始日后的第二年，由于乙公司的信用风险升高，甲公司在确认收入的同时，按照金融资产减值的要求对乙公司的应收款项进行减值测试。

（3）合同开始日后的第三年，由于乙公司的财务状况恶化，信用风险显著升高，甲公司对该合同进行了重新评估，认为"企业因向客户转让商品而有权取得的对价很可能收回"这一条件不再满足，因此，甲公司不再确认特许权使用费收入，同时对现有应收款项是否发生减值继续进行评估。

（4）合同存续期间的确定。合同存续期间是合同各方拥有现时可执行的具有法律约束力的权利和义务的期间。在确定合同存续期间时，无论该合同是否有明确约定的合同期间，该合同的存续期间都不会超过已经提供的商品所涵盖的期间；当合同约定任何一方在某一特定期间之后才可以随时无代价地终止合同时，该合同的存续期间不会超过该特定期间；当合同约定任何一方均可以提前终止合同，但要求终止合同的一方需要向另一方支付重大的违约金时，合同存续期间很可能与合同约定的期间一致，这是因为该重大的违约金实质上使得合同双方在合同约定的整个期间内均具有有法律约束力的权利和义务；当只有客户拥有无条件终止合同的权利时，客户的该项权利才会被视为客户拥有的一项续约选择权，重大的续约选择权应当作为单项履约义务进行会计处理。

【例题5·实操题】A公司与客户签订合同，每月为客户提供一次保洁服务，合同期限为3年。以下情形合同存续期间如何确定？

情形一：3年内，合同各方均有权在每月月末无理由要求终止合同，只需提前5个工作日通知对方，无须向对方支付任何违约金。

【解析】尽管合同约定的服务期为3年，但是在已提供服务的期间之外，该合同对于合同双方均未产生具有法律约束力的权利和义务，因此该合同应视为逐月订立的合同。

情形二：3年内，客户有权在每月月末要求提前终止合同，且无须向A公司支付任何违约金。

【解析】该合同应视为逐月订立的合同，同时，客户拥有续约选择权，A公司应当判断提供给客户的该续约选择权是否构成重大权利，从而应作为单项履约义务进行会计处理。

情形三：3年内，客户有权在每月月末要求提前终止合同，但是客户如果在合同开始日之后的12个月内要求终止合同，必须向A公司支付一定金额的违约金。

【解析】A公司需要判断合同约定的违约金是否足够重大，以致该合同在合同开始日之后的12个月内对于合同双方都产生了具有法律约束力的权利和义务，如果是，则该合同的存续期间为12个月；否则，与情形二相同，该合同应视为逐月订立的合同。

2. 合同的合并

企业与同一客户（或该客户的关联方）同时订立或在相近时间内先后订立的两份或多份合同，在满足下列条件之一时，应当合并为一份合同进行会计处理：

（1）该两份或多份合同基于同一商业目的而订立并构成一揽子交易，如一份合同在不考虑另一份合同的对价的情况下将会发生亏损。

（2）该两份或多份合同中的一份合同的对价金额取决于其他合同的对价或履行情况，如一份合同如果发生违约，将会影响另一份合同的对价金额。

（3）该两份或多份合同中所承诺的商品（或每份合同中所承诺的部分商品）构成单项履约义务。

两份或多份合同合并为一份合同进行会计处理的，仍然需要区分该一份合同中包含的各单项履约义务。

【例题6·实操题】某物业管理公司与客户签订服务合同，合同期限为一年，打包价格为100万元，合约内容包括：（1）约定区域保洁；（2）约定区域保安服务；（3）约定范围内的设备日常维护。

问：是单独履约义务还是多项履约义务？

【解析】本例中，三项合约内容是基于物业服务一揽子交易签订的，应是单独履约义务。

3. 合同的变更

合同变更是指经合同各方同意对原合同范围或价格（或两者）作出的变更。企业应当区分下列三种情形对合同变更分别进行会计处理：

（1）合同变更部分作为单独合同进行会计处理的情形。合同变更增加了可明确区分的商品及合同价款，且新增合同价款反映了新增商品单独售价的，应当将该合同变更作为一份单独的合同（即一份新的合同）进行会计处理。此类合同变更不影响原合同的会计处理。

【例题7·实操题】甲公司与客户乙公司签订销售合同，向客户出售120件产品，每件产品合同价格为100元，共计12 000元，这些产品在6个月内移交。在甲公司将

60件产品移交之后，合同进行了修订，要求甲公司额外向客户再交付30件产品，额外30件产品按照每件90元价格计价，共计2 700元，该价格反映了这些产品当时的市场价格并且可以与原产品区别开来。如何确认收入？

【解析】 本例中，该30件额外产品的合同修订，事实上构成了一项关于未来产品的单独的合同，且该合同并不影响对现有合同的会计处理。甲公司应对原合同中的120件产品，每件确认100元的销售收入；对新合同中的30件产品，每件确认90元的收入。

（2）合同变更作为原合同终止及新合同订立进行会计处理的情形。合同变更不属于作为单独合同的情形，且在合同变更日已转让商品与未转让商品之间可明确区分的，应当视为原合同终止，同时，将原合同未履约部分与合同变更部分合并为新合同进行会计处理。新合同的交易价格应当为下列两项金额之和：一是原合同交易价格中尚未确认为收入的部分（包括已从客户收取的金额）；二是合同变更中客户已承诺的对价金额。

【例题8·实操题】 A公司与客户签订合同，每周为客户的办公楼提供保洁服务，合同期为3年，客户每年向A公司支付服务费10万元（假定该价格反映了合同开始日该项服务的单独售价）。在第二年末，双方对合同进行了变更，将第三年的服务费调整为8万元（假定该价格反映了合同变更日该项服务的单独售价），同时以20万元的价格将合同期限延长3年（假定该价格不反映合同变更日该3年服务的单独售价），即每年的服务费为6.67万元，于每年年初支付。上述价格均不包含增值税。

【解析】 本例中，在合同开始日，A公司认为其每周为客户提供的保洁服务是可明确区分的，但由于A公司向客户转让的是一系列实质相同且转让模式相同的、可明确区分的服务，因此将其作为单项履约义务。在合同开始的前两年，即合同变更之前，A公司每年确认收入10万元。在合同变更日，由于新增的3年保洁服务的价格不能反映该项服务在合同变更时的单独售价，因此，该合同变更不能作为单独的合同进行会计处理。由于在剩余合同期间需提供的服务与已提供的服务是可明确区分的，A公司应当将该合同变更作为原合同终止，同时，将原合同中未履约的部分与合同变更合并为一份新合同进行会计处理。

该新合同的合同期限为4年，对价为28万元，即原合同下尚未确认收入的对价8万元与新增的3年服务相应的对价20万元之和，新合同中A公司每年确认的收入为7万元（28/4）。

（3）合同变更部分作为原合同的组成部分进行会计处理的情形。合同变更不属于作为单独合同的情形，且在合同变更日已转让的商品与未转让的商品之间不可明确区分的，企业应当将该合同变更部分作为原合同的组成部分，在合同变更日重新计算履约进度，并调整当期收入和相应成本等。

【例题9·实操题】 2×21年1月15日，乙公司和客户签订一份总金额为1 000万元的固定造价合同，在客户自有土地上建造一栋办公楼，预计合同总成本为700万元。假定该建造服务属于在某一时段内履行的履约义务，并根据累计发生的合同成本占合同预计成本的比例确定履约进度。

截至2×21年末，乙公司累计已发生成本420万元，履约进度为60%（420/700）。因此，乙公司在2×21年确认收入600万元（1 000×60%）。

2×22年初，合同双方同意更改该办公楼屋顶的设计，合同价格和预计总成本因此而分别增加200万元和120万元。

【解析】在本例中，由于合同变更后拟提供的剩余服务与在合同变更日或之前已提供的服务不可明确区分（即该合同仍为单项履约义务），因此，乙公司应当将合同变更作为原合同的组成部分进行会计处理。合同变更后的交易价格为1 200万元（1 000+200），乙公司重新估计的履约进度为51.2%（420/(700+120)），乙公司在合同变更日应额外确认收入14.4万元（51.2%×1 200−600）。

【小结】合同变更如图11-2所示。

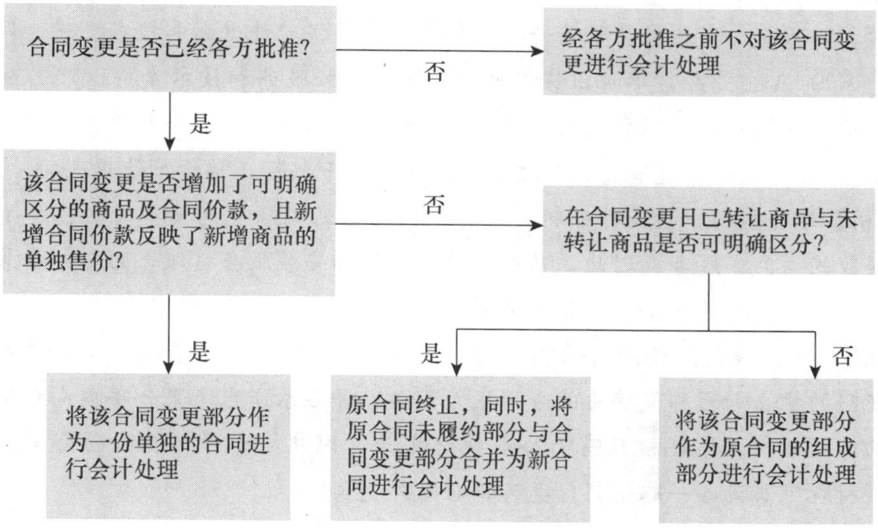

图11-2 合同变更示意图

（二）识别合同中的单项履约义务——收入确认的基础

合同开始日，企业应当对合同进行评估，识别该合同包含的各单项履约义务，并确定各单项履约义务是在某一时段内履行还是在某一时点履行，然后在履行各单项履约义务时分别确认收入。

履约义务，是指合同中企业向客户转让可明确区分商品的承诺。即让你做什么？是做一件事，还是做几件事？如：电脑主机、键盘、鼠标均可以单独出售，就可以视为三个单项履约义务；如果必须将主机、键盘、鼠标打包一起出售，视为整体，则可视为一个履约义务。识别合同属于多个单项还是一个单项履约义务的关键在于商品和服务是否可以明确区分，即是否无整合组合或非高度关联。

【延伸思考】企业在识别履约义务时，应考虑合同中的隐含承诺。如：企业宣称的免费保养服务、企业一贯的免费升级服务等。

下列情况下，企业应当将向客户转让商品的承诺作为单项履约义务：一是企业向客户转让可明确区分商品的承诺；二是企业向客户转让一系列实质相同且转让模式相同的、可明确区分商品的承诺。

1. 可明确区分的商品

企业向客户承诺的商品同时满足下列两项条件的，应当作为可明确区分的商品。

（1）客户能够从该商品本身或从该商品与其他易于获得资源一起使用中受益，即该商品本身能够明确区分。

（2）企业向客户转让该商品的承诺与合同中其他承诺可单独区分，即转让该商品的承诺在合同中是可明确区分的。

【例题10·实操题】 A软件开发企业与B商业公司订立一项合同，合同约定：A企业转让软件许可证、实施安装服务并在两年期间内提供软件更新和技术支持（网络和电话方式）。（1）A企业经常单独出售许可证、提供安装服务和技术支持；（2）安装服务通常由其他企业执行，且不会对软件作出重大修改（独立产出，而非软件出售和安装的组合产出）；（3）软件在没有更新和技术支持的情况下仍可正常运行使用。

【解析】 根据本例中的条件分析，这份合同约定的各项履约义务可独立完成，属于可明确区分的商品或服务，因此，转让软件许可证和安装服务（组合为定制安装服务）、软件更新和技术支持为三个单项履约义务。

【例题11·实操题】 2020年2月，丙公司与武汉一客户签订合同，向客户销售一台可直接使用的抗击新冠肺炎病毒的专用医疗设备，并且承诺在未来3年内向该客户提供该设备的专用耗材。该耗材只有丙公司能够生产，因此，客户只能从丙公司购买该耗材。该耗材既可与设备一起销售，也可单独对外销售。

【解析】 本例中，丙公司在合同中对客户的承诺包括销售设备和专用耗材，虽然客户同时购买了设备和专用耗材，但是由于耗材可以单独出售，客户可以从将设备与单独购买的耗材一起使用中获益，表明设备和专用耗材能够明确区分。此外，丙公司未对设备和耗材提供重大的整合服务以将两者形成组合产出，设备和耗材并未对彼此作出重大修改或定制，也不具有高度关联性（这是因为尽管没有耗材，设备无法使用，耗材也只有用于设备才有用，丙公司仍能够单独履行其在合同中的每一项承诺。也就是说，即使客户没有购买任何耗材，丙公司也可以履行其转让设备的承诺；即使客户单独购买设备，丙公司也可以履行其提供耗材的承诺），表明设备和耗材在合同中彼此之间可明确区分。因此，该项合同包含两项履约义务，即销售设备和提供专用耗材。

2. 企业向客户转让商品的承诺与合同中的其他承诺不可单独区分

（1）企业需提供重大的服务以将该商品与合同中承诺的其他商品进行整合，形成合同约定的某个或某些组合产出转让给客户。

【例题12·实操题】 甲建筑施工企业与乙生产企业签订了建造生产车间的合同，合同约定，甲企业负责项目的整体管理，提供各种商品或服务。甲企业下属各专业分公司与乙企业签订了多份合同，包括地基处理、物资采购、土建施工、钢结构制作安装和设备安装等。

【解析】根据本例中的情况分析，为了完成生产车间的整体建设，多份合同约定的各项履约义务不能独立完成，属于不可明确区分的商品或服务，因此，多份合同合并成一份合同，作为一个单项履约义务。

（2）该商品将对合同中承诺的其他商品予以重大修改或定制。

【例题 13·实操题】企业承诺向客户提供其开发的一款现有软件，并提供安装服务，虽然该软件无须更新或技术支持也可直接使用，但是企业在安装过程中需要在该软件现有基础上对其进行定制化的重大修改，以使其能够与客户现有的信息系统兼容。此时，转让软件的承诺与提供定制化重大修改的承诺在合同层面是不可明确区分的。

结论：此合同为一项履约义务。

（3）该商品与合同中承诺的其他商品具有高度关联性。也就是说，合同中承诺的每一单项商品均受到合同中其他商品的重大影响。

【例题 14·实操题】企业承诺为客户设计一种新产品并负责生产 10 个样品，企业在生产和测试样品的过程中需要对产品的设计不断地修正，导致已生产的样品均可能需要进行不同程度的返工。此时，企业提供的设计服务和生产样品的服务是不断交替反复进行的，两者高度关联，因此，在合同层面是不可明确区分的。

结论：此合同为一项履约义务。

【延伸思考】企业向客户销售商品时，往往约定企业需要将商品运送至客户指定的地点。通常情况下，商品控制权转移给客户之前发生的运输活动不构成单项履约义务，相反，商品控制权转移给客户之后发生的运输活动可能表明企业向客户提供了一项运输服务，企业应当考虑该项服务是否构成单项履约义务。

【例题 15·实操题】甲公司与乙公司签订合同，向其销售一批产品，并负责将该批产品运送至乙公司指定地点，甲公司承担相关的运输费用，假定销售该产品属于在某一时点履行的履约义务，且控制权在出库时转移给乙公司。

【解析 1】甲公司向乙公司销售产品，并负责运输。该批产品在出库时，控制权转移给乙公司，在此之后，甲公司为将产品运送至乙公司指定的地点而发生的运输活动，属于为乙公司提供了一项运输服务，当该运输服务构成单项履约义务，且甲公司是运输服务的主要责任人时，甲公司应当按照分摊至该运输服务的交易价格确认收入。

【解析 2】假定该产品控制权不是在出库时转移给乙公司，而是在送达乙公司指定地点时转移给乙公司，由于甲公司的运输活动是在产品控制权转移给客户之前发生的，因此不构成单项履约义务，而是甲公司为履行合同发生的必要活动。

3. 企业向客户转让一系列实质相同且转让模式相同的、可明确区分商品的承诺

如：A 公司为 B 公司提供一整年保洁、安保、整理草坪服务。连续性提供整理草坪服务，将保洁、安保、整理草坪服务整体视为一项履约义务。间歇性提供整理草坪服务，则将整理草坪服务单独视为单项履约义务，保洁、安保服务视为一项履约义务。

企业应当将实质相同且转让模式相同的一系列商品作为单项履约义务，即使这些商品可明确区分。

（1）转让模式相同，是指每一项可明确区分商品均满足在某一时段内履行履约义务的条件，且采用相同方法确定其履约进度。

【例题 16・实操题】企业与客户签订为期一年的保洁服务合同，承诺每天为客户提供保洁服务。

【解析】本例中，企业每天所提供的服务都是可明确区分且实质相同的，并且根据控制权转移的判断标准，每天的服务都属于在某一时段内履行的履约义务。因此，企业应当将每天提供的保洁服务合并在一起作为单项履约义务进行会计处理。

（2）企业在判断所转让的一系列商品是否实质相同时，应当考虑合同中承诺的性质，如果企业承诺的是提供确定数量的商品，那么需要考虑这些商品本身是否实质相同；如果企业承诺的是在某一期间内随时向客户提供某项服务，则需要考虑企业在该期间内的各个时间段（如每天或每小时）的承诺是否相同，而并非具体的服务行为本身。

【例题 17・实操题】企业向客户提供 2 年的酒店管理服务，具体包括保洁、维修、安保等，但没有具体的服务次数或时间的要求。尽管企业每天提供的具体服务不一定相同，但企业每天对于客户的承诺都是相同的，因此，该服务符合“实质相同”的条件。

结论：此合同为一项履约义务。

【例题 18・实操题】A 公司是一家国内汽车制造商，2×19 年 5 月 1 日与客户签订一份汽车销售合同，价款 50 万元。假定国家对于同类型车提供 1 年质保，但是该企业承诺提供 3 年质保，延长 2 年质保服务，其价格为 1 万元一次性收取。有多少项履约义务？

结论：本例中有两项履约义务，分别为销售汽车和提供质保服务。销售汽车确认收入 50 万元，一次性收取 1 万元分期确认收入。

（三）确定交易价格——解决收入的计量问题

1. 可变对价

可变对价，顾名思义，就是合同订立时，合同金额虽然确定，但是交易金额在未来存在变化，比如：合同条款存在常见的现金折扣、商业折扣、销售折让、激励措施、业绩奖金、罚款或其他类似项目而可能改变交易金额。所以当合同中存在上述列举的情况时（不仅限于列举情况），此合同交易价格存在可变对价。

当合同中的可变对价条款满足“极可能发生转回”和“属于重大转回”这两个条件，在计量收入金额时，会计应谨慎确认可变对价部分；反之，可变对价可确认收入。

思考：新收入准则下现金折扣仍计入财务费用吗？

【例题 19 · 实操题】 威德贸易公司与甲公司是多年的购销合作伙伴，双方签订一份买卖设备的合同，设备价款为 100 万元，威德贸易公司预计甲公司 10 天内支付货款享受 10%折扣的概率为 99%，20 天内支付货款享受 5%折扣的概率为 95%，30 天内支付货款享受 3%折扣的概率为 90%。威德贸易公司按照最可能发生金额确定可变对价的最佳估计数，可变对价折扣率 10%即 10 万元，威德贸易公司会计认为转回金额重大。暂不考虑税费影响。

【解析】 本例中，在设备所有权转移给甲公司时，可变对价 10 万元不能确认收入，只能对固定对价 90 万元确认收入，账务处理如下（单位为万元，下同）：

借：应收账款　　90

　贷：主营业务收入　　90

假设甲公司 30 天内支付货款了，按合同规定享受 3%的现金折扣，此时属于可变对价发生，按新收入准则规定调整发生当期收入，账务处理如下：

借：银行存款　　97

　贷：应收账款　　90

　　　主营业务收入　　7

【延伸思考 1】 假设威德贸易公司按照以往双方的交易经验，预计甲公司享受现金折扣的概率几乎为 0。此时可变对价不是“极可能”转回，因此可变对价可确认收入。在设备所有权转移给甲公司时，可按合同全额 100 万元确认收入，账务处理如下：

借：应收账款　　100

　贷：主营业务收入　　100

假设甲公司 30 天内支付货款了，按合同规定享受 3%的现金折扣，此时属于可变对价发生，按新收入准则规定冲减发生当期收入，账务处理如下：

借：银行存款　　97

　　主营业务收入　　3

　贷：应收账款　　100

结论：相比旧收入准则，新收入准则涉及更多的职业判断，会计处理复杂得多。旧收入准则规定现金折扣发生时，计入财务费用。而新收入准则下，现金折扣条款属于可变对价，影响收入金额计量。税收上，新收入准则下现金折扣影响收入，可作为业务招待费和广告业务宣传费的计算基数，旧收入准则下由于计入财务费用不影响计算基数，这点纳税人需要注意。

【延伸思考 2】 销售折扣（因客户购买量多而给予客户单价扣减）：在合同开始日估计可变对价，后续发生时，根据已履行的履约义务分摊的可变对价发生额对变动当期的收入进行调整。（旧收入准则按照扣除销售折扣后的金额确定销售收入。）

(1) 可变对价最佳估计数的确定。

1) 如果企业拥有大量具有类似特征的合同，企业据此估计合同可能产生多个结果时，按照期望值估计可变对价金额通常是恰当的。

2) 最可能发生金额是一系列可能发生的对价金额中最可能发生的单一金额，即合同最可能产生的单一结果。当合同仅有两个可能结果（例如，企业能够达到或不能达到某业绩奖金目标）时，按照最可能发生金额估计可变对价金额可能是恰当的。

【例题20·实操题】某大型购物商厦在2021年双十一购物节期间向顾客销售某品牌手机2 000部，每部手机价格4 000元，并签署了保价协议。协议约定，在未来6个月内，如果该手机价格下降，则按购物节的价格与最低售价之间的差额，向顾客支付差价。商厦根据过去几年的经验，预计未来6个月内，该手机不降价的概率为70%，每部降价400元的概率为20%，每部降价500元的概率为10%。假如你是该商厦的会计人员，你如何对已销售手机的售价进行估计呢?

【解析】商厦所售手机未来价格只有两种可能：不降价（保持购物节的售价）或降价（涉及两种情形）。对已售手机售价分别按两种不同的方法进行估计，则

方法一：按期望值法对该手机的售价（单价）估计。

$$(4\,000-0)\times70\%+(4\,000-400)\times20\%+(4\,000-500)\times10\%=3\,870(\text{元})$$

方法二：按最可能金额法对该手机的售价（单价）估计。

根据历史经验估计，最有可能的金额是出现概率最高的金额，即概率为70%的4 000元。

3) 当存在多个不确定性事项均会影响可变对价金额时，企业可以采用不同的方法对其进行估计。

【例题21·实操题】甲公司与乙公司签订固定造价合同，在乙公司的厂区内为其建造一栋办公楼，合同价款为500万元。根据合同约定，该项工程的完工日期为2×20年3月31日，如果甲公司能够在该日期之前完工，则每提前一天，合同价款将增加2万元；相反，如果甲公司未能按期完工，则每推迟一天，合同价款将会减少2万元。此外，合同约定，该项工程完工之后将参与省级优质工程奖的评选，如果能够获奖，乙公司将额外奖励甲公司20万元。

【解析】本例中，产生可变对价的事项有两项：一是是否按期完工；二是能否获得省级优质工程奖。甲公司可以采用不同的方法对其进行估计：对于前者，甲公司按照期望值进行估计；对于后者，甲公司按照最可能发生金额进行估计。

(2) 计入交易价格的可变对价金额的限制。其目的是避免因为一些不确定性因素的发生导致之前已经确认的收入发生转回，如市场波动性、第三方的判断或行动、天气状况、已承诺商品存在较高的陈旧过时风险等。

【例题22·实操题】2×21年12月1日，甲公司与其分销商乙公司签订合同，向乙公司销售1 000件产品，每件产品合同价格为100元，合同总额为10万元，乙公司当天

取得产品的控制权。乙公司通常在取得产品后的90天内将其售出，且乙公司在这些产品售出后才向甲公司支付货款。根据以往经验，甲公司通常都会给乙公司20%的价格折扣，以促进乙公司以更低的价格卖给消费者。甲公司给乙公司的折扣从未超过20%的标准。

【解析】

（1）此合同对价是可变的。

（2）根据惯例，期望交易价格为80 000元（100×(1−20%)×1 000），且20%折扣是最高标准，在不确定性消除时（最终折扣确定时），此价格极可能不会发生重大转回，因此，甲公司应当于2×21年12月1日将产品控制权转移给乙公司时，确认80 000元收入。

【延伸思考】假设甲公司虽然有销售类似产品的经验，但甲公司的产品较易过时，且产品定价波动性很大。根据以往经验，甲公司针对同类产品给予客户的折扣范围较广（约为销售价格的20%～60%不等）。根据当前市场情况，降价幅度需要达到15%～50%，才能有效地提升促销效果。

本例中，甲公司按照期望值估计可变对价的金额，因为该方法能够更好地预测其有权获得的对价金额。甲公司采用期望值法估计将提供40%的折扣，因此估计的交易价格为60 000元（100×(1−40%)×1 000）。同时，甲公司还需考虑有关将可变对价计入交易价格的限制要求，以确定能否将估计的可变对价金额60 000元计入交易价格。由于甲公司的产品价格极易受到超出甲公司影响范围之外的因素（即产品陈旧过时）的影响，并且为了提高该产品的周转率，甲公司可能需要提供的折扣范围也较广，因此，甲公司不能将该60 000元（即提供40%折扣之后的价格）计入交易价格。这是因为将该金额计入交易价格不满足已确认的累计收入金额极可能不会发生重大转回的条件。

但是，根据当前市场情况，降价幅度达到15%～50%，能够有效地提高该产品周转率，在以往的类似交易中，甲公司实际的降价幅度与当时市场信息基本一致。在这种情况下，尽管甲公司以往提供的折扣范围为20%～60%，但是甲公司认为，如果将50 000元（即提供50%折扣之后的价格）计入交易价格，已确认的累计收入金额极可能不会发生重大转回。

因此，甲公司应当于2×19年12月1日将产品控制权转移给乙公司时，确认50 000元的收入，并在不确定性消除之前的每一资产负债表日重新评估该交易价格的金额。

【例题23·实操题】2×21年1月1日，甲公司与乙公司签订合同，向乙公司销售A产品。合同约定，当乙公司在2×21年的采购量不超过2 000件时，甲公司每件产品的价格为80元，当乙公司在2×21年的采购量超过2 000件时，每件产品的价格为70元。乙公司在第一季度的采购量为150件，甲公司预计乙公司全年的采购量不会超过2 000件。2×20年4月，乙公司因完成产能升级而增加了原材料的采购量，第二季度共向甲公司采购A产品1 000件，甲公司预计乙公司全年的采购量将超过2 000件，因此，全年采购量适用的产品单价均将调整为70元。

【解析】 本例中，2×21年第一季度，甲公司根据以往经验估计乙公司全年的采购量将不会超过2 000件，甲公司按照80元的单价确认收入，满足在不确定性消除之后（即乙公司全年的采购量确定之后），累计已确认的收入将极可能不会发生重大转回的要求，因此，甲公司在第一季度确认的收入金额为12 000元（80×150）。2×21年第二季度，甲公司对交易价格进行重新估计，由于预计乙公司全年的采购量将超过2 000件，按照70元的单价确认收入，才满足极可能不会导致累计已确认的收入发生重大转回的要求，因此，甲公司在第二季度确认收入68 500元（70×(1 000＋150)－12 000)。

【例题24·实操题】 2×21年10月1日，甲公司签订合同，为一只股票型基金提供资产管理服务，合同期限为3年。甲公司所能获得的报酬包括两部分：一是每季度按照本季度末该基金净值的1%收取的管理费，该管理费不会因基金净值的后续变化而调整或被要求退回；二是该基金在3年内的累计回报如果超过10%，则乙公司可以获得超额回报部分的20%作为业绩奖励。2×21年12月31日，该基金的净值为5亿元。假定不考虑相关税费影响。

【解析】 本例中，甲公司在该项合同中收取的管理费和业绩奖励均为可变对价，其金额极易受到股票价格波动的影响。这是在甲公司影响范围之外的。虽然甲公司以往有类似合同的经验，但是该经验在确定未来市场表现方面并不具有预测价值。因此，在合同开始日，甲公司无法对其能够收取的管理费和业绩奖励进行估计，也就是说，如果将估计的某一金额的管理费或业绩奖励计入交易价格，将不满足累计已确认的收入金额极可能不会发生重大转回的要求。2×21年12月31日，甲公司重新估计该合同的交易价格，影响本季度管理费收入金额的不确定性已经消除，甲公司确认管理费收入500万元（50 000×1%）。甲公司未确认业绩奖励收入。这是因为该业绩奖励仍然会受到基金未来累计回报的影响，难以满足将可变对价计入交易价格的限制条件。在后续的每一资产负债表日，甲公司应当重新估计交易价格是否满足将可变对价计入交易价格的限制条件，以确定其收入金额。

2. 合同中存在重大融资成分

当合同各方在合同中（或者以隐含的方式）约定的付款时间为客户或企业就该交易提供了重大融资利益时，合同中即包含重大融资成分，如企业以赊销方式销售商品等。企业在确定该重大融资成分的金额时，应使用将合同对价的名义金额折现为商品的现销价格确定交易价格（销售收入）。交易价格与合同对价之间的差额，在合同期间采用实际利率法摊销。

为简化实务操作，如果在合同开始日企业预计客户取得商品控制权与客户支付价款间隔不超过一年，可以不考虑合同中存在的重大融资成分（即不需要折现）。

（1）具有融资性质的分期收款销售商品的会计处理。

【例题25·实操题】 2021年1月1日，A公司采用分期收款方式向B公司销售一套防疫物资生产设备，合同约定的销售价格为200万元（设备成本为156万元），A公司分5年（每年的12月31日）向B公司等额收取价款。现销方式下，该生产设备的销售价格为160万元。经测算折现率$r=7.93\%$，假定A公司发出商品时，增值税纳税义务尚未发生（暂不考虑设备是否免税问题，视同正常纳税），在合同约定的收款日期，发生增值税纳税义务。作为A公司的会计人员，你如何确认销售收入？

【解析】基本等式：

现销方式下应收款项金额=未来5年收款额的现值

会计处理如下：

（1）2021年1月1日，销售实现时。

借：长期应收款	2 000 000	
贷：主营业务收入		1 600 000
未实现融资收益		400 000
借：主营业务成本	1 560 000	
贷：库存商品		1 560 000

（2）2021年12月31日，收取货款时。

借：银行存款	452 000	
贷：长期应收款		400 000
应交税费——应交增值税（销项税额）（400 000×13%）		52 000
借：未实现融资收益（1 600 000×7.93%）	126 880	
贷：财务费用		126 880

后续各年会计分录同上，此处略。

（2）先收款再发货的重大融资行为的会计处理。

【例题26·实操题】2×22年1月1日，甲公司与乙公司签订合同，向其销售一批产品，合同约定，该批产品将于两年后交货。合同中包含两种可供选择的付款方式，即乙公司可以在两年后交付产品时支付449.44万元，或者在合同签订时支付400万元，乙公司选择在合同签订时支付货款，此产品的控制权在交货时转移，甲公司于2×20年1月1日收到乙公司支付的货款。上述价格不包含增值税，且假定不考虑相关税费影响。

【解析】按照上述两种付款方式计算的内含利率为6%，考虑到乙公司付款时间和产品交付时间之间的间隔以及现行市场利率水平，甲公司认为该合同包含重大融资成分，在确定交易价格时，应当对合同承诺的对价金额进行调整，以反映该重大融资成分的影响。假定不考虑借款费用资本化因素。甲公司的账务处理如下：

（1）2×22年初，收到货款时。

借：银行存款	4 000 000	
未确认融资费用	494 400	
贷：合同负债		4 494 400

（2）2×22年末，确认融资成分的影响。

借：财务费用　　240 000
　贷：未确认融资费用　　240 000

（3）2×23 年末，交付产品时。

借：财务费用　　254 400
　贷：未确认融资费用　　254 400
借：合同负债　　4 494 400
　贷：主营业务收入　　4 494 400

【延伸思考 1】合同负债和预收账款有何区别？

两者的概念有相通之处，但合同成立前已收到的对价不能称为合同负债，仍可作为预收账款。合同一旦正式成立，又要将预收账款转入合同负债。两者都是先收款再提供商品，预收账款往往是商品和交货期等已经确定，而合同负债是商品和交货期等还不确定。在一项预收款不构成履约义务时，原则上不能以合同负债进行核算，仍需以预收账款进行计量。

注意：

（1）如果合同开始日，预计客户取得商品（或服务）控制权与客户支付价款时间不超过 1 年，可以不考虑合同中存在的重大融资成分。

（2）如果不是出于融资目的的购销业务，即使客户取得商品（或服务）控制权与客户支付价款时间超过 1 年，也无须按融资方式处理。

1）客户就商品或服务预先付款，且这些商品（或服务）的控制权转移时间由客户决定，如某商场发行有效期为 3 年的充值购物卡（客户自行决定何时消费）；

2）客户所承诺的对价金额很大一部分是可变的，且对价的金额或时点是基于未来某一事件的发生或不发生，该事件几乎不受客户或主体控制，如合同对价是基于销售的特许使用费（销售是否发生存在很大不确定性）。

（3）判断一项合同业务是否存在重大融资成分，主要从两个方面进行考量：一是先定量，如销售楼盘，全额付款的客户打九五折，贷款的客户不打折，打折销售行为就存在重大融资成分。二是再定性，付款时间越长（数年），理论上就越存在重大融资成分的可能。

【延伸思考 2】合同资产与应收账款有何区别？

合同资产，是指企业已向客户转让商品而有权收取对价的权利，且该权利取决于时间流逝之外的其他因素。应收账款是企业无条件收取合同对价的权利，该权利应当作为应收账款单独列示。两者的区别在于，应收账款代表的是无条件收取合同对价的权利，即企业仅仅随着时间的流逝即可收款；而合同资产并不是一项无条件收款权，该权利除了时间流逝之外，还取决于其他条件（例如，履行合同中的其他履约义务）才能收取相应的合同对价。因此，与合同资产和应收账款相关的风险是不同的，应收账款仅承担信用风险，而合同资产除信用风险之外，还可能承担其他风险，如履约风险等。合同资产减值的计量、列报和披露应当按照相关金融工具准则的要求进行会计处理。

举例：2×21 年 3 月 1 日，A 公司与客户签订合同，向其销售甲、乙两项商品，甲商品的单独售价为 6 000 元，乙商品的单独售价为 24 000 元，合同价款为 25 000 元。合同约定，甲商品于合同开始日交付，乙商品在 1 个月之后交付，只有当两项商品全部交付之后，A 公司才有权收取 25 000 元的合同对价。假定甲商品和乙商品分别构成单项履约义务，其控制权在交付时转移给客户。上述价格均不包含增值税，且假定不考虑相关税费影响。

解析：

分摊至甲商品的合同价款＝25 000×6 000/(6 000＋24 000)＝5 000(元)

分摊至乙商品的合同价款＝25 000 ×24 000/(6 000＋24 000)＝20 000(元)

A 公司的账务处理如下：

(1) 交付甲商品时。

借：合同资产 5 000

　贷：主营业务收入 5 000

解读：交付甲商品时，取决于时间流逝之外的因素，即只有当两项商品全部交付之后，A 公司才有权收取 25 000 元的合同对价，不是到点收钱，不发乙商品收不到甲商品货款。

(2) 交付乙商品时。

借：应收账款 25 000

　贷：合同资产 5 000

　　主营业务收入 20 000

解读：交付乙商品时，应收账款代表的是无条件收取合同对价 25 000 元的权利，因为两项商品全部交付，是到点收钱。

3. 非现金对价

非现金对价是相对于现金对价（现金、银行卡、支付宝、微信）而言的，即企业在销售商品或提供服务时，向客户收取的对价是非现金形式，如存货、无形资产、股权等。

【延伸思考】

(1) 非现金对价的公允价值可能会因对价的形式或其他原因发生变动，如：上市公司出售资产，收取的对价是股票（股价每天都在变化）（世事难料）。

(2) 非现金形式交易，企业应当在合同开始日按公允价值确定交易价格，后续公允价值因对价形式而发生变动时，变动金额不计入交易价格（一锤定音）。

当企业因转让商品而有权向客户收取的对价是非现金形式时，如实物资产、无形资产、股权、客户提供的广告服务等，应按下列规则确定交易价格：

（1）企业通常应当按照非现金对价在合同开始日的公允价值确定交易价格。

（2）因对价形式发生后续公允价值变动的（如股票价格波动），变动金额不计入交易价格。

（3）非现金对价的公允价值因对价形式以外的原因而发生变动的，应当作为可变对价进行会计处理。

（4）非现金对价公允价值不能合理估计的，企业应当参照其承诺向客户转让商品的单独售价间接确定交易价格。

【例题27·实操题】甲咨询公司与乙上市公司签订合同，为乙上市公司提供一年管理咨询服务，合同签订并生效的日期为2020年5月1日（乙公司当日股价为5元/股），合同约定，乙公司应在甲公司完成咨询服务以后，支付给甲公司20万股乙公司的股票。2021年5月1日（乙公司当日股价为5.5元/股），甲公司如期完成咨询工作，获得乙公司20万股股票。作为甲公司的会计人员，你如何确认收入？

【解析】本例中双方交易为非现金形式交易，应当在合同开始日按公允价值确定交易价格，甲公司应确认的收入为5×20＝100万元（在2021年5月1日确认）。会计处理如下：

借：交易性金融资产（5×200 000）	1 000 000	
贷：主营业务收入		1 000 000
借：交易性金融资产（(5.5－5)×200 000）	100 000	
贷：公允价值变动损益		100 000

【延伸思考】企业以存货换取客户的固定资产、无形资产等，按照新收入准则的规定进行会计处理；其他非货币性资产交换，按照《企业会计准则第7号——非货币性资产交换》的规定进行会计处理（换出资产为存货，换出方要按照新收入准则规定确认收入；换出资产为其他，则仍执行非货币性资产交换准则）。

4. 应付客户对价

应付客户对价常见的情形有：

（1）因货位费导致交易价格减少；

（2）因收费服务安排导致交易价格减少；

（3）因价格保护导致交易价格减少；

（4）因优惠券和折扣导致交易价格减少。

企业应付客户（或向客户购买本企业商品的第三方）对价的，应当将该应付对价冲减交易价格，并在确认相关收入与支付（或承诺支付）客户对价两者孰晚的时点冲减当期收入，但应付客户对价是为了向客户取得其他可明确区分商品的除外。

企业应付客户对价是为了向客户取得其他可明确区分商品的，应当采用与本企业其他采购相一致的方式确认所购买的商品。企业应付客户对价超过向客户取得可明确区分商品公允价值的，超过金额应当冲减交易价格。向客户取得的可明确区分商品公允价值不能合理估计的，企业应当将应付客户对价全额冲减交易价格。

【例题 28 · 实操题】A 公司是一家消费品制造企业，2×20 年 1 月 1 日，A 公司与大型连锁超市签订一年期合同，约定超市在年内至少购买价值 1 500 万元的产品。合同规定，A 公司需要在合同开始日向超市支付 150 万元的不可返还款项，以补偿超市为了摆放商品更改货架发生的支出。

【解析】本例中，A 公司支付给超市的 150 万元并未取得可明确区分的商品或服务，因而为交易价格的抵减。A 公司应在确认商品销售收入的同时，按比例抵销售收入 10%（150/1 500）。例如，企业在某月实现了发票金额为 200 万元的销售，则应当在确认收入时减去给超市的对价 20 万元，从而确认收入为 180 万元。

（四）将交易价格分摊至各单项履约义务

1. 分摊的一般原则

合同中包含两项或多项履约义务时，企业应在合同开始日，按照各单项履约义务所承诺商品的单独售价的相对比例，将交易价格分摊至各单项履约义务（企业不能因合同开始日之后单独售价的变动而重新分摊交易价格）。（事先分摊，事后不变。）

2. 单独售价的确认

企业必须在合同开始日估计各项履约义务的单独售价（注意时点）。直接观察企业在类似环境下向类似客户单独销售商品（服务）的价格（直接观测）。无法直接观察时，企业应结合取得的全部信息，采用市场调整法、成本加成法、余值法等合理估计单独售价（合理预估）。具体如下：

（1）市场调整法：企业根据某商品（服务）或类似商品（服务）的市场售价，考虑本企业的成本和毛利等进行适当调整后，确定其单独售价的方法。（外观市场售价，内思成本毛利。）

（2）成本加成法：企业根据某商品（服务）的预计成本加上其合理毛利后的价格，确定其单独售价的方法。（成本加成毛利。）

（3）余值法：企业根据合同交易价格减去合同中其他商品（服务）可观察的单独售价后的余值，确定某商品单独售价的方法。如：企业在商品近期售价波动幅度巨大，无法从以往的交易或其他可观察的证据中辨别出具有代表性的单独售价。

举例：企业以 10 万元的价格向客户销售 A，B，C 三件可明确区分的商品，其中，A 商品和 B 商品经常单独对外销售，销售价格分别为 2.5 万元和 4.5 万元，C 商品为新产品，企业尚未对其定价且未曾单独销售，市场上也无类似商品出售，在这种情况下，企业采用余值法估计 C 商品的单独售价为 3 万元，即合同价格 10 万元减去 A 商品和 B

商品的单独售价之和7万元（2.5+4.5）后的余额。

【例题29·实操题】甲企业与乙客户订立一项合同，合同约定，甲企业以1 000元的价格打包出售其生产的A产品、B产品和C产品给乙客户。

（1）甲企业在不同时点履行针对每种产品的履约义务；

（2）甲企业定期单独出售A产品，其单独售价可直接观察获得（售价为500元）；

（3）B产品和C产品的单独售价不可直接观察获得，对B产品采取市场调整法（估计售价为250元），对C产品采取成本加成法（估计售价为750元）。

作为甲企业的会计人员，你如何确定每种产品应分摊的交易价格呢？

【解析】A产品（直接观测法）：

$$1\,000\times[500/(500+250+750)]=333.33(\text{元})$$

B产品（市场调整法）：

$$1\,000\times[250/(500+250+750)]=166.67(\text{元})$$

C产品（成本加成法）：

$$1\,000\times[750/(500+250+750)]=500(\text{元})$$

3. 分摊合同折扣

当客户购买的一组商品中所包含的各单项商品的单独售价之和高于合同交易价格时，表明客户因购买该组商品而取得了合同折扣。

合同折扣，是指合同中各单项履约义务所承诺商品的单独售价之和高于合同交易价格的金额。

（1）对于合同折扣，企业应当在各单项履约义务之间按比例分摊。

【例题30·实操题】A公司与客户签订合同，向其销售甲、乙、丙三种产品，合同总价款为100万元，这三种产品构成三个单项履约义务。企业经常单独出售甲产品，其可直接观察的单独售价为50万元；乙产品和丙产品的单独售价不可直接观察，企业采用市场调整法估计乙产品的单独售价为25万元，采用成本加成法估计丙产品的单独售价为75万元。

【解析】本例中，由于单独售价之和150万元（50+25+75）超过所承诺对价100万元，因此，客户实际上是因购买一揽子商品而获得折扣。A公司将折扣在甲、乙、丙三种产品之间按照单独售价比例进行分摊。因此，各产品分摊的交易价格分别为：

$$\text{甲产品}=100\times50/(50+25+75)=33.33(\text{万元})$$

$$\text{乙产品}=100\times25/(50+25+75)=16.67(\text{万元})$$

$$\text{丙产品}=100\times75/(50+25+75)=50(\text{万元})$$

（2）有确凿证据表明合同折扣仅与合同中一项或多项（而非全部）履约义务相关的，企业应当将该合同折扣分摊至相关一项或多项履约义务。

【例题 31·实操题】 A 公司与客户签订销售合同，合同约定以总价 150 万元的价格销售甲、乙、丙三种产品。甲、乙、丙三种产品的单独售价分别为 40 万元、60 万元、80 万元。A 公司经常将甲产品和乙产品打包按照 70 万元出售，丙产品单独按照 80 万元出售。假定上述价格均不包含增值税。

【解析】 本例中，这三种产品的单独售价合计为 180 万元（40＋60＋80），而该合同的价格为 150 万元，因此，该合同的折扣为 30 万元。由于 A 公司经常将甲产品和乙产品组合在一起以 70 万元的价格销售，该价格与其单独售价的差额为 30 万元，与该合同的折扣一致，而丙产品单独销售的价格与其单独售价一致。证明该合同的折扣仅应归属于甲产品和乙产品。因此，在该合同下，分摊至丙产品的交易价格为 80 万元，分摊至甲产品和乙产品的交易价格合计为 70 万元，A 公司应当进一步按照甲产品和乙产品单独售价的相对比例将该价格在两者之间进行分配。因此，各产品分摊的交易价格分别为：

甲产品＝70×40/(40＋60)＝28(万元)

乙产品＝70×60/(40＋60)＝42(万元)

丙产品＝80(万元)

4. 分摊可变对价

合同中包含可变对价的，该可变对价可能与整个合同相关，也可能仅与合同中的某一特定组成部分有关，后者包括两种情形：一是可变对价可能与合同中的一项或多项（而非全部）履约义务有关；二是可变对价可能与企业向客户转让的构成单项履约义务的一系列可明确区分商品中的一项或多项（而非全部）商品有关。企业应当将可变对价及可变对价的后续变动额全部分摊至与之相关的某项履约义务，或者构成单项履约义务的一系列可明确区分商品中的某项商品。

【例题 32·实操题】 A 公司与 B 公司签订合同，将其拥有的两项专利技术 X 和 Y 授权给 B 公司使用。假定两项授权均构成单项履约义务，且都属于在某一时点履行的履约义务。合同约定，授权使用 X 的价格为 80 万元，授权使用 Y 的价格为 B 公司使用该专利技术所生产产品销售额的 3%。X 和 Y 的单独售价分别为 80 万元和 100 万元。A 公司估计其就授权使用 Y 而有权收取的特许权使用费为 100 万元。假定上述价格均不包含增值税。

【解析】 本例中，该合同中包含固定对价和可变对价，其中，授权使用 X 的价格为固定对价，且与其单独售价一致，授权使用 Y 的价格为 B 公司使用该专利技术所生产产品销售额的 3%，属于可变对价，该可变对价全部与授权使用 Y 能够收取的对价有关，且 A 公司估计基于实际销售情况收取的特许权使用费的金额接近 Y 的单独售价。因此，A 公司将可变对价部分的特许权使用费金额全部由 Y 承担符合交易价格的分摊目标。A 公司授权 B 公司使用 Y 时，不确认收入，A 公司在 B 公司发生后续销售时确认基于销售的使用费收入；当授权 B 公司使用 X 时确认收入 80 万元。

5. 交易价格的后续变动

合同开始日之后，由于相关不确定性的消除或环境的其他变化等原因，交易价格可能会发生变化，导致企业因向客户转让商品而预期有权收取的对价金额发生变化。

交易价格发生后续变动的，企业应当按照在合同开始日所采用的基础将该后续变动金额分摊至合同中的履约义务。企业不得因合同开始日之后单独售价的变动而重新分摊交易价格。

【例题33·实操题】2×21年9月1日，甲公司与乙公司签订合同，向其销售A产品和B产品。A产品和B产品均为可明确区分商品且两种产品单独售价相同，也均属于在某一时点履行的履约义务。合同约定：A产品和B产品分别于2×21年11月1日和2×22年3月31日交付给乙公司。合同约定的对价包括1 000万元的固定对价和估计金额为200万元的可变对价。假定甲公司将200万元的可变对价计入交易价格，满足收入准则有关将可变对价金额计入交易价格的限制条件。因此，该合同的交易价格为1 200万元。上述价格均不包含增值税。

2×21年12月1日，双方对合同范围进行了变更，乙公司向甲公司额外采购C产品，合同价格增加300万元，C产品与A，B两种产品可明确区分，但该增加的价格不反映C产品的单独售价。C产品的单独售价与A产品和B产品相同。C产品将于2×22年6月30日交付给乙公司。

2×21年12月31日，甲公司预计有权收取的可变对价的估计金额由200万元变更为240万元，该金额符合将可变对价金额计入交易价格的限制条件。因此，合同的交易价格增加了40万元，且甲公司认为该增加额与合同变更前已承诺的可变对价相关。假定上述三种产品的控制权均随产品交付而转移给乙公司。

【解析】

(1) 本例中，在合同开始日，该合同包含两项履约义务，甲公司应当将估计的交易价格分摊至这两项履约义务。由于两种产品的单独售价相同，且可变对价不符合分摊至其中一项履约义务的条件，因此，甲公司将交易价格1 200万元平均分摊至A产品和B产品，即A产品和B产品各自分摊的交易价格均为600万元。

(2) 2×21年11月1日，当A产品交付给客户时，甲公司相应确认收入600万元。

(3) 2×21年12月1日，双方进行了合同变更。该合同变更属于合同变更的第二种情形，因此该合同变更应当作为原合同终止，并将原合同的未履约部分与合同变更部分合并为新合同进行会计处理。在该新合同下，合同的交易价格为900万元（600+300），由于B产品和C产品的单独售价相同，分摊至B产品和C产品的交易价格的金额均为450万元。

(4) 2×21年12月31日，甲公司重新估计可变对价，增加了交易价格40万元。由于该增加额与合同变更前已承诺的可变对价相关，因此应首先将该增加额分摊给A产品和B产品，之后再将分摊给B产品的部分在B产品和C产品形成的新合同中进行二次分摊。

在本例中，由于A，B和C产品的单独售价相同，在将40万元的可变对价后续变动分摊至A产品和B产品时，各自分摊的金额为20万元。由于甲公司已经转让A产品，在交易价格发生变动的当期即应将分摊至A产品的20万元确认为收入。之后，甲公司将分摊至B产品的20万元平均分摊至B产品和C产品，即各自分摊的金额为10万元，经过上述分摊后，B产品和C产品的交易价格金额均为460万元（450+10）。因此，甲公司分别在B产品和C产品控制权转移时确认收入460万元。

（五）履行每一单项履约义务时确认收入——客户取得相关商品控制权时确认收入

1. 会计处理原则

企业应当在履行了合同中的履约义务，即客户取得相关商品控制权时确认收入。

企业应当根据实际情况，首先判断履约义务是否满足在某一时段内履行的条件，如不满足，则该履约义务属于在某一时点履行的履约义务。对于在某一时段内履行的履约义务，企业应当选取恰当的方法来确定履约进度；对于在某一时点履行的履约义务，企业应当综合分析控制权转移的迹象，判断其转移时点，如图11-3所示。

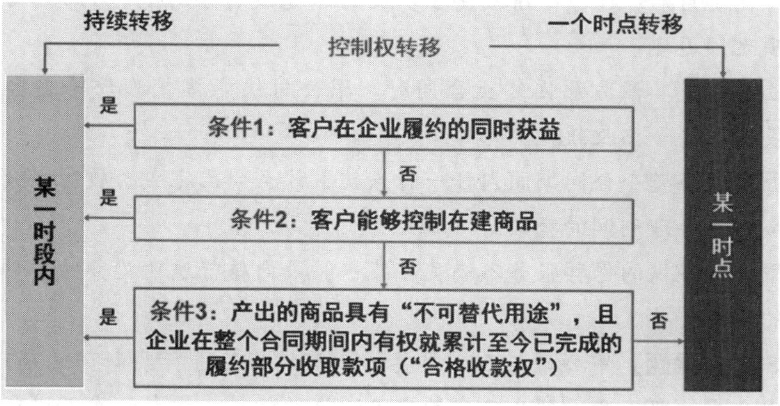

图11-3 根据履约义务确认收入示意图

2. 在某一时段内履行履约义务举例

【例题34·实操题】甲公司与乙公司签订合同，在乙公司申请IPO时，提供包括依法对乙公司申请文件、证券发行募集文件进行核查，出具保荐意见等保荐服务。乙公司在签订合同后支付10%保荐费，在IPO申请被受理后再支付50%保荐费，其余40%保荐费在IPO完成后支付，已支付的费用无须返还。如果因乙公司或其他方原因终止合同（如乙公司IPO申请未被受理），甲公司无权收取剩余款项，但可就其发生的差旅费等直接费用获取补偿。

根据相关监管要求，保荐人应当结合尽职调查过程中获得的信息对发行人进行审慎核查，对其提供的资料和披露的内容进行独立判断，保荐人的工作底稿应当独立保存至少10年，如果乙公司更换保荐机构，新的保荐机构需要重新执行原保荐机构已完成的保荐工作，并且乙公司需要重新履行申报程序。假定该合同不涵盖承销服务及上市后的持续督导等其他服务。

问：该服务收费是否满足某一时段确认收入的条件？

【解析】该服务是否满足某一时段确认收入的条件：

条件1：客户能否在企业履约的同时获益？

否。因为甲公司如被更换，新任保荐机构需重新执行甲公司已完成的工作，发行人需重新申报，客户并未在甲公司履约的同时取得并消耗其履约所带来的经济利益。

条件2：客户能否控制在建商品？

否。因为甲公司应结合尽职调查获得的信息进行审慎核查和独立判断，工作底稿归甲公司所有且应独立保存至少10年，在履约过程中，客户并未控制甲公司正在履行的保荐服务。

条件3：产出产品是否具有"不可替代用途"且企业在整个合同期内有权就累计至今已完成的履约部分收取款项（"合格收款权"）？

否。原因如下：

(1) 虽然甲公司是针对乙公司的具体情况提供保荐服务，该服务具有不可替代用途，但是在合同签订后、IPO申请被受理以及IPO完成后分别支付10%、50%和40%，已支付的款项无须返还；

(2) 因乙公司或其他方原因终止合同时，甲公司仅能就差旅费等直接费用获得补偿，甲公司没有取得合格收款权。

甲公司并不能在整个合同期间内任一时点就累计至今已完成的履约部分收取能够补偿其已发生成本和合理利润的款项。

因此，甲公司提供的保荐服务不满足在某一时段内履行履约义务的条件，属于在某一时点履行的履约义务。

【例题35·实操题】甲公司与乙公司签订合同，为其进行某新药的药理药效实验。合同约定，甲公司按照乙公司预先确定的实验测试的材料、方式和次数进行实验并记录实验结果，且需向乙公司实时汇报和提交实验过程中所获取的数据资料，实验完成后应向乙公司提交一份药理药效实验报告，用于乙公司后续的临床医药实验。假定该合同仅包含一项履约义务。该项实验工作的流程和所使用的技术相对标准化，如果甲公司中途被更换，乙公司聘请另一家实验类企业（以下简称"新聘企业"）在甲公司已完成的工作基础上继续进行药理药效实验并提交实验报告，新聘企业在继续履行剩余履约义务时将不会享有甲公司目前已控制的且在将剩余履约义务转移给该企业后仍然控制的任何资产的利益。

问：该服务收费是否满足某一时段确认收入的条件？

【解析】本例中，由于甲公司实验过程中的资料和数据已实时提交给客户，且如果在甲公司履约的过程中更换其他企业继续进行药理药效实验，其他企业可以在甲公司已完成的工作基础上继续进行药理药效实验并提交实验报告，实质上无须重复执行甲公司累计已经完成的工作，这表明客户在甲公司履约的同时取得并消耗其履约所带来的经济利益，满足了条件1：客户能在企业履约的同时获益。

因此，甲公司提供的实验服务属于在某一时段内履行的履约义务。

【例题 36 · 实操题】 甲建筑公司与其客户签订一份总金额为 580 万元的固定造价合同，该合同不可撤销。甲公司负责工程的施工及全面管理，客户按照第三方工程监理公司确认的工程完工量，每年与甲公司结算一次。该工程已于 2×20 年 2 月开工，预计 2×23 年 6 月完工；预计可能发生的工程总成本为 550 万元。到 2×21 年底，由于材料价格上涨等因素，甲公司将预计工程总成本调整为 600 万元。2×22 年末根据工程最新情况将预计工程总成本调整为 610 万元。假定该建造工程整体构成单项履约义务，并属于在某一时段内履行的履约义务，该公司采用投入法确定履约进度，不考虑其他相关因素。该合同的其他有关资料如表 11－1 所示。

表 11－1 各年投入情况一览表 单位：万元

项目	2×20 年	2×21 年	2×22 年	2×23 年	2×24 年
年末累计实际发生成本	154	300	488	610	—
年末预计完成合同尚需发生成本	396	300	122	—	—
本期结算合同价款	174	196	180	30	—
本期实际收到价款	187.4	209.6	208	—	32.7

按照合同约定，工程质保金 30 万元需等到客户于 2×24 年底保证期结束且未发生重大质量问题方能收款。上述价款均不含增值税。假定甲公司与乙公司结算时即发生增值税纳税义务，增值税税率为 9%。

【解析】 2×20 年的账务处理如下（单位为万元，下同）：

（1）实际发生合同成本。

借：合同履约成本 154

　贷：原材料、应付职工薪酬等 154

（2）确认计量当年的收入并结转成本。

履约进度＝154/(154＋396)×100%＝28%

合同收入＝580×28%＝162.4(万元)

借：合同结算——收入结转 162.40

　贷：主营业务收入 162.40

借：主营业务成本 154

　贷：合同履约成本 154

（3）结算合同价款。

借：应收账款 189.66

　贷：合同结算——价款结算 174.00

　　应交税费——应交增值税（销项税额） 15.66

（4）实际收到合同价款。

借：银行存款 187.40

　贷：应收账款 187.40

2×20 年 12 月 31 日，“合同结算”科目的余额为贷方 11.6 万元（174－162.4），表明甲公司已经与客户结算但尚未履行履约义务的金额为 11.6 万元，由于甲公司预计该部分履约义务将在 2×23 年内完成，因此，应在资产负债表中作为合同负债列示。

2×21 年的账务处理如下：

（1）实际发生合同成本。

借：合同履约成本（300－154）　146
　贷：原材料、应付职工薪酬等　146

（2）确认计量当年的收入并结转成本，同时确认合同预计损失。

履约进度＝300/(300＋300)×100%＝50%

合同收入＝580×50%－162.4＝127.6(万元)

合同预计损失＝(300＋300－580)×(1－50%)＝10(万元)

借：合同结算——收入结转　127.60
　贷：主营业务收入　127.60
借：主营业务成本　146
　贷：合同履约成本　146
借：主营业务成本　10
　贷：预计负债　10

2×21 年底，由于该合同预计总成本（600 万元）大于合同总收入（580 万元），预计发生损失总额为 20 万元，而其中 10 万元（20×50%）已经反映在损益中，因此应将剩余的为完成工程将发生的预计损失 10 万元确认为当期损失。根据《企业会计准则第 13 号——或有事项》的相关规定，待执行合同变成亏损合同的，该亏损合同产生的义务满足相关条件的，应当对亏损合同确认预计负债。因此，为完成工程将发生的预计损失 10 万元应当确认为预计负债。

（3）结算合同价款。

借：应收账款　213.64
　贷：合同结算——价款结算　196.00
　　　应交税费——应交增值税（销项税额）　17.64

（4）实际收到合同价款。

借：银行存款　209.60
　贷：应收账款　209.60

2×21 年 12 月 31 日，“合同结算”科目的余额为贷方 80 万元（11.6＋196－127.6），表明甲公司已经与客户结算但尚未履行履约义务的金额为 80 万元，由于甲公司预计该部分履约义务将在 2×23 年内完成，因此，应在资产负债表中作为合同负债列示。

2×22 年的账务处理如下：

（1）实际发生合同成本。

借：合同履约成本（488－300） 188

贷：原材料、应付职工薪酬等 188

（2）确认计量当年的合同收入并结转成本，同时调整合同预计损失。

履约进度＝488/(488＋122)×100%＝80%

合同收入＝580×80%－162.4－127.6＝174(万元)

合同预计损失＝(488＋122－580)×(1－80%)－10＝－4(万元)

借：合同结算——收入结转 174

贷：主营业务收入 174

借：主营业务成本 188

贷：合同履约成本 188

借：预计负债 4

贷：主营业务成本 4

2×22年底，由于该合同预计总成本（610万元）大于合同总收入（580万元），预计发生损失总额为30万元，而其中24万元（30×80%）已经反映在损益中，因此预计负债的余额为6万元（30－24），反映剩余的为完成工程将发生的预计损失。因此，本期应转回合同预计损失4万元。

（3）结算合同价款。

借：应收账款 196.20

贷：合同结算——价款结算 180.00

应交税费——应交增值税（销项税额） 16.20

（4）实际收到合同价款。

借：银行存款 208

贷：应收账款 208

2×22年12月31日，"合同结算"科目的余额为贷方86万元（80＋180－174），表明甲公司已经与客户结算但尚未履行履约义务的金额为86万元，由于该部分履约义务将在2×23年6月底前完成，因此，应在资产负债表中作为合同负债列示。

2×23年1—6月的账务处理如下：

（1）实际发生合同成本。

借：合同履约成本（610－488） 122

贷：原材料、应付职工薪酬等 122

（2）确认计量当期的合同收入并结转成本及已计提的合同损失。

2×23年1—6月确认的合同收入＝合同总金额－截至目前累计已确认的收入

＝580－162.4－127.6－174＝116(万元)

借：合同结算——收入结转 116

贷：主营业务收入　116

借：主营业务成本　122

贷：合同履约成本　122

借：预计负债　6

贷：主营业务成本　6

2×23年6月30日，“合同结算”科目的余额为借方30万元（86－116），是工程质保金，需等到客户于2×24年底质保期结束且未发生重大质量问题后方能收款，应在资产负债表中作为合同资产列示。

2×24年的账务处理如下：

（1）质保期结束且未发生重大质量问题。

借：应收账款　32.70

贷：合同结算　30.00

应交税费——应交增值税（销项税额）　2.70

（2）实际收到合同价款。

借：银行存款　32.70

贷：应收账款　32.70

3. 在某一时点履行履约义务

当一项履约义务不属于在某一时段内履行的履约义务时，应当属于在某一时点履行的履约义务。对于在某一时点履行的履约义务，企业应当在客户取得相关商品控制权时点确认收入。

【例题37·实操题】甲公司与乙公司签订合同，为其开发一套定制化软件系统。合同约定，为确保信息安全以及软件开发完成后能够迅速与乙公司系统对接，甲公司需在乙公司办公现场通过乙公司的内部模拟系统进行软件开发，开发过程中所形成的全部电脑程序、代码等应存储于乙公司的内部模拟系统中，开发人员不得将程序代码等转存至其他电脑中，开发过程中形成的程序、文档等所有权和知识产权归乙公司所有。

如果甲公司被中途更换，其他供应商无法利用甲公司已完成工作，而需要重新执行软件定制工作。乙公司对甲公司开发过程中形成的代码和程序没有合理用途，也不能够利用开发过程中形成的程序、文档，并从中获取经济利益。乙公司将组织里程碑验收和终验，并按照合同约定分阶段付款，其中预付款比例为合同价款的5%，里程碑验收时付款比例为合同价款的65%，终验阶段付款比例为合同价款的30%。如果乙公司违约，需支付合同价款10%的违约金。

问：该服务收费是否满足某一时段确认收入的条件？

【解析】该服务是否满足某一时段确认收入的条件：

条件1：客户能否在企业履约的同时获益？

否。因为甲公司如被更换，其他供应商无法利用甲公司已完成工作，需重新执行软件定制开发工作，客户并未在甲公司履约的同时取得并消耗其履约所带来的经济利益。

条件2：客户能否控制在建商品？

否。因为甲公司在客户的办公现场通过其内部系统进行开发，开发过程中形成的程序和代码等存储于客户系统，相关程序和文档的所有权和知识产权也归客户所有，但客户对于在开发过程的代码和程序没有合理用途，不能从中获益，因此，在履约过程中，客户并未控制甲公司正在履行的软件开发服务。

条件3：产出产品是否具有“不可替代用途”且企业在整个合同期内有权就累计至今已完成的履约部分收取款项（“合格收款权”）？

否。原因如下：

（1）里程碑付款：预付款、里程碑验收和终验阶段的付款比例分别为5%、65%和30%；

（2）客户如违约，需支付合同价款10%的违约金。

以上表明甲公司并不能在整个合同期内任一时点就累计至今已完成的履约部分收取能够补偿其已发生成本和合理利润的款项。甲公司没有取得合格收款权。

因此，该定制软件开发服务属于在某一时点履行的履约义务。

在判断客户是否已取得商品控制权时，企业应当考虑下列迹象：

（1）企业就该商品享有现时收款权利，即客户就该商品负有现时付款义务。如果企业就该商品享有现时的收款权利，则可能表明客户已经有能力主导该商品的使用并从中获得几乎全部的经济利益。

（2）企业已将该商品的法定所有权转移给客户，即客户已拥有该商品的法定所有权。客户如果取得了商品的法定所有权，则可能表明其已经有能力主导该商品的使用并从中获得几乎全部的经济利益，或者能够阻止其他企业获得这些经济利益。如果企业仅仅是为了确保到期收回货款而保留商品的法定所有权，那么企业所保留的这项权利通常不会对客户取得对该商品的控制权构成障碍。

（3）企业已将该商品实物转移给客户，即客户已实际占有该商品。客户如果已经实物占有商品，则可能表明其有能力主导该商品的使用并从中获得其几乎全部的经济利益，或者使其他企业无法获得这些利益。需要说明的是，客户占有了某项商品的实物并不意味着其就一定取得了该商品的控制权，反之亦然。

1）支付手续费方式的委托代销安排。采用支付手续费方式的委托代销安排下，虽然企业作为委托方已将商品发送给受托方，但是受托方并未取得该商品的控制权，因此，企业不应在向受托方发货时确认销售商品的收入，而仍应根据控制权是否转移来判断何时确认收入，通常应当在受托方售出商品时确认销售商品收入；受托方应当在商品销售后，按合同或协议约定的方法计算确定的手续费确认收入。

【例题38·实操题】甲公司委托乙公司销售W商品1 000件，W商品已经发出，每件成本为70元。合同约定乙公司应按每件100元对外销售，甲公司按不含增值税的销售价格的10%向乙公司支付手续费。除非这些商品在乙公司存放期间内由于乙公司的责任发生毁损或丢失，否则在W商品对外销售之前，乙公司没有义务向甲公司支付货款。乙公司不承担包销责任，没有售出的W商品须退回给甲公司，同时，甲公司也有权要求收回W商品或将其销售给其他客户。乙公司对外实际销售1 000件，开出的增值税专用发票上注明的销售价格为100 000元、增值税税额为13 000元，款项已经收到，乙公司立即向甲公司开具代销清单并支付货款。甲公司收到乙公司开具的代销清单时，向乙公司开具一张相同金额的增值税专用发票。假定甲公司发出W商品时纳税义务尚未发生，手续费增值税税率为6%，不考虑其他因素。

【解析】本例中，甲公司将W商品发送至乙公司后，乙公司虽然已经实物占有W商品，但仅是接受甲公司的委托销售W商品，并根据实际销售的数量赚取一定比例的手续费。甲公司有权要求收回W商品或将其销售给其他客户，乙公司并不能主导这些商品的销售，这些商品对外销售与否、是否获利以及获利多少等不由乙公司控制，乙公司没有取得这些商品的控制权。因此，甲公司将W商品发送至乙公司时，不应确认收入，而应当在乙公司将W商品销售给最终客户时确认收入。

根据上述资料，甲公司的账务处理如下：

（1）发出商品。

借：发出商品——乙公司	70 000	
贷：库存商品——W商品		70 000

（2）收到代销清单，同时发生增值税纳税义务。

借：应收账款——乙公司	113 000	
贷：主营业务收入——W商品		100 000
应交税费——应交增值税（销项税额）		13 000
借：主营业务成本——W商品	70 000	
贷：发出商品——乙公司		70 000
借：销售费用——代销手续费	10 000	
应交税费——应交增值税（进项税额）	600	
贷：应收账款——乙公司		10 600

（3）收到乙公司支付的货款。

借：银行存款	102 400	
贷：应收账款——乙公司		102 400

乙公司的账务处理如下：

（1）收到商品。

借：受托代销商品——甲公司	100 000	
贷：受托代销商品款——甲公司		100 000

（2）对外销售。

借：银行存款	113 000	
贷：受托代销商品——甲公司		100 000
应交税费——应交增值税（销项税额）		13 000

(3) 收到增值税专用发票。

借：受托代销商品款——甲公司　　100 000

　　应交税费——应交增值税（进项税额）　　13 000

　贷：应付账款——甲公司　　113 000

(4) 支付货款并计算代销手续费。

借：应付账款——甲公司　　113 000

　贷：银行存款　　102 400

　　　其他业务收入——代销手续费　　10 000

　　　应交税费——应交增值税（销项税额）　　600

2）售后代管商品安排。实务中，客户可能会因为缺乏足够的仓储空间或生产进度延迟而要求与销售方订立此类合同。在这种情况下，尽管企业仍然持有商品的实物，但是，当客户已经取得对该商品的控制权时，即使客户决定暂不行使实物占有的权利，其也有能力主导该商品的使用并从中获得几乎全部的经济利益。因此，企业不再控制该商品，而只是向客户提供了代管服务。

在售后代管商品安排下，企业除了应当考虑客户是否取得商品控制权的迹象之外，还应当同时满足下列四项条件，才表明客户取得了该商品的控制权：

一是该安排必须具有商业实质，例如，该安排是应客户的要求而订立的；

二是属于客户的商品必须能够单独识别，例如，将属于客户的商品单独存放在指定地点；

三是该商品可以随时交付给客户；

四是企业不能自行使用该商品或将该商品提供给其他客户。

实务中，越是通用的、可以和其他商品互相替换的商品，越有可能难以满足上述条件。

【例题 39·实操题】 2×20 年 1 月 1 日，甲公司与乙公司签订合同，向其销售一台设备和专用零部件。设备和零部件的制造期为 2 年。甲公司在完成设备和零部件的生产之后，能够证明其符合合同约定的规格。假定在该合同下，向客户转让设备和零部件是可明确区分的，因此，甲公司应将其作为两项履约义务，且都属于在某一时点履行的履约义务。

2×21 年 12 月 31 日，乙公司支付该设备和零部件的合同价款，并对其进行验收。乙公司运走了设备，但是，考虑到其自身的仓储能力有限，且其工厂紧邻甲公司的仓库，因此，要求将零部件暂存放于甲公司的仓库中，并且要求甲公司按照其指令随时安排发货。乙公司已拥有零部件的法定所有权，且这些零部件可明确识别为属于乙公司的物品。甲公司在其仓库内的单独区域存放这些零部件，并应乙公司的要求可随时发货，甲公司不能使用这些零部件，也不能将其提供给其他客户使用。

【解析】 本例中，2×21 年 12 月 31 日，设备的控制权已转移给乙公司；对于零部件而言，甲公司已经收取合同价款，但是应乙公司的要求尚未发货，乙公司已拥有零部件的法定所有权并且对其进行了验收。虽然这些零部件实物尚由甲公司持有，但是其满足在售后代管商品的安排下客户取得商品控制权的条件，这些零部件的控制权也已经转移给乙公司。因此，甲公司应当确认销售设备和零部件的相关收入。除此之外，甲公司还为乙公司提供了仓储保管服务，该服务与设备和零部件可明确区分，构成单项履约义务。

【例题 40 · 实操题】A 公司生产并销售笔记本电脑。2021 年，A 公司与零售商 B 公司签订销售合同，向其销售 10 000 台电脑。由于 B 公司的仓储能力有限，无法在 2021 年底之前接收该批电脑，双方约定 A 公司在 2022 年按照 B 公司的指令按时发货，并将电脑运送至 B 公司指定的地点。2021 年 12 月 31 日，A 公司共有上述电脑库存 12 000 台，其中包括 10 000 台将要销售给 B 公司的电脑。然而，这 10 000 台电脑和其余 2 000 台电脑一起存放并统一管理，并且可以互相替换。

【解析】本例中，尽管是由于 B 公司没有足够的仓储空间才要求 A 公司暂不发货，并按照其指定的时间发货，但是由于这 10 000 台电脑与 A 公司的其他产品可以互相替换，且未单独存放保管，A 公司在向 B 公司交付这些电脑之前，能够将其提供给其他客户或者自行使用，因此，这 10 000 台电脑在 2021 年 12 月 31 日不满足售后代管商品安排下确认收入的条件。

（4）企业已将该商品所有权上的主要风险和报酬转移给客户，即客户已取得该商品所有权上的主要风险和报酬。例如，企业将产品销售给客户，并承诺提供后续维护服务的安排中，销售产品和提供维护服务均构成单项履约义务，企业将产品销售给客户之后，虽然仍然保留了与后续维护服务相关的风险，但是由于维护服务构成单项履约义务，因此该保留的风险并不影响企业已将产品所有权上的主要风险和报酬转移给客户的判断。

（5）客户已接受该商品。如果客户已经接受企业提供的商品，例如，企业销售给客户的商品通过了客户的验收，可能表明客户已经取得该商品的控制权。

（6）其他表明客户已取得商品控制权的迹象。

【延伸思考】上述迹象中，并没有哪一个或哪几个迹象是决定性的，企业应当根据合同条款和交易实质进行分析，综合判断其是否以及何时将商品的控制权转移给客户，从而确定收入确认的时点。

第二节　合同成本

一、合同履约成本

（一）会计处理原则

企业为履行合同可能会发生各种成本，企业在确认收入的同时应当对这些成本进行分析，属于其他企业会计准则（如存货、固定资产、无形资产等）规范范围的，应当按照相关企业会计准则进行会计处理；不属于其他企业会计准则规范范围且同时满足相关条件的，应当作为合同履约成本确认为一项资产。

合同履约成本，对于建筑施工企业来讲，就是换了一个“马甲”而已，与原来的“工程施工”几乎完全一致。因此，对于“合同履约成本”，可视为其只是更换了一个名称而已。

（二）合同履约成本确认为资产应满足的条件

1. 该成本与一份当前或预期取得的合同直接相关

与合同直接相关的成本包括直接人工、直接材料、制造费用或类似费用（如与组织和管理生产、施工、服务等活动发生的费用，包括管理人员的职工薪酬、劳动保护费、固定资产折旧费及修理费、物料消耗、取暖费、水电费、办公费、差旅费、财产保险费、工程保修费、排污费、临时设施摊销费等）、明确由客户承担的成本以及仅因该合同而发生的其他成本（如支付给分包商的成本、机械使用费、设计和技术援助费用、施工现场二次搬运费、生产工具和用具使用费、检验试验费、工程定位复测费、工程点交费用、场地清理费等）。

2. 该成本增加了企业未来用于履行（或持续履行）履约义务的资源

3. 该成本预期能够收回

需要注意的是，企业应当在下列支出发生时，将其计入当期损益：一是管理费用，除非这些费用明确由客户承担；二是非正常消耗的直接材料、直接人工和制造费用（或类似费用）；三是与履约义务中已履行（包括已全部履行或部分履行）部分相关的支出，即该支出与企业过去的履约活动相关；四是无法在尚未履行的与已履行（或已部分履行）的履约义务之间区分的相关支出。

【延伸思考】核算时应设置“合同履约成本”科目。与“生产成本”科目核算方法基本相同。

（1）设置“合同履约成本”科目；

（2）报表列示为“存货”项目。

“合同履约成本”科目中初始确认时摊销期限不超过一年或一个正常营业周期的期末余额合计，减去“合同履约成本减值准备”科目中相应的期末余额后的金额填列“存货”项目。

【例题 41 · 实操题】甲公司与乙公司签订合同，为其信息中心提供管理服务，合同期限为 5 年。在向乙公司提供服务之前，甲公司设计并搭建了一个信息技术平台供其内部使用，该信息技术平台由相关的硬件和软件组成。甲公司需要提供设计方案，将该信息技术平台与乙公司现有的信息系统对接，并进行相关测试。该平台并不会转让给乙公司，但是将用于向乙公司提供服务。甲公司为该平台的设计、购买硬件和软件以及信息中心的测试发生了成本。除此之外，甲公司专门指派两名员工，负责向乙公司提供服务。

【解析】甲公司为履行合同发生的上述成本中，购买硬件和软件的成本应当分别按照固定资产和无形资产进行会计处理；设计服务成本和信息中心的测试成本不属于其他企业会计准则的规范范围，但是这些成本与履行该合同直接相关，并且增加了甲公司未来用于履行履约义务（即提供管理服务）的资源，如果甲公司预期该成本可通过未来提供服务收取的对价收回，则甲公司应当将这些成本确认为一项资产。甲公司向两名负责该项目的员工支付的工资费用，虽然与向乙公司提供服务有关，但是由于其并未增加企业未来用于履行履约义务的资源，因此，应当于发生时计入当期损益。

【例题 42·实操题】甲公司经营一家酒店，该酒店是甲公司的自有资产，甲公司在进行会计核算时，除发生的餐饮、商品材料等成本外，还需要计提与酒店经营相关的固定资产折旧（如酒店、客房以及客房内的设备家具等）、无形资产摊销（如酒店土地使用权等）费用等，应如何对这些折旧、摊销进行会计处理？

【解析】本例中，甲公司经营一家酒店，主要通过提供客房服务赚取收入，而客房服务的提供直接依赖于酒店物业（包含土地）以及家具等相关资产，即与客房服务相关的资产折旧和摊销属于甲公司为履行与客户的合同而发生的服务成本。该成本需先考虑是否满足收入准则资本化条件，如果满足，应作为合同履约成本进行会计处理，并在收入确认时对合同履约成本进行摊销，计入营业成本。此外，这些酒店物业等资产中与客房服务不直接相关的，如财务部门相关的资产折旧或者销售部门相关的资产折旧，则需要按功能将相关费用计入管理费用或销售费用。

二、合同取得成本

（一）会计处理原则

企业的合同是谁去“取得”的呢？——通常是销售（业务）部门。

在一般企业，销售（业务）部门签下一个大单子，企业是不是会给部门或个人提成（或奖励）？如果外面的人帮助完成，是不是也要约定会有销售佣金？比如，房产中介公司帮助房地产企业推销房屋。上述增量成本，按照新收入准则规定，需要计入合同取得成本。为什么要计入合同取得成本？能不能直接计入当期损益（销售费用）呢？

对于这个疑问，新收入准则也是有规定的：

> 第二十八条　企业为取得合同发生的增量成本预期能够收回的，应当作为合同取得成本确认为一项资产；但是，该资产摊销期限不超过一年的，可以在发生时计入当期损益。

看见了吗？摊销期限不超过一年，完全是可以在发生时就计入当期损益。

比如，2021年3月，某建筑公司业务人员谈成一笔业务，给某工厂修建围墙和部分简易建筑，预估修建时间只需要2个月。建筑公司按照内部制度，给谈成业务的人员计算了一笔提成。那么，该建筑公司是可以选择计入合同取得成本的，但是也可以选择计入当期损益。会计分录如下：

借：合同取得成本/销售费用——工资

贷：应付职工薪酬

当然，如果签署的这个建筑施工合同，施工时间超过一年，就不用选择计入当期损益了，要直接计入合同取得成本，然后在施工期间按施工进度，企业按照完工百分比确认收入，同时也按比例摊销合同取得成本。会计分录如下：

借：销售费用

贷：合同取得成本

经上述分析可得到如下结论：

（1）企业为取得合同发生的增量成本预期能够收回的，应当作为合同取得成本确认为一项资产。增量成本，是指企业不取得合同就不会发生的成本，如销售佣金等。

（2）为简化实务操作，资产摊销期限不超过一年的，可以在发生时计入当期损益。

（3）企业为取得合同发生的、除预期能够收回的增量成本之外的其他支出，例如，无论是否取得合同均会发生的差旅费、投标费、为准备投标资料发生的相关费用等，应当在发生时计入当期损益，除非这些支出明确由客户承担。

（4）企业因现有合同续约或发生合同变更需要支付的额外佣金，也属于为取得合同发生的增量成本。

【例题43·实操题】甲公司是一家咨询公司，其通过竞标赢得一个新客户，为取得和该客户的合同，甲公司发生下列支出：（1）聘请外部律师进行尽职调查的支出为15 000元；（2）因投标发生的差旅费为10 000元；（3）销售人员佣金为5 000元。甲公司预期这些支出未来能够收回。此外，甲公司根据其年度销售目标、整体盈利情况及个人业绩等，向销售部门经理支付年度奖金10 000元。

【解析】

（1）甲公司向销售人员支付的佣金属于为取得合同发生的增量成本，应当将其作为合同取得成本确认为一项资产。

（2）甲公司聘请外部律师进行尽职调查发生的支出、为投标发生的差旅费，无论是否取得合同都会发生，不属于增量成本，因此，应当于发生时直接计入当期损益。

（3）甲公司向销售部门经理支付的年度奖金也不是为取得合同发生的增量成本，这是因为该奖金发放与否以及发放金额还取决于其他因素（包括公司的盈利情况和个人业绩），其并不能直接归属于可识别的合同。

【例题44·实操题】甲公司相关政策规定，销售部门的员工每取得一份新的合同，可以获得提成100元，现有合同每续约一次员工可以获得提成60元。甲公司预期上述提成均能够收回。

【解析】

（1）甲公司为取得新合同支付给员工的提成100元，属于为取得合同发生的增量成本，且预期能够收回，因此，应当确认为一项资产。

（2）甲公司为现有合同续约支付给员工的提成60元，也属于为取得合同发生的增量成本，这是因为如果不发生合同续约，就不会支付相应的提成，由于该提成预期能够收回，甲公司应当在每次续约时将应支付的相关提成确认为一项资产。

（3）甲公司相关政策规定，当合同变更时，如果客户在原合同的基础上，向甲公司支付额外的对价以购买额外的商品，甲公司需根据该新增的合同金额向销售人员支付一定的提成，此时，无论相关合同变更属于哪一种情形，甲公司均应当将应支付的提成视同为取得合同（变更后的合同）发生的增量成本进行会计处理。

【例题 45 · 多选题】下列各项中，不应作为合同履约成本确认为合同资产的有（　　）。

A. 为取得合同发生但预期能够收回的增量成本

B. 为组织和管理企业生产经营发生的但非由客户承担的管理费用

C. 无法在尚未履行的与已履行（或已部分履行）的履约义务之间区分的支出

D. 为履行合同发生的非正常消耗的直接材料、直接人工和制造费用

【正确答案】ABCD

【答案解析】选项 A，企业为取得合同发生的增量成本预期能够收回的，应当作为合同取得成本确认为一项资产，而不是作为合同履约成本确认合同资产。选项 BCD 属于企业为履约合同发生的成本，不属于其他企业会计准则规范范围且同时满足下列条件的，应当作为合同履约成本确认为一项资产：（1）该成本与一份当前或预期取得的合同直接相关，包括直接人工、直接材料、制造费用（类似费用）、明确由客户承担的成本以及仅因该合同而发生的其他成本；（2）该成本增加了企业未来用于履行履约义务的资源；（3）该成本预期能够收回。

三、与合同成本有关的资产的摊销和减值

（一）与合同成本有关的资产的摊销

对于确认为资产的合同履约成本和合同取得成本，企业应当采用与该资产相关的商品收入确认相同的基础（即在履约义务履行的时点或按照履约义务的履约进度）进行摊销，计入当期损益。会计分录如下：

借：主营业务成本

　　合同取得成本减值准备、合同履约成本减值准备

　贷：合同取得成本、合同履约成本

（二）与合同成本有关的资产的减值

合同履约成本和合同取得成本的账面价值高于下列两项的差额的，超出部分应当计提减值准备，并确认为资产减值损失：

（1）企业因转让与该资产相关的商品预期能够取得的剩余对价；

（2）为转让该相关商品估计将要发生的成本。

以前期间减值的因素之后发生变化，使得上述（1）减（2）的差额高于该资产账面价值的，应当转回原已计提的资产减值准备，并计入当期损益，但转回后的资产账面价值不应超过假定不计提减值准备情况下该资产在转回日的账面价值。

第三节　特定交易的会计处理

一、附有销售退回条款的销售

（一）核算理念

企业将商品转让给客户之后，可能会由于各种原因（如客户对所购商品的款式不满意等）允许客户选择退货。附有销售退回条款的销售，是指客户依照有关合同有权退货的销售方式。合同中有关退货权的条款可能会在合同中明确约定，也有可能是隐含的。隐含的退货权可能来自企业在销售过程中向客户作出的声明或承诺，也有可能是来自法律法规的要求或企业以往的习惯做法等。客户选择退货时，可能有权要求返还其已经支付的全部或部分对价、抵减其对企业已经产生或将会产生的欠款或者要求换取其他商品。

企业应当在客户取得相关商品控制权时，按照因向客户转让商品而预期有权收取的对价金额（即不包含预期因销售退回将退还的金额）确认收入，按照预期因销售退回将退还的金额确认负债。同时，按照预期将退回商品转让时的账面价值，扣除收回该商品预计发生的成本（包括退回商品的价值减损）后的余额确认一项资产，按照所转让商品转让时的账面价值，扣除上述资产成本的净额结转成本。每一资产负债表日，企业应当重新估计未来销售退回情况，并对上述资产和负债进行重新计量。如有变化，应当作为会计估计变更进行会计处理。

（二）核算举例

【例题 46 · 实操题】甲公司是一家健身器材销售公司。2×20 年 10 月 1 日，甲公司向乙公司销售 5 000 件健身器材，单位销售价格为 500 元，单位成本为 400 元，开出的增值税专用发票上注明的销售价格为 250 万元、增值税税额为 32.5 万元。健身器材已经发出，但款项尚未收到。根据协议约定，乙公司应于2×20年12月1日之前支付货款，在2×21年3月31日之前有权退还健身器材。发出健身器材时，甲公司根据过去的经验，估计该批健身器材的退货率约为20%；2×20年12月31日，甲公司对退货率进行重新评估，认为只有10%的健身器材会被退回。甲公司为增值税一般纳税人，健身器材发出时纳税义务已经发生，实际发生退回时取得税务机关开具的红字增值税专用发票。假定健身器材发出时控制权转移给乙公司。

【解析】甲公司的账务处理如下：

(1) 2×20年10月1日，发出健身器材。

借：应收账款　　2 825 000
　贷：主营业务收入　　2 000 000
　　　预计负债——应付退货款　　500 000
　　　应交税费——应交增值税（销项税额）　　325 000

借：主营业务成本　　1 600 000
　　应收退货成本　　400 000
　贷：库存商品　　2 000 000

(2) 2×20年12月1日前收到货款。

借：银行存款　　2 825 000
　贷：应收账款　　2 825 000

(3) 2×20年12月31日，对退货率进行重新评估。

借：预计负债——应付退货款　　250 000
　贷：主营业务收入　　250 000

借：主营业务成本　　200 000
　贷：应收退货成本　　200 000

(4) 2×21年3月31日，发生销售退回，实际退货量为400件，退货款项已经支付。

借：库存商品　　160 000
　　应交税费——应交增值税（销项税额）　　26 000
　　预计负债——应付退货款　　250 000
　贷：应收退货成本　　160 000
　　　主营业务收入　　50 000
　　　银行存款　　226 000

借：主营业务成本　　40 000
　贷：应收退货成本　　40 000

附有销售退回条款的销售，在客户要求退货时，如果企业有权向客户收取一定金额的退货费，则企业在估计预期有权收取的对价金额时，应当将该退货费包括在内。

【例题47·实操题】甲公司向家具店销售10张餐桌，每张餐桌的价格为1 000元，成本为750元。根据合同约定，家具店有权在收到餐桌的30天内退货，但是需要向甲公司支付10%的退货费（即每张餐桌的退货费为100元）。根据历史经验，甲公司预计退货率为10%（即估计退货1张餐桌），且退货过程中，甲公司预计为每张退货的餐桌发生的成本为50元。上述价格均不包含增值税，假定不考虑相关税费影响。

【解析】甲公司在将餐桌的控制权转移给家具店时的账务处理为：

借：应收账款（10×1 000） 10 000

　贷：主营业务收入（9×1 000+100） 9 100

　　　预计负债——应付退货款（1×1 000−100） 900

借：主营业务成本（9×750+50） 6 800

　　应收退货成本（1×750−50） 700

　贷：库存商品（10×750） 7 500

【例题48·实操题】乙公司与客户签订合同，向其销售A产品。客户在合同开始日即取得了A产品的控制权，并在90天内有权退货。由于A产品是最新推出的产品，乙公司尚无该产品退货率的历史数据，也没有其他可以参考的市场信息。该合同对价为12 100元，根据合同约定，客户应于合同开始日后的第二年末付款。A产品在合同开始日的现销价格为10 000元。A产品的成本为8 000元。退货期满后，未发生退货。上述价格均不包含增值税，假定不考虑相关税费影响。

【解析】客户有退货权，因此，该合同的对价是可变的。由于乙公司缺乏有关退货情况的历史数据，考虑将可变对价计入交易价格的限制要求，在合同开始日不能将可变对价计入交易价格，因此，乙公司在A产品控制权转移时不应确认收入，而应当在退货期满后，根据实际退货情况，按照预期有权收取的对价金额确定交易价格。此外，考虑到A产品控制权转移与客户付款之间的时间间隔以及该合同对价与A产品现销价格之间的差异等因素，乙公司认为该合同存在重大融资成分。乙公司的账务处理如下：

（1）在合同开始日，乙公司将A产品的控制权转移给客户。

借：应收退货成本 8 000

　贷：库存商品 8 000

（2）在90天的退货期内，乙公司尚未确认合同资产和应收款项，因此，无须确认重大融资成分的影响。

（3）退货期满日（假定应收款项在合同开始日和退货期满日的公允价值无重大差异）。

借：长期应收款 12 100

　贷：主营业务收入 10 000

　　　未实现融资收益 2 100

借：主营业务成本 8 000

　贷：应收退货成本 8 000

在后续期间，乙公司应当考虑在剩余合同期限确定实际利率，将上述应收款项的金额与合同对价之间的差额（2 100元）按照实际利率法进行摊销，确认相关的利息收入。

此外，乙公司还应当按照金融工具相关会计准则评估上述应收款项是否发生减值，并进行相应的会计处理。

二、附有质量保证条款的销售

（一）核算理念

对于附有质量保证条款的销售，企业应当评估该质量保证是否在向客户保证所销售商品符合既定标准之外提供了一项单独的服务。企业提供额外服务的，应当作为单项履约义务进行会计处理；否则，质量保证责任应当按照或有事项的要求进行会计处理。即如保证所售商品符合既定质量标准的（如企业向客户提供的“三包”服务），属于保证类质量保证，按照《企业会计准则第 13 号——或有事项》处理，在该保证之外提供的单独服务，属于服务类质量保证，应作为单项履约义务按收入准则处理。在评估质量保证是否在向客户保证所销售商品符合既定标准之外提供了一项单独的服务时，企业应当考虑该质量保证是否为法定要求、质量保证期限以及企业承诺履行任务的性质等因素。

（二）核算举例

【例题 49 · 实操题】 甲公司与客户签订合同，销售一部手机。该手机自售出起一年内如果发生质量问题甲公司负责提供质量保证服务。此外，在此期间内，由于客户使用不当（如手机进水）等原因造成的产品故障，甲公司也免费提供维修服务。该维修服务不能单独购买。

【解析】

（1）甲公司的承诺包括：销售手机、提供质量保证服务以及维修服务。甲公司针对产品的质量问题提供的质量保证服务是为了向客户保证所销售商品符合既定标准，因此不构成单项履约义务。

（2）甲公司对由于客户使用不当导致的产品故障提供的免费维修服务，属于在向客户保证所销售商品符合既定标准之外提供的单独服务，尽管其没有单独销售，但该服务与手机可明确区分，应该作为单项履约义务。

因此，在该合同下，甲公司的履约义务有两项：销售手机和提供维修服务。甲公司应当按照其各自单独售价的相对比例，将交易价格分摊至这两项履约义务，并在各项履约义务履行时分别确认收入。甲公司提供的质量保证服务应当按照或有事项准则进行会计处理。

【例题 50 · 实操题】 甲公司为一家轮胎企业，丙公司是一家汽车生产企业，甲公司与丙公司签订一项销售轮胎合同，售价为 100 万元。甲公司承诺售出后一年内如出现非意外事件造成的故障或质量问题，免费保修，同时还提供两年延保服务，轮胎单独标价 80 万元和延保单独标价 20 万元。甲公司根据以往经验估计在法定保修期（一年）内将发生的保修费用为 6 万元。该批轮胎的成本为 70 万元。合同签订当日，甲公司将该批轮胎交付给丙公司，同时丙公司向甲公司支付了 100 万元的价款。暂不考虑相关税费处理。

【解析】 甲公司的会计处理如下（单位为万元）：

借：银行存款	100	
贷：主营业务收入		80
合同负债		20
借：主营业务成本	70	
贷：库存商品		70
借：销售费用	6	
贷：预计负债		6

延保服务收费 20 万元应当在延保期间根据延保服务进度确认为收入。延保服务发生时：

借：合同负债	××	
贷：主营业务收入		××

三、主要责任人和代理人

（一）判断主要责任人和代理人的核心原则

企业应当根据其在向客户转让商品前是否拥有对该商品的控制权，来判断其从事交易时的身份是主要责任人还是代理人。企业在向客户转让商品前能够控制该商品的，该企业为主要责任人，应当按照已收或应收对价总额确认收入；否则，该企业为代理人，应当按照预期有权收取的佣金或手续费的金额确认收入，该金额应当按照已收或应收对价总额扣除应支付给其他相关方的价款后的净额，或者按照既定的佣金金额或比例等确定。

主要责任人（有控制权）——视同买断（原准则）——采用总额法确认收入；

代理人（没有控制权）——收取手续费（原准则）——采用净额法确认收入。

（二）企业作为主要责任人的情形

当存在第三方参与企业向客户提供商品时，企业向客户转让特定商品之前能够控制该商品的，应当作为主要责任人。企业作为主要责任人的情形包括：

1. 企业自该第三方取得商品或其他资产控制权后，再转让给客户

这里的商品或其他资产也包括企业向客户转让的未来享有由其他方提供服务的权利。企业应当评估该权利在转让给客户前，企业是否控制该权利。

【例题 51 · 实操题】 甲公司是一家旅行社，从航空公司购买了一定数量的折扣机票并对外销售。甲公司向旅客销售机票时，可自行决定机票的价格，未售出的机票不能退还给航空公司。甲公司的身份是主要责任人还是代理人？

【解析】主要责任人。理由：甲公司向客户提供的特定商品或服务为机票，该机票代表了客户可以乘坐特定航班的权利。甲公司在确定特定客户之前已经预先从航空公司购买了机票，因此，该权利在转让给客户之前已经存在。甲公司从航空公司购入机票之后，可以自行决定该机票的用途，即是否用于对外销售、以何等价格以及向哪些客户销售等，甲公司有能力主导该机票的使用并且能够获得其几乎全部的经济利益。因此，甲公司在将机票销售给客户之前，能够控制该机票，甲公司在向旅客销售机票的交易中的身份是主要责任人。

【例题52·实操题】甲公司经营一家电商平台，平台商家自行负责商品的采购、定价、发货以及售后服务，甲公司仅提供平台供商家与消费者进行交易并负责协助商家和消费者结算货款，甲公司按照货款的5%向商家收取佣金，并判断自己在商品买卖交易中是代理人。2×19年，甲公司向平台的消费者销售了1 000张不可退的电子购物卡，每张卡的面值为200元，总额为20万元。假设不考虑相关税费的影响。

【解析】考虑到甲公司在商品买卖交易中为代理人，仅为商家和消费者提供平台及结算服务，并收取佣金，因此，甲公司销售电子购物卡收取的20万元款项中，仅佣金部分1万元（20×5%，不考虑相关税费）代表甲公司已收客户（商家）对价而应在未来消费者消费时作为代理人向商家提供代理服务的义务，应当确认合同负债。其余部分（即19万元）为甲公司代商家收取的款项，作为其他应付款，待未来消费者消费时支付给相应的商家。（会计分录单位为万元。）

借：银行存款	20
贷：合同负债	1
其他应付款	19

【例题53·实操题】甲公司向客户销售某餐厅的代金券，购买了该代金券的客户可以使用该代金券在指定的餐厅用餐。该代金券一旦售出，不可退还。客户无须提前购买该代金券，只需要在消费时购买即可。根据甲公司和该餐厅的协议约定，代金券在销售给客户之前，甲公司不必要也没承诺预先自行购买该代金券。代金券的销售价格由甲公司和该餐厅共同制定，甲公司在代金券出售时有权收取代金券价格的10%作为佣金。甲公司会协助购买该代金券在餐厅用餐的客户解决与用餐有关的投诉，并对客户进行满意度调查；餐厅负责履行与该代金券有关的义务，包括对不满餐厅服务的客户进行补偿等。甲公司的身份是主要责任人还是代理人？

【解析】代理人。理由：向客户提供的特定商品为代金券，该代金券代表了客户可以在指定餐厅用餐的权利。甲公司不必要也没有承诺预先自行购买该代金券，只有当客户向其购买代金券时，其才会同时向指定餐厅购买该代金券，对于甲公司而言，该权利仅在转让给客户时才产生，而在转让给客户之前并不存在，甲公司并不能随时主导该权利的使用并从中获益。因此，甲公司在将代金券销售给客户之前，并未控制该代金券，甲公司在该交易中的身份是代理人。

2. 企业能够主导该第三方代表本企业向客户提供服务

这种情形说明企业在相关服务提供给客户之前能够控制该相关服务。

【例题 54 · 实操题】甲公司与乙公司签订合同，为其写字楼提供保洁服务，并商定了服务范围及其价格。甲公司每月按照约定的价格向乙公司开具发票，乙公司按照约定的日期向甲公司付款。双方签订合同后，甲公司委托服务提供商丙公司代表其为乙公司提供该保洁服务，与其签订了合同。甲公司和丙公司商定了服务价格，双方签订的合同付款条款大致上与甲公司和乙公司约定的付款条款一致。当丙公司按照与甲公司的合同约定提供了服务时，无论乙公司是否向甲公司付款，甲公司都必须向丙公司付款。乙公司无权主导丙公司提供未经甲公司同意的服务。甲公司在该交易中的身份是主要责任人还是代理人？

【解析】主要责任人。理由：甲公司向乙公司提供的特定服务是写字楼的保洁服务，除此之外，甲公司并没有向乙公司承诺任何其他商品。根据甲公司与丙公司签订的合同，甲公司能够主导丙公司所提供的服务，包括要求丙公司代表甲公司向乙公司提供保洁服务，相当于甲公司利用其自身资源履行了该合同。乙公司无权主导丙公司提供未经甲公司同意的服务。因此，甲公司在丙公司向乙公司提供保洁服务之前控制了该服务，甲公司在该交易中的身份为主要责任人。

3. 企业自该第三方取得商品控制权后，通过提供重大的服务将该商品与其他商品整合成合同约定的某组合产出转让给客户

此时，企业承诺提供的特定商品就是合同约定的组合产出，企业应先获得为生产该组合产出所需要的投入的控制权，然后才能够将这些投入加工整合为合同约定的组合产出。

【例题 55 · 实操题】甲公司与乙公司签订合同，向其销售一台特种设备，并商定了该设备的具体规格和销售价格，甲公司负责按照约定的规格设计该设备，并按双方商定的销售价格向乙公司开具发票。该特种设备的设计和制造高度相关。为履行该合同，甲公司与其供应商丙公司签订合同，委托丙公司按照其设计方案制造该设备，并安排丙公司直接向乙公司交付设备。丙公司将设备交付给乙公司后，甲公司按与丙公司约定的价格向丙公司支付制造设备的对价；丙公司负责设备质量问题，甲公司负责设备由于设计原因引致的问题。甲公司在该交易中的身份是主要责任人还是代理人？

【解析】主要责任人。理由：甲公司向乙公司提供的特定商品是其设计的专用设备。虽然甲公司将设备的制造工作分包给丙公司进行，但是甲公司认为该设备的设计和制造高度相关，不能明确区分，应当作为单项履约义务。由于甲公司负责该合同的整体管理，如果在设备制造过程中发现需要对设备规格作出任何调整，甲公司需要负责制定相关的修订方案，通知丙公司进行相关调整，并确保任何调整均符合修订后的规格要求。甲公司主导了丙公司的制造服务，并通过必需的重大整合服务将其整合，作为向乙公司转让的组合产出（专用设备）的一部分，在该专用设备转让给客户前控制了该专用设备。因此，甲公司在该交易中的身份为主要责任人。

（三）判断是否拥有对商品的控制权

实务中，企业在判断其向客户转让特定商品之前是否已经拥有对该商品的控制权时，不应仅局限于合同的法律形式，而应当综合考虑所有相关事实和情况进行判断，这些事实和情况包括：

1. 企业承担向客户转让商品的主要责任，即验收风险

企业在判断其是否承担向客户转让商品的主要责任时，应当从客户的角度进行评估，即客户认为哪一方承担了主要责任，如客户认为谁对商品的质量或性能负责、谁负责提供售后服务、谁负责解决客户投诉等。

例如，京东商城在将A公司提供的商品销售给客户时，如果京东商城负责商品的质量、售后服务等，即京东商城承担验收风险，说明京东商城是主要责任人。

2. 企业在转让商品之前或之后承担了该商品的存货风险

存货风险主要是指存货可能发生减值、毁损或灭失等形成的损失。例如，如果企业在与客户订立合同之前已经购买或者承诺将自行购买特定商品，这可能表明企业在将该特定商品转让给客户之前，承担了该特定商品的存货风险，企业有能力主导特定商品的使用并从中取得几乎全部的经济利益。又如，在附有销售退回条款的销售中，企业将商品销售给客户之后，客户有权要求向该企业退货，这可能表明企业在转让商品之后仍然承担了该商品的存货风险。再如，家乐福公司在将A公司提供的商品销售给客户时，如果家乐福公司承担了该特定商品的存货风险，说明家乐福公司是主要责任人。

3. 企业有权自主决定所交易商品的价格

企业有权决定客户为取得特定商品所需支付的价格，可能表明企业有能力主导有关商品的使用并从中获得几乎全部的经济利益。然而，在某些情况下，代理人可能在一定程度上也拥有定价权（如在主要责任人规定的某一价格范围内决定价格），以便其在代表主要责任人向客户提供商品时能够吸引更多的客户，从而赚取更多的收入。此时，即使代理人有一定的定价能力，也并不表明在与最终客户的交易中其身份是主要责任人，代理人只是放弃了一部分自己应当赚取的佣金或手续费而已。

4. 其他相关事实和情况

需要强调的是，企业在判断其是主要责任人还是代理人时，应当以该企业在特定商品转让给客户之前是否能够控制这些商品为原则。上述相关事实和情况不能凌驾于控制权的判断之上，也不构成一项单独或额外的评估，而只是帮助企业在难以评估特定商品转让给客户之前是否能够控制这些商品的情况下进行相关判断。此外，这些事实和情况并无轻重之分，也不能孤立地用于支持某一结论。企业应当根据相关商品的性质、合同条款的约定以及其他具体情况，综合进行判断。

【例题 56 · 实操题】甲公司是一家经营高端品牌的百货公司，采用与品牌服装供应商合作的经营模式。某高端品牌供应商乙公司在甲公司指定区域设立专柜（或专卖店）提供约定品牌商品，并委派营业员销售商品，假定本案例不包含租赁。乙公司负责专柜内的商品保管、出售、调配或下架，承担丢失和毁损风险，拥有未售商品的所有权。乙公司负责实际定价销售，甲公司负责对百货公司内销售的商品统一收款，开具发票。甲公司将收到客户款项扣除10%后支付给乙公司。

甲公司通过各种促销活动提高百货公司的总体业绩。促销活动分为甲公司主导的促销活动和乙公司自行打折活动。甲公司主导的相关促销活动费用，有些由甲公司自行承担，有些由甲公司与乙公司共同承担。乙公司自行开展的打折活动需要获得甲公司同意，甲公司会要求其打折的幅度和范围符合甲公司的定位，例如打折幅度不能过大，保证不打折的新品的比例不能过低等。如果需办理退换货的，甲公司可自行决定为客户办理退换货、赔偿等事项，之后可向乙公司追偿。假定客户丙购买商品，向甲公司支付价款 1 000 元，甲公司扣除 100 元后支付给乙公司 900 元。不考虑其他因素。

【解析】本例中，企业应当根据其在向客户转让商品前是否拥有对该商品的控制权，来判断其从事交易时的身份是主要责任人还是代理人。在客户付款购买商品之前，乙公司能够主导商品的使用，例如出售、调配或下架，并从中获得其几乎全部的经济利益，因此拥有对该商品的控制权，是主要责任人，在客户丙取得商品控制权时确认收入 1 000 元。甲公司在商品转移给客户之前，不能自行或者要求乙公司把这些商品用于其他用途，也不能禁止乙公司把商品用于其他用途，因此，甲公司没有获得对该商品的控制权，只是负责协助乙公司进行商品销售，是代理人，在客户丙取得商品控制权时确认收入 100 元。

另外需要说明的是，本例中对于与控制权相关的三个迹象：一是从客户的角度，甲公司承担退换货和赔偿的主要责任；二是乙公司承担了该商品的存货风险；三是销售商品价格主要是由供应商乙公司确定，但甲公司对于商品的定价权有一定的影响力。与控制权相关的三个迹象的分析，并不能明确区分主要责任人和代理人，这些相关事实和情况的迹象仅为支持对控制权的评估，不能取代控制权的评估，也不能凌驾于控制权评估之上，更不是单独或额外的评估。

综上，企业应当根据其在向客户转让商品前是否拥有对该商品的控制权，来判断其从事交易时的身份是主要责任人还是代理人。在客户付款购买商品之前，乙公司拥有对该商品的控制权，是主要责任人；甲公司没有获得对该商品的控制权，是代理人。

【例题 57 · 实操题】甲公司是一家经营高端品牌的百货公司，采用自主选择品牌直营模式。甲公司根据品牌定位，挑选某高端品牌乙公司作为其供应商之一，乙公司提供约定品牌商品，并与其他品牌同类商品统一摆放在甲公司指定位置。甲公司委派营业员销售该品牌商品，并负责专柜内的商品保管、出售、调配或下架，承担丢失和毁损风险，拥有未售商品的所有权。甲公司对百货公司内商品统一定价，统一收款。如果需办理退换货的，甲公司可自行决定为客户办理退换货、赔偿等事项，如属商品质量问题，可向乙公司追偿。假定不考虑其他因素。

【解析】本例中，企业应当根据其在向客户转让商品前是否拥有对该商品的控制权，来判断其从事交易时的身份是主要责任人还是代理人。在客户付款购买商品之前，甲公司能够主导商品的使用，例如出售、调配或下架，并从中获得其几乎全部的经济利益，拥有对该商品的控制权，是主要责任人，在客户取得商品控制权时确认收入。

【例题58·实操题】甲公司是一家知名服装品牌生产零售商，拥有数百家直营连锁店。小型服装生产商乙公司向甲公司供应服装，乙公司将按照甲公司选定供货清单的要求将商品发送到甲公司指定的直营门店。商品收到后，甲公司组织验货，按照供货清单核对商品，确保没有短溢、货不对板等情形。甲公司将从乙公司采购的服装与其自产的服装一起管理并负责实际销售，其商标为甲公司商标，对外宣传为联名款。

甲乙双方协商确定吊牌价，甲公司在吊牌价七折以上可自行对外销售并制定相应的促销策略，七折以下需得到乙公司的许可。甲乙双方根据销售收入每月五五分成。

如果商品自上架陈列30日仍未售出，甲公司有权将未出售的商品全部退回给乙公司，但在甲公司决定将商品退回前，乙公司不得取回、调换或移送商品。如果需办理退换货的，甲公司可自行决定为客户办理退换货、赔偿等事项，之后可向乙公司追偿。假定不考虑其他因素。

【解析】本例中，企业应当根据其在向客户转让商品前是否拥有对该商品的控制权，来判断其从事交易时的身份是主要责任人还是代理人。在客户付款购买商品之前，甲公司能够主导商品的使用，例如出售、调配或下架，并从中获得其几乎全部的经济利益，因此拥有对该商品的控制权，是主要责任人。另外需要说明的是，本例中对于与控制权相关的三个迹象：一是从客户的角度，甲公司承担销售、退换货和赔偿的主要责任；二是在转让商品之前，甲乙公司均承担了该商品的存货风险，转让商品之后，乙公司承担了该商品的存货风险；三是双方协商确定吊牌价，甲乙双方均无权自主决定所交易商品的价格。与控制权相关的三个迹象的分析，并不能明确区分主要责任人和代理人，这些相关事实和情况的迹象仅为支持对控制权的评估，不能取代控制权的评估，也不能凌驾于控制权评估之上，更不是单独或额外的评估。

综上，企业应当根据其在向客户转让商品前是否拥有对该商品的控制权，来判断其从事交易时的身份是主要责任人还是代理人。商品的控制权在转移给客户之前，甲公司拥有对该商品的控制权，是主要责任人。

另外，乙公司将商品发送到甲公司指定的直营门店并经甲公司验收后（假定该时点为商品控制权转移的时点）应该确认销售收入。由于30日未售出的商品或消费者退回的商品，甲公司有权退回给乙公司或向乙公司追偿，乙公司应当按照附有销售退回条款的销售进行会计处理。

四、附有客户额外购买选择权的销售

（一）核算理念

某些情况下，企业在销售商品的同时，会向客户授予选择权，允许客户据此免费或者以折扣价格购买额外的商品。企业向客户授予的额外购买选择权的形式包括销售激励、客户奖励积分、未来购买商品的折扣券以及合同续约选择权等。该选择权不是"忽悠"的，是向客户提供的一项实质性权利。

向客户提供了重大权利的额外购买选择权，应作为单独履约义务处理，交易价格应按照单独售价比例分摊至该选择权。额外购买选择权的单独售价无法直接观察的，应综合考虑客户行使和不行使所能获得的折扣差异以及行使可能性进行合理估计。

（二）核算举例

【例题 59 · 实操题】A 公司是一家商场，2×19 年 1 月 1 日举行店庆酬宾，开展一项奖励积分计划。该奖励积分计划规定：2×19 年 1 月 1 日，客户每在商场内消费 10 元可兑换 1 个积分，每个积分可在未来购买产品时按 1 元的折扣兑现，有效期为 3 年。

（1）当日，共销售 100 000 元的产品，应授予客户可在未来购买时兑现的积分 10 000 个。A 公司预计积分兑换率为 98%。基于兑换的可能性估计每个积分的单独售价为 1 元。

（2）至 2×19 年末，有 4 800 个积分被兑换，A 公司预计积分兑换率变为 95%。

（3）至 2×20 年末，累计有 8 700 个积分被兑换，A 公司预计积分兑换率变为 97%。

（4）2×21 年 12 月 31 日，剩余未兑换奖励积分全部失效。

假定不考虑相关税费等因素的影响。

【解析】本例中，A 公司认为其授予客户的积分为客户提供了一项实质性权利，应当作为一项单独的履约义务。客户购买商品的单独售价合计为 100 000 元，考虑积分的兑换率，A 公司估计积分的单独售价为 9 800 元（1×10 000×98%）。

（1）2×19 年 1 月 1 日，A 公司按照商品和积分单独售价的相对比例对交易价格进行分摊，具体如下：

分摊至商品的交易价格＝100 000×100 000/(100 000＋9 800)＝91 075(元)

分摊至积分的交易价格＝100 000×9 800/(100 000＋9 800)＝8 925(元)

因此，A 公司应当在商品的控制权转移时确认收入 91 075 元，同时确认合同负债 8 925元。

借：银行存款	100 000	
贷：主营业务收入		91 075

合同负债　　8 925

(2) 截至 2×19 年 12 月 31 日，客户共兑换 4 800 个积分，A 公司对该积分的兑换率进行重新估计，预计客户总共将会兑换 9 500 个积分（10 000×95%）。因此，A 公司以客户兑换的积分数占预期将兑换的积分总数的比例为基础确认收入。

积分应当确认的收入＝8 925×4 800/9 500＝4 509(元)

剩余未兑换积分的金额＝8 925－4 509＝4 416(元)

未兑换的仍然作为合同负债。

借：合同负债　　4 509

　贷：主营业务收入　　4 509

(3) 截至 2×20 年 12 月 31 日，客户累计兑换 8 700 个积分。甲公司对该积分的兑换率进行重新估计，预计客户总共将会兑换 9 700 个积分。

积分应当确认的收入＝8 925×8 700/9 700－4 509＝3 496(元)

剩余未兑换积分的金额＝4 416－3 496＝920(元)

未兑换的仍然作为合同负债。

借：合同负债　　3 496

　贷：主营业务收入　　3 496

(4) 2×21 年度，因未兑换奖励积分到期失效，则当年兑换部分以及尚未兑换部分，均应确认为收入。

确认奖励积分的收入＝920(元)

借：合同负债　　920

　贷：主营业务收入　　920

企业在向客户转让商品之前，如果客户已经支付合同对价或企业已经取得无条件收取合同对价的权利，则企业应当在客户实际支付款项与到期应支付款项孰早时点将该已收或应收的款项列示为合同负债。合同负债，是指企业已收或应收客户对价而应向客户转让商品的义务。合同资产和合同负债应当在资产负债表中单独列示，并按流动性分别列示为“合同资产”或“其他非流动资产”以及“合同负债”或“其他非流动负债”。同一合同下的合同资产和合同负债应当以净额列示，不同合同下的合同资产和合同负债不能互相抵销。

【例题 60 · 实操题】 甲公司以 100 元的价格向客户销售 A 商品，购买该商品的客户可得到一张 40%的折扣券，客户可以在未来的 30 天内使用该折扣券购买甲公司原价不超过 100 元的任一商品。同时，甲公司计划推出季节性促销活动，在未来 30 天内针对所有产品均提供 10%的折扣。上述两项优惠不能叠加使用。根据历史经验，甲公司预计有 80%的客户会使用该折扣券，额外购买的商品的金额平均为 50 元。上述金额均不包含增值税，且假定不考虑相关税费影响。

【解析】 购买A商品的客户能够取得40%的折扣券，其远高于所有客户均能享有的10%的折扣，因此，甲公司认为该折扣券向客户提供了重大权利，应当作为单项履约义务。考虑到客户使用该折扣券的可能性以及额外购买的金额，甲公司估计该折扣券的单独售价为12元（50×80%×(40%−10%)）。甲公司按照A商品和折扣券单独售价的相对比例对交易价格进行分摊：

A商品分摊的交易价格＝100×100/(100＋12)＝89(元)

折扣券选择权分摊的交易价格＝100×12/(100＋12)＝11(元)

甲公司在销售A商品时的账务处理如下：

借：银行存款	100	
贷：主营业务收入		89
合同负债		11

【例题61·实操题】 甲公司与客户签订合同，以10万元的价格销售设备一台，同时给客户一张九折卡，约定客户可以在未来的一年内选择以原价的10%折扣（即九折），即价格9万元购买设备一台。甲公司预计下个月将涨价，预计销售价格为11万元。

【解析】 该交易有两项履约义务，即销售设备和打折卡。

打折卡履约义务的单独售价＝11−9＝2(万元)

分摊至商品的交易价格＝10×10/(10＋2)＝8.33(万元)

分摊至打折卡的交易价格＝10×2/(10＋2)＝1.67(万元)

五、授予知识产权许可

授予知识产权许可，是指企业授予客户对企业拥有的知识产权享有相应权利。常见的知识产权包括软件和技术、影视和音乐等的版权、特许经营权以及专利权、商标权和其他版权等。

（一）授予知识产权许可是否构成单项履约义务

企业向客户授予知识产权许可时，可能也会同时销售商品，这些承诺可能在合同中明确约定，也可能隐含于企业已公开宣布的政策、特定声明或者企业以往的习惯做法中。在这种情况下，应当评估授予客户的知识产权许可是否可与所售商品明确区分，即该知识产权许可是否构成单项履约义务，并进行相应的会计处理。

授予客户的知识产权许可不构成单项履约义务的，企业应当将该知识产权许可和所售商品一起作为单项履约义务进行会计处理。知识产权许可与所售商品不可明确区分的情形包括：一是该知识产权许可构成有形商品的组成部分并且对于该商品的正常使用不可或缺，例如，企业向客户销售设备和相关软件，该软件内嵌于设备之中，该设备必须安装该软件之后才能正常使用；二是客户只有将该知识产权许可和相关服务一起使用才能够从中获益，例如，客户取得授权许可，但是只有通过企业提供的在线服务才能访问相关内容等。

【例题 62 · 实操题】 甲公司将其拥有的某合成药的专利权许可证授予乙公司，授权期限为 10 年。同时，甲公司承诺为乙公司生产该种药品。除此之外，甲公司不会从事任何与支持该药品相关的活动。

假定一：药品的生产流程特殊性极高，没有其他公司能够生产该药品。是否为一项单项履约义务?

【解析】 是的。理由：甲公司向乙公司授予专利权许可，并为其提供生产服务。由于市场上没有其他公司能够生产该药品，客户将无法从该专利权许可中单独获益，因此，该专利权许可和生产服务不可明确区分，应当将其一起作为单项履约义务进行会计处理。

假定二：如果该药品的生产流程特殊性不高，其他公司也能够生产该药品，是否为两个单项履约义务?

【解析】 是的。理由：该专利权许可和生产服务可明确区分，应当各自分别作为单项履约义务进行会计处理。

（二）授予知识产权许可属于在某一时段履行的履约义务

授予客户的知识产权许可构成单项履约义务的，企业应当根据该履约义务的性质，进一步确定其是在某一时段内履行还是在某一时点履行。企业向客户授予的知识产权许可，同时满足下列三项条件的，应当作为在某一时段内履行的履约义务确认相关收入；否则，应当作为在某一时点履行的履约义务确认相关收入：

（1）合同要求或客户能够合理预期企业将从事对该项知识产权有重大影响的活动。

（2）该活动对客户将产生有利或不利影响。

（3）该活动不会导致向客户转让商品。

【例题 63 · 实操题】 甲公司是一家设计制作连环漫画的公司，乙公司是一家大型游轮的运营商。甲公司授权乙公司可在 4 年内使用其 3 部连环漫画中的角色形象和名称，乙公司可以以不同的方式（如展览或演出）使用这些漫画中的角色。甲公司的每部连环漫画都有相应的主要角色，并会定期创造新的角色，角色的形象也会随时演变。合同要求乙公司必须使用最新的角色形象。在授权期内，甲公司每年向乙公司收取 1 000 万元。

【解析】 甲公司除了授予知识产权许可外不存在其他履约义务。也就是说，与知识产权许可相关的额外活动并未向客户提供其他商品，因为这些活动是企业授予知识产权许可承诺的一部分，且实际上改变了客户享有知识产权许可的内容。甲公司基于下列因素的考虑，认为该许可的相关收入应当在某一时段内确认：（1）乙公司合理预期（根据甲公司以往的习惯做法），甲公司将实施对该知识产权许可产生重大影响的活动，包括创作角色及出版包含这些角色的连环漫画等;(2)合同要求乙公司必须使用甲公司创作的最新角色,这些角色塑造得成功与否,会直接对乙公司产生有利或不利影响;(3)尽管乙公司可以通过该知识产权许可从这些活动中获益,但在这些活动发生时并没有导致向乙公司转让任何商品。

由于合同规定乙公司在一段固定期间内可无限制地使用其取得授权许可的角色,因此,甲公司按照时间进度确定履约进度。

(三)授予知识产权许可属于在某一时点履行的履约义务

授予知识产权许可不属于在某一时段内履行的履约义务的,应当作为在某一时点履行的履约义务,在履行该履约义务时确认收入。在客户能够使用某项知识产权许可并开始从中获利之前,企业不能对此类知识产权许可确认收入。例如,企业授权客户在一定期间内使用软件,但是,在企业向客户提供该软件的密钥之前,客户都无法使用该软件,因此,企业在向客户提供该密钥之前虽然已经得到授权,但也不应确认收入。

【例题 64 · 实操题】甲公司将其拥有的一首经典民歌的版权授予乙公司,并约定乙公司在两年内有权在国内所有商业渠道(包括电视、广播和网络广告等)使用该经典民歌。因提供该版权许可,甲公司每月收取 1 000 元的固定对价。除该版权之外,甲公司无须提供任何其他商品。该合同不可撤销。

【解析】甲公司除了授予该版权许可外不存在其他履约义务。甲公司并无任何义务从事改变该版权的后续活动,该版权也具有重大的独立功能(即民歌的录音可直接用于播放),乙公司主要通过该重大独立功能获利,而非甲公司的后续活动。因此,合同未要求甲公司从事对该版权许可有重大影响的活动,乙公司对此也没有形成合理预期,甲公司授予该版权许可属于在某一时点履行的履约义务,应在乙公司能够主导该版权的使用并从中获得几乎全部经济利益时,全额确认收入。(提示:是一次确认收入。)

此外,由于甲公司履约的时间与客户付款时间(两年内每月支付)之间间隔较长,甲公司需要判断该项合同中是否存在重大的融资成分,并进行相应的会计处理。

(四)基于销售或使用情况的特许权使用费

企业向客户授予知识产权许可,并约定按客户实际销售或使用情况(如按照客户的销售额)收取特许权使用费的,应当在客户后续销售或使用行为实际发生与企业履行相关履约义务两者孰晚的时点确认收入。

【例题 65 · 实操题】甲电影发行公司(以下简称“甲公司”)与乙公司签订合同,将其拥有的一部电影的版权授权给乙公司,乙公司可在其旗下的影院放映该电影,放映期间为 6 周。除了将该电影版权授权给乙公司之外,甲公司还同意在该电影放映之前,向乙公司提供该电影的片花,在乙公司的影院播放,并且在该电影放映期间在当地知名的广播电台播放广告。甲公司将获得乙公司播放该电影的票房分成。

【解析】本例中,甲公司的承诺包括授予电影版权许可、提供电影片花以及提供广告服务。甲公司在该合同下获得的对价为按照乙公司实际销售情况收取的特许权使用费，与之相关的授予电影版权许可是占有主导地位的，这是因为甲公司能够合理预期，客户认为该电影版权许可的价值远高于合同中提供的电影片花和广告服务的价值。因此，甲公司应当在乙公司放映该电影的期间按照约定的分成比例确认收入。如果授予电影版权许可、提供电影片花以及广告服务分别构成单项履约义务，甲公司应当将该取得的分成收入在这些履约义务之间进行分摊。

【例题 66·实操题】甲公司是一家著名的足球俱乐部。甲公司授权乙公司在其设计生产的服装、帽子、水杯以及毛巾等产品上使用甲公司球队的名称和图标，授权期间为两年。合同约定，甲公司收取的合同对价由两部分组成：一是200万元固定金额的使用费；二是按照乙公司销售上述商品所取得销售额的5%计算的提成。乙公司预期甲公司会继续参加当地顶级联赛，并取得优异的成绩。

【解析】本例中，该合同仅包括一项履约义务，即授予使用权许可，甲公司继续参加比赛并取得优异成绩等活动是该许可的组成部分，而并未向客户转让任何可明确区分的商品或服务。由于乙公司能够合理预期甲公司将继续参加比赛，甲公司的成绩将会对其品牌（包括名称和图标等）的价值产生重大影响，而该品牌价值可能会进一步影响乙公司产品的销量，甲公司从事的上述活动并未向乙公司转让任何可明确区分的商品，因此，甲公司授予的该使用权许可，属于在某一时段内履行的履约义务。甲公司收取的200万元固定金额的使用费应当在两年内平均确认收入，按照乙公司销售相关商品所取得销售额的5%计算的提成，应当在乙公司的销售实际完成时确认收入。

六、售后回购

（一）核算理念

售后回购，是指企业在销售商品的同时承诺或有权选择日后再将该商品购回的销售方式。被购回的商品包括原销售给客户的商品、与该商品几乎相同的商品或者以该商品作为组成部分的其他商品。

对于企业的售后回购业务，修订后的收入准则根据回购价格与原售价的关系将其细分为租赁交易和融资交易。同时，对于企业负有应客户要求回购商品义务的，企业应当根据客户是否具有行使该要求权的重大经济动因这一经济实质，辨别是将其作为租赁交易或融资交易处理，还是将其作为附有销售退回条款的销售交易处理。

（二）企业因存在与客户的远期安排而负有回购义务或企业享有回购权利的会计处理

此种情形表明客户在销售时点并未取得相关商品控制权，企业应当作为租赁交易或融资交易进行相应的会计处理。

1. 回购价格低于原售价

回购价格低于原售价的，应当视为租赁交易，按照《企业会计准则第21号——租赁》的相关规定进行会计处理。

【例题 67 · 实操题】甲公司向乙公司销售一台设备，销售价格为 200 万元，同时双方约定两年之后，甲公司将以 120 万元的价格回购该设备。假定不考虑货币时间价值等其他因素影响。

【解析】根据合同有关甲公司在两年后回购该设备的约定，乙公司并未取得该设备的控制权。不考虑货币时间价值等影响，该交易的实质是乙公司支付了 80 万元（200—120）的对价取得了该设备两年的使用权。因此，甲公司应当将该交易作为租赁交易进行会计处理。

2. 回购价格不低于原售价

回购价格不低于原售价的，应当视为融资交易，在收到客户款项时确认金融负债，并将该款项和回购价格的差额在回购期间内确认为利息费用等。

【例题 68 · 实操题】2×21 年 5 月 1 日，A 公司向 B 公司销售一批商品，开出的增值税专用发票上注明销售价款为 100 万元、增值税税额为 13 万元。该批商品的成本为 80 万元。商品并未发出，款项已经收到。根据 A 公司与 B 公司签订的协议，A 公司应当于 9 月 30 日将所售商品购回，回购价格为 110 万元（不含增值税税额）。

【解析】根据上述资料可以判断，B 公司并未取得商品的控制权。

A 公司的会计处理如下：

（1）2×21 年 5 月 1 日，销售商品并开出增值税专用发票。

借：银行存款	1 130 000	
贷：其他应付款——B 公司		1 000 000
应交税费——应交增值税（销项税额）		130 000

（2）回购价格大于原售价的差额，应在回购期间按期计提利息费用，计入当期财务费用。由于回购期间为 5 个月，货币时间价值影响不大，因此，采用直线法计提利息费用。2×21 年 5—9 月每月月末计提利息费用 2 万元（10÷5）。

借：财务费用	20 000	
贷：其他应付款——B 公司		20 000

（3）2×21 年 9 月 30 日，回购商品，收到的增值税专用发票上注明商品价格为 110 万元、增值税税额为 14.3 万元，款项已经支付。

借：其他应付款——B 公司	1 100 000	
应交税费——应交增值税（进项税额）	143 000	
贷：银行存款		1 243 000

（三）企业应客户要求回购商品的会计处理

企业负有应客户要求回购商品义务的，应当在合同开始日评估客户是否具有行使该要求权的重大经济动因。客户具有行使该要求权重大经济动因的，企业应当将售后回购作为租赁交易或融资交易进行会计处理；否则，企业应当将其作为附有销售退回条款的销售交易进行会计处理。

在判断客户是否具有行权的重大经济动因时，企业应当综合考虑各种相关因素，包括回购价格与预计回购时市场价格之间的比较，以及权利的到期日等。例如，如果回购价格明显高于该资产回购时的市场价值，则表明客户有行权的重大经济动因。

【例题69·实操题】甲公司向乙公司销售其生产的一台设备，销售价格为2 000万元，双方约定，乙公司在5年后有权要求甲公司以1 500万元的价格回购该设备。甲公司预计该设备在回购时的市场价值将远低于1 500万元。

【解析】本例中，假定不考虑时间价值的影响，甲公司的回购价格1 500万元低于原售价2 000万元，但远高于该设备在回购时的市场价值，甲公司判断乙公司有重大的经济动因行使其权利要求甲公司回购该设备。因此，甲公司应当将该交易作为租赁交易进行会计处理。

七、客户未行使的权利

（一）核算理念

企业向客户预收销售商品款项的，应当首先将该款项确认为负债，待履行了相关履约义务时再转为收入。

当企业预收款项无须退回，且客户可能会放弃其全部或部分合同权利时，如放弃储值卡的使用等，企业预期将有权获得与客户所放弃的合同权利相关的金额的，应当按照客户行使合同权利的模式按比例将上述金额确认为收入；否则，企业只有在客户要求其履行剩余履约义务的可能性极低时，才能将上述负债的相关余额转为收入。

企业在确定其是否预期将有权获得与客户所放弃的合同权利相关的金额时，应当考虑将估计的可变对价计入交易价格的限制要求。

（二）核算举例

【例题70·实操题】甲公司经营连锁面包店。2×21年，甲公司向客户销售了5 000张储值卡，每张卡的面值为200元，总额为1 000 000元。客户可在甲公司经营的任何一家门店使用该储值卡进行消费。根据历史经验，甲公司预期客户购买的储值卡中将有大约相当于储值卡面值金额5%（即50 000元）的部分不会被消费。截至2×21年12月31日，客户使用该储值卡消费的金额为400 000元。甲公司为增值税一般纳税人，在客户使用该储值卡消费时发生增值税纳税义务。

【解析】本例中，甲公司预期将有权获得与客户未行使的合同权利相关的金额为50 000元，该金额应当按照客户行使合同权利的模式按比例确认为收入。

因此，甲公司在2×21年销售的储值卡应当确认的收入金额为372 613元（(400 000＋50 000×400 000/950 000)/(1＋13%)）。甲公司的账务处理如下：

（1）销售储值卡。

借：库存现金　1 000 000
　贷：合同负债　884 956
　　应交税费——待转销项税额　115 044

（2）根据储值卡的消费金额确认收入，同时将对应的待转销项税额确认为销项税额。

借：合同负债　372 613
　应交税费——待转销项税额　48 440
　贷：主营业务收入　372 613
　　应交税费——应交增值税（销项税额）　48 440

八、无须退回的初始费

（一）核算理念

企业在合同开始日（或接近合同开始日）向客户收取的无须退回的初始费（如俱乐部的入会费、接驳费和初装费等）应当计入交易价格。具体判定标准如表 11－2 所示。

表 11－2　初始费计入交易价格情形一览表

该初始费与向客户转让已承诺的商品相关，且该商品构成单项履约义务的	企业应当在转让该商品时，按照分摊至该商品的交易价格确认收入
该初始费与向客户转让已承诺的商品相关，但该商品不构成单项履约义务的	企业应当在包含该商品的单项履约义务履行时，按照分摊至该单项履约义务的交易价格确认收入
该初始费与向客户转让已承诺的商品不相关的	该初始费应当作为未来将转让商品的预收款，在未来转让该商品时确认为收入

企业收取了无须退回的初始费且为履行合同开展初始活动，但这些活动本身并没有向客户转让已承诺的商品的，例如，企业为履行会员健身合同开展一些行政管理性质的准备工作，该初始费与未来将转让的已承诺商品相关，应当在未来转让该商品时确认为收入，企业在确定履约进度时不应考虑这些初始活动。企业为该初始活动发生的支出应当按照合同成本部分的要求确认为一项资产或计入当期损益。

（二）核算举例

【例题 71·实操题】甲公司经营一家会员制健身俱乐部。甲公司与客户签订了为期两年的合同，客户入会之后可以随时在该俱乐部健身。除俱乐部的年费 2 000 元之外，甲公司还向客户收取了 50 元的入会费，用于补偿俱乐部为客户进行注册登记、准备会籍资料以及制作会员卡等初始活动所花费的成本。甲公司收取的入会费和年费均无须返还。

【解析】本例中，甲公司承诺的服务是向客户提供健身服务（即可随时使用的健身场地），企业为履行会员健身合同开展一些行政管理性质的准备工作收取的会员费 50 元与未来将转让的已承诺服务相关，应当在未来转让该商品时确认为收入，该入会费实质上是客户为健身服务所支付的对价的一部分，故应当作为健身服务的预收款，与收取的年费一起在两年内分摊确认为收入。

九、运输服务案例

企业向客户销售产品，并负责将产品运送到客户指定的地点，如果该产品的控制权在运输之前已经转移给客户，则企业提供的运输服务构成一项单独的履约义务；如果该产品的控制权在送达指定地点时才转移给客户，则企业从事的运输活动不构成一项单独的履约义务。相关案例详见本章例题 15。

十、基于客户销售额的可变对价案例

【例题 72 · 实操题】甲公司与乙公司签订合同，为其提供电力能源节约设备。甲公司向乙公司仅提供设备购置安装，不参与乙公司电力能源供应的运营和管理，不提供其他服务，但是需要根据法定要求提供质量保证，该合同仅包含一项履约义务。在设备安装完成投入运营后，乙公司向甲公司支付固定价款，总金额为 5 000 万元（等于甲公司对于设备生产安装的实际成本），5 000 万元固定价款付清后，设备所有权移交给乙公司。在设备投入运营后的 4 年内，乙公司于每年结束后，按电力能源实际节约费用的 20%支付给甲公司。假定不考虑其他因素。

【解析】本例中，该合同的对价金额由两部分组成，即 5 000 万元的固定价格以及在 4 年内按乙公司电力能源实际节约费用的 20%计算的可变对价。对于固定价格，甲公司应当将 5 000 万元直接计入交易价格。对于可变对价，甲公司应当按照期望值或最可能发生金额确定该可变对价的最佳估计数，计入交易价格的可变对价金额还应该满足准则规定的限制条件（即包含可变对价的交易价格，应当不超过在相关不确定性消除时，累计已确认的收入极可能不会发生重大转回的金额）。为此，甲公司需要根据电力能源节约设备相关合同约定、项目可行性报告、乙公司的供电运营与管理历史情况、建设项目的最佳供电能力等因素，综合分析评估项目在合同约定的未来 4 年内预计电力能源节约成本，据此确定可变对价的最佳估计数，同时，计入交易价格的可变对价金额还应该满足准则规定的限制条件，并在不确定性消除之前的每一资产负债表日重新评估该可变对价的金额。

十一、合同变更与可变对价的判断案例

【例题 73 · 实操题】甲公司与客户乙公司签订合同，在一年内以固定单价 100 元向

乙公司交付120件标准配件，无折扣、折让等金额可变条款，且甲公司已公开宣布的政策、特定声明或者以往的习惯做法等相关事实和情况表明，甲公司不会提供价格折让等可能导致对价金额可变的安排。甲公司向乙公司交付60件配件后，市场新出现一款竞争产品，单价为每件65元。为了维系客户关系，甲公司与乙公司达成协议，将剩余60件配件的价格降为每件60元，已转让的60件配件与未转让的60件配件可明确区分。假定不考虑亏损合同等其他因素。

【解析】本例中，由于合同无折扣、折让等金额可变条款，且甲公司已公开宣布的政策、特定声明或者以往的习惯做法等相关事实和情况表明，甲公司不会提供价格折让等可能导致对价金额可变的安排，该价格折让是市场条件的变化引发，这种变化是甲公司在合同开始日根据其所获得的相关信息无法合理预期的，由此导致的合同各方达成协议批准对原合同价格作出的变更，不属于可变对价，应作为合同变更进行会计处理。该合同变更未增加可明确区分的商品，甲公司已转让的商品（已转让的60件配件）与未转让的商品（未转让的60件配件）之间可明确区分，因此，该合同变更应作为原合同终止及新合同订立进行会计处理，甲公司向乙公司交付剩余60件配件时，确认收入3 600元（60×60）。

【例题74·实操题】2×20年1月1日，甲公司与客户乙公司签订合同，在一年内以固定单价100元向乙公司交付120件标准配件。甲公司以往的习惯做法表明，在该商品出现瑕疵时，将根据商品的具体瑕疵情况给予客户价格折让，企业综合考虑相关因素后认为会向客户提供一定的价格折让。合同开始日，甲公司估计将提供300元价格折让。2×20年1月30日，甲公司向乙公司交付60件配件，假定乙公司已取得60件配件的控制权，甲公司确认收入5 850元（100×60－300×60/120）。2×20年1月31日，乙公司发现配件存在质量瑕疵，需要返工，甲公司返工处理后，乙公司对返工后的配件表示满意。甲公司对存在质量瑕疵配件提供的返工服务是为了保证销售的配件符合既定标准，属于保证类质量保证，不构成单项履约义务，甲公司已根据《企业会计准则第13号——或有事项》的规定对相关的质保义务进行会计处理。2×20年1月31日，为了维系客户关系，甲公司按以往的习惯做法主动提出对合同中120件配件给予每件3元的价格折让，共计360元，该折让符合甲公司以往的习惯做法。甲公司与乙公司达成协议，通过调整剩余60件配件价格的形式提供价格折让，即将待交付的60件配件的单价调整为94元。

【解析】本例中，对于配件存在的质量瑕疵，甲公司已进行返工处理，且乙公司对返工后的配件表示满意，甲公司的质保义务已经履行。为维系客户关系，甲公司提供了质保之外的价格折让，并且在合同开始日，根据甲公司以往的习惯，可以预期如果商品不符合合同约定的质量标准，甲公司将给予乙公司一定的价格折让，而后续实际给予的折扣与初始预计的折扣差异属于相关不确定性消除而发生的可变对价的变化，而非合同变更导致的，应作为合同可变对价的后续变动进行会计处理。由于并无证据表明甲公司给予的价格折让与某部分履约义务相关，因此甲公司给予的价格折让与整个合同相关，应当分摊至合同中的各项履约义务，其中，已交付的60件配件的履约义务已经完成，其控制权已经转移，因此，甲公司在交易价格发生变动的当期，将价格折让增加额60元（360—300）分摊至已交付的60件配件，冲减当期收入30元（60×60/120）。甲公司在乙公司取得剩余60件配件控制权时，相应确认收入。

【例题75·实操题】甲公司与客户乙公司签订合同，为其提供广告投放服务，广告投放时间为2×20年1月1日至6月30日，投放渠道为一个灯箱，合同金额为60万元。合同中无折扣、折让等金额可变条款，也未约定投放效果标准，且甲公司已公开宣布的政策、特定声明或者以往的习惯做法等相关事实和情况表明，甲公司不会提供价格折让等安排。双方约定，2×20年1—6月乙公司于每月月底支付10万元。广告投放内容由乙公司决定，对于甲公司而言，该广告投放为一系列实质相同且转让模式相同的、可明确区分的商品。广告投放以后，由于出现外部突发原因，周边人流量骤减，乙公司对广告投放效果不满意。2×20年3月31日，甲公司与乙公司达成了广告投放服务补充协议，且双方已批准执行，假定分以下三种情形：

情形一：对后续广告服务打五折处理，即2×20年4—6月客户于每月月底支付5万元。

情形二：增加广告投放时间，即合同期限延长至2×20年8月31日，但合同总价60万元不变，客户于4—8月每月月底支付6万元。

情形三：增加广告投放媒体，即从2×20年4月1日起到2×20年6月30日，甲公司为乙公司提供两个灯箱来投放广告，在新增的灯箱上提供的广告服务本身是可明确区分的，合同总价60万元和付款情况不变。

假设甲公司为提供广告服务而占用的灯箱不构成租赁，不考虑其他因素和相关税费，不涉及亏损合同的相关会计处理分析。

【解析】本例中，由于甲公司与乙公司签订合同时并没有约定可变对价，且甲公司已公开宣布的政策、特定声明或者以往的习惯做法等相关事实和情况表明，甲公司不会提供折扣或折让等安排，甲乙公司的合同中不存在可变对价，对于2×20年3月31日的补充协议，三种情形均应当作为合同变更进行会计处理。

对于情形一，甲乙双方批准对合同价格作出变更，合同变更并没有增加可明确区分的商品及合同价款，且合同变更日已提供的广告服务与未提供的广告服务之间可明确区分，所以甲公司应当将合同变更作为原合同终止及新合同订立进行会计处理。新合同的服务时间为2×20年4月1日至2×20年6月30日，交易价格为15万元（原合同交易价格中未确认为收入的部分30万元与合同变更中客户已承诺的对价金额—15万元之和）。

对于情形二，甲乙双方批准对合同范围作出变更，合同变更增加的广告投放时间本身可明确区分，甲公司承诺增加的服务时间与原服务时间并未形成组合产出，不存在重大修改和定制、高度关联等情况，因此，合同变更增加了可明确区分的广告投放服务时间，没有新增合同价款，甲公司应当将合同变更作为原合同终止及新合同订立进行会计处理。新合同的服务时间为2×20年4月1日至2×20年8月31日，交易价格为30万元（原合同交易价格中未确认为收入的部分30万元与合同变更中客户已承诺的对价金额0元之和）。

对于情形三，甲乙双方批准对合同范围作出变更，合同变更增加了广告投放服务的范围，在新增的灯箱上提供的广告服务本身是可明确区分的，因此合同变更增加了可明确区分的广告投放服务，但是没有新增合同价款，甲公司应当将合同变更作为原合同终止及新合同订立进行会计处理。新合同（两个灯箱）的服务时间为2×20年4月1日至2×20年6月30日，交易价格为30万元（原合同交易价格中未确认为收入的部分30万元与合同变更中客户已承诺的对价金额0元之和）。

热点思考题

1. 五步法模型确认收入的主要内容是什么？
2. 合同变更的情形主要有哪些？
3. 如何正确理解合同资产和合同负债？
4. 合同资产与应收账款有什么区别？合同负债与预收账款有什么关系？
5. 判断主要责任人和代理人的核心原则是什么？

第十二章

费　用

教学导向

（1）理解费用、支出、成本、损失的界定标准

（2）重点掌握期间费用的核算范围及会计处理

课程思政

（1）费用、支出、成本、损失界定中的思政元素——通过定义知晓静以修身、俭以养德的品质，树立量入为出的理念

（2）管理费用核算中的思政元素——厉行勤俭节约，反对铺张浪费，形成珍惜粮食、实施光盘行动、杜绝餐饮浪费的消费价值观

第一节　费用概述

一、什么是费用

费用可以分为狭义费用和广义费用。

狭义费用又称费用要素，仅指企业在日常活动中发生的、会导致所有者权益减少、与向所有者分配利润无关的经济利益的总流出。利润表列报的费用项目主要有：营业成本、税金及附加、销售费用、管理费用、研发费用、财务费用、所得税费用等。

广义费用，是指会计期间内经济利益的总流出。它的表现形式是资产的减少或者负债的增加所引起的所有者权益的减少，但不包括向投资者分配利润以及计入其他综合收益相关的经济利益的流出。从利润表项目来看，广义的费用包括：营业成本、税金及附加、销售费用、管理费用、研发费用、财务费用、公允价值变动损失、投资损失、资产处置损失、资产减值损失、信用减值损失、营业外支出和所得税费用等。

二、如何界定支出、费用、成本、损失的界限

（一）支出的界定

支出可以理解为资产的减少。具体包括以下四种类型的支出。

1. 偿债性支出

偿债性支出是指用现金资产或者非现金资产偿付各项债务的支出。如偿还银行借款等。偿债性支出的特点是引起资产和负债的同时减少。

2. 成本性支出

成本性支出是指一项现金资产或者非现金资产的减少所引起的另一项资产增加的支出。成本性支出使资产总额保持不变。例如，用银行存款购入固定资产，那么银行存款减少了，这是一项支出，是成本性支出，它使得另一项资产的成本增加了。

3. 费用性支出

费用性支出是指一项现金资产或非现金资产的减少所引起的费用增加的支出。费用性支出使资产和利润同时减少。比如，用银行存款支付广告费、管理人员的薪酬等。

4. 权益性支出

权益性支出是指一项现金资产或者非现金资产的减少所引起的除利润以外的所有者权益项目减少的支出。权益性支出的特点是使资产与所有者权益同时减少。例如，用银行存款直接分配现金股利等。

这里也应该明确一下，并非所有资产的减少都可以视为支出。例如，从银行提取现金，银行存款减少并不是支出；又如，收回应收账款，应收账款的减少也不是支出，它只是资产形态的变化。

如果这么划分，大家可以看到，营业成本并不是真正的成本，而是一项费用；营业外支出也并不是一项支出，而是一项费用。只不过长期以来，这些概念已经约定成俗，大家一提就知道什么含义，所以会计准则、利润表上也没有把它们改过来。但是，从一个学科来说，要明确概念可以这样去理解，供大家参考。

（二）费用的界定

通过前面提到的费用概念可以分为狭义费用和广义费用的论述中可以感知：广义的费用要和广义的收入配合起来计算利润。也就是说，我们从广义角度来说，广义的收入减去广义的费用，就是利润。这个利润应该指的是净利润。从这个角度来看，提到费用，它是一种期间化的耗费，所以提起费用应该明确是哪个期间的，是一个月的费用还是一个季度的费用，或者是一个年度的费用。

（三）成本的界定

成本的概念也可以分为狭义成本和广义成本。

狭义成本一般指的是生产产品的成本，即企业为生产产品而发生的必要投入，也称制造成本。包括直接材料、燃料与动力、直接人工、制造费用等成本项目。

广义成本是指为了取得资产或者达到特定目的而发生的价值牺牲。例如，为生产产品发生的耗费，是产品生产成本；为购置存货的耗费，是存货的成本；为购建固定资产的耗费，是固定资产的成本；等等。我们可以把成本概括为对象化的耗费，也就是说，一提到成本，首先应该想到是什么成本，这就是成本的理念。此外，在管理会计中，成本总是广义上的成本，其确认要依其专门的界定，某一项成本总是有专门的界定或确指，如固定成本、沉没成本、机会成本等，现代成本管理还引入了作业成本等。

（四）损失的界定

损失是与支出并列的企业资源减少的形式之一。损失是边缘性的、偶发性的、被动性的资源减少，它不是管理当局能够控制的事项。例如，企业支付的违约金、罚款支出、对外公益性捐赠支出、自然灾害造成的财产盘亏损失及非流动资产毁损报废损失等与其日常活动无直接关系的各项损失，利润表中主要以营业外支出的方式记录扣除。

（五）支出、费用、成本、损失间的内在联系

1. 支出与费用间的联系

在会计上，支出仍比费用所含范围要广泛。只有那些在企业生产经营活动中为取得营业收入而发生的各种支出，才是费用。而其他原因发生的支出，如偿还借款、支付应付账款、为分配利润而支付的款项、为购买固定资产而支付的款项等，都与营业收入无关，都不能构成企业的费用，支出或早或迟最终会转化为费用，但并不是所有的支出在一发生时，就是费用。

2. 费用与成本间的联系

会计上有个恒等式：收入－费用＝利润。这个恒等式中怎么不见“成本”呢？为何不是“收入－成本－费用＝利润”呢？这里要说清楚，恒等式里的“费用”是个大概念，包括成本在内。成本与费用究竟如何界定，关键是看费用能否与收入对应，能明确是为某收入（合同）支出的费用就应计作成本。总结为理论，即成本是可对象化的费用。

能否对象化，是区分成本与费用的分水岭。以足疗为例，技师的单次提成是成本，使用的药材是成本；模糊区域在于，有些费用不能直接与收入一一对应，需要分摊确认为成本，如足疗包间的房租。成本一旦归集烦琐，基于经济性考量，往往会被作为费用处理。譬如，某单销售给销售人员的提成是能对象化的，可会计核算时，这笔提成没有计入销售成本，而是计入销售费用。单就利润核算而言，成本与费用分不分得清，关系并不大。但

就产品定价策略与盈亏平衡点分析而言，分清成本与费用十分关键。接上例，如果销售提成计入销售费用，产品定价时忽略了这一点，只是考虑单位产品的价格大于单位产品成本的话，日后恐怕每笔销售都会赔钱。要想划分清楚成本与费用，在会计核算时，打破既往的基于部门属性归集成本费用的思维至关重要。不能说销售类部门的费用就是销售费用，管理类部门的费用就是管理费用，如果这两类部门发生的费用能和某单合同、某笔销售清晰对应起来，就应将之计入成本。

3. 费用与损失间的联系

从广义上讲，费用包括损失。损失和费用一样，都是经济利益的减少，这一点和费用在性质上没有差别。但从狭义上讲，费用与损失是有区别的。费用是相对于收入而言的，两者存在配比关系；而损失是与利得相对应的，但两者不存在配比的关系。

需要特别说明的是：利润表中的公允价值变动损失、投资损失、资产处置损失、资产减值损失、信用减值损失，是算狭义的费用还是算损失呢？这些内容会计准则并没有明确的规定，从定义的原理角度去解读，笔者认为既不算费用也不能算是偶然损失，应算一种预期性质的损失，供大家参考领会。

第二节 期间费用

一、期间费用的界定

“期间费用”概念的产生主要源于1993年的会计改革，这个概念是和产品成本的构成相关的。会计改革之前，产品成本属于完全成本，也就是说，管理费用、财务费用都是计入产品成本的。

1993年的会计改革之后，产品成本的构成发生了变化。产品成本属于制造成本，也就是说，管理费用和财务费用不再计入产品成本了，而是直接计入当期损益。当时利润表中的狭义费用包括营业成本、税金及附加、销售费用、管理费用和财务费用。大家习惯把销售费用、管理费用和财务费用统称为期间费用。当时的概念是比较清楚的。

随着会计改革的深化，到目前为止，营业利润之上的项目，除了这三项费用之外，增加了很多，比如研发费用从管理费用中分离出来，增加了资产减值损失、信用减值损失、资产处置损失、投资损失、公允价值变动损失等，这些项目都在营业利润项目之上来反映了。那么这种情况下，如何理解期间费用呢？

顾名思义，期间费用可以认为是在某一个会计期间发生的费用，但这些费用是不是都属于期间费用呢？大家习惯上还是认为，期间费用包括三项费用，或者是把研发费用分立出来，包括四项费用。

在当时，流动资产的减值损失，比如坏账损失、存货跌价损失是计入管理费用的，这部分损失属于期间费用。现在把这部分减值损失分离出来，单设项目反映了，那么还属于期间费用吗？如果属于期间费用，现在的资产减值损失除了这部分损失之外，还包括固定资产减值损失、无形资产减值损失等，在同一个项目中反映。如果流动资产的减值损失属于期间费用，那么非流动资产减值损失是不是也属于期间费用呢？这个概念就很难去界定了。

另外还包括投资损失、公允价值变动损失、资产处置损失等，这些都在营业利润之上反映，这种情况下期间费用的概念就比较模糊了，所以建议大家在理解的时候，尽量淡化这个概念，还是前面说的，从广义的角度来解读费用更好一些，可以很好地去理解。

期间费用是指企业当期发生的但不能直接归属于某个特定产品成本的费用。由于难以判定其所归属的产品，因而不能列入产品制造成本，在发生的当期直接计入当期损益。期间费用主要包括管理费用、销售费用与财务费用。

二、管理费用

（一）管理费用的核算内容

管理费用是指企业为组织和管理生产经营所发生的费用。具体包括以下内容。

1. 筹建期的开办费

包括人员工资、办公费、培训费、差旅费、印刷费、注册登记费以及不计入固定资产成本的借款费用等。

2. 行政管理经费

包括行政管理部门职工工资及福利费、物料消耗、低值易耗品摊销、办公费、会议费、差旅费、董事会以及监事会成员津贴等。

3. 公司层面经营费用支出

比如聘请中介机构费、审计费、鉴证费、咨询费、顾问费、诉讼费、业务招待费、未形成无形资产的技术费、研发支出（费用化支出）等。

4. 经营活动中发生的不宜分摊的费用

比如企业生产车间（部门）和行政管理部门等发生的固定资产修理费用、行政管理部门以及不能明确列入其他某项成本费用的资产折旧或者摊销、未使用资产折旧或者摊销、停产期间资产折旧或者摊销以及其他费用支出（比如人员工资、福利费等）、辞退福利或者解除劳动合同补偿金、已入库存货保管费、工会经费、职工教育经费、社保费、劳保费、环保卫生费等。

【延伸思考1】工会经费的核算

工会会经费应按照职工工资总额的2%计提并拨交给工会。

（1）建立工会组织的单位，按全部职工工资总额的2%拨缴的工会经费，准予税前扣除，其中40%部分向税务部门缴纳，60%部分由各单位按月拨付本单位工会。

借：管理费用——工会经费（工资总额×2%）
　贷：应付职工薪酬——工会经费
借：应付职工薪酬——工会经费（工资总额×2%）
　贷：银行存款

（2）未建立工会组织的单位，按全部职工工资总额的2%计提建会筹备金，准予税前扣除，其中40%部分向税务缴纳，60%部分待建立工会组织后由各单位拨付本单位工会。

借：管理费用——工会经费（工资总额×2%）
　贷：应付职工薪酬——工会经费
借：应付职工薪酬——工会经费（工资总额×2%）
　贷：银行存款（工资总额×2%×40%）
　　其他应付款——工会（工资总额×2%×60%）

【延伸思考2】职工教育经费的核算

职工教育经费指企业为职工学习先进技术和提高文化水平而支付的费用，按照职工工资总额的8%计提。

（1）计提时。

借：管理费用——职工教育经费
　贷：应付职工薪酬——教育经费

（2）缴纳时。

借：应付职工薪酬——职工教育经费
　贷：银行存款

5. 盘盈盘亏

库存现金盘亏无法查明原因、无人赔偿部分，存货盘盈（通常是由企业日常收发计量或计算上的差错所造成），计入管理费用（贷方）；存货盘亏，若因企业日常收发计量、计算差错、管理不善所造成，计入管理费用（借方）。

【延伸思考】非正常损失计入营业外支出；若属于因管理不善造成货物被盗、丢失、霉烂变质，以及因违反法律法规造成货物或者不动产被依法没收、销毁、拆除的情形，则相应进项税额不得抵扣，若已抵扣则须作进项税额转出，一并进行营业外支出等处理。

6. 未形成无形资产的技术费、研发支出（费用化支出）

7. 辞退福利或者解除劳动合同补偿金

8. 其他支出

兜底项目。如：计划成本分配法下分配辅助生产成本结转辅助生产成本差异的核算。

（二）管理费用的核算处理

为了核算和监督管理费用的发生和结转情况，企业应设置“管理费用”账户。该账户属于损益类账户。其借方登记发生的各项管理费用；贷方登记管理费用的减少和期末转入“本年利润”账户的管理费用。期末结转后无余额。该账户应按费用项目设置明细账，进行明细核算。

【例题 1 · 实操题】甲公司 2×21 年 3 月发生下列经济业务：

（1）报销职工上海公出高铁车票 1 090 元。

借：管理费用——差旅费	1 000	
应交税费——应交增值税（进项税额）	90	
贷：银行存款		1 090

【延伸思考 1】若报销的是职工探亲高铁车票 1 090 元，应如何进行会计处理？

这张 1 090 元的高铁票不是差旅费，属于福利费，是万万不得抵扣增值税的！

正确的账务处理如下：

借：应付职工薪酬——福利费	1 090	
贷：银行存款		1 090

结转福利费：

借：管理费用——福利费	1 090	
贷：应付职工薪酬——福利费		1 090

【延伸思考 2】差旅费报销一定通过“管理费用”账户统一核算吗？

对于差旅费的账务处理，会计准则并无具体规定，仅在会计科目“管理费用”的使用说明时提到一点。根据差旅费报销人员性质不同，实务中的差旅费报销主要记入“管理费用——差旅费”和“销售费用——差旅费”两个会计科目。对于一些特殊情况的差旅费，需要分析后，在遵循会计基本原则的基础上确定记入的会计科目。

（1）管理部门或后勤部门人员发生的差旅费，记入“管理费用——差旅费”。

（2）企业独立董事为行使其独立董事的职责而发生的差旅费，记入“管理费用——董事会经费”。

（3）销售部门或营销部门为销售产品、市场推广等发生的差旅费，记入“销售费用——差旅费”。

（4）制造业企业产品加工过程中，有环节需要委外加工，但是企业又不放心受托加工方的质量控制，决定安排生产技术人员到受托方生产现场进行技术指导和现场质量控制，此时发生的差旅费应先计入制造费用，而后按规定计入存货的成本。

（5）企业基建部门为施工建设而发生的差旅费，应先计入在建工程，然后按规定计入固定资产原值。

(6) 企业研发人员为研发新技术、新工艺、新产品等而发生的差旅费，属于费用化支出的，通过“研发支出”账户记入“管理费用”；属于资本化支出的，记入“无形资产”。

(2) 以现金支付本月公司办公室购买的桶装水 1 000 元。

借：管理费用——办公费　　1 000

　贷：银行存款　　1 000

【延伸思考】注意平时办公室购买的桶装水千万不能记入“应付职工薪酬——福利费”，这样会导致公司历年来的福利费一直大大超过企业所得税税前扣除标准，所得税汇算清缴时可能进行纳税调增处理，留下较大的涉税风险。

(3) 本月购买一台 2 000 元的办公用打印机，取得增值税普通发票。

借：固定资产——打印机　　2 000

　贷：银行存款　　2 000

(4) 假如上述打印机经计算本月应计提折旧额为 79.16 元。

借：管理费用——折旧费　　79.16

　贷：累计折旧　　79.16

【延伸思考】注意：不能把办公室购买的 2 000 元打印机一次性记入“管理费用”账户处理，税法对所有行业企业持有的单位价值不超过 5 000 元的固定资产，允许一次性计入当期成本费用在计算应纳税所得额时扣除，不再分年度计算折旧的规定不影响企业对固定资产的认定，会计处理是会计处理，税务处理是税务处理，桥是桥，路是路，会计与税务是两回事。

(5) 以银行存款支付生产车间机器设备的日常修理费 20 000 元。

借：管理费用——修理费　　20 000

　贷：银行存款　　20 000

【延伸思考】由于是日常修理费用，金额不大，企业通过计入损益账户一次性处理，不必进成本，不需要通过制造费用处理。

(6) 为抗击新冠肺炎疫情，公司购买 10 000 元（不含税价）的 N95 口罩发放给职工上班时佩戴使用。

借：管理费用——劳动保护费　　10 000

　　应交税费——应交增值税（进项税额）　　1 300

　贷：银行存款　　11 300

【延伸思考】假设公司买不到 N95 口罩，决定每人每月发 200 元钱，让员工自行购买口罩上班，又该如何进行会计处理呢？

借：管理费用——福利费

　贷：应付职工薪酬——福利费

借：应付职工薪酬——福利费

　贷：银行存款

（7）公司采用计划成本分配法分配辅助生产费用，月末结转辅助生产成本差异 480 元，其中，供电车间超支差异 600 元，修理车间节约差异 120 元。

借：管理费用——供电　600

　贷：生产成本——辅助生产成本（供电）　600

借：生产成本——辅助生产成本（供电）　120

　贷：管理费用——修理　120

（8）本月发生退费业务冲减管理费用 100 元。

借：管理费用　—100

　贷：银行存款　—100

【延伸思考】退货退费是企业常有的一种会计业务。在会计实践中，企业发生退货退费等业务，都是采用冲销分录而不作相反的会计分录，这是因为退货尤其是退费如果作相反的会计分录，在贷方记录资产、费用的减少，则资产或费用借方的累计数并没有冲销，这会导致账面累计数与实际发生额的差异。比如上例这 100 元若作相反的会计分录，就记在了“管理费用”的贷方，结转管理费用时，还要结转 900 元，这样“管理费用”借方和贷方的账面发生额合计数就都是 1 000 元，跟实际发生额 900 元会出现账表不符。若采用负数冲销，这 100 元用负数记在“管理费用”的借方，结转管理费用时，也要结转 900 元，“管理费用”的账面发生额合计是 900 元，跟实际发生额一致。

三、销售费用

（一）销售费用的核算内容

销售费用是指企业在销售过程和专设销售机构中发生的费用。具体包括：

（1）产品自销费用，包括应由本企业负担的销售商品包装费、运输费、装卸费、保险费；

（2）产品促销费用，包括展览费、广告费、经营租赁费、销售服务费；

（3）销售部门的费用，一般是指专设销售机构的职工工资及福利费、类似工资性质的费用、业务费等经营费用；

【延伸思考】企业内部销售部门所发生的费用不包括在销售费用中，而应列入管理费用。

(4) 委托代销费用，主要是指企业委托其他单位代销按代销合同规定支付的委托代销手续费；

(5) 商品流通企业的进货费用（金额不大），是指商品流通企业在进货过程中发生的运输费、装卸费、包装费、保险费、运输途中的合理损耗和入库前的挑选整理费等；

(6) 商品流通企业管理费用不多的，可不设“管理费用”科目，相关核算内容可并入“销售费用”科目核算；

(7) 随同产品出售不单独计价的包装物价值结转；

(8) 商品维修费；

(9) 预计产品质量保证损失。

(10) 专设的售后服务网点的业务费；

(11) 专设的销售网点的折旧费。

【例题 2·多选题】下列各项中，企业应计入销售费用的有（　　）。

A. 因商品质量原因给予客户的销售折让

B. 预计产品质量保证损失

C. 随同商品销售不单独计价的包装物成本

D. 销售过程中代客户垫付的运输费

【正确答案】BC

【答案解析】选项 A，冲减主营业务收入；选项 D，应计入应收账款。

【例题 3·判断题】商品流通企业管理费用不多的，可不设置“管理费用”科目，相关核算内容并入“销售费用”科目核算。（　　）

【正确答案】√

（二）销售费用的核算处理

为了核算和监督销售费用的发生和结转情况，企业应设置“销售费用”账户。该账户属于损益类账户。其借方登记实际发生的各项销售费用；贷方登记冲减的销售费用和期末转入“本年利润”账户的销售费用。期末结转后无余额。该账户应按费用项目设置明细账，进行明细核算。

【例题 4·实操题】甲公司 2×19 年 12 月发生下列经济业务：

(1) 以银行存款支付广告费 50 000 元。

借：销售费用	50 000
应交税费——应交增值税（进项税额）	3 000
贷：银行存款	53 000

（2）以银行存款支付销售商品的运费 10 000 元，可抵扣的进项税额为 900 元。

借：销售费用——运输费　10 000

　　应交税费——应交增值税（进项税额）　900

　贷：银行存款　10 900

（3）计提产品质量保证金 20 000 元。

借：销售费用——质量保证金　20 000

　贷：预计负债　20 000

四、财务费用

（一）财务费用的核算内容

财务费用是指企业为筹集生产经营所需资金等而发生的筹资费用。具体构成如图 12－1 所示。

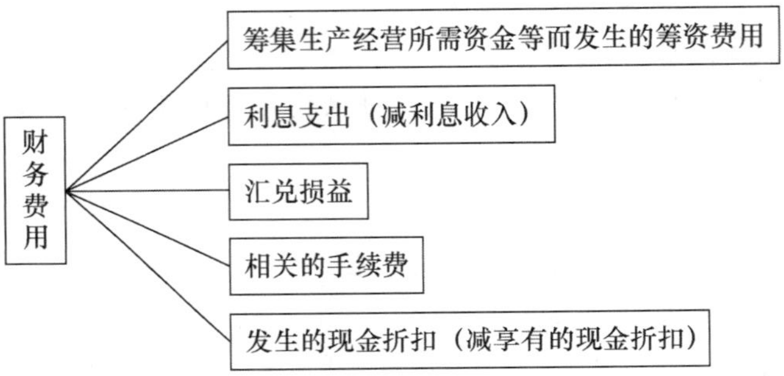

图 12－1　财务费用的构成示意图

【例题 5·多选题】下列各项中，不属于“财务费用”科目核算内容的是（　　）。

A. 办理银行承兑汇票支付的手续费

B. 发行股票支付的手续费

C. 购进商品取得的现金折扣

D. 购买交易性金融资产发生的手续费支出

【正确答案】BD

【答案解析】选项 B，冲减股票发行的溢价收入，通过资本公积（股本溢价）调整；选项 D，记入“投资收益”的借方。

【例题 6·多选题】2021 年 5 月 31 日，某企业发生有关经济业务如下：书立销售合约支付印花税 0.1 万元，支付商品展览费 4 万元，购进货物取得现金折扣 2 万元，支付销售商品保险费 1.06 万元。不考虑其他因素，下列各项中，该企业相关会计科目处理正确的有（　　）。

A. 借记“销售费用”科目 5.06 万元

B. 借记“税金及附加”科目 0.1 万元

C. 贷记“财务费用”科目 2 万元

D. 借记“管理费用”科目 1.06 万元

【正确答案】 ABC

【答案解析】 选项 A，销售费用＝4＋1.06＝5.06 万元；选项 B，税金及附加是指企业经营活动应负担的相关税费，包括消费税、城市维护建设税、教育费附加、资源税、房产税、城镇土地使用税、车船税、印花税等，所以税金及附加为 0.1 万元；选项 C，购进货物取得的现金折扣记入“财务费用”贷方，所以财务费用为 2 万元。

（二）财务费用的核算处理

为了核算和监督财务费用的发生和结转情况，企业应设置“财务费用”账户。该账户属于损益类账户。其借方登记实际发生的各项财务费用；贷方登记因经营活动产生的利息收入、汇兑收益和期末转入“本年利润”账户的财务费用。期末结转后无余额。该账户应按费用项目设置明细账，进行明细核算。

【例题 7 · 实操题】 2020 年 3 月，甲公司发生如下业务：

（1）取得银行存款利息收入 5 万元。

借：银行存款　　50 000

　贷：财务费用——利息收入　　50 000

【延伸思考】 在会计实践中，企业取得银行存款利息等，依据现行财税政策，会用“借：银行存款，借：财务费用（负数）”的会计分录进行处理。要注意实践环节这个重要的改变记账规则的“借借”记账方法。

（2）用银行存款支付银行账户管理费 4 万元。

借：财务费用　　40 000

　贷：银行存款　　40 000

（3）购买材料时，获得销售方给予的现金折扣 1 万元。

借：应付账款　　10 000

　贷：财务费用　　10 000

热点思考题

1. 如何界定支出与损失，费用与成本？它们的联系与区别是什么？
2. 以银行存款支付生产车间机器设备的日常修理费记入“制造费用”账户吗？
3. 随同产品出售单独计价的包装物、不单独计价的包装物价值结转有何区别？
4. 企业差旅费报销一定通过“管理费用”账户统一核算吗？
5. 销售商品发生的现金折扣与购货形成的现金折扣都通过“财务费用”账户核算吗？

第十三章

利　润

教学导向

（1）了解利润的构成

（2）重点掌握所得税会计的原理

（3）掌握利润分配的内容及会计处理

课程思政

（1）利润构成中的思政元素——利润是企业的面子，反映了企业的经营成果，但是为使利润最大化，有些企业不择手段进行报表造假，粉饰业绩，应运用辩证的思维看待底子与面子

（2）所得税会计核算中的思政元素——依法履行缴纳企业所得税义务会给国防安全、公共卫生、基础设施以及个人教育成本的降低带来诸多好处，要乐于成为纳税主体，依法纳税

第一节　利润的构成

在利润表中，利润分营业利润、利润总额、净利润及综合收益总额四个层次计算确定。

一、营业利润

营业利润＝营业收入－营业成本－税金及附加－销售费用－管理费用－研发费用
－财务费用(＋利息净收益)＋其他收益＋投资收益(－投资损失)
＋公允价值变动收益(－公允价值变动损失)－信用减值损失
－资产减值损失＋资产处置收益(－资产处置损失)

(1)“营业收入”项目，是指企业经营业务所实现的收入总额，包括主营业务收入

和其他业务收入。

(2)"营业成本"项目，是指企业经营业务所发生的实际成本总额，包括主营业务成本和其他业务成本。

(3)"税金及附加"项目，是指企业经营业务应负担的消费税、资源税、土地增值税、房产税、城镇土地使用税、车船税、印花税、城市维护建设税和教育费附加等。

(4)"销售费用"项目，是指企业在销售商品过程中发生的包装费、广告费等费用，以及为销售本企业商品而专设的销售机构的职工薪酬、业务费等经营费用。

(5)"管理费用"项目，是指企业为组织和管理生产经营发生的管理费用。

(6)"研发费用"项目，是指企业进行研究与开发过程中发生的费用化支出，以及计入管理费用的自行开发无形资产的摊销。该项目应根据"管理费用"科目下的"研究费用"明细科目的发生额，以及"管理费用"科目下的"无形资产摊销"明细科目的发生额分析得到。

(7)"财务费用"项目，是指企业为筹集生产经营所需资金等而发生的应予费用化的利息净支出。该项目应根据"财务费用"科目的相关明细科目的发生额分析得到。正数为利息净支出，负数为利息净收入。

(8)"其他收益"项目，是指计入其他收益的政府补助，以及其他与日常活动相关且计入其他收益的项目，如企业作为个人所得税的扣缴义务人，根据《中华人民共和国个人所得税法》收到的扣缴税款手续费等。

(9)"投资收益"项目，是指企业以各种方式对外投资所取得的收益。如为净损失，以"一"号填列。注意企业持有的交易性金融资产处置时，处置收益部分应当自"公允价值变动收益"项目转出，列入本项目。

(10)"公允价值变动收益"项目，是指企业按照相关准则规定应当计入当期损益的资产或负债公允价值变动净收益，如交易性金融资产当期公允价值的变动额。如为净损失，以"一"号填列。

(11)"资产处置收益"项目，是指企业出售划分为持有待售的非流动资产或处置组时确认的处置利得或损失，以及处置未划分为持有待售的固定资产、在建工程、生产性生物资产及无形资产而产生的处置利得或损失。

二、利润总额

利润总额＝营业利润＋营业外收入－营业外支出

(1)"营业外收入"项目，反映企业发生的除营业利润以外的收益，主要包括与企业日常活动无关的政府补助、盘盈利得、捐赠利得（企业接受股东或股东的子公司直接或间接的捐赠，经济实质属于股东对企业的资本性投入的除外，这部分应当将相关利得计入所有者权益（资本公积））以及长期股权投资权益法下初始投资成本小于被投资方份额的部分。

【相关链接】执行新准则，“营业外收入”核算范围也变了

【解读】所谓新准则，是指《企业会计准则》体系下的部分具体准则，如《企业会计准则第14号——收入》《企业会计准则第21号——租赁》等，近几年进行了一定修改。上述修改后的部分具体准则统称为新准则。

新准则实施后，财务报表发生了相应变化，部分会计科目核算范围也随之而变，如“营业外收入”科目。

根据现行财务报表相关项目说明，（利润表）“营业外收入”行项目，反映企业发生的除营业利润以外的收益，主要包括与企业日常活动无关的政府补助、盘盈利得、捐赠利得（企业接受股东或股东的子公司直接或间接的捐赠，经济实质属于股东对企业的资本性投入的除外）等。该项目应根据“营业外收入”科目的发生额分析填列。

相比之前规定的会计核算范围，现行“营业外收入”科目核算范围则少了以下几个项目：

1. 债务重组利得

按照《〈企业会计准则第12号——债务重组〉应用指南（2019）》：债务重组利得记入“投资收益”科目，不再计入营业外收入。

2. 非流动资产处置净损益

非流动资产处置净损益不再计入营业外收入、营业外支出，而是代之以“资产处置损益”科目。

对于企业出售划分为持有待售的非流动资产（金融工具、长期股权投资和投资性房地产除外），处置未划分为持有待售的固定资产、在建工程、生产性生物资产及无形资产，以及债务重组和非货币性资产交换中因处置、换出非流动资产产生的利得或损失，记入“资产处置损益”科目。

3. 与企业日常活动相关的政府补助

与企业日常活动相关的政府补助，应当按照经济业务实质，计入其他收益（或者先计入递延收益，之后按照规定结转其他收益）或冲减相关成本费用。

按照《财政部关于政府补助准则有关问题的解读》，通常情况下，若政府补助补偿的成本费用是营业利润之中的项目，或该补助与日常销售等经营行为密切相关（如增值税即征即退等），则认为该政府补助与日常活动相关。

需要注意的是，正如上面所述，所谓新准则，是《企业会计准则》体系下的新准则；而《小企业会计准则》与《企业会计准则》乃是并列的“兄弟”关系，并非“隶属”关系。相对应地，《小企业会计准则》对于“营业外收入”科目核算范围要宽广得多，包括：非流动资产处置净收益、政府补助、捐赠收益、盘盈收益、汇兑收益、出租包装物和商品的租金收入、逾期未退包装物押金收益、确实无法偿付的应付款项、已作坏账损失处理后又收回的应收款项、违约金收益等。

(2)“营业外支出”项目，反映企业发生的除营业利润以外的支出，主要包括公益性捐赠支出、非常损失、盘亏损失、非流动资产毁损报废损失、罚款支出等。

三、净利润

净利润＝利润总额－所得税费用

“所得税费用”项目，反映企业经营利润应缴纳的所得税，一般不等于当期应交所得税，而是当期所得税和递延所得税之和，因为可能存在暂时性差异。

当期所得税费用＝应纳税所得额×适用所得税税率

应纳税所得额＝税前会计利润(即利润总额)＋纳税调整增加额－纳税调整减少额

四、综合收益总额

综合收益总额＝净利润＋其他综合收益的税后净额

“其他综合收益的税后净额”项目，反映企业根据企业会计准则规定未在当期损益中确认的各项利得和损失扣除所得税影响后的净额。如自用房地产或作为存货的房地产转换为以公允价值模式计量的投资性房地产在转换当日的公允价值大于原账面价值的部分等。

第二节 所得税会计

会计和税收是经济领域中两个不同的分支，分别遵循不同的原则，规范不同的对象。会计遵循的是公认的会计准则，反映财务状况、经营成果及现金流量变动；税收遵循的是税收法规，其目的是通过课税调节经济。由此产生了会计和税收的差异，进而出现了所得税会计核算的问题。所得税会计是研究处理会计收益和应税收益差异的会计理论和方法。

一、所得税会计的原理

$$\underset{\text{(税法利润)}}{\text{应纳税所得额}} = \underset{\text{(利润总额)}}{\text{税前会计利润}} + \underset{\text{增加额}}{\text{纳税调整}} - \underset{\text{减少额}}{\text{纳税调整}}$$

(一) 纳税调整增加额

(1) 按会计准则规定核算时不作为收益计入财务报表，但在计算应纳税所得额时需要确认为收益。

【例题 1 · 实操题】甲公司 2019 年税前会计利润为 720 万元，2019 年 9 月 9 日通过公益性社会团体对外捐赠一批商品，开出的增值税专用发票上注明的销售价格为 200 万元、增值税税额为 26 万元，该商品的成本为 120 万元。甲公司适用的所得税税率为 25%，不考虑其他纳税调整事项。

【解析】会计上：甲公司不确认收入，会计处理为（单位为万元）：

借：营业外支出	146
贷：库存商品	12
应交税费——应交增值税（销项税额）	26

税法上：视同销售认定收入，应交所得税＝[720＋(200－120)]×25%＝200 万元。

（2）按会计准则规定核算时确认为费用或损失计入财务报表，但在计算应纳税所得额时不允许扣减。

【例题 2 · 实操题】乙公司 2019 年税前会计利润为 780 万元，2019 年 12 月 31 日计提存货跌价准备 20 万元。乙公司适用的所得税税率为 25%，不考虑其他纳税调整事项。

【解析】会计上：乙公司作为资产减值损失扣除。

税法上：不认可扣除的费用，理由是预计的损失，应交所得税＝(780＋20)×25%＝200 万元。

（二）纳税调整减少额

（1）按会计准则规定核算时作为收益计入财务报表，但在计算应纳税所得额时不确认为收益。

【例题 3 · 实操题】丙公司 2019 年税前会计利润为 820 万元，2019 年取得国债利息收入 20 万元。丙公司适用的所得税税率为 25%，不考虑其他纳税调整事项。

【解析】会计上：丙公司作为投资收益计入利润总额。

税法上：作为免税收入，不交所得税，应交所得税＝(820－20)×25%＝200 万元。

（2）按会计准则规定核算时不确认为费用或损失计入财务报表，但在计算应纳税所得额时允许扣减。

【例题 4 · 实操题】丁公司系制造业企业，2021 年税前会计利润为 820 万元，2021 年发生研究阶段支出 40 万元计入管理费用。丁公司适用的所得税税率为 25%，不考虑其他纳税调整事项。

【解析】会计上：丁公司只将 40 万元计入管理费用扣除。

税法上：为鼓励研发，允许加计扣除 40 万元，应交所得税＝(820－40×100%)×25%＝195 万元。

（三）暂时性差异

暂时性差异是指税法与会计制度在确定收益、费用或损失时的时间不同而产生的税前会计利润与应纳税所得额的差异。这种差异会随着时间的推移而消失，但是会导致企业当期的所得税费用与应纳所得税额之间的差异，这种差异最终会以递延所得税资产和递延所得税负债体现。

（四）非暂时性差异

非暂时性差异也称永久性差异，是指某一会计期间，由于会计准则与税法在计算收益、费用或损失时的口径不同，所产生的税前会计利润与应纳税所得额之间的差异。这种差异在本期发生，不会在以后各期转回。常见的非暂时性差异包括：不征税收入；免税收入，如国债利息收入、股息、红利等权益性投资收益；研发支出费用化部分加计扣除；罚款、罚金、滞纳金支出；没收财物；超标的公益性捐赠支出及发生的非公益性捐赠支出；向非金融企业借款超过同期同类银行贷款利率的借款利息；超标的“五险一金”、补充养老保险、补充医疗保险、商业保险、职工福利费、工会经费、业务招待费等支出；非广告性赞助支出；与取得收入无关的支出等。

【小结】暂时性差异与非暂时性差异均有可能形成纳税调整增加额与纳税调整减少额。非暂时性差异不需要进行会税差异的调整。因为非暂时性差异只会影响本期的所得税费用额，已经在所得税费用中全部体现，不影响后期的资产与负债、权益金额。而暂时性差异对所得税的影响是需要通过递延所得税资产和递延所得税负债独立反映出来的，会影响后期的资产与负债、权益金额。

二、所得税会计的核算方法

所得税会计的核算方法如图 13－1 所示。

- 所得税会计
  - 应付税款法
  - 纳税影响会计法
    - 利润表债务法
    - 资产负债表债务法

图 13－1　所得税会计的核算方法示意图

【例题 5·实操题】甲公司 2018 初开始对销售部门用的设备提取折旧，该设备原价为 40 万元，无残值，会计上采用 2 年期直线法提取折旧，税务口径认可 4 年期直线法折旧。假定每年的税前会计利润为 100 万元，所得税税率为 25%。

【解析】

（1）设备折旧在会计、税务上的差异如表 13－1 所示。

表 13-1　设备折旧会税差异一览表　　单位：万元

项目	2018 年	2019 年	2020 年	2021 年
会计口径	20	20	0	0
税务口径	10	10	10	10
暂时性差异	10	10	－10	－10

（2）应付税款法下的会计处理如表 13-2 所示。

表 13-2　应付税款法会计处理一览表　　单位：万元

项目	2018 年	2019 年	2020 年	2021 年
税前会计利润	100	100	100	100
暂时性差异	10	10	－10	－10
应纳税所得额	110	110	90	90
应纳所得税额	27.5	27.5	22.5	22.5
所得税费用	27.5	27.5	22.5	22.5
净利润	72.5	72.5	77.5	77.5

（3）纳税影响会计法下的会计处理如表 13-3 所示。

表 13-3　纳税影响会计法会计处理一览表　　单位：万元

项目	2018 年	2019 年	2020 年	2021 年
税前会计利润	100	100	100	100
暂时性差异	10	10	－10	－10
应纳税所得额	110	110	90	90
应交所得税①	27.5	27.5	22.5	22.5
递延所得税资产②（待摊费用的本质）	借记 2.5	借记 2.5	贷记 2.5	贷记 2.5
所得税费用③＝会计口径利润×所得税税率	25	25	25	25
会计分录	借：所得税费用③ 递延所得税资产② 贷：应交税费——应交所得税①		借：所得税费用③ 贷：递延所得税资产② 应交税费——应交所得税①	

（一）应付税款法的理念

应付税款法是将本期税前会计利润与应纳税所得额之间时间性差异造成的影响纳税的金额直接计入当期损益，而不递延到以后各期。在应付税款法下，当期计入损益的所得税费用等于当期应缴纳的所得税。应付税款法不符合权责发生制和配比原则，只针对使用《小企业会计准则》的企业。

（二）纳税影响会计法的理念

该方法认为，当会计与税务产生收入、支出上的暂时性差异时，应当以会计口径的利润认定所得税费用，以税务口径的利润认定应交所得税，两者之差通过待摊、预提来调整，其中，待摊费用使用“递延所得税资产”科目，预提费用使用“递延所得税负债”科目。如果碰到非暂时性差异，则只能按税务口径认定应交所得税和所得税费用。

【例题 6·实操题】甲公司 2018 年初开始对销售部门使用的设备提取折旧，该设备原价为 40 万元，无残值，会计上采用 4 年期直线法提取折旧，税务口径认可 2 年期直线法折旧。假定每年的税前会计利润为 100 万元，所得税税率为 25%。

【解析】纳税影响会计法的会计处理如下：

（1）设备折旧在会计、税务上的差异如表 13-4 所示。

表 13-4 设备折旧会税差异一览表 单位：万元

项目	2018 年	2019 年	2020 年	2021 年
税务口径	20	20	0	0
会计口径	10	10	10	10
暂时性差异	10	10	−10	−10

（2）纳税影响会计法下的会计处理如表 13-5 所示。

表 13-5 纳税影响会计法会计处理一览表 单位：万元

项目	2018 年	2019 年	2020 年	2021 年
税前会计利润	100	100	100	100
暂时性差异	−10	−10	10	10
应纳税所得额	90	90	110	110
应交所得税①	22.5	22.5	27.5	27.5
递延所得税负债②（预提费用的本质）	贷记 2.5	贷记 2.5	借记 2.5	借记 2.5
所得税费用③＝会计口径利润×所得税税率	25	25	25	25
会计分录	借：所得税费用③ 贷：递延所得税负债② 应交税费——应交所得税①		借：所得税费用③ 递延所得税负债② 贷：应交税费——应交所得税①	

（三）利润表债务法的理念

利润表债务法的核心在于确认时间性差异，即税法与会计制度由于确认收益、费用的时间不同而产生的差异，主要来源于利润表各项目与税法规定的比较，提供的会计信息和揭示的差异范围较小。利润表债务法下没有计税基础的概念。

（四）资产负债表债务法的理念

资产负债表债务法的理念是从资产负债表出发，通过比较资产负债表上列示的资产、负债按照会计准则规定确定的账面价值与按照税法规定确定的计税基础，对于两者之间的差异分别应纳税暂时性差异与可抵扣暂时性差异，确认相关的递延所得税负债与递延所得税资产，并在此基础上确定每一会计期间利润表中的所得税费用。我国所得税会计采用资产负债表债务法。

【小结】以利润表为基础的纳税影响会计法仅考虑利润表的时间性差异的所得税影响。而所得税会计准则的出发点是资产负债表，关注资产负债表中所有资产及负债产生的暂时性差异。从资产负债表出发考虑的暂时性差异涵盖的范围相对于时间性差异要更广泛。

三、所得税会计核算的一般程序

第一步：计算应交税费——应交所得税。

应交税费(应交所得税)＝应纳税所得额×所得税税率

＝(会计利润±非暂时性差异±暂时性差异)×所得税税率

第二步：考虑账面价值与计税基础的差异，确认相应的递延所得税资产和递延所得税负债。

总体来说，递延所得税资产和递延所得税负债是由于暂时性差异导致的，而暂时性差异又是由资产和负债的账面价值与其计税基础不一致导致的。

第三步：计算确认所得税费用。

借：所得税费用④＝①＋③－②

　　递延所得税资产②（该账户也可能在贷方）

　贷：应交税费——应交所得税①

　　　递延所得税负债③（该账户也可能在借方）

四、资产计税基础的确定

（一）资产的账面价值

资产的账面价值＝资产的历史成本(账面余额)－累计折旧/摊销－资产减值准备

（二）资产的计税基础

资产的计税基础＝资产的历史成本－以前期间按税法已税前扣除的金额

（三）常见资产计税基础与账面价值的差异分析

1. 固定资产

以各种方式取得的固定资产，初始确认时按照会计准则规定确定的入账价值基本上是被税法认可的，即取得时其账面价值一般等于计税基础。企业在持有固定资产期间进行固定资产后续计量时，由于会计与税法规定就折旧方法、折旧年限以及固定资产减值准备的提取等处理的不同，可能造成固定资产的账面价值与计税基础之间产生差异。

【例题7·实操题】 A企业2018年12月20日取得某项固定资产，原价为750万元，使用年限为10年，会计上采用年限平均法计提折旧，净残值为零。税法规定该类（由于技术进步、产品更新换代较快的）固定资产采用加速折旧法计提的折旧可予税前扣除，该企业在计税时采用双倍余额递减法计提折旧，净残值为零。2020年12月31日，A企业估计该项固定资产的可收回金额为550万元。

【解析】

2020年12月31日该项固定资产的账面余额＝750－75×2＝600(万元)

该账面余额大于其可收回金额550万元，两者之间的差额应计提50万元的固定资产减值准备。

2020年12月31日该项固定资产的账面价值＝750－75×2－50＝550(万元)

计税基础＝750－750×20%－600×20%＝480(万元)

该项固定资产的账面价值550万元与其计税基础480万元之间存在70万元的差额。该差额将于未来期间计入A企业的应纳税所得额。

【例题8·实操题】 B企业2020年末以750万元购入一项生产用固定资产，按照该项固定资产的预计使用情况，B企业在会计核算时估计其使用寿命为5年。计税时，按照税法规定，其最低折旧年限为10年，该企业计税时按照10年计算确定可税前扣除的折旧额。假定会计与税法规定均按年限平均法计提折旧，净残值均为零，且固定资产未发生减值。2021年该项固定资产按照12个月计提折旧。

【解析】

2021年12月31日该项固定资产的账面价值＝750－750÷5＝600(万元)

2021年12月31日该项固定资产的计税基础＝750－750÷10＝675(万元)

该项固定资产的账面价值600万元与其计税基础675万元之间存在75万元的差额。该差额在未来期间会减少B企业的应纳税所得额。

2. 无形资产

除内部研究开发形成的无形资产以外，其他方式取得的无形资产，初始确认时按照会计准则规定确定的入账价值与按照税法规定确定的计税基础之间一般不存在差异。无形资产的差异主要产生于内部研究开发形成的无形资产以及使用寿命不确定的无形资产。

【例题9·实操题】A企业2021年为开发新技术发生研究开发支出2 000万元，其中，研究阶段支出400万元，开发阶段符合资本化条件前发生的支出为400万元，符合资本化条件后至达到预定用途前发生的支出为1 200万元。税法规定：自2021年1月1日起，制造业企业为开发新技术、新产品、新工艺发生的研究开发费用，未形成无形资产计入当期损益的，按照实际发生额的100%在税前加计扣除；形成无形资产的，在上述期间按照无形资产成本的200%在税前摊销。假定开发形成的无形资产在当期期末已达到预定用途（尚未开始摊销）。

【解析】会计上：A企业当期发生的2 000万元研究开发支出中，按照会计准则规定，应予费用化的金额为800万元（400+400），形成无形资产的成本为1 200万元，即期末无形资产的账面价值为1 200万元。

税法上：（1）A企业应予费用化的金额为800万元，按照税法规定，该支出可在当期税前扣除的金额为1 600万元（800+800×100%），多扣除的800×100%=800万元为非暂时性差异，直接导致当年少缴税但不影响未来期间。（2）形成无形资产的1 200万元部分在未来期间可予税前扣除的金额为2 400万元（1 200×200%），则计税基础为2 400万元，大于其账面价值1 200万元，形成暂时性差异。该差异因产生于无形资产的初始确认，该无形资产并非产生于企业合并，且该无形资产在初始确认时既未影响会计利润，也未影响应纳税所得额，因此，该1 200万元暂时性差异的所得税影响不予确认。但在未来期间摊销无形资产时会减少A企业的应纳税所得额。

【例题10·实操题】乙企业2021年1月1日取得某项无形资产，取得成本为1 500万元。取得该项无形资产后，根据各方面情况判断，乙企业无法合理预计其使用期限，将其作为使用寿命不确定的无形资产。2021年12月31日，乙企业对该项无形资产进行的减值测试表明其未发生减值。乙企业在计税时，对该项无形资产按照10年的期限采用直线法摊销，摊销金额允许税前扣除。

【解析】会计上对于使用寿命不确定的无形资产，不要求摊销，但企业应在持有期间每年进行减值测试。税法规定，对于使用寿命不确定的无形资产（外购商誉除外），应在一定期限内摊销，确定的摊销额允许税前扣除，这就造成该类无形资产账面价值与计税基础的差异。本例中无形资产未发生减值，其在2021年12月31日的账面价值为取得成本1 500万元，而计税基础为1 350万元（1 500-150）。两者之间的差额150万元将计入未来期间企业的应纳税所得额。或者可以理解为因为该150万元已经在当期计算应纳税所得额时作了税前扣除，从而减少了当期应交所得税，未来期间不会再予扣除，当企业于未来期间产生相关的经济利益流入时即应交所得税。

3. 以公允价值计量且其变动计入当期损益的金融资产

会计规定，以公允价值计量且其变动计入当期损益的金融资产某一会计期末的账面价值为其公允价值。税法规定，企业以公允价值计量的金融资产、金融负债以及投资性房地产等，持有期间公允价值的变动不计入应纳税所得额，在实际处置或结算时，处置取得的价款扣除其历史成本后的差额应计入处置或结算期间的应纳税所得额。按照该规定，以公允价值计量的金融资产在持有期间市价的波动在计税时不予考虑，在某一会计期末的计税基础为其取得成本，从而造成在公允价值变动的情况下，以公允价值计量的金融资产账面价值与计税基础之间产生差异。类似的金融资产、投资性房地产比照处理。

【例题 11·实操题】 2020 年 10 月 20 日，甲公司自公开市场取得一项权益性投资，支付价款 2 000 万元，作为交易性金融资产核算。2020 年 12 月 31 日，该投资的市价为 2 200 万元。

【解析】 该项交易性金融资产的期末市价为 2 200 万元，其按照会计准则规定进行核算时，在 2020 年资产负债表日的账面价值为 2 200 万元。因税法规定以公允价值计量的金融资产在持有期间公允价值的变动不计入应纳税所得额，所以甲公司在 2020 年资产负债表日的计税基础应维持原取得成本不变，仍为 2 000 万元。

该交易性金融资产的账面价值 2 200 万元与其计税基础 2 000 万元之间产生了 200 万元的暂时性差异。该暂时性差异在未来期间转回时会增加未来期间的应纳税所得额。

4. 权益法核算的长期股权投资

企业持有的长期股权投资，按照企业会计准则的规定应区别对被投资单位的影响程度及是否存在活跃市场、公允价值能否可靠取得等，采用成本法和权益法进行核算。但税法没有权益法的概念，一般要求长期股权投资在处置时按照取得投资时的实际成本予以扣除，即其计税基础为初始投资成本，从而导致账面价值和计税基础产生差异。

5. 投资性房地产

企业持有的投资性房地产进行后续计量时，会计准则规定可以采用两种模式。一种是成本模式，采用该种模式计量的投资性房地产其账面价值与计税基础的确定与固定资产、无形资产相同。另一种是在符合规定条件的情况下，可以采用公允价值模式对投资性房地产进行后续计量。对于采用公允价值进行后续计量的投资性房地产，其计税基础的确定类似于以公允价值计量且其变动计入当期损益的金融资产。

【例题 12·实操题】 A 公司 2020 年 1 月 1 日将其某自用房屋用于对外出租。该房屋的成本为 750 万元，预计使用年限为 20 年。转为投资性房地产之前，已使用 4 年，A 公司按照年限平均法计提折旧，预计净残值为零。转为投资性房地产核算后，预计能够持续可靠取得该投资性房地产的公允价值，A 公司采用公允价值对该投资性房地产进行后续计量。假定税法规定的折旧方法、折旧年限及净残值与会计规定相同。同时，税法规定资产在持有期间公允价值的变动不计入应纳税所得额，待处置时一并计算确定应计入应纳税所得额的金额。该项投资性房地产在 2020 年 12 月 31 日的公允价值为 900 万元。

【解析】 会计角度该投资性房地产在 2020 年 12 月 31 日的账面价值为其公允价值

900万元，税法角度其计税基础应为取得成本扣除按照税法规定允许税前扣除的折旧额后的金额，即其计税基础为562.5万元（750－750÷20×5）。

该项投资性房地产的账面价值900万元与其计税基础562.5万元之间产生了337.5万元的暂时性差异。这会增加企业在未来期间的应纳税所得额。

6. 计提了资产减值准备的各项资产

固定资产、无形资产因计提减值准备会导致其账面价值和计税基础产生差异，同样，企业的存货、金融资产、长期股权投资、投资性房地产等也会因计提减值准备导致其账面价值和计税基础产生差异，减值准备在税法上一概不予承认。

【例题13·实操题】A公司2020年12月31日应收账款的余额为6 000万元。该公司期末对应收账款计提了600万元的坏账准备。税法规定，不符合国务院财政、税务主管部门规定的各项资产减值准备不允许税前扣除。假定该公司应收账款及坏账准备的期初余额均为零。

【解析】该项应收账款在2020年资产负债表日的账面价值为5 400万元，因有关的坏账准备不允许税前扣除，所以其计税基础为6 000万元。

该计税基础与其账面价值之间产生600万元暂时性差异。在应收账款发生实质性损失时，该暂时性差异会减少未来期间的应纳税所得额和应交所得税。

（四）资产计税基础对暂时性差异的形成及应纳企业所得税的影响

（1）若资产账面价值＞计税基础，形成应纳税暂时性差异，确认递延所得税负债。

今天调减差异临时少缴税，将来调增差异再多缴税，最终相抵总税负为零，前提是假设未来有足够的应纳税所得额可以转回。

（2）若资产账面价值＜计税基础，形成可抵扣暂时性差异，确认递延所得税资产。

今天调增差异临时多缴税，将来调减差异再少缴税，最终相抵总税负为零，前提是假设未来有足够的应纳税所得额可以转回。

【例题14·实操题】甲公司2020年税前会计利润为1 000万元，所得税税率为25%，当年发生如下业务：

（1）库存商品年初账面余额为200万元，已提跌价准备80万元；年末账面余额为350万元，相应的跌价准备为110万元。

（2）甲公司的商标权自2019年初开始摊销，原价为90万元（税务上对此原价是认可的），无残值，会计上采用5年期直线法摊销，2019年末商标权的可收回价值为40万元，税法上则采用10年期直线法摊销。

（3）2019年10月1日，购入丙公司股票，初始成本为80万元，甲公司将此投资分类为交易性金融资产，2019年末此投资的公允价值为110万元。2020年3月2日，甲公司抛售了丙公司股票，卖价为120万元，假定无相关交易费用。

（4）应收账款年初账面余额为50万元，坏账准备为10万元，年末账面余额为30万元，坏账准备为2万元。

要求：根据以上资料，进行甲公司2020年所得税的会计处理。

【解析】

（1）首先判定暂时性差异，如表13-6所示。

表13-6 暂时性差异类型判断一览表

单位：万元

项目	年初口径			年末口径			差异类型	差异变动金额
	账面价值	计税基础	差异	账面价值	计税基础	差异		
库存商品	120	200	80	240	350	110	新增可抵扣暂时性差异	30
无形资产	40	81	41	30	72	42	新增可抵扣暂时性差异	1
交易性金融资产	110	80	30	0	0	0	转回应纳税暂时性差异	30
应收账款	40	50	10	28	30	2	转回可抵扣暂时性差异	8

（2）资产负债表债务法下所得税的核算过程如表13-7所示。

表13-7 资产负债表债务法下所得税的核算过程一览表

单位：万元

项目	计算过程	
税前会计利润	1 000	
暂时性差异	＋	库存商品产生的新增可抵扣暂时性差异30
	＋	无形资产产生的新增可抵扣暂时性差异1
	＋	交易性金融资产产生的转回应纳税暂时性差异30
	－	应收账款产生的转回可抵扣暂时性差异8
应纳税所得额	1 053＝1 000＋30＋1＋30－8	
应交税费	263.25＝1 053×25％	
递延所得税资产	净新增可抵扣暂时性差异×税率	借记5.75＝(30＋1－8)×25％
递延所得税负债	转回应纳税暂时性差异×税率	借记7.5＝30×25％
本期所得税费用	250＝263.25－5.75－7.5	

（3）会计分录如下（单位为万元）：

借：所得税费用　　250.00

　　递延所得税资产　　5.75

　　递延所得税负债　　7.50

　贷：应交税费——应交所得税　　263.25

五、负债计税基础的确定

（一）负债的计税基础

负债的计税基础＝账面价值－未来期间按照税法规定可予税前扣除的金额

在有些情况下，负债的确认与偿还不会影响企业的损益，也不会影响应纳税所得额。但在有些情况下负债的确认会影响企业的损益，进而影响不同期间的应纳税所得额，使得其账面价值和计税基础产生差异。

（二）常见的负债计税基础与账面价值的差异

1. 预计负债

《企业会计准则》规定，企业对于预计提供售后服务将发生的支出在满足有关确认条件时应确认为销售费用，同时确认预计负债。但税法规定，与销售产品相关的支出在实际发生时才允许税前扣除，这使得账面价值和计税基础产生今天临时调减未来调增的应纳税额暂时性差异，形成递延所得税负债。

【例题15·实操题】

（1）甲企业适用的所得税税率为25%。2020年因销售产品承诺提供3年的保修服务，在当年度利润表中确认了500万元的销售费用，同时确认为预计负债，当年度未发生任何保修支出。按照税法规定，与产品售后服务相关的费用在实际发生时允许税前扣除。2020年税前会计利润为1 000万元。

【解析】

预计负债账面价值＝500(万元)

预计负债计税基础＝0

可抵扣暂时性差异＝500－0＝500(万元)

2020年末“递延所得税资产”余额＝500×25%＝125(万元)

2020年末“递延所得税资产”发生额＝125(万元)

2020年应交所得税＝(1 000＋500)×25%＝375(万元)

2020年所得税费用＝375－125＝250(万元)

借：所得税费用　　250

　　递延所得税资产　　125

　贷：应交税费——应交所得税　　375

（2）甲企业2021年实际发生保修费用400万元，在2021年度利润表中新确认600万元的售后维修费用计入销售费用，同时确认为预计负债，适用的所得税税率为25%，2021年税前会计利润为1 000万元。

【解析】

预计负债账面价值＝500－400＋600＝700(万元)

预计负债计税基础＝700－700＝0

可抵扣暂时性差异累计额＝700(万元)

2021年末“递延所得税资产”余额＝700×25%＝175(万元)

2021年末“递延所得税资产”发生额＝175－125＝50(万元)

2021年应交所得税＝[1 000＋(700－500)]×25%＝300(万元)

2021年所得税费用＝300－50＝250(万元)

借：所得税费用 250

递延所得税资产 50

贷：应交税费——应交所得税 300

2. 预收账款

企业在收到客户预付的款项时，因不符合会计准则规定的收入确认条件，未确认为收入，作为预收款项，而按照税法规定应计入当期应纳税所得额，有关预收账款的计税基础为零，即因其产生时已经计算缴纳所得税，未来期间可全额税前扣除。

【例题16·实操题】 A上市公司为房地产企业，于2020年12月20日收到一笔合同预付款，金额为2 500万元。A公司将该款项作为预收账款核算。按照税法规定，该款项应计入取得当期应纳税所得额计算缴纳所得税。

【解析】 该预收账款在A公司2020年12月31日资产负债表中的账面价值为2 500万元。该预收账款的计税基础＝账面价值－未来期间计算应纳税所得额时按照税法规定可予抵扣的金额＝2 500－2 500＝0，该项负债的账面价值2 500万元与其计税基础0之间产生的2 500万元形成今天临时调增未来调减的可抵扣暂时性差异，会减少企业未来期间的应纳税所得额。

（三）负债计税基础对暂时性差异的形成及应纳企业所得税的影响

（1）若负债账面价值＞计税基础，形成可抵扣暂时性差异，确认递延所得税资产。

今天调增差异临时多缴税，将来调减差异再少缴税，最终相抵总税负为零，前提是假设未来有足够的应纳税所得额可以转回。

（2）若负债账面价值＜计税基础，形成应纳税暂时性差异，确认递延所得税负债。

今天调减差异临时少缴税，将来调增差异再多缴税，最终相抵总税负为零，前提是假设未来有足够的应纳税所得额可以转回。

六、特殊交易项目计税基础的确定

（一）广告费和业务宣传费

税法规定一般企业广告费和业务宣传费不超过当年销售收入15%的部分，准予扣除；超过部分准予在以后纳税年度结转扣除。该类费用在发生时按照会计准则规定即计入当期损益，不形成资产负债表中的资产，但按照税法规定可以确定其计税基础的，两者之间的差异也形成暂时性差异。

【例题17·实操题】 A上市公司2020年发生2 000万元广告费支出，发生时已作为销售费用计入当期损益。税法规定，该类支出不超过当年销售收入15%的部分允许当期税前扣除，超过部分允许向以后年度结转税前扣除。A公司2020年实现销售收入10 000万元，税前会计利润为1 000万元。A公司适用的所得税税率为25%。假设不考虑其他纳税调整。（会计分录单位为万元。）

【解析】 该广告费支出因按照会计准则规定在发生时已计入当期损益，不体现为期末资产负债表中的资产，如果将其视为资产，其账面价值为 0。

因按照税法规定，该类支出税前列支有一定的限制，根据 A 公司当期销售收入 15%计算，当期可予税前扣除 1 500 万元（10 000×15%），当期未予税前扣除的 500 万元可以向以后年度结转，其计税基础为 500 万元（2 000－10 000×15%）。

可抵扣暂时性差异＝500(万元)

2020 年末"递延所得税资产"余额＝500×25%＝125(万元)

2020 年末"递延所得税资产"发生额＝125－0＝125(万元)

2020 年应交所得税＝(1 000＋500)×25%＝375(万元)

2020 年所得税费用＝375－125＝250(万元)

借：所得税费用　250

　　递延所得税资产　125

　贷：应交税费——应交所得税　375

【延伸思考 1】 假设 2021 年会计利润总额为 1 500 万元，当年的广告费扣除标准是 800 万元，当年的广告费是 240 万元，则转回可抵扣暂时性差异只能是 2020 年超标的 500 万元，不能转回 560 万元，不可以出现"超转"的情况。

2021 年应交所得税＝(1 500－500)×25%＝250(万元)

2021 年所得税费用＝250＋125＝375(万元)

借：所得税费用　375

　贷：应交税费——应交所得税　250

　　　递延所得税资产　125

【延伸思考 2】 假设 2021 年实际广告费支出 600 万元，其余条件不变，则

2021 年应交所得税＝(1 500－200)×25%＝325(万元)

2021 年所得税费用＝325＋50＝375(万元)

借：所得税费用　375

　贷：应交税费——应交所得税　325

　　　递延所得税资产　50

（2020 年超标的广告费形成的递延所得税资产部分转回。）

【延伸思考 3】 如果企业发生的广告费和业务宣传费超支呈常态化，即使预计企业在可预见的未来期间很可能获得足够的应纳税所得额，也不能确认为递延所得税资产。（准则缺陷。）

（二）可弥补亏损

可弥补亏损较为典型的是企业发生的亏损，税法上允许在5年内以税前利润进行弥补，即该亏损在5年内可以抵扣各期的应纳税所得额，相应地会产生暂时性差异，此差异可定性为可抵扣暂时性差异。（注意：高新技术企业和科技型中小企业亏损弥补年限为10年。）

【例题18·实操题】 甲公司2017年因政策性原因发生经营亏损100万元，按照税法规定，该亏损可用于抵减以后5个年度的应纳税所得额。该公司预计其于未来5年期间能够产生足够的应纳税所得额弥补该亏损。

要求：分析上述业务形成的资产或负债的账面价值与计税基础及其差异。

【解析】 该经营亏损不是资产、负债的账面价值与其计税基础不同产生的，但从性质上看可以减少未来期间的应纳税所得额和应交所得税，属于可抵扣暂时性差异。企业预计未来期间能够产生足够的应纳税所得额利用该可抵扣亏损时，应确认相关的递延所得税资产。（会计分录单位为万元）。

（1）2017年的处理。

2017年利润总额＝－100（万元）

所得税费用＝（－100）×25％＝－25（万元）

借：递延所得税资产（形成） 25

　贷：所得税费用 25

（2）假设2018年盈利30万元。

借：所得税费用（30×25％） 7.50

　贷：递延所得税资产（部分转回） 7.50

（3）假设2019年盈利40万元。

借：所得税费用（40×25％） 10

　贷：递延所得税资产（部分转回） 10

（4）假定2020年实现税前利润80万元，则应转回递延所得税资产7.5万元（30×25％）。

借：所得税费用（80×25％） 20.00

　贷：递延所得税资产（部分转回） 7.50

　　应交税费——应交所得税 12.50

（三）开办费（筹建费）

会计上规定：开办费发生时先计入长期待摊费用，然后在开始生产经营的当月起一次计入损益，借记“管理费用”科目。

企业所得税法规定：开办费可以选择一次性扣除，也可以按不低于3年摊销，但摊销方法一经选定，不得改变。若选择分期摊销，则产生会税差异。

【例题19·实操题】 A公司在2019年开始正常生产经营活动之前发生了600万元的筹建费用，在开始正式经营的当年已一次性计入当期损益。假设税法规定，企业在筹建期间发生的费用，允许在开始正常生产经营活动之后3年内分期计入应纳税所得额。企业在2019年开始正常生产经营活动当期税前扣除了200万元，且将该项费用支出视为资产。

【解析】 该项费用支出因按照企业会计准则规定在发生时已计入当期损益，不体现为资产负债表中的资产，即如果将其视为资产，其账面价值为0。因税法规定，该费用可以在开始正常生产经营活动之后3年内分期计入应纳税所得额，则2019年末其于未来期间可税前扣除的金额为400万元，所以计税基础为400万元，形成可抵扣暂时性差异。

（四）直接计入所有者权益的交易或事项

与当期及以前期间直接计入所有者权益的交易或事项相关的当期所得税及递延所得税应当计入所有者权益。直接计入所有者权益的交易或事项主要有：以公允价值计量且其变动计入其他综合收益的金融资产公允价值的变动，同时包含负债及权益成分的金融工具在初始确认时权益部分的公允价值等。

【例题20·实操题】 蓝天公司2019年2月自公开市场以每股8元的价格取得A公司普通股100万股，作为以公允价值计量且其变动计入其他综合收益的金融资产核算（假定不考虑交易费用）。2019年12月31日，蓝天公司该股票投资尚未出售，当日市价为每股12元。按照税法规定，资产在持有期间公允价值的变动不计入应纳税所得额，待处理时一并计算应计入应纳税所得额的金额。蓝天公司适用的所得税税率为25%。

【解析】 会计处理如下（单位：万元）：

（1）2019年末。

借：其他权益工具投资	400	
贷：其他综合收益		400
借：其他综合收益	100	
贷：递延所得税负债		100

（2）假定蓝天公司以每股13元的价格将该股票于2020年对外出售，结转该股票出售损益时。

借：银行存款	1 300	
贷：其他权益工具投资		1 200
投资收益		100
借：其他综合收益	300	
递延所得税负债	100	
贷：投资收益		400

投资收益累计500万元计入应纳税所得额。

（五）长期股权投资

企业持有的长期股权投资，按照会计准则规定可能采用成本法或权益法进行核算。税法中对于投资资产的处理，要求按规定确定其成本后，在转让或处置时其成本准予扣除。因此，税法中对于长期股权投资并没有权益法的概念。长期股权投资取得以后，如果按照会计准则规定采用权益法核算，则一般情况下在持有过程中随着应享有被投资单位可辨认净资产公允价值份额的变化，其账面价值与计税基础会产生差异。对于采用权益法核算的长期股权投资，其账面价值与计税基础产生的有关暂时性差异是否应确认相关的所得税影响，应当考虑该项投资的持有意图。

（1）如果企业拟长期持有该项投资，则因初始投资成本的调整产生的暂时性差异预计未来期间不会转回，对未来期间没有所得税影响；因确认投资损益产生的暂时性差异，如果在未来期间逐期分回现金股利或利润时免税，也不存在对未来期间的所得税影响；因确认应享有被投资单位其他权益变动而产生的暂时性差异，在长期持有的情况下预计未来期间也不会转回。

【小结】在准备长期持有的情况下，对于采用权益法核算的长期股权投资账面价值与计税基础之间的差异一般不确认相关的所得税影响。

（2）对于采用权益法核算的长期股权投资，如果投资企业改变持有意图拟对外出售，按照税法规定，企业在转让或者处置投资资产时，投资资产的成本准予扣除。

【小结】在持有意图由长期持有转变为拟近期出售的情况下，因长期股权投资的账面价值与计税基础不同产生的有关暂时性差异，均应确认相关的所得税影响。

【例题21·实操题】A公司2020年1月2日以6 000万元取得B公司30%的有表决权股份，拟长期持有并能够对B公司施加重大影响，该项长期股权投资采用权益法核算。投资时B公司可辨认净资产公允价值总额为18 000万元（假定取得投资时B公司各项可辨认资产、负债的公允价值与账面价值相同）。B公司2020年实现净利润1 000万元，未发生影响权益变动的其他交易或事项。A公司及B公司均为居民企业，适用的所得税税率均为25%，双方采用的会计政策及会计期间相同。税法规定，居民企业之间的股息红利免税。

【解析】权益法会计处理如下（单位为万元）：

（1）初始投资时。

借：长期股权投资	6 000	
贷：银行存款		6 000

因该项长期股权投资的初始投资成本（6 000万元）大于按照持股比例计算应享有B公司可辨认净资产公允价值的份额（5 400万元），其初始投资成本无须调整。

（2）确认投资损益时。

借：长期股权投资——损益调整（1 000×30%）	300	

贷：投资收益 300

（3）所得税处理。

长期股权投资账面价值=6 300(万元)

计税基础=6 000(万元)

应纳税暂时性差异为300万元，不确认递延所得税负债。

【延伸思考1】 为何不确认？

这项长期股权投资是长期持有的，如果现在确认，未来期间是不会转回的，所以不能确认。因确认投资损益产生的暂时性差异，如果在未来期间逐期分回的现金股利或利润是免税的，也不存在对未来期间的所得税影响，不确认递延所得税。

应交所得税=(1 000−300)×25%=175(万元)

借：所得税费用 175

　贷：应交税费——应交所得税 175

【延伸思考2】 如果投资企业改变持有意图拟对外出售呢？

说明能转回，应确认相关的所得税影响。这时分录为：

借：所得税费用 250

　贷：递延所得税负债 75

　　　应交税费——应交所得税 175

【例题22·单选题】 甲公司2×20年会计核算与税法计量存在如下差异：（1）因存货减值计提存货跌价准备300万元；（2）因产品质量保证计提预计负债200万元；（3）因自行研发无形资产发生研究费用1 000万元，税法规定可以按照175%的比例进行加计扣除。甲公司采用资产负债表债务法核算所得税，适用的所得税税率为25%，假定未来存在足够的应纳税所得额抵减可抵扣暂时性差异。甲公司2×20年应确认递延所得税资产的金额是（　　）万元。

A. 125　　B. 375　　C. 312.5　　D. 75

【正确答案】 A

【答案解析】 甲公司应确认递延所得税资产=(300+200)×25%=125万元，自行研发无形资产的研究费用加计扣除不属于可抵扣暂时性差异，不需要确认递延所得税资产。

七、资产负债表债务法下既有永久性差异又有暂时性差异时的会计处理

（一）会计处理程序

具体如表13-8所示。

表 13-8 资产负债表债务法下既有永久性差异又有暂时性差异核算表

项目	计算方法	
税前会计利润	会计口径利润	
永久性差异	+	会计认可而税务不认可的支出
		税务认可而会计不认定的收入
	−	会计认可而税务不认可的收入
		税务认可而会计不认定的支出
暂时性差异	+	新增可抵扣暂时性差异
		转回应纳税暂时性差异
	−	转回可抵扣暂时性差异
		新增应纳税暂时性差异
应纳税所得额	推算认定	
应交税费	应纳税所得额×税率	
递延所得税资产	借记	新增可抵扣暂时性差异×税率
	贷记	转回可抵扣暂时性差异×税率
递延所得税负债	贷记	新增应纳税暂时性差异×税率
	借记	转回应纳税暂时性差异×税率
本期所得税费用	倒挤认定	

（二）综合举例

【例题 23·实操题】甲公司 2021 年税前会计利润为 130 万元，所得税税率为 25%，当年发生如下业务：

（1）罚没支出 10 万元。

（2）国债利息收入 6 万元。

（3）2021 年 4 月 1 日，甲公司购入乙公司的股票，初始取得成本为 200 万元，分类为交易性金融资产，年末该股票的公允价值为 230 万元。

（4）某销售部门用的固定资产自 2020 年初开始计提折旧，原价为 200 万元（税务上对此原价是认可的），假定无残值，会计上采用 4 年期年数总和法计提折旧，税法上则采取 5 年期直线法计提折旧。

（5）2021 年初甲公司开始自行研制某专利权，历时 6 个月研究成功投入使用，于 2021 年 7 月 1 日达到预计可使用状态，会计上采用 5 年期直线法摊销，假定无残值。该专利权在自行研发中耗费了 100 万元的研究费用、200 万元的开发费用，假定此开发费用按会计准则均符合资本化条件。另发生注册费、律师费 100 万元。税务上认可此专利权的分摊期限，但对研究开发费用加计 75%。

（6）甲公司因产品质量担保确认预计负债，年初余额为 5 万元，当年新提 3 万元，支付产品质量担保费用 2.5 万元。

【解析】甲公司 2021 年度所得税的会计处理如下：

（1）首先判定暂时性差异，如表 13-9 所示。

表 13-9　暂时性差异判断一览表　　单位：万元

项目	年初口径			年末口径			差异类型	差异变动金额
	账面价值	计税基础	差异	账面价值	计税基础	差异		
交易性金融资产	0	0	0	230	200	30	新增应纳税暂时性差异	30
固定资产	120	160	40	60	120	60	新增可抵扣暂时性差异	20
预计负债	5	0	5	5.5	0	5.5	新增可抵扣暂时性差异	0.5

（2）资产负债表债务法所得税的核算过程，如表 13-10 所示。

表 13-10　资产负债表债务法所得税的核算过程一览表　　单位：万元

项目	计算过程	
税前会计利润		130
永久性差异	罚没支出	+10
	国债利息收入	−6
	无形资产研究费用的加计扣除额	−75
	无形资产开发费用的加计在当期产生的摊销额影响	−15
暂时性差异	交易性金融资产产生的新增应纳税暂时性差异	−30
	固定资产产生的新增可抵扣暂时性差异	+20
	预计负债产生的新增可抵扣暂时性差异	+0.5
应纳税所得额		34.5
应交税费		8.625
递延所得税资产	新增可抵扣暂时性差异×税率	5.125
递延所得税负债	新增应纳税暂时性差异×税率	7.5
本期所得税费用		11

（3）会计分录如下：

借：所得税费用　　110 000

　　递延所得税资产　　51 250

　贷：应交税费——应交所得税　　86 250

　　　递延所得税负债　　75 000

八、资产负债表债务法下税率发生变动时的会计处理

因适用税收法规的变化，导致企业在某一会计期间适用的所得税税率发生变化的，企业应对已确认的递延所得税资产和递延所得税负债按照新的税率进行重新计量，对原已确认的递延所得税资产及递延所得税负债的金额进行调整，反映税率变化带来的影响。

【例题 24·实操题】甲公司属于高新技术企业，适用的所得税税率为 15%。2019 年 12 月 1 日购入设备一台，原值 150 万元，净残值为零。税法规定采用年限平均法计提折旧，折旧年限为 5 年；会计规定采用年数总和法，折旧年限为 5 年。假定税前会计

利润各年均为 1 000 万元。2021 年 12 月 31 日预计 2022 年以后不再属于高新技术企业，且所得税税率将恢复为 25%。

要求：根据上述资料，分别计算 2020 年、2021 年甲公司的递延所得税、应交所得税以及所得税费用的发生额，并编制相应的会计分录。

【解析】会计分录单位为万元。

（1）2020 年：所得税税率为 15%。

递延所得税资产发生额如表 13－11 所示。

表 13－11 2020 年递延所得税资产发生额计算一览表 单位：万元

账面价值（年数总和法）	计税基础（年限平均法）	可抵扣暂时性差异	税率	递延所得税资产期末余额	递延所得税资产发生额
150－150×5/15＝100	150－150/5＝120	120－100＝20	15%	20×15%＝3	3

应交所得税＝(1 000＋20)×15%＝153(万元)

所得税费用＝153－3＝150(万元)

借：所得税费用　150
　　递延所得税资产　3
　贷：应交税费——应交所得税　153

（2）2021 年：所得税税率为 15%，预计 2022 年所得税率将变更为 25%。

递延所得税资产发生额如表 13－12 所示。

表 13－12 2021 年递延所得税资产发生额计算一览表 单位：万元

账面价值（年数总和法）	计税基础（年限平均法）	可抵扣暂时性差异	税率	递延所得税资产期末余额	递延所得税资产发生额
100－150×4/15＝60	120－150/5＝90	90－60＝30	15%	30×25%＝7.5	7.5－3＝4.5

注：期初递延所得税资产余额调整＝20×(25%－15%)＝2 万元；
本期递延所得税资产＝10×25%＝2.5 万元；
合计本年递延所得税资产发生额＝2＋2.5＝4.5 万元。

应交所得税＝(1 000＋150×4/15－150/5)×15%＝151.5(万元)

所得税费用＝151.5－4.5＝147(万元)

借：所得税费用　147.00
　　递延所得税资产　4.50
　贷：应交税费——应交所得税　151.50

九、所得税的列报

（一）列报的基本原则

根据《企业会计准则第 18 号——所得税》的规定，递延所得税资产和递延所得税负债应当分别作为非流动资产和非流动负债在资产负债表中列示，所得税费用应当在利润表中单独列示。除此之外，企业应当在附注中披露与所得税有关的下列信息。

（1）所得税费用（收益）的主要组成部分。

（2）所得税费用（收益）与会计利润关系的说明。

（3）未确认递延所得税资产的可抵扣暂时性差异、可抵扣亏损的金额（如果存在到期日，还应披露到期日）。

（4）对每一类暂时性差异和可抵扣亏损，在列报期间确认的递延所得税资产或递延所得税负债的金额，确认递延所得税资产的依据。

（5）未确认递延所得税负债的，与对子公司、联营企业及合营企业投资相关的暂时性差异金额。

（二）列报举例

【例题 25・实操题】2021 年末，甲公司计算出的应交所得税为 100 万元，年初已经预缴 150 万元。简要说明 2021 年末甲公司的所得税应如何列报。

【解析】预缴的所得税大于应交的所得税，差额 50 万元应在资产负债表“其他流动资产”项目列示。

【延伸思考】假设年初已经预缴 80 万元，则 2021 年末甲公司的所得税应在资产负债表“应交税费”项目列示 20 万元。

【例题 26・综合题】甲公司为高新技术企业，适用的所得税税率为 15%。2×21 年 1 月 1 日递延所得税资产余额（全部为存货项目计提的跌价准备产生）为 15 万元，递延所得税负债余额（全部为交易性金融资产项目的公允价值变动产生）为 7.5 万元。根据税法规定自 2×22 年 1 月 1 日起甲公司不再属于高新技术企业，同时该公司适用的所得税税率变更为 25%。

该公司 2×21 年利润总额为 5 000 万元，涉及所得税会计的交易或事项如下：

（1）2×21 年 1 月 1 日，以 1 043.27 万元自证券市场购入当日发行的一只 3 年期到期还本每年付息的国债。该国债票面金额为 1 000 万元，票面年利率为 6%，年实际利率为 5%。甲公司将该国债作为以摊余成本计量的金融资产核算。税法规定，国债利息收入免交所得税。

（2）2×21 年 1 月 1 日，以 2 000 万元自证券市场购入当日发行的一只 5 年期到期还本每年付息的公司债券。该债券票面金额为 2 000 万元，票面年利率为 5%，年实际利率为 5%。甲公司将其作为以摊余成本计量的金融资产核算。税法规定，公司债券利息收入需要缴纳所得税。

（3）2×20 年 11 月 23 日，甲公司购入一项管理用设备，支付购买价款等共计 1 500 万元。12 月 30 日，该设备经安装达到预定可使用状态。甲公司预计该设备使用年限为 5 年，预计净残值为零，采用年数总和法计提折旧。税法规定该设备采用年限平均法计提折旧。假定甲公司该设备折旧年限、预计净残值符合税法规定。

(4) 2×21 年 6 月 20 日，甲公司因违反税收规定被税务部门处以 10 万元罚款，罚款未支付。税法规定，企业违反国家法规所支付的罚款不允许在税前扣除。

(5) 2×21 年 10 月 5 日，甲公司自证券市场购入某股票，支付价款 200 万元（假定不考虑交易费用）。甲公司将该股票指定为以公允价值计量且其变动计入其他综合收益的金融资产核算。12 月 31 日，该股票的公允价值为 150 万元。税法规定，该类金融资产持有期间公允价值变动金额不计入应纳税所得额，待出售时一并计入应纳税所得额。

(6) 2×21 年 12 月 10 日，甲公司被乙公司提起诉讼，要求其赔偿未履行合同造成的经济损失。12 月 31 日，该诉讼尚未审结。甲公司预计很可能支出的金额为 100 万元。税法规定，该诉讼损失在实际发生时允许在税前扣除。

(7) 2×21 年计提产品质量保证金 160 万元，实际发生保修费用 80 万元。

(8) 2×21 年没有发生存货跌价准备的变动。

(9) 2×21 年没有发生交易性金融资产项目的公允价值变动。

甲公司预计在未来期间有足够的应纳税所得额用于抵扣可抵扣暂时性差异。

要求：根据上述资料，作出甲公司 2021 年下列项目的所得税会计处理（金额单位为万元，计算结果保留两位小数）：

(1) 计算甲公司 2×21 年应纳税所得额和应交所得税。

(2) 计算甲公司 2×21 年应确认的递延所得税和所得税费用。

(3) 编制甲公司 2×21 年确认所得税费用的相关会计分录。

【解析】

(1) 计算甲公司 2×21 年应纳税所得额和应交所得税。

甲公司 2×21 年应纳税所得额 =5 000－1 043.27×5%(事项 1)＋(1 500×5/15－1 500/5)(事项 3)＋10(事项 4)＋100(事项 6)＋(160－80)(事项 7)
=5 337.84(万元)

应交所得税=5 337.84×15%=800.68(万元)

(2) 计算甲公司 2×21 年应确认的递延所得税和所得税费用。

甲公司 2×21 年末“递延所得税资产”余额 =[15/15%＋(1 500×5/15－1 500/5)(事项 3)＋(200－150)(事项 5)＋100(事项 6)＋(160－80)(事项 7)]×25%
=132.5(万元)

“递延所得税资产”本期发生额=132.5－15=117.5(万元)

其中，事项 (5) 形成的递延所得税资产本期发生额=50×25%=12.5 万元，计入其他综合收益。

"递延所得税负债"期末余额＝7.5÷15%×25%＝12.5(万元)

"递延所得税负债"本期发生额＝12.5－7.5＝5(万元)

应确认的递延所得税费用＝－(117.5－12.5)＋5＝－100(万元)

所得税费用＝800.68－100＝700.68(万元)

(3) 甲公司 2×21 年确认所得税费用的相关会计分录为：

借：所得税费用	700.68	
递延所得税资产	117.50	
贷：应交税费——应交所得税		800.68
递延所得税负债		5.00
其他综合收益		12.50

【小结】暂时性差异——利用资产负债定义记忆法判定技巧

从会计定义看：

（1）资产代表经济利益的流入。账面资产金额越大（账面价值>计税基础），未来的经济利益流入就越多，就应当多缴税，形成递延所得税负债（应纳税暂时性差异）；反之，账面资产金额越小（账面价值<计税基础），未来的经济利益流入就越少，就应当少缴税，形成递延所得税资产（可抵扣暂时性差异）。

（2）负债代表经济利益的流出。账面负债金额越大（账面价值>计税基础），未来的经济利益流出就越多，可抵扣的费用就越多，就应当少缴税，形成递延所得税资产（可抵扣暂时性差异）；反之，账面负债金额越小（账面价值<计税基础），未来的经济利益流出就越少，可抵扣的费用就越少，就应当多缴税，形成递延所得税负债（应纳税暂时性差异）。

十、年终汇算清缴所得税会计处理

（1）按月或按季计算应预缴所得税额。

借：所得税费用

　贷：应交税费——应交所得税

（2）缴纳季度所得税时。

借：应交税费——应交所得税

　贷：银行存款

（3）次年 5 月 30 日前汇算清缴，全年应交所得税额减去已预缴税额，正数是应补税额。

借：以前年度损益调整

　贷：应交税费——应交所得税

（4）缴纳年度汇算清缴应纳税款。

借：应交税费——应交所得税

　贷：银行存款

(5) 重新分配利润。

借：利润分配——未分配利润

贷：以前年度损益调整

(6) 年度汇算清缴，如计算出全年应纳所得税额少于已预缴税额。

借：应交税费——应交所得税

贷：以前年度损益调整

(7) 重新分配利润。

借：以前年度损益调整

贷：利润分配——未分配利润

(8) 经税务机关审核批准退还多缴税款。

借：银行存款

贷：应交税费——应交所得税

(9) 对多缴所得税额不办理退税，用以抵缴下年度预缴所得税。

借：所得税费用

贷：应交税费——应交所得税

(10) 免税企业也要作分录。

借：所得税费用

贷：应交税费——应交所得税

借：应交税费——应交所得税

贷：资本公积

借：本年利润

贷：所得税费用

第三节 利润及利润分配的核算

一、本年利润的结转

(一) 结转本年利润的方法

1. 表结法

各损益类科目每月月末只需结计出本月发生额和月末累计余额，不结转到“本年利润”科目。只有在年末时才将全年累计余额结转入“本年利润”科目。

2. 账结法

每月月末均需编制转账凭证，将在账上结计出的各损益类科目的余额结转入“本年利润”科目。

（二）结转本年利润的会计处理

（1）会计期末，结转损益类账户到“本年利润”科目。

借：主营业务收入
　　其他业务收入
　　其他收益
　　资产处置损益（收益）
　　投资收益（收益）
　　公允价值变动损益（收益）
　　营业外收入
　贷：本年利润

同时

借：本年利润
　贷：主营业务成本
　　　其他业务成本
　　　税金及附加
　　　销售费用
　　　管理费用
　　　财务费用
　　　资产处置损益（损失）
　　　投资收益（损失）
　　　公允价值变动损益（损失）
　　　信用减值损失
　　　资产减值损失
　　　营业外支出
　　　所得税费用

【小结】账结法下“本年利润”账户每月有余额，贷方表示累计实现的盈利，借方为累计实现的亏损。

（2）年度终了，结转“本年利润”科目。

借：本年利润
　贷：利润分配——未分配利润

或作相反的会计分录。

结转后“本年利润”科目应无余额。

【小结】无余额的账户：

（1）损益类账户月末无余额，结转到本年利润。

（2）本年利润年末无余额，结转到利润分配。

（3）制造费用月末无余额，结转到生产成本。

（4）利润分配除“未分配利润”外，其他明细科目均无余额。

二、利润分配的核算

（一）利润分配的顺序

按照我国《公司法》有关规定，利润分配应按下列顺序进行：

第一步，计算可供分配的利润。将本年净利润（或净亏损）与年初未分配利润（或亏损）及其他转入（如盈余公积补亏转入）合并，计算出可供分配的利润。如果可供分配的利润为负数（即亏损），则不能进行后续分配；如果可供分配的利润为正数（即盈利），则进行后续分配。

$$\text{可供分配的利润}=\text{当年实现的净利润（或净亏损）}+\text{年初未分配利润（或一年初未弥补亏损）}+\text{其他转入}$$

第二步，计提法定盈余公积。公司分配当年税后利润时，应当提取净利润的10%列入公司法定公积金。公司法定公积金累计额为公司注册资本的50%以上的，可以不再提取。值得注意的是，法定盈余公积应以企业当年实现的净利润扣除用于弥补亏损后的余额为基数计提，而不是按可供分配的利润计提。因为企业当年可供分配的利润既包括当年实现的净利润，又包括年初未分配的利润，其中年初未分配利润于以前年度已经计提过法定盈余公积，故不应再作为计提法定盈余公积的依据。

第三步，计提任意盈余公积。公司从税后利润中提取法定公积金后，经股东会或者股东大会决议，还可以从税后利润中提取任意公积金（计提基数同法定盈余公积）。

第四步，向股东（投资者）支付股利（分配利润）。公司弥补亏损和提取公积金后所余税后利润，有限责任公司股东按实缴的出资比例分配红利，但是，全体股东约定不按照出资比例分红的除外。股份有限公司按照股东持有的股份比例分配，但股份有限公司章程规定不按持股比例分配的除外。

（二）利润分配的会计处理

企业应当设置“利润分配”账户用于核算利润的分配或亏损的弥补情况，以及历年积存的未分配利润或未弥补亏损。

1. 弥补以前年度亏损

企业弥补亏损的渠道主要有三个：

（1）用以后年度税前利润补亏（一般企业不超过5年）。

（2）用以后年度税后利润弥补。

【解读】 A公司2018年第一年经营，亏损30万元，记入“利润分配——未分配利润”科目的借方。2019年收入200万元，费用120万元，产生税前利润80万元。

1）此时，用税前利润 80 万元弥补以前年度的亏损 30 万元。净利润为 37.5 万元，转到“利润分配——未分配利润”科目的贷方，余额 37.5 万元。

2）如果此时用税后利润弥补以前年度的亏损，应该是用 80 万元直接计算所得税费用，净利润为 60 万元，“利润分配——未分配利润”科目余额为 30 万元。

3）用利润弥补亏损不需专门进行账务处理，以后年度实现利润弥补亏损时，将“本年利润”科目转入“利润分配——未分配利润”科目的贷方，其贷方发生额与“利润分配——未分配利润”科目的借方余额自然弥补。税前弥补和税后弥补只是在计算所得税时处理方法不同。以税前利润弥补亏损时，弥补的数额不需要计算所得税，“本年利润”科目不扣除该部分所得税即可转入“利润分配——未分配利润”科目。以税后利润弥补亏损时，弥补数额应先计算所得税，并在“本年利润”科目扣除后转入“利润分配——未分配利润”科目。

（3）以盈余公积弥补亏损。

【解读】某公司“利润分配——未分配利润”科目借方余额 30 万元，用盈余公积弥补亏损 30 万元，抵掉“利润分配——未分配利润”科目的借方余额。可简单地理解为“拆东墙补西墙”。

用盈余公积弥补亏损时，借记“盈余公积”科目，贷记“利润分配——盈余公积补亏”科目。

2. 提取盈余公积

借：利润分配——提取法定盈余公积
　　　　　　——提取任意盈余公积
　贷：盈余公积——法定盈余公积
　　　　　　——任意盈余公积

3. 向投资者分配利润

（1）分配现金股利。

借：利润分配——应付现金股利
　贷：应付股利

（2）用盈余公积分配股利。

借：盈余公积
　贷：应付股利/应付利润

（3）分配股票股利。

借：利润分配——转作股本的股利
　贷：股本
　　　资本公积——股本溢价

（4）应付股利或利润转增资本。

借：利润分配——转作股本的股利

贷：股本

4. 结转已分配利润

借：利润分配——未分配利润
  贷：利润分配——提取法定盈余公积
        ——提取任意盈余公积
        ——应付现金股利
借：利润分配——盈余公积补亏
  贷：利润分配——未分配利润

热点思考题

1. 暂时性差异和时间性差异有什么关系？
2. 如何理解转回时有足够的应纳税所得额来抵扣可抵扣暂时性差异？
3. 企业弥补亏损的方法有哪些？如何进行对应的会计处理？
4. 企业计提盈余公积的规定主要有哪些？
5. 如何计算“利润分配——未分配利润”账户的期末余额？

第十四章

财务报表列报

教学导向

(1) 熟练掌握资产负债表中关键项目的编制方法

(2) 熟练掌握利润表的列报方法

(3) 理解现金流量表的列报方法

(4) 了解所有者权益变动表的列报

(5) 了解财务报表附注的内容

课程思政

(1) 财务报表编制中的思政元素——财务报告编制时，手脑并用，处理票据业务要细心精确，审核原始单据要独立公正，编制记账凭证要规范，完成账簿的登记要及时，编制财务报表要没有水分。通过这些做法领悟会计是用数据说话、靠证据做事的职业文化本质

(2) 附注中的思政元素——信息披露需充分可信，言务清，言务尽

财务报表是对企业财务状况、经营成果和现金流量的结构性表述。列报是指交易和事项在报表中的列示和在附注中的披露。在财务报表的列报中，列示通常反映资产负债表、利润表、现金流量表和所有者权益（或股东权益，下同）变动表等报表中的信息；披露通常反映附注中的信息。

财务报表至少应当包括下列组成部分：

(1) 资产负债表。

(2) 利润表。

(3) 现金流量表。

(4) 所有者权益变动表。

(5) 附注。

财务报表的这些组成部分具有同等的重要程度。

第一节　资产负债表列报

一、资产负债表的概念与作用

（一）资产负债表的概念

资产负债表是反映企业在某一特定日期的财务状况的财务报表。例如，公历每年12月31日的财务状况反映的就是该日的情况。

它是根据“资产＝负债＋所有者权益”的会计等式，按照一定的分类标准和一定的顺序，把企业在一定日期的资产、负债、所有者权益的各项目予以适当的排列，并将日常工作中形成的大量数据进行高度浓缩整理后编制而成。

（二）资产负债表的作用

资产负债表主要提供有关企业财务状况方面的信息，即某一特定日期关于企业资产、负债、所有者权益及其相互关系的信息。资产负债表可以提供某一日期资产的总额及其结构，表明企业拥有或控制的资源及其分布情况，使用者可以一目了然地了解企业在某一特定日期所拥有的资产总量及其结构；可以提供某一日期的负债总额及其结构，表明企业未来需要用多少资产或劳务清偿债务以及清偿时间；可以反映所有者所拥有的权益，据以判断资本保值增值情况以及对负债的保障程度。此外，资产负债表还可以提供财务分析的基本资料，即报表使用者可以利用报表数据，计算出流动比率、速动比率等，从而有助于报表使用者作出经济决策。

二、资产负债表的列报

（一）资产负债表的列报格式

具体如表14－1所示。

表14－1　资产负债表

会企01表

编制单位：　　　　年　月　日　　　　单位：元

资产	期末余额	上年年末余额	负债和所有者权益（或股东权益）	期末余额	上年年末余额
流动资产：			流动负债：		
货币资金			短期借款		
交易性金融资产			交易性金融负债		
衍生金融资产			衍生金融负债		

续表

资产	期末余额	上年年末余额	负债和所有者权益（或股东权益）	期末余额	上年年末余额
应收票据			应付票据		
应收账款			应付账款		
应收款项融资			预收款项		
预付款项			合同负债		
其他应收款			应付职工薪酬		
存货			应交税费		
合同资产			其他应付款		
持有待售资产			持有待售负债		
一年内到期的非流动资产			一年内到期的非流动负债		
其他流动资产			其他流动负债		
流动资产合计			流动负债合计		
非流动资产：			非流动负债：		
债权投资			长期借款		
其他债权投资			应付债券		
长期应收款			其中：优先股		
长期股权投资			永续债		
其他权益工具投资			租赁负债		
其他非流动金融资产			长期应付款		
投资性房地产			预计负债		
固定资产			递延收益		
在建工程			递延所得税负债		
生产性生物资产			其他非流动负债		
油气资产			非流动负债合计		
使用权资产			负债合计		
无形资产			所有者权益（或股东权益）：		
开发支出			实收资本（或股本）		
商誉			其他权益工具		
长期待摊费用			其中：优先股		
递延所得税资产			永续债		
其他非流动资产			资本公积		
非流动资产合计			减：库存股		
			其他综合收益		
			专项储备		
			盈余公积		
			未分配利润		
			所有者权益（或股东权益）合计		
资产总计			负债和所有者权益（或股东权益）总计		

【延伸思考】资产负债表的两大缺陷

1. 资产遗漏

从当前的企业现实来看，资产负债表至少遗漏了两项重要资产：人力资源、数据资产。尤其是人力资源在报表上的缺席，将使财务报告的目标难以达到预期。

2. 混合计量

资产负债表中对资产计量采取多种计量属性并存的方式，实物形态的资产如存货、固定资产等以历史成本计量，盘盈资产按重置价值计量，一部分存货按可变现净值计量（当可变现净值低于账面成本时），货币资金和一部分应收款按现值计量（当其未来现金流量现值低于账面价值时），金融资产一部分按摊余成本计量，另一部分按公允价值计量。资产总计可能是多种计量属性计量结果的合计。

（二）一般企业资产负债表关键项目的具体填列

（1）流动资产关键项目的填列方法（如表 14－2 所示）。

表 14－2

报表项目	数据来源（账户期末余额）
货币资金	库存现金＋银行存款＋其他货币资金
应收票据	应收票据－对应的坏账准备
应收账款	应收账款借方明细账余额＋预收账款借方明细账余额－对应的坏账准备
预付款项	预付账款借方明细账余额＋应付账款借方明细账余额－对应的坏账准备
其他应收款	应收利息＋应收股利＋其他应收款－对应的坏账准备
存货	（材料采购＋原材料＋在途物资＋周转材料＋委托加工物资＋委托代销商品＋受托代销商品＋生产成本＋制造费用＋合同履约成本＋合同取得成本＋库存商品＋发出商品）－存货跌价准备－受托代销商品款－合同履约成本减值准备－合同取得成本减值准备±材料成本差异±商品进销差价
合同资产	合同资产－合同资产减值准备
持有待售资产	持有待售资产－持有待售资产减值准备
一年内到期的非流动资产	注意：折旧（或摊销、折耗）方法进行后续计量的固定资产、使用权资产、无形资产和长期待摊费用等非流动资产折旧（或摊销、折耗）年限（或期限）只剩一年或不足一年的，或预计在一年内（含一年）进行折旧（或摊销、折耗）的部分，不得归类为流动资产，仍在各该非流动资产项目中填列，不转入“一年内到期的非流动资产”项目
其他流动资产	应收的退货成本（属于流动资产的）＋应交税费借方余额等

【延伸思考】存货项目的填列方法

资产负债表中的“存货”项目包含的内容丰富、种类很多。通常的存货就是制造业企业库存的原材料和商品，商品流通企业的库存商品。然而编制资产负债表时必须全面考虑，否则会计信息就可能不完整准确。

1. 制造业企业“生产成本”账户与“存货”项目的关系

制造业企业生产产品的程序简单而言就是：采购部门采购原材料—生产车间领用原材料加工制作—产品完工入库等待销售。采购原材料时，原材料增加，借记“原材料”账户；耗用原材料时，原材料减少，借记“生产成本”账户，贷记“原材料”账户，即原材料金额转到生产成本中去了。如果到期末产品未完工，则领用的原材料还处在生产车间加工过程中，即在产品。在产品的价值额就是加工过程中耗用的材料成本、人工费、水电费等各项之和。而在产品属于存货，对应于在产品的存货金额就是“生产成本”账户的余额。

2. 建筑工程工程物资与“存货”项目的关系

企业从事建筑工程业务需要购买工程物资，购买时记入“工程物资”账户借方，到期末工程未完工，物资未领用完，实际上是企业的存货，但不列入资产负债表“存货”项目中。为什么？工程物资是为建造固定资产而储备的，属于非流动资产，而“存货”项目是列示在流动资产中的。故资产负债表非流动资产下的“在建工程”项目应包含工程物资。

3. 房地产企业开发的商品房与“存货”项目的关系

房地产企业开发的商品房虽然单位价值高、使用年限长，但并不是房地产企业的固定资产，开发过程中通过“开发产品”账户核算，期末列入资产负债表的“存货”项目。

4. 建筑企业承接建造的房产与“存货”项目的关系

建筑企业承接房地产业务建造的房产不属于其固定资产，建造过程中通过“工程施工”账户核算，期末列入资产负债表的“存货”项目。

（2）非流动资产关键项目的填列方法（如表14－3所示）。

表14－3

报表项目	数据来源（账户期末余额）
债权投资（其他债权投资）	债权投资－债权投资减值准备——一年内到期的长期债权投资的期末账面价值（“其他债权投资”项目填列同上）
长期应收款	长期应收款－未实现融资收益－对应的坏账准备
长期股权投资	长期股权投资－长期股权投资减值准备
投资性房地产	投资性房地产－投资性房地产累计折旧（摊销）－投资性房地产减值准备
固定资产	（固定资产－累计折旧－固定资产减值准备）＋固定资产清理

续表

报表项目	数据来源（账户期末余额）
在建工程	(在建工程－在建工程减值准备)＋(工程物资－工程物资减值准备)
使用权资产	使用权资产－使用权资产累计折旧－使用权资产减值准备
无形资产	无形资产－累计摊销－无形资产减值准备
长期待摊费用	注意：长期待摊费用中在一年内（含一年）摊销的部分，仍然在本项目中反映，不得转入资产负债表“一年内到期的非流动资产”项目填列

（3）流动负债关键项目的填列方法（如表 14－4 所示）。

表 14－4

报表项目	数据来源（账户期末余额）
应付账款	应付账款明细账贷方余额＋预付账款明细账贷方余额
预收款项	预收账款明细账借方余额＋应收账款明细账借方余额
应交税费	期末借方余额在“其他流动资产”项目列示；期末贷方余额在本项目列示
其他应付款	应付利息＋应付股利＋其他应付款
一年内到期的非流动负债	非流动负债中将于资产负债表日后一年内到期部分的金额合计

（4）非流动负债关键项目的填列方法（如表 14－5 所示）。

表 14－5

报表项目	数据来源（账户期末余额）
长期借款	长期借款－一年内到期的长期借款
应付债券	应付债券－一年内到期的应付债券
租赁负债	租赁负债－一年内到期的租赁负债
长期应付款	长期应付款－未确认融资费用＋专项应付款
递延收益	注意：摊销期限只剩一年或不足一年的，或预计在一年内（含一年）进行摊销的部分，不得归类为流动负债，仍在本项目填列，不得转入“一年内到期的非流动负债”项目

（5）所有者权益关键项目的填列方法（如表 14－6 所示）。

表 14－6

报表项目	数据来源（账户期末余额）
其他综合收益	注意：“其他综合收益”科目与“资本公积”科目相区分
未分配利润	本年利润＋利润分配；未弥补的亏损在本项目内以“－”号填列

【例题 1・多选题】甲公司 20×8 年 12 月 31 日持有的部分资产和负债项目包括：

（1）准备随时出售的交易性金融资产 2 600 万元；

（2）因内部研发活动予以资本化的开发支出 1 200 万元，该开发活动形成的资产至 20×8 年底尚未达到预定可使用状态；

（3）将于 20×9 年 3 月 2 日到期的银行借款 2 000 万元，甲公司正在与银行协商将其展期 2 年；

（4）账龄在一年以上的应收账款 3 400 万元。

不考虑其他因素，上述资产和负债在甲公司20×8年12月31日资产负债表中应当作为流动性项目列报的有（　　）。

A. 开发支出　　　　B. 银行借款

C. 应收账款　　　　D. 交易性金融资产

【正确答案】 BCD

【答案解析】 选项A，属于非流动性项目；选项B，该借款一年内到期，并且企业无权自主地将清偿义务推迟至资产负债表日起一年以上（需要与银行协商并且未协商确定完毕），因此应归类为流动性项目；选项C，企业应收账款均应归类为流动性项目；选项D，交易性金融资产，准备随时出售，应归类为流动性项目。

【例题2·多选题】 2×16年末甲公司与财务报表列报相关的事项如下：

（1）购买的国债将于2×17年5月到期；

（2）乙公司定制的产品尚在加工中，预计将于2×18年10月完工并交付乙公司；

（3）发行的公司债券2×17年11月到期兑付；

（4）向银行借入的款项预计将于2×17年6月到期，但甲公司可以自主地将清债义务延期至2×19年6月，甲公司预计将延期两年清偿该债务。

不考虑其他因素，下列各项关于甲公司上述事项于2×16年末资产负债表列报的表述中，正确的有（　　）。

A. 甲公司可自主展期的银行借款作为流动负债列报

B. 为乙公司加工的定制产品作为流动资产列报

C. 甲公司发行的将于2×17年11月到期兑付的债券作为流动负债列报

D. 甲公司持有的将于2×17年5月到期的国债作为流动资产列报

【正确答案】 BCD

【答案解析】 选项A，甲公司可以自主延期的银行借款，已经决定延期支付的，作为非流动负债列示。

三、资产负债表编制实例

【例题3·综合题】 A公司属于增值税一般纳税人，适用的增值税税率为13%，适用的所得税税率为25%。材料按实际成本进行日常核算。

（1）2×21年12月31日有关总账科目余额如表14-7所示。

表14-7　　单位：元

科目名称	年末余额		科目名称	年末余额	
	借方	贷方		借方	贷方
库存现金	3 000		累计折旧		1 160 000
银行存款	750 000		工程物资	80 000	
其他货币资金	350 000		在建工程	360 000	

续表

科目名称	年末余额		科目名称	年末余额	
	借方	贷方		借方	贷方
交易性金融资产	64 000		无形资产	250 000	
应收票据	85 000		长期待摊费用	75 000	
应收账款	875 000		递延所得税负债		4 500
坏账准备		3 500	短期借款		200 000
预付账款	100 000		应付票据		120 000
其他应收款	5 000		应付账款		350 000
在途物资	450 000		合同负债		235 000
原材料	500 000		应付职工薪酬		18 000
周转材料	250 000		应交税费		102 000
库存商品	280 000		应付股利		21 000
发出商品	20 000		应付利息		1 800
委托代销商品	50 000		其他应付款		2 000
生产成本	40 000		长期借款		1 400 000
存货跌价准备		90 000	应付债券		500 000
应收股利	30 000		长期应付款		600 000
应收利息	8 000		预计负债		20 000
债权投资	160 000		股本		5 000 000
债权投资减值准备		10 000	资本公积		201 200
长期股权投资	340 000		盈余公积		510 000
长期股权投资减值准备		90 000	利润分配		286 000
固定资产	5 800 000				

(2) 2×21 年 12 月 31 日有关总账科目与所属明细账科目余额如表 14-8 所示。

表 14-8　　单位：元

总账科目	明细科目	本年余额	
		借方	贷方
应付账款	应付 C 公司账款		400 000
	应付 D 公司账款	50 000	
预付账款	预付 E 公司账款	120 000	
	预付 F 公司账款		20 000

(3) 其他资料。

1)"坏账准备"科目年末余额根据"应收账款"项目提取；

2)"债权投资"科目年末借方余额 160 000 元中含一年内到期的债权投资 50 000 元；

3)"长期待摊费用"科目年末借方余额 75 000 元中含一年内应摊销的费用 12 000 元；

4)"长期借款"科目年末贷方余额 1 400 000 元中含一年内到期的借款 400 000 元；

5）“应付债券”科目年末余额500 000元中含一年内到期的应付债券200 000元。

【解析】A公司2×21年12月31日的资产负债表如表14-9所示。

表14-9　资产负债表

会企01表

编制单位：A公司　　2×21年12月31日　　单位：元

资产	期末余额	上年年末余额（略）	负债和所有者权益（或股东权益）	期末余额	上年年末余额（略）
流动资产：			流动负债：		
货币资金	1 103 000		短期借款	200 000	
交易性金融资产	64 000		交易性金融负债		
衍生金融资产			衍生金融负债		
应收票据	85 000		应付票据	120 000	
应收账款	871 500		应付账款	420 000	
预付款项	170 000		预收款项		
其他应收款	43 000		合同负债	235 000	
存货	1 500 000		应付职工薪酬	18 000	
合同资产			应交税费	102 000	
持有待售资产			其他应付款	24 800	
一年内到期的非流动资产	50 000		持有待售负债		
其他流动资产			一年内到期的非流动负债	600 000	
流动资产合计	3 886 500		其他流动负债		
非流动资产：			流动负债合计	1 719 800	
债权投资	100 000		非流动负债：		
其他债权投资			长期借款	1 000 000	
长期应收款			应付债券	300 000	
长期股权投资	250 000		其中：优先股		
其他权益工具投资			永续债		
其他非流动金融资产			长期应付款	600 000	
投资性房地产			预计负债	20 000	
固定资产	4 640 000		递延收益		
在建工程	440 000		递延所得税负债	4 500	
生产性生物资产			其他非流动负债		
油气资产			非流动负债合计	1 924 500	
无形资产	250 000		负债合计	3 644 300	
开发支出			所有者权益（或股东权益）：		
商誉			实收资本（股本）	5 000 000	
长期待摊费用	75 000		其他权益工具		

续表

资产	期末余额	上年年末余额（略）	负债和所有者权益（或股东权益）	期末余额	上年年末余额（略）
递延所得税资产			其中：优先股		
其他非流动资产			永续债		
非流动资产合计	5 755 000		资本公积	201 200	
			减：库存股		
			其他综合收益		
			盈余公积	510 000	
			未分配利润	286 000	
			所有者权益（或股东权益）合计	5 997 200	
资产总计	9 641 500		负债和所有者权益合计	9 641 500	

第二节　利润表列报

一、利润表的原理与作用

（一）利润表的原理

利润表也称损益表、收益表，是反映企业在一定会计期间的经营成果的动态财务报表。

利润表编制的原理是“收入－费用＝利润”的会计平衡公式和收入与费用的配比原则。

利润表的列报必须充分反映企业经营业绩的主要来源和构成。

（二）利润表的作用

（1）有助于使用者判断净利润的质量及其风险、预测净利润的持续性，从而帮助其作出正确的决策。通过利润表，可以反映企业一定会计期间收入的实现情况，如实现的营业收入有多少、实现的投资收益有多少、实现的营业外收入有多少等；还可以反映一定会计期间的费用耗费情况，如耗费的营业成本有多少，税金及附加有多少，销售费用、管理费用、财务费用各有多少，营业外支出有多少等；还可以反映企业生产经营活动的成果，即净利润的实现情况，据以判断资本保值增值等情况。

（2）利润表中的信息与资产负债表中的信息相结合，还可以提供进行财务分析的基本资料。例如，将赊销收入净额与应收账款平均余额进行比较，计算出应收账款周转率；将销货成本与存货平均余额进行比较，计算出存货周转率；将净利润与资产总额进行比较，计算出资产收益率等，可以反映企业资金周转情况及企业的盈利能力和水平，便于报表使用者判断企业未来的发展趋势，作出经济决策。

二、利润表的结构

目前国际上利润表的格式有两种：单步式和多步式。

我国主要是多步式，格式如表14-10所示。

表14-10 利润表

会企02表

编制单位： 年 月 单位：元

项目	本期金额	上期金额
一、营业收入		
减：营业成本		
税金及附加		
销售费用		
管理费用		
研发费用		
财务费用		
其中：利息费用		
利息收入		
加：其他收益		
投资收益（损失以“－”号填列）		
其中：对联营企业和合营企业的投资收益		
净敞口套期收益（损失以“－”号填列）		
公允价值变动收益（损失以“－”号填列）		
信用减值损失（损失以“－”号填列）		
资产减值损失（损失以“－”号填列）		
资产处置收益（损失以“－”号填列）		
二、营业利润（亏损以“－”号填列）		
加：营业外收入		
减：营业外支出		
三、利润总额（亏损总额以“－”号填列）		
减：所得税费用		
四、净利润（净亏损以“－”号填列）		
（一）持续经营净利润（净亏损以“－”号填列）		
（二）终止经营净利润（净亏损以“－”号填列）		
五、其他综合收益的税后净额		
（一）不能重分类进损益的其他综合收益		
1. 重新计量设定受益计划变动额		
2. 权益法下不能转损益的其他综合收益		

续表

项目	本期金额	上期金额
3. 其他权益工具投资公允价值变动		
4. 企业自身信用风险公允价值变动		
……		
（二）将重分类进损益的其他综合收益		
1. 权益法下可转损益的其他综合收益		
2. 其他债权投资公允价值变动		
3. 金融资产重分类计入其他综合收益的金额		
4. 其他债权投资信用减值准备		
5. 现金流量套期储备		
6. 外币财务报表折算差额		
……		
六、综合收益总额		
七、每股收益		
（一）基本每股收益		
（二）稀释每股收益		

三、利润表关键项目编制列报方法

具体如表 14 - 11 所示。

表 14 - 11

项目	列报方法
税金及附加	不含增值税，含房产税、城镇土地使用税、车船税、印花税
管理费用	“管理费用”科目下的“研发费用”明细项目单独列报，不包括在本项目内
财务费用	需分利息费用、利息收入明细列报，正数为利息净支出，负数为利息净收入
利息费用	只含费用化的利息支出，不包括资本化的利息支出
其他收益	只包含与企业日常活动相关的计入当期收益的政府补助，与企业日常活动无关的政府补助通过“营业外收入”项目列报
营业外收入	不再包括债务重组利得、处置非流动资产形成的利得项目
营业外支出	不再包括债务重组损失、处置非流动资产形成的损失项目
重新计量设定受益计划变动额	根据《企业会计准则第 9 号——职工薪酬》，有设定受益计划形式离职后福利的企业应当将重新计量设定受益计划净负债或净资产导致的变动计入其他综合收益，并且在后续会计期间不允许转回至损益
其他综合收益的税后净额	其他综合收益一所得税；例如，其他权益工具投资初始成本 800 万元，期末公允价值 1 200 万元，浮动盈余 400 万元，则会计处理为： 借：其他权益工具投资　400 　贷：其他综合收益　400 借：其他综合收益　100 　贷：递延所得税负债　100 其他综合收益的税后净额＝400－100＝300 万元。 另外，企业应当在附注中详细披露其他综合收益各项目及其所得税影响，以及原计入其他综合收益、当期转入损益的金额等信息

【延伸思考】资产处置损益

财政部在 2017 年公布的修订一般企业财务报表格式的通知中，就增加了“资产处置损益”会计科目和“资产处置收益”报表项目，在利润表中单列了“资产处置收益”项目，作为营业利润的组成部分。对于资产处置损益应把握以下几点：

（1）资产。仅指固定资产、在建工程、生产性生物资产和无形资产，不包括存货、应收账款、消耗性生物资产等流动资产，也不包括金融工具、长期股权投资、投资性房地产等。

（2）处置。包括转让、交换、投资等形式，不包括报废、注销等。

（3）损益。不包括涉及流动资产的债务重组、非货币性资产交换的利得和损失、子公司处置损益等。

（4）变化。在原会计准则中，将企业出售、报废、毁损、交换、转让、投资转出等行为导致的固定资产、无形资产、在建工程、生产性生物资产等产生的收入大于支出的净额一律作为利得，记入“营业外收入”账户，产生的收入小于支出的净额一律作为损失，记入“营业外支出”账户。在利润表中，营业外收入和支出是排除在营业利润之外的。本次变化后，因转让、交换、投资导致固定资产、无形资产、在建工程、生产性生物资产转出而产生的收支净额将计入营业利润，作为企业业绩的组成部分。

四、利润表编制实例

【例题 4 · 综合题】甲公司 2×21 年度损益类账户的累计发生净额如表 14－12 所示。

表 14－12　甲公司 2×21 年度损益类账户的累计发生净额　　单位：元

账户名称	借方发生额	贷方发生额
主营业务收入	120 000	57 620 000
主营业务成本	26 000 000	80 000
税金及附加	7 500 000	
其他业务收入		7 500 000
其他业务成本	2 800 000	
销售费用	7 450 000	
管理费用	4 600 000	
财务费用	1 000 000	
公允价值变动损益		450 000
资产减值损失	150 000	
投资收益	200 000	10 300 000
资产处置损益	170 000	

续表

账户名称	借方发生额	贷方发生额
营业外收入		1 650 000
营业外支出	805 000	
所得税费用	9 906 600	

注：管理费用中含研发支出 1 600 000 元；财务费用中含利息费用 1 100 000 元，利息收入 100 000 元；投资收益中含对联营企业的投资收益 2 000 000 元；该公司年初发行在外的普通股股数为 8 000 万股，2×21 年 4 月 1 日增发普通股 2 000 万股，股份以发行时间按月数计算。

【解析】 甲公司 2×21 年度利润表如表 14－13 所示。

表 14－13 利润表

会企 02 表

编制单位：甲公司　　　　2×21 年度　　　　单位：元

项目	本期金额	上期金额（略）
一、营业收入	65 000 000	
减：营业成本	28 720 000	
税金及附加	7 500 000	
销售费用	7 450 000	
管理费用	3 000 000	
研发费用	1 600 000	
财务费用	1 000 000	
其中：利息费用	1 100 000	
利息收入	100 000	
加：其他收益		
投资收益（损失以“—”号填列）	10 100 000	
其中：对联营企业和合营企业的投资收益	2 000 000	
净敞口套期收益（损失以“—”号填列）		
公允价值变动收益（损失以“—”号填列）	450 000	
信用减值损失（损失以“—”号填列）		
资产减值损失（损失以“—”号填列）	—150 000	
资产处置收益（损失以“—”号填列）	—170 000	
二、营业利润（亏损以“—”号填列）	25 960 000	
加：营业外收入	1 650 000	
减：营业外支出	805 000	
三、利润总额（亏损总额以“—”号填列）	26 805 000	
减：所得税费用	9 906 600	
四、净利润（净亏损以“—”号填列）	16 898 400	
（一）持续经营净利润（净亏损以“—”号填列）	16 898 400	
（二）终止经营净利润（净亏损以“—”号填列）		

续表

项目	本期金额	上期金额（略）
五、其他综合收益的税后净额		
（一）不能重分类进损益的其他综合收益		
1. 重新计量设定受益计划变动额		
2. 权益法下不能转损益的其他综合收益		
3. 其他权益工具投资公允价值变动		
4. 企业自身信用风险公允价值变动		
……		
（二）将重分类进损益的其他综合收益		
1. 权益法下可转损益的其他综合收益		
2. 其他债权投资公允价值变动		
3. 金融资产重分类计入其他综合收益的金额		
4. 其他债权投资信用减值准备		
5. 现金流量套期储备		
6. 外币财务报表折算差额		
……		
六、综合收益总额		
七、每股收益		
（一）基本每股收益	0.18	
（二）稀释每股收益		

第三节　现金流量表列报

一、现金流量表概述

（一）现金流量表的概念

现金流量表是反映企业一定会计期间现金和现金等价物流入和流出的报表。

现金是指企业的库存现金以及可以随时用于支付的存款，包括库存现金、银行存款、其他货币资金，不能随时用于支取的存款不属于现金。

现金等价物是指企业持有的期限短、流动性强、易于转换为已知金额现金、价值变动风险很小的投资。其中，期限短一般是指从购买日起 3 个月内到期，如可在证券市场上流通的 3 个月内到期的短期债券等。现金等价物虽然不是现金，但其支付能力与现金的差别不大，可视为现金。例如，企业为保证支付能力，手持必要的现金，为了不使现金闲置，可以购买短期债券，在需要现金时，随时可以变现。

现金等价物的定义本身包含判断一项投资是否属于现金等价物的四个条件。其中，期限短、流动性强，强调了变现能力，而易于转换为已知金额的现金、价值变动风险很小，则强调了支付能力的大小。现金等价物通常包括3个月内到期的短期债券投资。权益性投资变现的金额通常不确定，因而不属于现金等价物。企业应当根据具体情况，确定现金等价物的范围，一经确定不得随意变更。

【例题5·单选题】下列各项中，能够引起现金流量净额发生变动的是（　　）。

A. 以存货抵偿债务

B. 以银行存款支付采购款

C. 将现金存为银行活期存款

D. 以银行存款购买2个月内到期的债券投资

【正确答案】B

【答案解析】选项A，不涉及现金流量净额变动；选项C，银行活期存款属于现金，不涉及现金流量净额的变动；选项D，2个月内到期的债券投资属于现金等价物，不涉及现金流量净额的变动。

（二）现金流量表的作用

1. 能够说明企业一定期间内现金流入和流出的原因

现金流量表将现金流量划分为经营活动、投资活动和筹资活动产生的现金流量，并按照现金流入和现金流出项目分别反映。例如，企业当期从银行借入500万元，偿还银行利息3万元，在现金流量表的筹资活动产生的现金流量中分别反映为“取得借款收到的现金500万元”“分配股利、利润或偿付利息支付的现金3万元”。因此，通过现金流量表能够清晰地反映企业现金流入和流出的原因，即现金从哪里来，又用到哪里去。这些信息是资产负债表和利润表所不能提供的。

2. 能够说明企业的偿债能力和支付股利的能力

投资者投入资金、债权人提供企业短期或长期使用的资金，主要是为了获利。通常情况下，报表阅读者比较关注企业的获利情况，并且往往以获得利润的多少作为衡量标准。企业获利多少在一定程度上表明了企业具有一定的现金支付能力。但是，企业一定期间内获得的利润并不代表企业真正具有偿债或支付能力。在某些情况下，虽然企业利润表上反映的经营业绩很可观，但财务困难，不能偿还到期债务。还有些企业虽然利润表上反映的经营成果并不可观，却有足够的偿付能力。产生这种情况有诸多原因，会计核算采用的权责发生制、配比原则等所含的估计因素也是其主要原因之一。现金流量表完全以现金的收支为基础，消除了会计核算中由于会计估计等所产生的获利能力和支付能力。通过现金流量表能够了解企业现金流入的构成，分析企业偿债和支付股利的能力，增强投资者的投资信心和债权人收回债权的信心；通过现金流量表，投资者和债权人可了解企业获取现金的能力和现金偿付的能力，从而使有限的社会资源流向最能产生效益的地方。

3. 可以用来分析企业未来获取现金的能力

现金流量表反映企业一定期间内的现金流入和流出的整体情况，说明企业现金从哪里来，又用到哪里去。现金流量表中的经营活动产生的现金流量，代表企业运用其经济资源创造现金流量的能力；投资活动产生的现金流量，代表企业运用资金产生现金流量的能力；筹资活动产生的现金流量，代表企业筹资获得现金流量的能力。通过现金流量表及其他财务信息，可以分析企业未来获取或支付现金的能力。例如，企业通过银行借款筹得资金，在本期现金流量表中反映为现金流入，但意味着未来偿还借款时要流出现金。又如，本期应收未收的款项，在本期现金流量表中虽然没有反映为现金的流入，但意味着未来将会有现金流入。

4. 可以用来分析企业投资和理财活动对经营成果和财务状况的影响

资产负债表能够提供企业一定日期的财务状况，它所提供的是静态的财务信息，并不能反映财务状况变动的原因，也不能表明这些资产、负债给企业带来多少现金，又用去多少现金。利润表虽然反映企业一定期间的经营成果，提供动态的财务信息，但利润表只能反映利润的构成，不能反映经营活动、投资活动和筹资活动给企业带来多少现金，又支付多少现金，而且利润表不能反映投资活动和筹资活动的全部事项。现金流量表提供一定时期现金流入和流出的动态财务信息，表明企业在报告期内由经营活动、投资活动和筹资活动获得多少现金，企业获得的这些现金是如何运用的，能够说明资产、负债、净资产变动的原因，对资产负债表和利润表起到补充说明的作用。现金流量表是连接资产负债表和利润表的桥梁。

5. 能够提供不涉及现金的投资活动和筹资活动的信息

现金流量表除了反映企业与现金有关的投资活动和筹资活动外，还通过补充资料（附注）方式提供不涉及现金的投资活动和筹资活动方面的信息，使报表使用者能够全面了解和分析企业的投资活动和筹资活动。

6. 便于和国际惯例相协调

目前世界许多国家都要求企业编制现金流量表，如美国、英国、澳大利亚、加拿大等。我国企业编制现金流量表后，将对开展跨国经营、境外筹资、加强国际经济合作起到积极的作用。

二、现金流量表的架构

现金流量表由表首和正表组成。表首概括地说明报表的名称、编制单位、编制日期、报表编号、货币名称、计量单位等。正表反映现金流量表的各个项目内容，具体包括经营活动产生的现金流量、投资活动产生的现金流量、筹资活动产生的现金流量、汇率变动对现金及现金等价物的影响、现金及现金等价物净增加额、期末现金及现金等价物余额，如图 14－1 及表 14－14 所示。

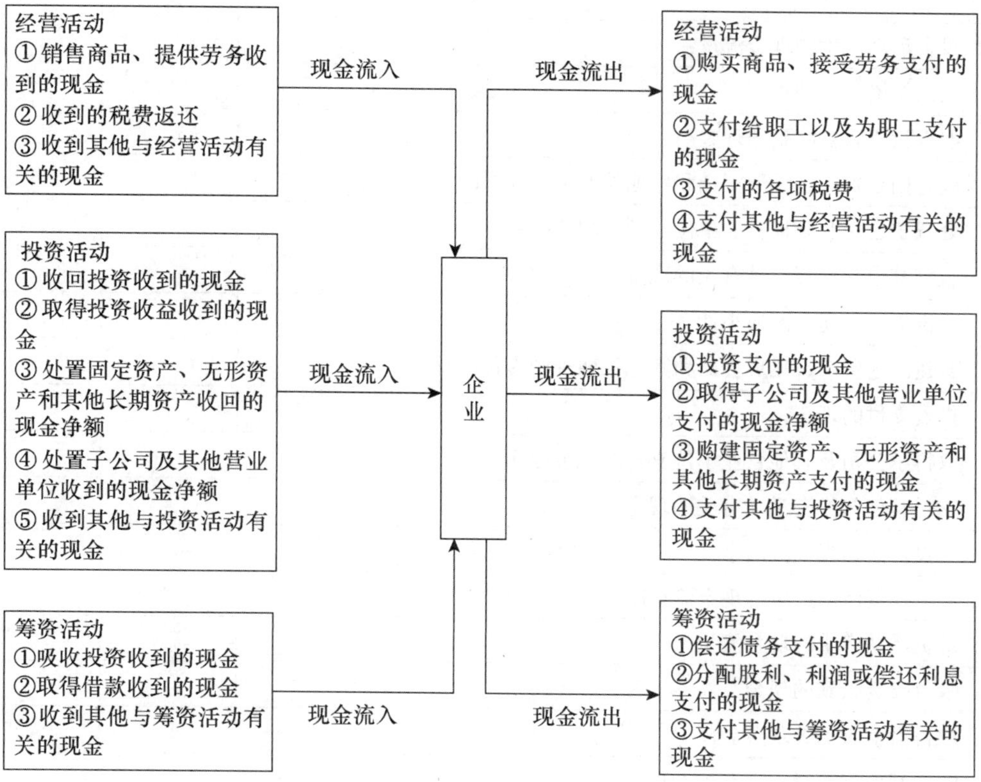

图 14－1　企业现金流入与流出示意图

表 14－14　现金流量表

会企 03 表

编制单位：　　　　　　　　年　月　　　　　　　　单位：元

项目	本期金额	上期金额
一、经营活动产生的现金流量：		
销售商品、提供劳务收到的现金		
收到的税费返还		
收到其他与经营活动有关的现金		
经营活动现金流入小计		
购买商品、接受劳务支付的现金		
支付给职工以及为职工支付的现金		
支付的各项税费		
支付其他与经营活动有关的现金		
经营活动现金流出小计		
经营活动产生的现金流量净额		

续表

项目	本期金额	上期金额
二、投资活动产生的现金流量：		
收回投资收到的现金		
取得投资收益收到的现金		
处置固定资产、无形资产和其他长期资产收回的现金净额		
处置子公司及其他营业单位收到的现金净额		
收到其他与投资活动有关的现金		
投资活动现金流入小计		
购建固定资产、无形资产和其他长期资产支付的现金		
投资支付的现金		
取得子公司及其他营业单位支付的现金净额		
支付其他与投资活动有关的现金		
投资活动现金流出小计		
投资活动产生的现金流量净额		
三、筹资活动产生的现金流量：		
吸收投资收到的现金		
取得借款收到的现金		
收到其他与筹资活动有关的现金		
筹资活动现金流入小计		
偿还债务支付的现金		
分配股利、利润或偿付利息支付的现金		
支付其他与筹资活动有关的现金		
筹资活动现金流出小计		
筹资活动产生的现金流量净额		
四、汇率变动对现金及现金等价物的影响		
五、现金及现金等价物净增加额		
加：期初现金及现金等价物余额		
六、期末现金及现金等价物余额		

【例题6·单选题】下列各项现金流量中，属于投资活动产生的现金流量的是（　　）。

A. 将销售产品产生的应收账款申请保理取得的现金，且银行对于标的债权具有追索权

B. 收到的活期存款利息

C. 库存商品换取长期股权投资的交易中，以银行存款支付补价

D. 以银行存款购买2个月内到期的债券投资

【正确答案】C

【答案解析】选项 A，属于筹资活动产生的现金流量；选项 B，属于经营活动产生的现金流量；选项 D，现金流量没有发生变动。

【例题 7·多选题】对非金融企业而言，下列各项交易或事项产生的现金流量中，属于现金流量表中投资活动产生的现金流量的有（　　）。

A. 收到贴现银行承兑汇票的款项

B. 收到保险公司因固定资产火灾损失支付的赔款

C. 支付购买可随时出售的交易性金融资产的价款

D. 支付购建固定资产专门借款的利息

【正确答案】BC

【答案解析】选项 A，如果是不附追索权的贴现收到的现金，属于经营活动产生的现金流量，如果是附追索权的贴现收到的现金，属于筹资活动产生的现金流量；选项 D，属于筹资活动产生的现金流量。

三、现金流量表的编报

（一）现金流量表的编制基础

现金流量表的编制基础是收付实现制。在编制现金流量表时，应当调整那些因运用权责发生制原则而增减了本期的净利润但并没有增加或减少现金的一些收益和费用、支出及存货、应收应付等项目。

（二）经营活动产生的现金流量

1. 销售商品、提供劳务收到的现金

销售商品、提供劳务收到的现金＝主营业务收入＋其他业务收入（一般指的是销售材料、提供劳务）＋(应收票据的期初余额－期末余额)＋(应收账款的期初余额－期末余额)＋(预收账款的期末余额－期初余额)＋本期销项税发生额－应收项的意外减少（指的是不兑现的应收项减少，主要包括：坏账准备的发生；票据贴现造成的借记财务费用额；非现金抵账；等等)＋收回以前的坏账。

【例题 8·单选题】甲公司的主营业务是销售商品，其他业务是提供运输劳务，当年利润表中主营业务收入为 4 500 万元，销项税发生额为 585 万元，其他业务收入为 650 万元。资产负债表中应收账款年初数为 700 万元、年末数为 660 万元，应收票据年初数为 120 万元、年末数为 150 万元，预收款项年初数为 89 万元、年末数为 66 万元。本年不带息应收票据贴现 400 万元，贴现息为 5 万元，坏账准备的年初余额为 35 万元、年末余额为 72 万元，本年收回上年的坏账 4 万元。根据以上资料，本期现金流量表中的“销售商品、提供劳务收到的现金”项目填列的金额为（　　）万元。

A. 5 784　　B. 4 790　　C. 5 684　　D. 5 809

【正确答案】 C

【答案解析】 销售商品、提供劳务收到的现金＝4 500＋650＋(120－150)＋(700－660)＋(35－72)＋(66－89)＋585－5＋4＝5 684 万元。

2. 收到的税费返还

企业收到返还的各种税费，如收到的增值税、所得税、消费税、关税和教育费附加返还款等。

【例题9·实操题】 甲企业前期出口商品一批，已缴纳增值税，按规定应退增值税6 800元，前期未退，本期以转账方式收讫；本期收到退回的消费税税款16 000元、教育费附加返还款33 000元，款项已存入银行。

【解析】

收到的税费返还＝6 800＋16 000＋33 000＝55 800(元)

3. 收到其他与经营活动有关的现金

例如，罚款收入、经营租赁固定资产收到的现金、投资性房地产收到的租金收入、流动资产损失中由个人赔偿的现金收入、除税费返还外的其他政府补助收入等。

【延伸思考】 与政府补助有关的现金流量表的列示

企业实际收到的政府补助，无论是与资产相关还是与收益相关，在编制现金流量表时均作为经营活动产生的现金流量列报。

4. 购买商品、接受劳务支付的现金

购买商品、接受劳务支付的现金＝主营业务成本＋其他业务成本（对应存货减少的部分，如销售材料结转的成本)＋存货的意外减少（指的是未对应“主营业务成本”和“其他业务成本”的存货减少部分，如管理部门领用材料)＋(存货的期末余额－期初余额)＋(应付票据的期初余额－期末余额)＋(应付账款的期初余额－期末余额)＋(预付账款的期末余额－期初余额)＋本期进项税发生额－存货的意外增加（指的是非购买渠道造成的存货增加，如折旧计入制造费用的部分；应付职工薪酬记入“生产成本”或“制造费用”科目的部分)。

【例题10·单选题】 M公司主业为商品销售，2×14年主营业务成本为600万元，因销售原材料形成其他业务成本60万元，出租专利权的摊销为15万元，投资性房地产的折旧为4万元。在2×14年资产负债表中，存货年末数为450万元、年初数为100万元，无存货跌价准备；应付账款年初数为34万元、年末数为45万元；预付账款年初数为11万元、年末数为7万元。当年因折旧列入制造费用的金额为5万元，因工资及福利费用列入制造费用23万元、生产成本33万元。“应交税费——应交增值税（进项税额）”当年发生额为168万元。基于上述资料，当年现金流量表中“购买商品、接受劳务支付的现金”为

（　　）万元。

A. 1 102　　B. 934　　C. 1 163　　D. 1 121

【正确答案】A

【答案解析】

$$\text{购买商品、接受劳务支付的现金}=600+60+(450-100)+(34-45)+(7-11)-5-23-33+168=1\,102(\text{万元})$$

5. **支付给职工以及为职工支付的现金**

$$\text{支付给职工以及为职工支付的现金}=\left(\text{应付职工薪酬年初余额}+\text{生产成本、制造费用、管理费用中职工薪酬}-\text{应付职工薪酬期末余额}\right)-\left(\text{应付职工薪酬(在建工程)年初余额}-\text{应付职工薪酬(在建工程)期末余额}\right)$$

【延伸思考1】支付给在建工程人员的工资，在“购建固定资产、无形资产和其他长期资产支付的现金”项目中反映。

【延伸思考2】企业为职工支付的医疗、养老、失业、工伤、生育等社会保险费、补充养老保险、住房公积金，为职工缴纳的商业保险金，因解除与职工劳动关系给予的补偿，现金结算的股份支付，以及企业支付给职工或为职工支付的其他福利费用等，应根据职工的工作性质和服务对象，分别在“购建固定资产、无形资产和其他长期资产支付的现金”和“支付给职工以及为职工支付的现金”项目中反映。

6. **支付的各项税费**

该项目反映企业按规定支付的各种税费，包括企业本期发生并支付的税费，以及本期支付以前各期发生的税费和本期预缴的税费，包括所得税、增值税、消费税、印花税、房产税、土地增值税、车船税、教育费附加等，但不包括计入固定资产价值、实际支付的耕地占用税，也不包括本期退回的增值税、所得税。本期退回的增值税、所得税在“收到的税费返还”项目反映。

$$\text{支付的各项税费}=(\text{应交所得税期初余额}+\text{当期所得税费用}-\text{应交所得税期末余额})+\text{支付的税金及附加}+\text{应交税费——应交增值税(已交税金)}$$

【例题11·单选题】A公司应交所得税期初余额为100万元，当期所得税费用为200万元，递延所得税费用为50万元，应交所得税期末余额为120万元；支付的税金及附加为20万元；已交增值税60万元。不考虑其他因素，A公司该年度现金流量表“支付的各项税费”项目的本期金额为（　　）万元。

A. 260　　B. 200　　C. 80　　D. 130

【正确答案】A

【答案解析】

支付的各项税费＝(100＋200－120)＋20＋60＝260(万元)

7. 支付其他与经营活动有关的现金

反映企业除上述各项目外，支付的其他与经营活动有关的现金，如罚款支出、差旅费、业务招待费、保险费、审计费、咨询费所支付的现金等。其内容主要来源于管理费用、制造费用、销售费用、其他业务成本等。

【例题12·单选题】甲公司2×21年度发生的管理费用为3 300万元，其中包括：

(1) 以现金支付购买办公用品支出525万元；

(2) 以现金支付管理人员薪酬1 425万元；

(3) 存货盘亏损失37.5万元；

(4) 计提固定资产折旧630万元；

(5) 计提无形资产摊销525万元；

(6) 以现金支付业务招待费157.5万元。

假定不考虑其他因素，甲公司2×21年度现金流量表中“支付其他与经营活动有关的现金”项目的本期金额为（　　）万元。

A. 682.5　　B. 3 300　　C. 722.7　　D. 2 147.7

【正确答案】A

【答案解析】

支付其他与经营活动有关的现金＝3 300－薪酬1 425－存货盘亏37.5
－折旧630－摊销525＝682.5(万元)

或

支付其他与经营活动有关的现金＝支付办公用品525＋支付业务招待费157.5
＝682.5(万元)

（三）投资活动产生的现金流量

1. 收回投资收到的现金

收回投资收到的现金＝处置长期股权投资收到的现金＋出售转让或到期收回金融资产本金收到的现金

【延伸思考】不包括收回债务工具的利息以及收回的非现金资产。债务工具收回的利息在“取得投资收益收到的现金”项目中反映。

2. 取得投资收益收到的现金

取得投资收益收到的现金＝现金股利＋利息收入

3. 处置固定资产、无形资产和其他长期资产收回的现金净额

(1) 反映企业出售固定资产、无形资产和其他长期资产取得的现金，减去为处置这些资产而支付的有关费用后的净额。

(2) 处置固定资产、无形资产和其他长期资产收到的现金，与处置活动支付的现金，两者在时间上比较接近，以净额反映更能反映处置活动对现金流量的影响，且由于金额不大，故以净额反映。

(3) 固定资产报废、毁损的变卖收益以及因遭受自然灾害而收到的保险赔偿收入等，也在本项目中反映。

(4) 如处置固定资产、无形资产和其他长期资产收回的现金净额为负数，在“支付其他与投资活动有关的现金”项目中反映。

【例题 13・实操题】 乙公司出售一台不再使用的机器设备，收到含税价款 339 万元，该设备原价 400 万元，已提折旧 150 万元，支付该项设备清理费用 1 万元。

【解析】

处置固定资产、无形资产和其他长期资产收回的现金净额$=339-1=338$(万元)

4. 处置子公司及其他营业单位收到的现金净额

$$\text{处置子公司及其他营业单位收到的现金净额}=\text{处置价款中收到现金的部分}-\text{相关处置费用}$$

5. 收到其他与投资活动有关的现金

包括收回购买股票和债券时支付的已宣告但尚未领取的现金股利或已到付息期但尚未领取的债券利息。

【例题 14・实操题】 甲公司 2×21 年发生下列业务：

(1) 处置交易金融资产，账面价值为 1 200 万元，售价为 1 500 万元；款项已经收到。

(2) 处置其他权益工具投资，账面价值为 1 500 万元，售价为 1 800 万元；款项已经收到。

(3) 到期收回债权投资，面值为 1 000 万元，3 年期，利率 3%，到期一次还本付息。

(4) 处置对丙公司的长期股权投资，持股比例为 40%，采用权益法核算，成本为 5 000 万元，售价为 4 000 万元；款项已经收到。

(5) 处置对乙公司的长期股权投资，持股比例为 80%，采用成本法核算，成本为 6 000 万元，售价为 7 000 万元；款项已经收到。

(6) 整体处置非法人营业单位 A，售价为 1 000 万元，该营业单位持有现金 100 万元；款项已经收到。

(7) 整体处置非法人营业单位 B，售价为 3 000 万元，该营业单位持有现金 3 100 万元；款项已经收到。

(8) 持有期内收到现金股利 800 万元。

(9) 除上述事项外，持有期内收到利息 500 万元。

【解析】

收回投资收到的现金＝(1)1 500＋(2)1 800＋(3)1 000＋(4)4 000
＝8 300(万元)

取得投资收益收到的现金＝(3)1 000×3%×3＋(8)800＋(9)500
＝1 390(万元)

处置子公司及其他营业单位收到的现金净额＝(5)7 000＋(6)(1 000－100)
＝7 900(万元)

如果处置子公司及其他营业单位收到的现金净额为负数，则

支付其他与投资活动有关的现金＝(7)3 100－3 000＝100(万元)

6. 购建固定资产、无形资产和其他长期资产支付的现金

包括购买机器设备支付的现金及增值税，建造工程支付的现金，支付给在建工程人员的工资、薪酬以及购入或自创取得的无形资产等支出。

【延伸思考1】为购建固定资产而发生的借款利息资本化部分应在筹资活动产生的现金流量“支付其他与筹资活动有关的现金”项目中反映，不在本项目中反映。

【延伸思考2】企业以分期付款方式购建的固定资产：首次付款支付的现金在本项目中反映；以后各期支付的现金在筹资活动产生的现金流量“支付其他与筹资活动有关的现金”项目中反映。

【例题15·实操题】甲企业本年度分期付款购买不需安装设备。每年年末支付200万元，5年付清；一次性付款则只需要800万元。以上金额都不含增值税，增值税税率为13%。企业以银行存款支付运输费2万元、增值税0.18万元。

【解析】

购建固定资产、无形资产和其他长期资产支付的现金＝2＋0.18＝2.18(万元)

支付其他与筹资活动有关的现金＝200＋200×13%＝226(万元)

7. 投资支付的现金

（1）反映企业除现金等价物以外的对其他企业权益工具、债务工具和合营中的权益所支付的现金，以及支付的佣金、手续费等附加费用。企业购买债券的价款中含有债券利息的，以及溢价或折价购入的，均按实际支付的金额反映。

（2）企业购买股票和债券时，实际支付的价款中包含的已宣告但尚未领取的现金股利或已到付息期但尚未领取的债券利息，应在“支付其他与投资活动有关的现金”项目中反映。

8. 取得子公司及其他营业单位支付的现金净额

反映企业购买子公司及其他营业单位价款中以现金支付的部分，减去子公司或其他营业单位持有的现金和现金等价物后的净额。

9. 支付其他与投资活动有关的现金

（1）企业购买股票和债券时，实际支付的价款中包含的已宣告但尚未领取的现金股利或已到付息期但尚未领取的债券利息，在本项目中反映。

（2）如处置固定资产、无形资产和其他长期资产收回的现金净额为负数，在本项目中反映。

（四）筹资活动产生的现金流量

1. 吸收投资收到的现金

（1）发行股票等方式筹集资金实际收到的款项净额（发行收入减去支付的佣金等发行费用后的净额），在本项目中反映。

（2）以发行股票等方式筹集资金而由企业直接支付的审计、咨询等费用，不在本项目中反映，而在"支付其他与筹资活动有关的现金"项目中反映。

（3）由金融企业直接支付的手续费、宣传费、咨询费、印刷费等费用，从发行股票取得的现金收入中扣除，以净额列示在本项目中。

【例题16·实操题】某公司委托××证券公司代理发行普通股4 000万股，每股面值1元，按每股12元的价格发行。公司与受托单位约定，按发行收入的3%收取手续费，从发行收入中扣除。假如收到的股款已存入银行。该公司为发行股票发生审计费、咨询费等50万元，该费用本年度均已以银行存款支付。

【解析】

吸收投资收到的现金＝4 000×12×(1－3%)＝46 560(万元)

支付其他与筹资活动有关的现金＝50(万元)

2. 取得借款收到的现金

取得借款收到的现金＝发行公司债券收到的现金＋银行借款收到的现金

3. 收到其他与筹资活动有关的现金

包括以分期付款方式购建的固定资产、无形资产各期支付的现金等。

【例题17·综合题】迅华公司2×21年度有关项目资料如表14-15所示。

表14-15

单位：万元

项目	年初数	年末数	项目	年初数	年末数
应收票据	40	60	应付票据	160	180
应收账款	187	294	应付账款	200	310
预付款项	30	60	预收款项	75	60
存货	630	480	应付职工薪酬	28	26
主营业务收入	600				
主营业务成本	380				

2×21年度其他有关资料如下：

（1）企业因销售原材料形成其他业务收入120万元，结转材料销售成本110万元。

（2）销项税发生额为122.4万元，进项税发生额为85万元。

（3）共缴纳各种税费66万元，其中耕地占用税13万元。

（4）发生管理费用208.4万元，其中：计提行政人员工资及福利费68.4万元；支付业务招待费40万元；支付财产保险费50万元；计提行政办公楼的折旧50万元。

（5）发生实际坏账40万元，收回以前的坏账16万元。

（6）发生制造费用111.4万元，其中：生产设备折旧100万元；车间管理人员工资及福利费11.4万元。

（7）发生生产成本414.2万元，其中：制造费用分摊转入111.4万元；原材料耗费180万元；生产工人工资及福利费122.8万元。

（8）不带息票据贴现息10万元。

（9）以分期付款方式购入一台设备，总价款为150万元，每年支付30万元，分5年付清，年初支付10万元，年末支付20万元。

（10）计提存货跌价准备12万元、坏账准备30万元。

【要求】根据以上资料，计算当年现金流量表中以下项目的数据：

（1）销售商品、提供劳务收到的现金；

（2）购买商品、接受劳务支付的现金；

（3）支付的各项税费；

（4）支付给职工以及为职工支付的现金；

（5）支付其他与经营活动有关的现金；

（6）购建固定资产、无形资产和其他长期资产支付的现金；

（7）支付其他与筹资活动有关的现金。

【解析】

（1）销售商品、提供劳务收到的现金＝600＋120＋122.4＋227－354＋40－30－16
＋60－75－10－40＋16
＝660.4（万元）

（2）购买商品、接受劳务支付的现金＝380＋110＋480－630＋12＋360－490＋60
－30＋85－122.8－11.4－100
＝102.8（万元）

（3）支付的各项税费＝66－13＝53（万元）

（4）支付给职工以及为职工支付的现金＝28＋68.4＋11.4＋122.8－26＝204.6（万元）

（5）支付其他与经营活动有关的现金＝40＋50＝90（万元）

（6）购建固定资产、无形资产和其他长期资产支付的现金＝13（万元）

（7）支付其他与筹资活动有关的现金＝10＋20＝30（万元）

第四节　所有者权益变动表列报

一、所有者权益变动表的概念及作用

所有者权益变动表是指反映构成所有者权益（股东权益）各组成部分当期增减变动情况的报表。通过该表可以了解企业某一会计年度所有者权益或股东权益各项目实收资本（或股本）、资本公积、盈余公积和未分配利润等的增加、减少及余额情况，分析其变动原因及预测未来的变动趋势。所有者权益变动表包括所有者权益增减变动的重要结构性信息，特别是要反映直接计入所有者权益的利得和损失，让报表使用者准确理解所有者权益增减变动的根源。

二、所有者权益变动表的内容及结构

（一）主要内容

（1）净利润；

（2）直接计入所有者权益的利得和损失项目及其总额；

（3）会计政策变更和差错更正的累积影响金额；

（4）所有者投入资本和向所有者分配利润等；

（5）提取的盈余公积；

（6）实收资本或股本、资本公积、盈余公积、未分配利润、其他综合收益的期初和期末余额及其调节情况。

（二）所有者权益变动表的结构

具体如表 14－16 所示。

三、所有者权益变动表的填列方法

本表各项目应当根据当期净利润、直接计入所有者权益的利得和损失项目、所有者投入资本和提取盈余公积、向所有者分配利润等情况分析填列。

表 14-16　所有者权益变动表

会企 04 表

编制单位：　　　　　　　　年度　　　　　　　　单位：元

项目	本年金额											上年金额										
	实收资本（或股本）	其他权益工具			资本公积	减：库存股	其他综合收益	专项储备	盈余公积	未分配利润	所有者权益合计	实收资本（或股本）	其他权益工具			资本公积	减：库存股	其他综合收益	专项储备	盈余公积	未分配利润	所有者权益合计
		优先股	永续债	其他									优先股	永续债	其他							
一、上年年末余额																						
加：会计政策变更																						
前期差错更正																						
其他																						
二、本年年初余额																						
三、本年增减变动金额（减少以“－”号填列）																						
（一）综合收益总额																						
（二）所有者投入和减少资本																						
1. 所有者投入的普通股																						
2. 其他权益工具持有者投入资本																						
3. 股份支付计入所有者权益的金额																						
4. 其他																						
（三）利润分配																						
1. 提取盈余公积																						
2. 对所有者（或股东）的分配																						
3. 其他																						
（四）所有者权益内部结转																						
1. 资本公积转增资本（或股本）																						
2. 盈余公积转增资本（或股本）																						
3. 盈余公积弥补亏损																						
4. 设定受益计划变动额结转留存收益																						
5. 其他综合收益结转留存收益																						
6. 其他																						
四、本年年末余额																						

第五节　附　注

一、附注的作用及特征

（一）附注的作用

附注是对资产负债表、利润表、现金流量表和所有者权益变动表等报表中列示项目的文字描述或明细资料，以及对未能在这些报表中列示项目的说明等。它可以使报表使用者全面了解企业的财务状况、经营成果和现金流量，帮助其作出决策。企业应拓宽附注信息披露制度的覆盖面，加强管理附注信息披露的规范操作，提高附注信息披露的质量，充分发挥附注信息的作用，为决策者作出合理的决策提供有价值的参考。

（二）附注的特征

1. 附属性

财务报表与附注之间存在一个主次分明、相辅相成的关系：财务报表是根，附注处于从属地位。没有财务报表的存在，附注就失去了依靠，其功能也就无处发挥；而没有附注恰当的延伸、说明，财务报表的功能就难以有效地实现。

2. 解释性

财务报表项目是高度浓缩的会计信息，且由于经济业务的复杂性和企业在编制财务报表时可能选择了不同的会计政策，企业需要通过附注对财务报表的编制基础、编制依据、编制原则和方法及主要事项等进行解释，以此增进会计信息的可理解性，同时使不同企业的会计信息的差异更具可比性，便于进行对比分析。

3. 补充性

附注拓展了企业的会计信息内容，打破了三张主要报表内容必须符合会计要素的定义，又必须同时满足相关性和可比性的限制，突破了揭示项目必须用货币加以计量的局限性。通过附注的文字说明，辅以某些统计资料或定性信息，可弥补财务信息的不足，全面反映企业面临的机会与风险，将企业价值充分体现出来，保证了信息的完整性，从而有助于信息使用者作出最佳决策。

4. 建设性

附注除了解释和补充说明财务报表内容外，还要对其加以分析、评价，并有针对性地提出一些改进工作的建议、措施。如通过市场占有率、投入产出等信息，管理者可以了解本企业在同行中的地位，发现自己的优势与不足，从而采取措施改进企业经营管理，提高生产效率和产品质量，扩大产品的市场占有率。

二、财务报表与附注的关系

财务报表与附注的关系如图 14－2 所示。

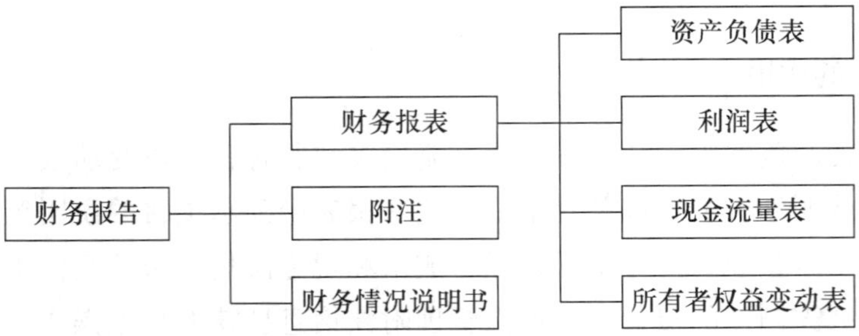

图 14－2　财务报表与附注的关系

三、附注的形式

（一）括弧说明

常用于为财务报表主体内提供补充信息，因为它把补充信息直接纳入财务报表主体，所以比起其他形式来，显得更直观，不易被忽视，缺点是它包含内容过短。

（二）尾注说明

这是附注的主要形式，一般适用于说明内容较多的项目。

（三）脚注说明

指在报表下端进行的说明，例如说明已贴现的商业承兑汇票和已包括在固定资产原价内的融资租入的固定资产原价等。

（四）补充说明

有些无法列入财务报表主体中的详细数据、分析资料，可用单独的补充报表进行说明，如可利用补充报表的形式来揭示关联方的关系和交易等内容。

1. 关联方关系的判定

（1）因控制引发的关联方关系。包括直接控制、间接控制以及直接和间接控制。

（2）因共同控制引发的关联方关系。

（3）因重大影响引发的关联方关系。

（4）三种人（主要投资者个人、企业或其母公司的关键管理人员、与前者关系密切的家庭成员）与企业的关系。

2. 不构成关联方关系的情况

（1）与该企业发生日常往来的资金提供者、公用事业部门、政府部门和机构，以及与该企业发生大量交易而存在经济依存关系的单个客户、供应商、特许商、经销商和代理商之间，不构成关联方关系。

（2）与该企业共同控制合营企业的合营者之间，通常不构成关联方关系。

（3）仅仅同受国家控制而不存在控制、共同控制或重大影响关系的企业，不构成关联方关系。

（4）受同一方重大影响的企业之间不构成关联方关系。

【例题 18 · 单选题】甲公司是乙公司和丙公司的母公司，丁公司和戊公司分别是乙公司的合营企业和联营企业，己公司和庚公司分别是丙公司的合营企业和联营企业。下列各种关系中，不构成关联方关系的是（　　）。

A. 甲公司和丁公司　　　　B. 丙公司和戊公司

C. 戊公司和庚公司　　　　D. 乙公司和丁公司

【正确答案】C

【答案解析】戊公司与庚公司分别受乙公司与丙公司的重大影响，乙公司与丙公司同受甲公司的控制，因此戊公司与庚公司为受同一方重大影响的企业，它们之间不构成关联方关系。

四、附注的内容

附注是财务报表的重要组成部分，应当按照如下顺序披露有关内容：

（1）关于不符合会计假设的说明：如果违背了基本会计假设，必须予以披露，并说明原因。例如，“本企业由于经营不善、连年亏损，目前已资不抵债，濒临破产边缘，因此在财务报表的编制上，不采用持续经营假设，而根据清算会计的原则编制”。

（2）关于会计政策：会计政策是企业在会计核算时所遵循的具体会计原则，以及企业所采纳的具体会计处理方法。特别是会计政策、会计估计发生变更时，企业应在附注中披露会计政策变更内容、理由、影响数，以及累计影响数不能合理确定的理由；会计估计变更的内容、理由、影响数，以及累计影响数不能合理确定的理由；重大会计差错的内容及更正金额。

（3）关于财务报表重要项目的注释：除需对应收账款、存货、固定资产、无形资产、长期待摊费用等作出明细说明外，对少见的报表项目或报表项目的名称反映不出相关业务性质或报表项目金额异常的需要说明其原因，以及对财务报表中无法表述的重要项目作详细说明。

（4）关于重要事项的揭示：对于承诺或担保事项、或有事项、资产负债表日后非调整事项、重大资产转让或出售，以及重大融资和投资活动等，均需在附注中予以说明。

【相关链接】2019年部分上市公司在编制财务报表时，存在的列报不规范、披露不充分的问题通报

1．流动资产和非流动资产分类错误

如：个别上市公司仅以计划在未来一年内处置投资为由，将长期股权投资划分至其他流动资产。在不满足持有待售条件的情况下，公司不应仅凭处置意图就将股权投资划分为流动资产。

2．流动负债和非流动负债分类错误

（1）将附投资人回售选择权且投资人有权在资产负债表日起一年内行使该回售选择权的应付债券列报为非流动负债；

（2）将因无法偿还到期债务需赔偿违约金而确认的预计负债列报为非流动负债；

（3）将因一审判决应承担诉讼赔偿而确认的预计负债列报为非流动负债。

3．持有待售和终止经营问题

如：个别上市公司与受让方签署股权转让协议，将所持有的合营企业股权全部转让给受让方，受让方向产权交易所递交了登记材料，并缴纳首期款。该情形下，合营企业股权的出售极可能将在一年内发生，但上市公司未将其持有的合营企业股权列报为持有待售资产，且未说明相关理由。

4．债务重组相关问题

如：个别上市公司将债权人的债务重组损失错误地计入营业外支出，另有个别上市公司将债务人修改其他债务条件方式下形成的债务重组收益错误地计入其他收益。

5．每股收益列报问题

如：个别上市公司在披露稀释每股收益时未按准则规定考虑发行可转债的影响。

6．现金流量表相关问题

如：上市公司对定期存款按照定期存款利率（而非活期存款利率）计提利息收入，通常表明其持有目的并非满足短期内对外支付的流动性需求，而是获取利息收入，但上市公司错误地将该定期存款划分为现金及现金等价物。

7．其他披露问题

如：部分上市公司当期财务报表中的投资收益、营业外支出等项目中包含金额重大的“其他”项，但未披露产生该项损益的交易或事项的相关信息；部分上市公司当期确认的所得税费用中包含“调整以前期间所得税的影响”且金额重大，但在年报中未详细披露调整原因等相关信息；个别上市公司报告期内发生重大的非同一控制下企业合并，确认大额商誉，但未披露被购买方于购买日可辨认净资产等相关信息。此外，个别上市公司在年报中披露的信息存在低级错误，或者无法勾稽、前后矛盾等问题。

热点思考题

1. 资产负债表中应收账款、应付账款、预收款项、预付款项如何列报?

2. 资产负债表中长期待摊费用中在一年内（含一年）摊销的部分是否转入“一年内到期的非流动资产”项目填列?

3. 资产负债表中存货如何列报?

4. 利润表中处置非流动资产形成的利得相关项目、其他综合收益的税后净额项目如何列报?

5. 现金流量表中销售商品、提供劳务收到的现金及购买商品、接受劳务支付的现金如何确定?

参考文献

[1] 中国注册会计师协会. 会计. 北京：中国财政经济出版社，2021.

[2] 曹越，何振华，郭建华. 新收入准则与企业所得税法差异分析. 北京：中国人民大学出版社，2020.

[3] 潘上永. 会计思维. 北京：高等教育出版社，2020.

[4] 企业会计准则编审委员会. 企业会计准则详解与实务 条文解读＋实务应用＋案例讲解：2020 年版. 北京：人民邮电出版社，2020.

[5] 周华. 我国具体会计准则的发布及争议剖析. 财会月刊，2019 (20).

[6] 叶丰滢，新收入准则执行的十大困惑与思考. 财会月刊，2021 (17).

[7] 林钢. 40 个会计难点问题解答. 中国人民大学，2020-06-29.

[8] 林钢. 中级财务会计：立体化数字教材版. 4 版. 北京：中国人民大学出版社，2020.

[9] 戴德明. 妥善应对国际会计准则的复杂化. 财务与会计，2019 (6).

中国人民大学出版社　管理分社

教师教学服务说明

中国人民大学出版社管理分社以出版工商管理和公共管理类精品图书为宗旨。为更好地服务一线教师，我们着力建设了一批数字化、立体化的网络教学资源。教师可以通过以下方式获得免费下载教学资源的权限：

★ 在中国人民大学出版社网站 www.crup.com.cn 进行注册，注册后进入“会员中心”，在左侧点击“我的教师认证”，填写相关信息，提交后等待审核。我们将在一个工作日内为您开通相关资源的下载权限。

★ 如您急需教学资源或需要其他帮助，请加入教师 QQ 群或在工作时间与我们联络。

中国人民大学出版社　管理分社

教师 QQ 群：648333426(工商管理)　114970332(财会)　648117133(公共管理)
教师群仅限教师加入，入群请备注(学校+姓名)

联系电话：010-62515735，62515987，62515782，82501048，62514760

电子邮箱：glcbfs@crup.com.cn

通讯地址：北京市海淀区中关村大街甲 59 号文化大厦 1501 室（100872）

管理书社　　人大社财会　　公共管理与政治学悦读坊